한국어의 좌표 찾기

계통론과 유형론을 넘어서

아시아학술연구총서 6
알타이학시리즈 2

한국어의 좌표 찾기

계통론과 유형론을 넘어서

정 광 外

역락

| 간행사 |

이 책은 가천대학교 아시아문화연구소가 2013년도 1월부터 한국가스 공사의 지원으로 수행해 오고 있는 "알타이언어문화연구사업"의 일환으로 간행되었습니다. 이 사업은 지난 2012년 11월 '한국가스공사·가천 대학교업무협정', 그리고 2013년 1월 한국가스공사와 가천대학교 산학 협력단의 '알타이언어문화권에 대한 공동연구사업 수행을 위한 업무약 정'의 체결에 의해 시작되었습니다. 이에 저희 아시아문화연구소에서는 '알타이학연구실'을 설치하여, 알타이학(altaic studies/altaiology)의 국제적 허브를 구축하는 것을 목표로 전문연구인력을 구성하고 고문 및 자문위 원단을 두어 해외 연구기관과의 국제적 협력, 분야별 전문가의 초빙강 연, 연 1회의 국제학술대회 등을 진행해 오고 있습니다.

저희 연구소에서는 이미 2012년 11월에 알타이 계통의 언어들과 이 언어를 사용하는 여러 민족들의 역사와 문화에 대한 연구를 한데 모아 '오래된 미래, 새로운 알타이학의 모색'이라는 제목으로 국제학술대회를 개최하여 국내외 알타이 관련 연구 성과를 개괄해 본 바 있습니다. 그 리고 알타이학연구실이 설치된 후인 2013년 11월에는 보다 심도 있는 논의가 이루어질 수 있도록 언어 분야에 초점을 맞추어 '알타이어 속의 한국어, 한국어 속의 알타이어'라는 제목으로 국제학술대회를 열어 세 계적인 권위자들을 한 자리에 모시고 새로운 자료와 방법론을 놓고 함 께 논의하였습니다. 2013년 12월에는 이 학술대회에서 발표된 논문들을 수정하고 보완하여 알타이학시리즈 1권으로 묶어 간행하였습니다.

이 책은 알타이학시리즈로 간행되는 두 번째 연구 성과물입니다. 여기에는 2014년 10월 31일에 개최된 제27회 가천대학교 아시아문화연구소 국제학술대회 "한국어의 좌표 찾기 : 계통론과 유형론을 넘어서"에서 발표된 원고 네 편, 그리고 2014년 6월 30일에 간행된 한국 언어유형론학회의 기관지 「언어유형론 연구」 1권 1호에 게재된 논문 두 편, 총 여섯 편의 글을 한글판과 영문판으로 나누어 수록하였습니다. 역사비교언어학적 방법론으로 여러 언어들의 공통 조어(祖語)와 분기 양상을 추적하는 계통론(genealogy)과, 언어의 다양한 현상을 기준으로 그 유형적 특성을 살피는 데 주력하는 유형론(typology)의 연구를 통합적으로 고려하면서 한국어의 언어학적 좌표를 모색해 보고자하는 기획에서 출발한 것입니다.

이 책에 담긴 논문의 내용은 다음과 같습니다. 알렉산더 보빈 선생님의 「원시시베리아 언어로서의 한국어」에서는 여러 언어에서 발견되는 유형론적 특징들이 계통적 관련성을 입증하는 데에 무용하다는 것을 설명하면서, 한국어는 지구상의 다른 어떤 어족과도 증명 가능한 계통적 관련성을 가지고 있지 않다는 주장을 피력하였습니다. 마르티네 로베츠 선생님의 「한국어와 트랜스유라시아의 유형」에서는 전통적으로 알타이 어족으로 알려진 지리학적으로 인접해 있는 더 큰 그룹의 언어들을 트랜스유라시아 언어로 통칭하면서, 17가지의 언어학적 특징들을 검토하여 이 언어들에 '지역성(areality)'의 개념을 적용하는 것이 유의미하며 각 특징들은 언어 접촉의 결과이거나 공통된 선대로부터 상속된 것일 수 있음을 논의하였습니다.

정광 선생님의 「東北亞 諸言語의 漢字 사용에 대하여」에서는 훈민정음 창제 이후에도 갑오경장까지 공식적으로 공문서나 법률문서에 이용되어 온 吏文에 대해 상세히 논의하여, 중국 元代 이후에 발달한 漢吏文의 영향으로 한반도에서는 고려 후기 이후에 吏文이 생겨나 사용되기 시작했다는 것을 밝혔습니다. 홍재성 선생님의 「한국어 총칭적 'give' 동사 <u>주다</u> 구문의 유형론적 문법 기술」에서는 물리적이고 구상적인 대상의 처분권(소유권) 이전 또는 수여 행위를 가리키는 'give' 동사 구문이 한국어와 일본어, 중국어, 퉁구스 제어를 중심으로 한 아시아 동북단 지역 언어들에서 어떤 형태・통사적 속성을 보이는지 유형론적 관점에서 살펴, 한국어와 다른 언어들 간의 공통점과 차이점을 논의하였습니다.

목정수 선생님의 「언어유형론과 국어학」에서는 국어학의 연구를 위해서는 필연적으로 언어유형론의 성과를 참조해야 하며 반대로 국어학의 연구 성과가 언어유형론에 기여할 수도 있어야 한다는 점을 강조하면서, 비교 준거점을 무엇으로 삼을 것인지의 문제, 한국어의 어순, 주어의 개념 등에 관하여 비판적으로 논의하였습니다. 마지막으로 박진호 선생님의 「언어유형론의 관점에서 본 한국어의 문법적 특징」에서는 기존의 알타이 제어의 공통 특질이라고 논의되어 왔던 것이 현대 언어유형론의 관점에서 보면 대다수가 별로 특이할 것이 없는 일반적 성질임을 밝히면서, 최근의 지역 유형론적 연구 성과를 토대로 한국어가 유라시아 거대 언어 지역과 환태평양 거대 언어 지역의 특징을 모두 가지고 있다는 것을 보였습니다.

이렇듯 계통론적 논의와 유형론적 논의를 두루 아우르면서 한국어의 언어학적 특징을 살핀 여섯 편의 논문은 한국어에 대한 더 깊은 이해를 도모할 수 있게 해 줄 뿐만 아니라 아울러 알타이어족에 속하는 것으로 간주되어 온 여러 언어들과 그 특징을 탐구해 나가는 데에도 초석이 될 수 있을 것입니다. 저희 연구소를 중심으로 꾸준히 지속되고 있는 알타이학 관련 국제학술대회 개최 및 학술연구총서 발간 등 연구 작업들이 알타이 지역의 여러 민족을 포함한 고대 한국의 언어·역사·문화 등에 관한 학술적 논의의 난점들을 해소하고 새로운 길을 모색해 나가는데 기여할 수 있기를 바랍니다. 이러한 학술적 탐구가 우리의 과거를 밝히고 밝은 미래를 열어가는 데에 도움이 되리라 믿습니다.

끝으로 이 책이 발간되는 데 큰 힘을 쏟아 주신 많은 분들께 감사를 드리고자 합니다. 먼저 논문 원고를 집필해 주신 모든 선생님들께 감사드립니다. 특히 저희 기획이 내용적으로 더 높은 완성도를 갖출 수 있도록 기발표된 원고의 수록을 허락해 주신 목정수 선생님과 박진호 선생님께, 그리고 한국 언어유형론 학회에 감사드립니다. 또한 본 "알타이 언어문화연구사업"을 지원해 주고 계시는 한국가스공사에 깊은 감사를 드립니다. 더불어 이 사업이 추진될 수 있도록 결정적인 기회를 마련해 주신 한국가스연맹 주강수 총재님께 감사의 뜻을 전합니다. 앞으로도 많은 관심과 격려를 부탁드립니다. 선뜻 출판을 맡아주신 도서출판 역락의 이대현 사장님과 어려운 교정과 편집 작업에 수고해 주신 이소희 대리님께 감사드립니다. 간행의 기쁨을 본 사업의 모든 구성원들과 함께 나누고 싶습니다.

2015년 10월
가천대학교 아시아문화연구소장 박진수

| 차 례 |

한글편

한국어의 좌표 찾기

계통론과 유형론을 넘어서

원시시베리아 언어로서의 한국어

알렉산더 보빈

프랑스 사회과학고등연구원 동아언어연구소

한국어가 예전에는 나라 전역(全域)에 걸쳐서 격음와 경음을 갖지 않았다고 하는 것은 이상하게 여겨질지 모르겠다. 그러나 언어도 문화의 다른 양상들과 마찬가지로, 시간의 경과에 따라 아주 근본적인 방식에서의 변화를 입을 수 있다. 우리는 자극적이지 않은 한국 음식을 상상하기 어렵다. 하지만 우리는 빨간 고추가 한국 요리에 있어서 아주 기본적인, 외국에서 들어온 것임을 알고 있다. 역사적인 기록에는 이 빨간 고추가 17세기 무렵 큐슈로부터 들어왔다고 되어 있다. 역사적으로 말하자면 이것은 그리 오래되지 않은 것이다. 고려시대나 그 이전은 고사하고 세종 연간에 그 누구도 지금 사람들이 즐겨 먹는 방식의 김치를 먹어본 적이 없었다. 아마도 더 이른 시기의 언어도 또한 오늘날에 비하면 덜 자극적이고 덜 날카로웠을 것이다.

(Robert Ramsey 1990).

유형론적으로 한국어는 예니세이어족에서 떨어져 나온 원시시베리아 언어였을 것 같다. 유형론은 통시적인 발달을 고려에 두지 않기 때문에 나 또한 여기서 약간은 비역사적인 입장을 취할 것이다.

음소배열론 #1

일단 현대 한국어의 경음과 격음을 부차적인(secondary) 발달인 것으로서 고려사항에서 제외하면, 한국어는 축치-코랴크어(Chukchi- Koryak), 에스키모-알류트어(Eskimo-Aleut), 유카기르어(Yukaghir), 그리고 니브흐어(Nivx)에서 발견되는 무성 폐쇄음과 유성 마찰음 사이의 주요한 음운론적 대립을 동일하게 보여준다.

$$p : \beta, \ t : t/r < {}^*\eth, \ c : z, \ k : \gamma$$

이것은 무성 폐쇄음과 유성 폐쇄음 사이에 (혹은 해석하기에 따라 유기 폐쇄음과 무기 폐쇄음 사이에) 주요한 대조를 보이는 '알타이' 어족과는 꽤 다른 것이다.

음소배열론 #2

아이누어(Ainu)와 니브흐어(Nivx)와 같이, 그리고 '알타이어'와는 다르게, 한국어는 모음 사이의 무성 평폐쇄음과 공명음 뒤의 무성 평폐쇄음이 유성음화되거나 반-유성음화된 것으로 음성적으로 실현된다.

주석	한국어 표기	음운 전사	음성 전사	주석	아이누어 로마자 표기	음성 전사
sea	바다	/pata/	[pada]	sea	atuy	[aduy]
tobacco	담배	/tampɛ/	[tambɛ]	this year	tanpa	[tamba]
this	이거	/ikə/	[igə]	his younger brother	aki	[agi]
seven	일곱	/ilkop/	[ilgop]	paper	kanpi	[kambi]

음소배열론 #3

아래의 기록은 Robert Ramsey가 비문(碑文)에서 얻어낸 것을 기반으로 한 것이다. 한국어의 어두 경음/성문 장애음은 물론 부차적인 것으로, 중세 한국어 시기의 어두 자음군으로부터 발달했다는 것은 잘 알려진 사실이지만 이 미스터리는 소수의 사례들로, 아주 큰 어려움 속에서만 풀릴 수 있다. 다른 '알타이어'는 몽구오르어(Monguor)를 제외하고는 어두 자음군을 가지고 있지 않다. 그런데 몽구오르어의 자음군은 매우 후대에 기원을 가지고 있고, 그리고 이것은 고유어 어휘의 어두음 소실 (aphaeresis) 혹은 티베트어(Tibetan)로부터의 차용으로 쉽게 설명될 수 있다. 몇 가지 예를 보면,

Monguor *ndur* 'high', cf. MM, WM *öndür* 'id.'
Monguor *ndige* 'egg', cf. MM *öndüge*, WM *öndügen* 'id.'
Monguor *rguen* 'broad', cf. MM *örgün*, WM *örgen* 'id.'
Monguor *ŋguo* 'color' cf. MM *önge~öngen* 'color, appearance'
Monguor *ndoɣ* 'color, paint' < Tib. *mdog* 'id.'

Monguor *smamba* 'doctor' 〈 Tib. *sman-pa* 'id.'
(※ 몽구오르어의 어두 자음군이, 본래 어두 모음의 소실로 인해
생겼거나, 티베트어 차용어의 어두 자음군이라는 것을 보여주는 예)

한국어의 상황은 훨씬 더 어려운데, 언어가 최근 1,500년 내에 굉장
히 많이 변했는데, 이웃 언어에서의 차용어나 전사 표기의 도움을 받을
수 없(거나 극도로 제한적으로만 받을 수 있)기 때문이다. 그래서 우리
는 기원적인 원시 한국어 형식이나 고대 한국어 형식을 복원하는 데 있
어서 아무런 실마리가 없다. 한 가지 예일 때에는 괜찮다.

MdK *tti* 〔t²i〕(띠) 'belt' < MK *stúy* (·쁴) < *sitüri, (일본서기 XV·
412의 일본어 전사 내용 중 *sitərə* (シ ㅏ ㅁ)에 의해 입증된 것).

그러나 중세 한국어의 *pstáy*(·쁴) 'time', *pstùrí*(쁘·리) 'chicken pox',
pskúr(·쁠) 'chisel', *psór*(·쁠) 'rice', *pcwòch*-(쁯-) 'to pursue, to chase'
등은 어떻게 재구할 것인가?

참조. 원시 니브흐어 *tonakai 'reindeer' > Nivx *tʰlaɲi*는 아이누어로
차용되어, 결과적으로 일본어 *tonakai*로 들어왔다.

한국어 형용사는 동사이고, 명사가 아니다.
한국어 형용사는 (몇 개의 공백이 있지만) 근본적으로 동사적인 패러
다임을 가진다.

가는 사람
ka-nun salam
go-PRES.ADN person
a person who goes

간 사람
ka-n salam
go-PAST.ADN person
a person who went away

붉은 얼굴
pulk-un elkwul
be.red-ADN face
a face that is red

이런 양상은 니브흐어(Nivx)에서도 발견된다.

nivχ arak ta-dʼ
person vodka drink-FIN
A person drinks vodka

arak ta nivχ
vodka drink.ADN person
a person who drinks vodka

ki ur-dʼ
shoe be.good-FIN
Shoes are good

ur-la gi
be.good-ADN shoe
Good shoes

아이누어(Ainu)에서도 동일하다.

menoko arpa
woman go
A woman goes away

arpa menoko
go woman
A woman who goes away

menoko pirka
woman be.beautiful
A woman is beautiful

pirka menoko
be.beautiful woman
A woman who is beautiful

마지막으로, 축치-코랴크어(Chukchi-Koryak) 형용사도 또한 동사인 것처럼 보이는데, 하지만 이 의문점은 포합(incorporation)과 관련된 문제 때문에 좀 더 복잡하다.

이런 것들은 형용사가 근본적으로 명사인 '알타이' 어족과는 매우 다른 것이다. 중세 일본어뿐만 아니라 현대 일본어에서도 형용사는 근본

적으로 동사인데, 하지만 이것은 상대적으로 최근의 발달이다. 고대 일
본어에서는 굴절된 형용사와 굴절하지 않은 형용사가 평행하게 존재하
는 것이 확인되었다(Vovin 2009 : 429-38). 그리고 류큐어(Ryukyuan)와 일
본어의 형용사 패러다임이 일치하지 않는다는 사실 또한 확인되었다.
게다가, 고대 오키나와어에서 우리는 고대 일본어와 동일한 양상을 확
인할 수 있다. 여기서는 형용사가 굴절된 동사일 수도 있고 굴절하지
않은 명사일 수도 있다(Vovin 2009 : 439).

동사 포합 대 동사 합성

최근 Samuel Martin은 '동사+부동사+동사'의 형식을 가진 합성이
오직 동사만 가능한 '알타이' 어족과는 달리, 한국어는 '동사+부동사[1]
+동사'의 구조를 가진 동사 합성이 또한 가능함에도 불구하고, '동사(맨
어간(bare stem))+동사'의 형식을 가진 동사 포합이 또한 가능하다는 중
요한 관찰을 했다(Martin 1995). 중세 한국어의 몇 가지 예를 들면,

    kulk-sis- '문질러 닦고 씻다(to scour and wash)', *twup[h]-teth-*
'(다른 사람의 죄를) 덮어주다(to cover up(another's guilt))',
puzu-thi- '부수다, 산산조각 내다(to smash, to shatter)', *pulu-cici-*
'소리지다, 외치다(to shout, to yell)', *pwut[h]-cap-* '붙잡다, 움켜쥐
다(to seize, to grasp)', *mac-pwo-* '만나다(to meet)' 등

---

1) '-아' ~ '-어' 혹은 '-고'로 나타나는 부동사(Converb being either -a ~ -e or -kwo.)

비록 Martin이 유형론적 평행 항목(parallels)에 관해 언급하지는 않았지만, 동사의 맨어간 포합을 가지는 동일한 상황이 아이누어(Ainu)에서도 발견된다.

> Masao soy-ta pon ku e-sinot-kor-an
> Masao outside-LOI will tell you [this]C small bow APPL-play-have-be
> Masao is playing outside with a small bow
>
> > (Nakagawa & Nakamoto 1997 : 78)
>
> (※ 동사 어간 결합 형식 'e-sinot-kor-an'에서 지향태(applicative)
> 표지 e를 제외한 나머지 play, have, be에 대당되는 것이 동사 어간)

같은 양상이 니브흐어(Nivx)에서도 발견된다:

> *qonu-ha-d*'to appear as white' < *qonu-* 'to be white' + *ha-* 'to be'
> *řo-mïr-d*'to lift, to carry up to the mountain' < *řo-* 'to carry' +
> *mïr-* 'to climb'
> (※ 니브흐어에서 동사의 맨어간들이 결합한 예)

능격성 대 대격성

King(1988)에서 설명하였듯이, 한국어는 역사적으로 능격적이었는데, 이는 종속절에서 능격적인 정렬을 유지했기 때문이다.

> i wang-Ø na-l ccek-uy
> this king-Ø be.born-AND.IRR time-GEN
> 이 왕 날 적의. (석보상절(Sek) 23 : 32ㄴ)

ce-y ciz-wu-n coy
I-ERG perpetrate-MOD-ADN crime
제 지은 죄, (석보상절(Sek) 9 : 30ㄱ)

모든 '알타이' 어족은 엄격히 대격적이다. 고대 일본어에서는 대안적인 행위격(active) 정렬이 있었지만, 그것은 얼마 유지되지 못했고 대부분 한국의 문필가에 의해 영향 받은 텍스트에 국한된 것이었다.

결론 #1

유형론적 특징들에 따르면, 한국어는 '알타이' 어족보다는 '원시시베리아' 어족인 것 같다. 한국어는 전형적인 원시시베리아어의 유형론적 특징들을 갖고 있지만, '알타이' 어족의 유형론적 특징들은 갖고 있지 않다. SOV 어순을 제외하면 전형적인 '알타이어'의 유형론적 특징들은 전혀 없는데, SOV 어순은 전 세계 언어의 75%에서 발견되는 것일 뿐이다.

이것에 대해 생각해보자.

대표적인 SOV 어순의 교착적인 언어 유형은 투르크어(Turkic)에서 발견된다. 투르크어에는 명사적 일치가 없고, 성(gender)도 없다. 몽골 어족에는 성이 없지만, 거란어(Khitan)와 중세 몽골어는 최소한 성 체계의 흔적을 보여준다. 거란어는 심지어 표기 체계에서도 여성에 대한 특별한 표지를 가졌고, 중세 몽골어의 과거 시제는 -ba(남성)과 -bi(여성)으로 만들어졌고, 뿐만 아니라 수사 qoyar 'two'(남성)과 jirin 'two'(여성)은 이러한 초기의 구분이 투르크 어족의 영향 아래에서 상실되었다는 것에 관한 믿음직한 증거가 된다. 그리고 Monggol Niʼuč Tobčʼan '몽골비사 (Secret History of Mongols)'에는, SVO 어순의 명백한 흔적이 있다(Stefan Georg, p.c. 2014). 그런데 무엇이 이 구식의 북퉁구스 어족의 명사–형용사 일치를 만들어 냈을까? 이것은 분명히 SOV 언어에 특화된 특징은 아니다. 말할 필요도 없이, 누구도 만주어(Manchu)나 여진어(Jurchen)에서 이런 특징들을 찾지 못한다. 그러나 이 언어들은 서쪽으로부터는 몽골어에 의해서, 동쪽으로부터는 한국어에 의해서 강하게 영향 받았다.

이 지점에서 나는 사과를 하고자 한다. 이것은 의도된 속임수(spoof)이고, 두 가지 이유가 있다. 첫째는, 원시시베리아 어족은 없다는 것이다. Siefloth의 최근 연구가 우랄어(Uralic), 에스키모–알류트어(Eskimo-Aleut), 유카기르어(Yukaghir), 그리고 축치–코랴크어(Chukchi- Koryak)가 궁극적으로는 관련되어 있는 것일지도 모른다는 것을 강하게 암시하기는 했음에도 불구하고, 원시시베리아 어족이라는 것은 기존의 확립된 어떤 어족에도 들어맞지 않는 동북아시아의 언어들을 위한 쓸모없는 바구니일 뿐이다. 둘째로, 어떤 유형론적 특징도 계통적 관련성을 위한 증거로 취해질 수 없다. 이 속임수는 끝났고, 이제 나는 왜 유형론이 계통적 관련성을 입증하는 데 무용한지에 대해 진지하게 설명할 것이다.

어순은 아무런 역할도 하지 않는다.

합리적인 생각을 가지고 있는 사람이라면, 오늘날 인도–유럽어 (Indo-European)의 관련성을 누구도 부인할 수 없을 것이다. 고대 아일랜드어(Old Irish)와 산스크리트어(Sanskrit)는 서로 관련되어 있지만, 전자는 VSO 어순이고, 후자는 SOV 어순이다.

고대 아일랜드어(Old Irish)

Imdīched in cú Laigniu huili
defended the dog Leinster entire
The dog defended all Leinster (Lehmann & Lehmann 1975 : 6)

산스크리트어(Sanskrit)

rājā mr̥ga-ṁ han-ti
king gazelle-ACC kill-3ps
The king kills a gazelle.

논란의 여지가 없는 다른 어족에 대해서도 마찬가지이다.

우랄 어족(Uralic)

핀란드어(Finnish)는 SVO 어순이지만, 은가나산어(Nganasan)는 SOV 어순이다.

핀란드어(Finnish)

Suomalaiset ilmeseisti ovat vaelluksensa eri vaiheissa vastaanottaneet rinsaasti germaanista ja skandinaavista geenistöä.
핀족은 방랑하던 다양한 시기에, 분명히 다량의 독일어와 스칸디나비아어의 계통적 요소들을 수용했을 것이다.

(based on Abondolo 1998 : 180)

은가나산어(Nganasan)

dʲesï-məŋada-gəj-tʲütə+i-sjüe-gəj
father-1ps.poss younger.sister-NOM-sing3p that-be-PRET-d3
My father had two younger sisters

(based on Helimskii 1998: 513).

오스트로네시아 어족(Austronesian)

타갈로그어(Tagalog)는 (기본 어순이) VOS이지만, 인도네시아
(Indonesian)어는 SVO이다.

타갈로그어(Tagalog)

Nagbigay ng libro sa babae ang lalaki

Gave linker book to woman linker man

The man gave the woman a book (Schachter & Otanes 1972 : 83)

인도네시아아어(Indonesian)

Saya tertarik pada pelajaran itu

I be.interested FIG.OBJ subject this

I am interested in this subject (Sneddon 1996: 191)

셈 어족(Semitic)

게이즈어(Geez)는 VSO 어순이지만, 아카드어(Akkadian)은 SOV
어순이다.

게이즈어(Geez)

ḍäbʔuʔägwezat

go to war [past, 3rdmasc.plur.]Agwezat

Agwezat went out to battle (Gragg 2008 : 233)

täkälu mänbärä bä-zəyä

set [past, 3rdmasc.plur.]throne[acc.]in=there

They set up a throne there (Gragg 2008 : 233)

아카드어(Akkadian)

dannum enšam ana lā ḫaballim

Strong weak to NEG oppress.INF

So that the strong do not oppress the weak

(Huehnergard & Woods 2008 : 131)

능격성은 아무런 역할도 하지 않는다.

고대 페르시아어(Old Persian)는 대격적이지만, 현대 자자키어(Zazaki)
어는 (과거 시제에서) 분리 능격성을 갖는다.

고대 페르시아어(Old Persian)

hauv mām adāt

he me-ACC create.PRET

He created me (Vinogradova 1997 : 53)

자자키어(Zazaki)

min nō astōr dā biti

I.ERG this horse thee give.PRET

I gave you this horse (Pireiko 1999 : 75)

중세 한국어는 종속절에서 능격적이었지만, 지금은 대격적이다(위를
보라.).

고대 서부 일본어는 고대 한국어의 영향 아래 행위격 구성(active
construction)을 발달시켰지만, 오래 유지되지는 못한 것으로 밝혀졌다.

藤原朝臣麻呂等伊負圖龜一頭獻止奏賜不爾

PUNTIPARA-NÖ ASÔMÎ MARÖ-RA-i PUMÎ-WO OP-ÊR-U KAMË-WO
PÎTÖ-TU TATEMATUR-AKU tö MAWOS-I-TAMAp-u-ni …

PuNtipara-GEN retainer Marö-PLUR-ACT writing-ACC bear-PROG-
ATTR tortoise-ACC one-CL offer(HUM)-NML DV say-INF-HON-ATTR-LOC

[They] said that the retainer PuNtipara Marö and others had
offered a tortoise bearing writing [on its back] … (선명(SM) 6)

敬福伊部內少田郡仁黃金出在奏弖獻

KYAUPUKU-i KUNI-NÖ UTI-NÖ WONTA-NÖ KÖPORI-ni
KUNKANE-WO INTE-TAR-I TÖ MAWOS-I-te TATEMATUR-ER-I

Kyaupuku-ACT province-GEN inside-GEN WoNta-GEN
district-LOC gold-ACC go.out(INF)-PERF/PROG-FIN DV say
(HUM)-INF-SUB offer(HUM)-PROG-FIN

Kyaupuku reported that gold had been found on the territory of
the province, in the district of WoNta (선명(SM) 12)

모음조화는 아무런 역할도 하지 않는다.

중부 몽골 언어들은 모음조화를 갖는 반면에, 감숙성(간쑤, Gansu)과
청해성(칭하이, Qinghai)에 걸친 인구 밀집 지역에 있는 대부분의 몽골 언
어들은 그렇지 않다.

중세 몽골어(Middle Mongolian)

morin-ača

horse-ABL

from a horse (몽골비사(MNT) § 80, § 265)

tenggeri-eče

heaven-ABL

from Heaven (몽골비사(MNT) § 1, § 201)

몽구오르어(Monguor)

mori-sa

horse-ABL

from a horse (Todaeva 1973 ; 53)

kun-sa

person-ABL

from a horse (Todaeva 1973 ; 53)

(cf. MM *güün* 'person')

고대 한국어에는 모음조화가 없었지만(Vovin 1995 : 226 ; Martin 2000 : 1-23), 중세 한국어에는 모음조화가 있었고 현대 한국어에는 거의 완전히 없어졌다.

고대 한국어

吾肹

NA-ɣïr

I-ACC (신라향가(SH) II : 3)

目肹

NWUN-ɣïr

eye-ACC (신라향가(SH) VII : 5)

중세 한국어

나롤

na-ror

I-ACC (석보상절(Sek) 6 : 4a)

눈을

nwun-ur

eye-ACC (번역소학(Penso) 8 : 25)

우랄 어족이나 '알타이' 어족 모두 모음조화를 가지고 있지만, 이들은 서로 관련이 없다. 니브흐어에 대해서도 마찬가지이다.

언어의 구조는 아무런 역할을 하지 않는다.

오스트로아시아 어족(Austroasisatic)에서 베트남어(Vietnamese)는 고립적(isolating)이지만, 카리아어(Kharia)는 다종합적(polysynthetic)이다.

베트남어(Vietnamese)

Anh đi nhà không?

You go home not

Are you going home?

카리아어(Kharia)

lej-te-j-đe-m

abuse-PRES-immediately-increment-2ps

You are abusing right now (Biligiri 1965 : 59)

음소배열론은 아무런 역할도 하지 않는다.

위를 보라. 아이누어(Ainu)와 한국어는 둘 모두 모음 사이에서 유성음화된 장애음을 가짐에도 불구하고, 한국어는 분명히 아이누어와 관계가 없다.

결론 #2

나는 이 학술회의의 중심 주제에 대해 다소 당혹스럽다. 우리는 확실히 어떤 언어의 '언어학적 좌표'를 찾기 위해서 유형론을 버릴 필요가 있다. 하지만 만약에 우리가 계통적 관련성이라는 유일한 판단의 기준을 버린다면, 우리는 이것을 '넘어서(beyond)' 정말로 무엇을 할 수 있는가? 고고학적 발견에 의존해서 하는가? 그러나 접시와 그릇은 말을 할 수 없고, 우리는 언어학자이지 고고학자가 아니다. 유전학을 믿는가? 그러나 언어는 문화이고, 미국 가정에 입양된 한국인 어린이는 영어사용자(Anglophone)로 성장할 것이고, 반대로 한국 가정에 입양된 미국인 어린이는 완전하게 한국어사용자(Koreanphone)이 될 것이다. 언어 유전자는 없다.

나는 어떤 언어의 계통적 연대를 결정하기 위해 유형론에 의존하는 것에 반대하는 좋은 시나리오를 내가 제시한 것이기를 희망한다. 그렇지 않으면, 우랄 어족과 '알타이' 어족이 모음조화를 갖고 있다는 이유로 사람들이 '우랄-알타이' 어족에 관해 여전히 이야기하던 150년 전으로 되돌아가게 될 것이다. 계통적 관련성을 입증하는 유일한 방법은, 기본적인 계열적 형태론과 기본 어휘에 있어서 언어 A와 언어 B 사이의 **규칙적** 대응을 증명하는 비교 방법론의 조잡한 강요일 뿐이다.

지금까지, 한국어와 지구상의 다른 언어들 사이의 외부적 관련성을 증명하려는 어떤 시도도 전통적인 역사 언어학의 관점에서는 실패해 왔다. 그렇지만 그것은 놀라운 것이 아니다.

아이누어(Ainu)와 니브흐어(Nivx)어와 비슷하게, 한국어는 두 언어(한국어, 제주도어)로 구성된, 어쩌면 세 언어(북쪽 함경도의 육진어, 그리고 구소련(Soviet)의 한국인들과 연방중국 길림성(지린, Jilin) 지역의 한국인들이 사용하는 육진어에서 파생된 언어)로 구성된 가방 어족(portmanteau language family)이다. 신라어(Sillan)로부터 한국어가 나왔다고 하는 일반적인 관점과는 반대로, 나는 한국어가 고구려어(Koguryŏn)의 후대형이고, 제주도어(Chejudo)는 백제어(Paekchean)의 후대형인 것이라고 생각한다. 신라어는 흔적을 남기지 않고 사라진 것 같다. 이는 아마도 어족을 점점 다양하게 만들었을 것이다. 그러나 고대에 한국어를 사용한 주민들에 관한 많은 실재(presence)를 갖고 있는 일본을 주요한 예외로 하면, 한국 어족이 사용된 장소에 관한 증거가 없기 때문에 우리는 여기서 벽에 부딪히게 된다. 그러나 두 가지 역사적 기록과, 일본에 대한 한국인의 영향의 본질(중부 일본어는 매우 한국어화된 일본어의 변이형이며, 주변적인 변이형이 아니다.)은 이것이 언어 접촉의(adstratal) 본질이라는 것을 암시한다. 이 언어 접촉은, 5세기 일본 국가의 수립, 6세기 불교의 전래, 7세기 고구려와 백제의 멸망이라는 이 세 가지 중요한 역사적 사건으로 기인한, 일본을 향한 대규모의 한국인 이민이 원인이 된 것이다.

그리고 우리는 가방 어족과 고립 언어가 어떻게 비롯되는지 꽤 잘 알고 있다. 어족의 구성원들이 한두 언어를 제외하고 점차적으로 죽는 것이다. 이 과정은 우리 눈 앞에서 벌어진다. 예니세이어(Yeniseian)는

18-19세기에 몇 가지 언어로 대표되었다. 그러나 지금은 케트어(Ket)만 남아 있다. 아이누어(Ainu)의 경우에, 처음에는 쿠릴어(Kuril)가, 다음에는 사할린어 분파(Sakhalin branches)가 사라졌다. 그리고 호카이도어 분파(Hokkaidō branch)가 점점 죽었다. 축치-코랴크어(Chukchi-Koryak)들은 아마도 이번 세기의 끝에는 유일하게 살아남을지도 모르는 축치어(Chukchi)를 제외하면, 모두 사라졌거나, 소멸 직전이거나, 혹은 심각하게 위험에 처해 있다. 이와 매우 비슷한 양상이 퉁구스 어족(Tungusic languages)에서도 발견된다. 이러한 목록은 더 많다. 따라서 한국 어족도 이와 비슷한 운명을 겪을 가능성이 매우 높다. 한때 이것은 여러 구성원을 가진 어족이었지만, 그 중 대다수는 증명되기 전에 죽었을 것이다. 중국의 역사적 문헌에는 그 변방에 다른 한국 어족의 언어가 있었을 것이라는 몇몇 암시가 있지만, 그 증거는 대개 역사적이고 민족지학적이다. 언어적 증거는 매우 소략하다. 다음의 문제는 어쩌면 영원히 대답되지 않은 채 남을지도 모른다. 소수의 부여어(Puyŏglosses)가 고구려어(Koguryŏ)와는 충분히 다른 한국 어족 언어에 대한 어떤 증거를 제공하는가? 발해(Parhae) 지배 계층의 언어는 한국 어족에서 분리된 것인가 아니면 고구려어의 방언인가?

모든 실용적인 목적을 위한다면, **한국어**는 **한국어**다! 그리고 지구상의 다른 어떤 어족과도 증명 가능한 계통적 관련성을 가지고 있지 않은 가방 어족이라는 사실로부터 온 우리의 지식에 대해, 잃는 것은 아무것도 없다.

ㄔ 참고문헌

• 1차 자료

Japanese

NS Nihon shoki, 720 AD	720년 일본서기
SM Senmyō 7-8th centuries AD	7-8세기 선명(宣命)

Korean

Penswo Pen.yek sohak, 1518 AD	1518년 번역소학
Sek Sekpo sangcel, 1447 AD	1447년 석보상절
SH II Silla hyangka II, 702-737 AD	702-737년 신라향가 2
SH VII Silla hyangka VII, 742-765 AD	742-765년 신라향가 7

Mongolian

MNT Mongol Niuč Tobč'an, 1224 AD.	1224년 몽골비사

• 2차 자료

Abondolo, Daniel 1998. "Finnish." In : Abondolo, Daniel (ed.) *The Uralic Languages*. London & New York : Routledge, pp. 149-83.

Biligiri, H. S. 1965. *Kharia. Phonology, Grammar, and Vocabulary*. Poona : Deccan College.

Gragg, Gene 2008. "Ge^{2}ez(Aksum)." In : Roger D. Woodard(ed.) *The Ancient Languages of Mesopotamia, Egypt, and Aksum*. Cambridge & New York : Cambridge University Press, pp. 211-37.

Helimskii, Eugene 1998. "Nganasan." In : Abondolo, Daniel (ed.) *The Uralic Languages*. London & New York : Routledge, pp. 480-515.

Huehnergard, John & Christopher Woods 2008. "Akkadian and Eblaite." In : Roger D. Woodard (ed.) *The Ancient Languages of Mesopotamia, Egypt, and Aksum*. Cambridge & New York : Cambridge University Press, pp. 83-152.

King, Ross 1988. "Towards a History of Transitivity in Korean." A paper presented at the Conference on the Theory and Practice of Historical Linguistics, April 27, 1988, University of Chicago.

Lehmann, R. P. M & W. P. Lehmann 1975. *An Introduction to Old Irish.* New York : Modern Language Association of America.

Martin, Samuel E. 1996. "Un-Altaic Features of the Korean verb." *Japanese/ Korean Linguistics* 6 : 3-40.

Martin, Samuel E. 2000. "How Have Korean Vowels Changed Through Time?" *Korean Linguistics* 10 : 1-59.

Pireiko, L. A. 1999. "Zaza iazyk." In: Rastorgueva V. S., V. A. Efimov, and V. V. Moshkalo (eds.). *Iranskie iazyki II. Severo—zapadnye iranskie iazyki (The Iranian Languages II. The North-Western Iranian Languages).* Moscow : Indrik, pp. 73-77.

Ramsey, S. Robert 1990. "The origin of aspiration in Korean and other historical problems," A Paper Presented at the Association of Asian Studies annual meeting, Chicago, April 6, 1990.

Schachter, Paul & Fe T. Otanes 1972. *Tagalog Reference Grammar.* Berkeley & Los Angeles : University of California Press.

Sneddon, James Neil 1996. *Indonesian : A Comprehensive Grammar.* London & New York : Routledge.

Vinogradova S. P. 1997. "Drevnepersidskii iazyk (The Old Persian Language)." In: Rastorgueva V. S., V. V. Moshkalo, and D. I. Edel'man (eds.). *Iranskie iazyki I. Iugo-zapadnye iranskie iazyki (The Iranian Languages I. The South-Western Iranian Languages).* Moscow : Indrik, pp. 35-57.

Vovin, Alexander 1995. "Once again on the accusative marker in Old Korean." *Diachronica* 12.2 : 223-36.

Vovin, Alexander 2009. *A Descriptive and Comparative Grammar of Western Old Japanese. Part 2.* Folkestone : Global Oriental.

• 약어표(ABBREVIATIONS)

ACC	Accusative	대격
AND	Adnominal	관형형
APPL	Applicative	지향태
FIN	Final	종결
GEN	Genitive	속격
IRR	Irrealis	비현실법
LOC	Locative	처격
MOD	Modulator	변조
NOM	Nominative	주격
PRET	Preterite	과거시제

한국어와 트랜스유라시아의 유형

마르티네 로베츠
독일 막스플랑크 인류역사과학 연구소

1. 도입

이 글에서는 한국어와 소위 "트랜스유라시아" 언어들이 공유하고 있는 다수의 언어학적 자질들의 지리학적 집중과 그 역사적 동기화에 관하여 고려할 것이다. "트랜스유라시아"라는 표찰은, 여러 가지 주요한 언어학적 특징들을 공유하는 일본어, 한국어, 퉁구스어, 몽골어, 그리고 투르크어 어족 이 다섯 가지 서로 다른 어족을 망라하는, 전통적으로 "알타이 어족"으로 알려진 지리학적으로 인접해 있는 큰 그룹의 언어들을 가리키기 위해서 Johanson & Robbeets(2010 : 1-2)에서 만든 용어이다.

이 언어 지역(linguistic area)은 언어 접촉의 결과로 다수의 구조적 특질들을 공유하는 지리학적으로 인접한 한 그룹의 언어들이다. "지역(area)"라는 용어는 공유된 특성들이 차용의 결과라는 것을 함의하기 때문에, 나는 선험적으로(a priori) 트랜스유라시아 지역에 이 용어를 쓰는 것을 삼갈 것이고, 대신에 "지역성(areality)"이라는 개념에 의존할 것이다. 즉, 구조적 특질들의 지리학적 집중은 이 특질들이 역사적으로 어떻게 발달했는지와는 무관하다. 이러한 특질들의 집중이 어떻게 발생했는가에 대한 시나리오는 4절에서 귀납적으로(a posteriori) 제안될 것이다. 트랜스유라시아 언어들에 걸쳐서 공유되는 17가지 구조적 특질들에 대해 평가한 후에, 나는 이 데이터를 통해 얻어진 통찰이, 어떻게 언어가 이러한 자질들을 공유하게 되었는지에 관한 역사적 진술에 적합한지 고려할 것이다. 이는 가능한 설명으로서의 확산과 계보적 관련성, 혹은 이 두 요인들의 상호작용에 대해 비교 검토하면서 이루어질 것이다.

트랜스유라시아 언어들 사이의 모든 유사성이 언어 접촉에 의해 설명되어야 하는지 아닌지, 혹은 몇몇은 일반적인 선대의 잔유물인지 아닌지에 대한 의문은 역사 비교 언어학에서 가장 문제가 되는 쟁점 중 하나이다(이 논란에 대한 개관은 Robbeets 2005를 보라). 언어 간의 유사성들을 일반적인 세습으로 인해 발생한 것으로 보는 소위 존속론자들(retentionists)과, 유사성들을 지역적인 상호활동으로 인해 발생한 것으로 보는 '확산론자들(diffusionists)' 사이의 트랜스유라시아 분야(field)에서의 강한 양극화에도 불구하고, 언어 지역으로서의 트랜스유라시아에 관한 세부적인 특성기술은 언어학적 연구에서 놀라울 만큼 보기 드물다(예를 들면 Poppe 1964, Rickmeyer 1989).

이 글에서, 나는 한국어와 여타 선택된 트랜스유라시아 언어들, 그 언어들의 가장 오래된 믿을 만한 역사적인 변이형들을 포함해서, 이들에 관한 유형론적 개요들을 제공함으로써, 연구에서의 이러한 공백들의 한 부분이나마 채우려고 노력할 것이다. 이 글의 구성은 다음과 같다. 2절에서는, 트랜스유라시아 유형의 내에 있는 한국어의 윤곽을 그려보기 위해 선택된, 수평적 그리고 수직적 비교 사항들을 소개할 것이다. 3절에서는, 트랜스유라시아 지역의 바로 바깥에 있는 몇 가지 언어들과 비교하여, 트랜스유라시아 유형의 개요를 확립할 것이다. 논의되는 언어적 층위는 음운론, 어휘부와 의미론, 형태론과 통사론을 포괄할 것이다. 4절에서는, 표로 정리된 개요를 보이고, 지역성의 경계 결정(delimitation), 원형으로부터의 주변적 일탈, 다른 유형으로의 변화, 그리고 확산된 특질과 본유적 특질 사이의 구별에 집중하면서 그 데이터가 트랜스유라시아 유형에 관한 일반적인 언급에 적절한지를 고려할 것이다.

2. 수평적, 수직적인 비교 사항

트랜스유라시아 유형의 개요는 수평적 그리고 수직적 비교 사항으로 구성된 표로 제시될 것이다. 수평적 비교 사항은 트랜스유라시아 언어들과 그 언어적 이웃들 중에서 선택된 대표들이다. 트랜스유라시아 지역에 속하는 다섯 어족들의 현대의 변이형들의 대표로서, 나는 터키어(투르크 어족), 칼카 몽골어(몽골 어족), 어윙키어(퉁구스 어족), 한국어(한국 어족), 그리고 일본어(일본 어족)을 사용할 것이다. 현대의 트랜스유라시아 어족의 특질값들의 기초가 되는 언어적 데이터의 수집을 위해서, 나는 다음의 자료들을 참고했다. 터키어는 Göksel & Kerslake(2005), 칼카 몽골어(Khalkha Mongolian)는 Janhunen(2012), 어윙키어(Evenki)는 Bulatova & Grenoble(1999)와 Nedjalkov(1997), 한국어는 Martin(1992)와 Sohn(1994), 일본어는 Martin(1988) and Kaiser *et al.*(2001).

통시적인 관점을 위해서, 나는 가장 오래되고 언어학적으로 믿을 만한 개별 어족들의 역사적인 변이형들의 데이터를 보충할 것인데, 즉 고대 터키어(8-14세기), 중세 몽골어(13-17세기) 그리고/또는 문어 몽골어, 만주어(17-19세기), 후기 중세 한국어(15-16세기) 그리고 고대 일본어(8세기)이다. 이에 나는 다음의 자료들, 고대 터키어는 Erdal(2004), 중세 몽골어는 Street(1957), Weiers(1966), 그리고 Rybatzki(2003), 문어 몽골어는 Poppe(1954), 만주어는 Gorelova(2002), 중세 한국어는 Martin (1992)와 Lee & Ramsey(2011), 고대 일본어는 Vovin(2005, 2009)와 Frellesvig(2010)을 참고하였다.

외부적인 경계를 짓기 위해서, 나는 동쪽(북동부의 아이누어(Ainu)와 니브흐어(Nivkh), 남동부의 루카이어(Rukai)), 남쪽(표준 중국어(Mandarin Chinese)), 북쪽(콜리마 유카기르어(Kolyma Yukaghir), 케트어(Ket), 동부 칸티어(Eastern Khanty))의 인접한 언어들을 포함할 것이다. 나는 다음의 자료들에서 이웃 언어들의 특질값들의 기초가 되는 언어적 데이터를 조사하였다. 니브흐어는 Gruzdeva(1998), 콜리마 유카기르어는 Maslova(2003a), 케트어는 Werner(1997), Vajda(2004)와 Georg(2007), 동부 칸티어는 Filchenko (2007), 표준 중국어는 Li & Thompson(1989), 루카이어는 Zeitoun (2007), 아이누어는 Shibatani(1990), Tamura(2000)과 Bugaeva(2012)를 참고하였다.

수직적 비교 사항은, 이웃 언어들과 반대되는 트랜스유라시아 언어들의 (+)값들을 최대화하기 위해 선택된 17가지 특질들의 목록으로 구성되었다. 특질이 있을 때 (+)값이 부여되었고, 특질이 없을 때 (-)값이 부여되었다. 특질의 존재 여부가 불분명할 때는 (+/-) 값을 주었다. 통시적 변이형이 숨김 없이 혹은 생산적으로 특정 자질값을 반영하고 있지는 않지만 그럼에도 불구하고 그 언어의 이전 단계에는 (+)값을 가졌을 것을 시사하는 흔적을 보존하고 있는 경우에는, 그 역사적 변이 형은 (+)값으로 표시되었다. 이러한 방식으로 우리는 논의되고 있는 언어의 기록되지 않은 유형론적 과거에 관한 일별(一瞥)을 얻을 수 있다.

3. 트랜스유라시아 유형에 속한 한국어 정보 수집

3.1. 음운론

1. 복합적인 성조 구분의 부재

현재의 표준 한국어와는 대조적으로, 중세 한국어는 첫 번째 고성조가 변별적인 피치 악센트 체계를 사용했다. 예를 들면, 중세 한국어 가지 kaci 'eggplant((채소)가지)' vs. ka·ci 'type((종류)가지)' vs. ·kaci 'branch((나무)가지)'. 그러나 이러한 초분절적 체계는 정말로 성조적인 것은 아니다. 왜냐하면 피치가 떨어지는 이후의 한 현저한 음절의 위치에 따라서 단어들이 구별되었기 때문이다.

중세 일본어의 피치 악센트 체계에 대해서도 마찬가지이다. 니브흐어는 두 가지 성조를 변별적으로 사용한다. 우리의 샘플 언어들 중에서, 오직 케트어와 표준 중국어만이 복합적인 성조적 변별을 보여주고, 이 언어들의 각각의 음절들은 다섯 가지 변별적인 성조 중의 하나로 표시된다.

2. 설근 모음조화의 존재

최근 Ko(2012 : 169-242)에서는 현대 한국어의 줄어든 모음조화가 중세 한국어에서의 설근(舌根, tongue root) 기반 체계로부터 파생되었다는 관점을 지지했다. 설근이 오므라든 위치에서 발음되는 RTR 모음 /ʌ, o, a/과, 설근이 앞으로 나가면서 발음되는 비-RTR 모음 /i, u, ə/ 사이의 대립이 있다는 것이다. 예를 들어, 중세 한국어 *sol-a* /sʌl-a/ 'burn-CONV' vs. 중세 한국어 *sul-e* /sil-ə/ 'disappear-CONV', 그리고 *sol-wo-n* /sʌl-o-n/ 'burn-MOD-ADN' vs. *sul-wu-n* /sil-u-n/ 'disappear-MOD-ADN'. 나아가 Ko(2012)에서는 몽골어와 퉁구스어의 기원적인 모음조화가 RTR 기반이라는 것을 입증했다. 일본어는 모음조화가 없다. 모든 모음이 오직 전설이거나 후설의 영역 내에 있을 것을 요구하는 구개적 조화는 투르크 어족뿐만 아니라 칸티어와 같은 대부분의 우랄 어족에서 발견된다. 유카기르어와 니브흐어는 설근 조화의 측면에서 설명되어 왔다. Shibatani(1990 : 15)에서는 아이누어의 *o*와 *u*, *a* 사이의 대립이 설근 조화에 그 기원을 가질지도 모른다고 짐작했다. 이것은 여전히 불확실하기 때문에, 나는 아이누어를 (+/-)로 표시했다. 케트어는 모음조화를 결여하고, 루카이어와 표준 중국어도 마찬가지이다. 이들은 각각 원형적인 오스트로네시아 언어들과 본토의 남동쪽 아시아 언어들의 행동을 반영하는 것이다.

3. 어두 위치의 *r*-제약의 부재

어두 위치의 유음을 가진 모든 한국어 단어는 차용어이다. *latiwo* 'radio', *laisu* 'rice', *leymon* 'lemon', *lowuphu* 'rope' 등. 트랜스유라시아 언어들을 통틀어서, 차용어를 제외하고는 자음 *r*-이 단어의 첫 위치에 올 수 없다(예를 들어, 일본어 *razio*, 어웡키어 *radio*, 칼카 몽골어 *radio*, 터키어 *radyo* 'radio'). 이것은 콜리마 유카기르어에서도 마찬가지이다. 어두 위치의 *r-은 원시 우랄 어족에서 재구되지 않지만, 칸티어는 이런 의미에서는 이례적이다. 케트어는 음소 /r/이 없고, -r의 부재는 어두 위치를 뛰어넘는 것이기 때문에 이 언어는 (-)값을 받았다. 니브흐어, 아이누어, 표준 중국어와 루카이어는 모두 고유어 어두에 r-이 있다.

4. 폐쇄음에 대한 유성음 변별의 존재

현대 한국어와 중세 한국어에서, 폐쇄음은 평음 (p), 격음 (ph), 경음 (pp) 사이의 대조를 보여준다. 예를 들면 *pul* 'fire(불)' vs. *phul* 'grass(풀)' vs. *ppul* 'horn(뿔)'. 심지어 평폐쇄음이 유성음 사이에서 약간 유성음화되었을 때에도, *pul* 'fire', 음운론적인 유성음 변별은 없다. 일본어에서 폐쇄음에 대한 유성음 변별은 이차적인 발달이다. 고대 일본어에서 유성 폐쇄음은 전비강음화된(prenasalized) 무성 폐쇄음으로 발음되었고, 따라서 기원적으로 일본어는 유성음 변별을 결여했다(일본어 *b, d, g, z* < 고대 일본어 *np, nt, nk, ns*). 대조적으로, 투르크 어족, 몽골 어족, 퉁구스 어족은 폐쇄음에 대한 유성-무성 대립을 공유한다. 예를 들면 터키어 *tam* 'complete' vs. *dam* 'roof'. 칸티어는 원시 우랄 어족의 특징적인 자질인 폐쇄음에 대한 유성음 변별을 결여하고 있다. 케트어와 유카기르어는 유성음 변별을 보여주지만, 아이누어, 니브흐어, 축치어 같은 극북동부 지역의 언어들은 그렇지 않다. 니브흐어와 마찬가지로 표준 중국어는 유기폐쇄음과 무기폐쇄음 사이의 변별을 가지고 있지만, 유성-무성 대립은 없다. 대부분의 오스트로네시아 언어들의 특징처럼, 루카이어도 또한 폐쇄음에서의 유성음 변별을 보여준다.

3.2. 어휘부와 의미론

5. (외부 어족에서) 차용한 동사의 비동사적 사용에 대한 선호

한국어는 외국어 동사를 차용할 때, 영어를 예로 들면, 동사의 명사회된 형식을 받아들이고 거기에 *hata* 'to do(하다)'와 같은 경동사를 덧붙인다. 영어 동사 *chat, click (a mouse), jog* 같은 동사는 *chaything hata*(채팅하다), *khullik hata*(클릭하다), *coking hata*(조깅하다)가 되는 식이다. 세계 여러 언어들에 걸친 동사 차용의 매커니즘을 고려해 보면, 대부분의 수용자 언어는 거칠게 두 가지 변별되는 그룹으로 범주화한다. 차용된 동사는 별도의 형식적 조정이 필요하지 않은 동사로 수용되거나, 혹은 형식적 조정이 필요한 비-동사로 수용된다(Wohlgemuth 2009). 투르크어, 몽골어, 일본어과 함께 한국어는 차용어가 접미사 혹은 경동사로 형식적 조정을 필요로 하기 때문에 두 번째 유형에 속한다. 터키어 *klik-le-* and *klik et-* ≪ 영어 *click* ; 칼카 몽골어 *zee-l-* ≪ 표준 중국어 *zhài* 'borrow, lend' ; 한국어 *coking ha-*, 일본어 *zyogingu suru* 'to jog' ≪ 영어 *jog* ; 일본어 *demo-r-* ≪ 영어 *demonstrate*. 남부 퉁구스 어족은 또한 차용어를 조정하는 동사화소를 사용한다. 예를 들면 우디허어. *tancewa-la-* ≪ 러시아어 *tancewa-t'* 'to dance' and 나나이어. *voprosa-la-* ≪ 러시아어 *voproša-t'* 'to inquire, question'. 그러나 북부 퉁구스 언어들은 차용어 동사를 직접 수용을 선호한다. 예를 들면 어윙키어 *vypolńaj-* ≪ 러시아어 *vypolnja-t'* 'to fulfill, carry out'. 우리는 역사적인 단계에서의 동사 차용에 관한 정보를 가지고 있지는 않기 때문에, 나는 이것들에다 (+/-)라고 표시하였다. 트랜스유라시아 언어들과는 대조적으로, 아이누어, 표준 중국어 같은 중국 언어들, 칸티

어 같은 우랄 언어들, 그리고 루카이어 같은 오스트로네시아 언어들은
직접 수용에 대한 강한 선호를 보여준다. e.g. 표준 중국어 *kaobei* 《
프랑스어 *copier* 'to copy'. 유카기르어와 니브흐어는 러시아어 또는 다
른 외국 언어들로부터 온 어떤 식별가능한 동사 차용어도 그들의 어휘
부에 포함시키지 않는다.

6. 1인칭 복수대명사에서의 포함-배제의 변별

한국어와 일본어와는 대조적으로, 퉁구스 언어와 몽골 언어와 같은
일부 트랜스유라시아 언어들은 1인칭 대명사에서의 포함-배제의 대립
을 갖는다. 지정수신인(addressee)을 배제하는, 즉 '너를 제외한 나와 다
른 사람'이라는 배제의 '우리'와, 지정수신인을 포함하는, 즉 '나와 너와
그리고 혹시 다른 사람'이라는 포함의 '우리' 사이를 구별한다. 중세 몽
골어는 배제의 *ba*와 포함의 *bida* 사이의 구별이 칼카 몽골어에서도 형
식적으로 보존되었다. 형식적으로 배제의 *man*과 형식적으로 포함의
bidn-이 불균형적인 패러다임을 이루지만, 기능적 변별은 상실되었다.
그러나 퉁구스 언어들에서는 포함-배제의 대립이 일반적으로 잘 보존
되었다. 예를 들어, 배제 만주어 *be*, 어윙키어 *bu* vs. 포함 만주어
muse, 어윙키어 *mut* ~ *mit*. 고대 터키어와 대부분의 현대 터키어 구
어 변이형들은 1인칭 복수 형식(터키어/고대 터키어 *biz* 'we')과, 사람들의
분리된 그룹을 가리키는 증가된(augmented) 복수 형식(터키어/고대 터키어
biz-ler 'we (as a group)') 사이를 구별한다. 그러나 몇몇 언어학자들이 제
안한(예를 들어 Grönbech 1936 : 81) 것과는 반대로 이것은 포함-배제의 구
별은 아니다. 니브흐어와 루카이어는 포함(니브흐어 *mer* ~ *mir* ; 루카이어
-mita ~ *ta-* (주격))과 배제(니브흐어 *n'yŋ* ; 루카이어 *-nai* ~ *nai-*(주격))를 구

별한다. 아이누어는 동사에 붙는 인칭 접사가 포함-배제의 구별을 갖지
만, 1인칭 대명사 *aoka(i)*는 오직 단일한 형식이다. 칸티어, 케트어, 그
리고 유카기르어는 포함-배제의 구별을 결여한다. 표준 중국어 1인칭
복수 대명사에서 발견되는 배제의 *wǒmen*과 포함의 *zánmen* 'we'의 구
별이 고대 중국어에서는 발견되지 않고, 이것은 알타이 지배 시기에 몽
골어와 만주어의 영향을 입어 발달한 것이다.

7. 속성 단어들은 동사적으로, 명사적으로 부호화된다.

범언어적으로 형용사는 그 자신의 원형적인 부호화 전략(prototypical
encoding strategy)을 가지고 있지 않다. 즉 언어에 따라 형용사는 동사적
으로 혹은 명사적으로 행동한다. 비-동사적인 부호화의 예는 영어를 들
수 있다. 동사에 대한 3인칭 일치에서 확인할 수 있는데, *he read-s*는
되지만 **he happies*는 안 된다. 반면에 한국어는, 형용사가 동사적으로
부호화된다. *ilkta* 'to read(읽다)' and *kipputa* 'to be happy(기쁘다)'의
부호화가 동일하다. 그러나 한국어는 또한 비-동사적인 속성 단어들을
사용하는데, *hayngpok hay-yo* '[he] is happy(행복해요)'에서처럼 대부
분 *hata* 'do(하다)'와 합성되어서 나타나는 형용사적 명사도 있다. 명사
적 전략과 동사적 전략이 모두 사용되기 때문에, 한국어에서 속성 단어
의 부호화는 혼합되었다고(be mixed) 말할 수 있다. 비슷하게 일본어는,
일본어 *sizuka*, 고대 일본어 *siduka* 'quiet', 일본어/고대 일본어 *tasika*
'trustworthy'와 같은 몇몇 속성 단어들은 오로지 명사적으로 부호화되
고, 반면에 일본어/고대 일본어 *taka-* 'to be high', 일본어/고대 일본어
kata- 'to be hard, tough'는 동사와 비슷한 방식으로 굴절한다. 투르
크, 몽골, 퉁구스 언어들에서, 대부분의 속성 단어들은 명사적으로 부

호화된다(예를 들어 고대 터키어 *bädük*, 터키어. *büyük* 'big, great ; greatness',
Ma. *den* 'high, tall; heigth', 어웡키어. *gugda* 'high, heigth', 문어 몽골어. *ulaVan*,
칼카 몽골어. *ulaan* 'red; redness, the red one'). 하지만 일부는 동사적으로
부호화된다(고대 터키어. *kat-* 'to be hard, firm, tough' ; 터키어. *büyü-* 'to
be(come) large' ; 문어 몽골어. *qala-* 'to be(come) warm' ; 칼카 몽골어. *ayu:-* 'be
afraid', Ma *aka-* 'to be sad', 어웡키어. *buli:-* 'to be sad'). 칸티어와 케트어의
속성 단어들은 오로지 명사적으로만 부호화된다. 하지만 유카기르어,
아이누어, 니브흐어, 표준 중국어, 루카이어의 속성 단어들은 오로지
동사적으로 부호화된다.

8. 몇몇 속성 단어들은 교차된 부호화를 보여준다.

일반적으로 형용사에 관한 혼합된 부호화는 그 의미에 따라서 분할
된다. 대부분의 속성 단어들이 오직 한 가지 부호화 선택지(option)를 갖
는 것이다. 한국어에서 *hayngpok*은 명사적으로 부호화하는 방식을 갖
고, 동사로 굴절하는 대안적인 방식은 없다. **hayngpok-ayo*(행복-아요)
와 같은 선택지는 없는 것이다.

하지만, 중세 한국어 *toso-* vs. 중세 한국어 *toso ho-* 'to be warm';
중세 한국어 *·ha·ya ho-* vs. 중세 한국어 *·huy-/ ·huy-* 'to be white';
중세 한국어 *·pha·la ho-* vs. 중세 한국어 *phwulwu-* 'to be blue'와 같
이, 동일한 속성 단어가 명사적 부호화와 동사적 부호화의 방식을 모두
갖는, 몇 가지 쌍을 이룬 것들(doublets)은 기원적인 교차(switching)의 흔
적을 보여준다.[1] 비슷한 교차의 흔적이 다른 트랜스유라시아 언어들,

---

1) 중세 한국어 *·pha·la ho* vs. 중세 한국어 *phwulwu-* 'to be blue'에서의 모음 교체는
아마도 전설 모음 *wu*와 후설 모음 *a* 사이의 표현적인 모음 교체 때문인 것 같다.

특히 선대의 변이형들에서 발견된다. 예를 들면 고대 터키어. *ač* 'hungry' / *ač-* 'to be hungry', 고대 터키어. *keč* 'late, slow'/ *keč-* 'to be late, slow' ; 중세 몽골어. *bulqa* 'hostile ; hostility' / *bulqa-* 'to be hostile' ; 만주어. *jalu* 'full'/ *jalu-* 'to be full', 만주어. *sula* 'loose, free'/ *sula-* 'to be loose, be free' ; 중세 한국어 *toso-* vs. 중세 한국어 *toso ho-* 'to be warm' ; 고대 일본어 *taka* 'high' / *taka-* 'to be high', 고대 일본어 *opo* 'big / 고대 일본어 *opo-* 'to be big' 등. 이웃 언어들 중에서는 툰드라 유카기르어를 제외하고는 그러한 행동을 보이는 것이 없다. 툰드라 유카기르어에서는 *juku* 'small' and *t'ama* 'big'라는 두 가지 속성 단어가 외현적인 관형사화소 없이 명사 수식어로 나타나기도 하고, 예를 들면, *t'ama-d'ohoje* (big-sword) 'sabre'에서처럼. 이에 더해서 동사로부터 파생된 기동상 *t'ama-mu-* (be.big-INCH) 'to grow, become big'의 예에서처럼 동사적으로 부호화하기도 한다(Maslova 2003b : 14).

3.3. 형태론

9. 형태론은 교착적이다.

한국어는 전형적인 교착어이다. 교착어는 형태소와 그 의미 사이의 관계가 1:1이 되도록 하는 방식으로 형태소들을 선형적으로 연결시킨다. 예를 들면 *cal mek-ess-sup-ni-ta* (well eat-PST-HUM-IND-DEC) 'I had a wonderful dinner(잘먹었습니다)'. 트랜스유라시아 언어들은 케트어, 유카기르어, 아이누어, 니브흐어와 같은 시베리아 지역의 언어들과 칸티어를 포함하는 우랄 언어들과 함께 북아시아와 유럽에 걸친 교착어 분포 지대(belt)에 속한다. 루카이어를 포함한 오스트로네시아 언어들은 교착적이다. 중국어만이 오직 연구 중에 있는 분석적 언어이다.

10. 굴절 형태론은 대개 접미사적이다.

한국어에서 *yel-cwungi* 'a chick out of its shell(열중이)'에서의 *yel-* 'young, new', 중세 한국어 *ku·cit-* ~ *skucit-* 'to scold(꾸짖다)', 중세 한국어 *tih-* ~ *stih-* 'to pound(찧다)'에서의 강조의 s-와 같은 일부 파생 접두사를 제외하면, 접두사는 드물다. 이것은 다른 트랜스유라시아 언어들에서도 마찬가지이다. 많은 우랄 언어들에서 그러하듯이, 칸티어는 접미사를 많이 붙이고, 유카기르어도 그렇다. 니브흐어는 접미사를 덜 붙이는 것 같다. 케트어에서는 명사적 굴절 형태론에서 접미사를 많이 붙이는 반면 동사 굴절은 대개 접두사적이다. 아이누어와 루카이어에서는 굴절이 접두사와 접미사 모두를 사용한다. 아마도 트랜스유라시아 언어들의 영향 때문에, 표준 중국어는 고립적 유형인지 약한 접미사적 유형인지 명백하게 규정하기 어렵지만, 보통 중국의 변이형들은 고립적인 극단(isolating pole)을 향해 있는 경향이 있다.

11. 의무적인 수분류사의 부재

중세 한국어의 표준적인 패턴은, 예를 들어 *twu kalh* (2 knife) 'two knives(두 칼)'처럼 선행하는 수사가 명사를 수식하는 것이다. 반면에 현대 한국어의 가장 일반적인 패턴은, 예를 들어 *pus sek calwu* (writing.brush three CLAS(붓 석 자루(분류사)))에서 손으로 잡는 긴 물건을 가리키는 *calwu*같은 분류사를 사용하는 것이다. 그러나 한국어 twu nala 'two countries(두 나라)' 같은 기원적인 패턴도 나타나고, kalh hana-ka issta (knife one-NOM be.present) 'there is one knife(칼 하나가 있다)'에서처럼 분류사의 사용은 선택적인 것으로 남아 있다. 반면에 현대 일본어에서는 *enpitu san-bon* (pencil three-CLASS) 'three pencils'같이 분류사의 사용이 의무적이고, 고대 일본어에서 수사는 *nana se* (7 rapid) 'seven rapids'에서처럼 분류사의 개입 없이 명사와 함께 사용되었다. 투르크와 몽골 언어들뿐만 아니라 대부분의 퉁구스 언어들은 종류 수분류사(sortal numeral classifiers)를 의무적으로 사용하지 않는다. 퉁구스어에서, 오직 만주어만이 중국어의 영향 아래 약 70여 개의 종류 수분류사가 발달하였다. 손에 장착하는 물건에 *fesin* 같은 수분류사가 *ilan fesin loho* (3 CLAS sword) 'three swords'와 같은 예에서 사용되지만, 만주어에서 의무적인 것은 아니다. 예를 들어, *Loho ilan* (sword 3) 'three swords'와 같은 표현도 동등하게 사용가능하다. 칸티어와 같은 우랄 언어 뿐만 아니라 유카기르어와 케트어에는 수분류사가 없다. 아이누어, 니브흐어, 표준 중국어에서는 분류사의 사용이 의무적이다. 반면 루카이어에서는 선택적이다.

12. 1인칭 대 2인칭 단수 대명사에서의 mi-Ti 대립의 존재

Nichols(2012)에서는 1인칭 대명사가 양순 비음 *m*을 가지고 2인칭 대명사가 설첨 혹은 경구개 장애음 *t, c, s* 등을 가지는 m-T 대명사 패러다임이 세계의 다른 어느 곳보다 북부 유라시아 지역에서 훨씬 일반적이라는 것을 관찰하였다. Janhunen(2013 : 213)에서는, 어두 자음에서뿐만 아니라 단일 어간의 어근 모음(root vowel)이 저모음이 아닌, 비원순 전설 모음 *i* 또는 *e*를 가진다는 점에서 기본적인 유사성을 보여주는, 서쪽으로는 우랄 언어, 동쪽으로는 투르크, 몽골, 퉁구스 언어, 그리고 북쪽으로는 유카기르어에서 뻗어 나온 더 작은 그룹의 mi-Ti 언어들이 있다는 것을 추가하였다. 투르크, 몽골, 퉁구스 언어에서 주격의 1인칭 단수에서는 *m*이 없지만, 예를 들면 터키어 *ben*, 고대 터키어 *ben*, 칼카 몽골어 *bii*, 중세 몽골어. *bi*, 만주어. *bi*, 어웡키어. *bi:*, 이는 사격 형식에서 비음의 사격 접미사 -*n*에 대한 동화를 통해 발달된 것이다. 예를 들면, 고대 터키어 *min-*, 칼카 몽골어. *min-ii*(속격), 중세 몽골어. *mi-nu*(속격), 만주어. *min-*, 어웡키어. *min-*. 2인칭 단수 형식은 모두 무성 치음 T를 반영하고 있다. 터키어. *sen*, 고대 터키어 *sen*, 칼카 몽골어. *cii*, 중세 몽골어. *ci*, 만주어. *si*, 어웡키어. *si:*. 한국어 대명사는 mi-Ti 대립을 보여주지 않는다. 유별나게, 한국어는 1인칭 na와 2인칭 ne의 대립을 보여준다. 일본어 *watasi*와 고대 일본어 *wa*가 1인칭 단수에 유별나게 쓰이고, 반면 현대 일본어의 변이형과 고대 일본어의 na는 2인칭 단수에 쓰인다. 원시 우랄 언어의 1인칭 단수 대명사와 2인칭 단수 대명사는 m-T 변별을 반영하는 **mun*과 **tun*이지만(Janhunen 1982 : 35), 칸티어는 1인칭 단수 *mä*와 2인칭 단수 *nöŋ*를 가지는 점에서 일탈적이다. 하지만 유카기르어는 1인칭 단수 *met* 대 2인칭 단수 *tet*에서 mi-Ti의 대립을 보여준다. 니브흐어, 케트어, 아이누어, 중국어, 루카이어에서는 대립이 발견되지 않는다.

13. 인칭 대명사의 이차적인 사격 어간 형성

한국어를 제외하고, 트랜스유라시아 언어들은 비음 접미사 -*n*-을 사용한 인칭 대명사의 이차적인 사격 어간을 형성하는 경향을 가지고 있다. 대부분의 현대 투르크 언어들은 주격과 사격 형식이 병합되어 (merged) 있다. 예를 들면 터키어 *ben*은 1인칭 주격과 사격에 쓰인다.

하지만 고대 터키어는 1인칭 주격 *ben*과 사격 어간 *min-*이 구별된다. 비슷하게, 몽골과 퉁구스 언어들은 주격 어근에 비음 접미사를 결합하여 사격 대명사 어간을 파생시킨다. 예를 들면 1인칭 복수 대명사 중세 몽골어. *ba*(주격) vs. *man-*(사격), 칼카 몽골어. *bid*(주격) vs. *bidn-*(사격), 그리고 1인칭 단수 대명사 만주어. *bi*(주격) vs. *min-*(사격), 어윙키어. *bi:*(주격) vs. *min-*(사격). 현대 일본어에는 사격 대명사 어간이 없지만, 고대 일본어에는 몇몇 격 형식에서 사격 비음 접미사의 흔적이 남아 있다. 예를 들면 서부 고대 일본어 1인칭 단수 여격형 *wa-ni*와 교체되는 동부 고대 일본어 *wa-nu-ni*. Vovin(2005 : 229-230)에서는 기원적인 일본 언어의 대명사 사격 **-n*-은, 1인칭 대명사 *waa-*를 주격과 속격 어기(base)로 사용하고 사격에서 *waN-*으로 확장되는 북부 류큐어 방언에 의해서 잘 뒷받침된다는 것을 발견했다. 사격의 비음 접미사는 우랄 어족의 대명사 패러다임에서 중요한 요소이다. 예를 들어 칸티어 1인칭 대명사 *mä*(주격) vs. *män-*(사격). 하지만 케트어, 유카기르어, 아이누어, 니브흐어, 표준 중국어는 이차적인 사격 어간을 파생시키지 않는다. 루카이어는 인칭 대명사의 이차적인 사격 어간을 파생시키지만, 비음 접미사 *-n-*을 통해서는 아니다.

3.4. 통사론

14. SOV(주어-목적어-동사) 어순

통사적으로, 한국어는 전형적으로 SOV 어순을 가지는 트랜스유라시아 언어들과 패턴을 같이 한다. 칸티어, 유카기르어, 케트어, 아이누어, 니브흐어와 같은 북쪽 언어들은 모두 SOV 언어인 반면, 동남쪽으로 가면 표준 중국어 같은 것은 거의 모두 SVO 어순이다. 대부분의 오스트로네시아 언어들과 같이, 루카이어는 동사가 앞서는 경향이 있고, VSO와 VOS의 전환이 자유로운 편이다.

15. 부동사(converb)의 넓은 용법

한국어는 부동사가 현저한 언어이다. 동명사 혹은 부사적인 분사로 알려져 있는 부동사가 부사적 종속절을 표시하기 위해 빈도 높게 쓰인다는 의미에서 그렇다. 예를 들면 *Kiho nun nol-ko ca-ss-eyo* (Kiho TOP play-CONV sleep-PST-FIN) 'Kiho played and (then) slept(기호는 놀고 잤어요)'. 트랜스유라시아 언어들은 모두 부동사의 넓은 용법을 가지고 있다. 칸티어는 오히려 비전형적인 우랄 언어인데, 이 언어가 가장 빈도 낮은 비정형의 동사 형식인 *-min*에서 단 하나의 부동사를 가지기 때문이다. 유카기르어와 니브흐어는 접속절에서 다양한 부동사의 용법을 갖는다. 그러나 아이누어는 종속적 접속사를 이용한다. 케트어는 어떤 종류의 부동사 혹은 연속 동사도 갖지 않는다. 표준 중국어에서는 동사나 동사구가 단지 병치되고(juxtaposed), 그 항목들간의 관계는 대체로 표지되지 않는다. 루카이어는 종속적 접속사, 어순 변화, 동사 형식의 명사화와 같은 다양한 방법을 통해서 부사적 종속을 표시한다.

16. 서술적 소유를 부호화하기 위한 처격 존재 구성의 사용

다른 트랜스유라시아 언어들과 비슷하게 한국어는, 소유자 명사구가 여격-처격 형식으로 나타나고 소유되는 명사구가 존재 서술어의 문법적 주어로 기능하는 존재문을 기반으로 해서 "X가 Y를 가지고 있다"라는 개념을 표현하는 분명한 선호를 보여준다. 'I have a book'이라는 표

현은 예를 들어서 *Na-hanthey chayk-i issta* (I-DAT book-NOM exist
(나한테 책이 있다))라는 식으로 표현될 수 있다. 그러나 소유자는 또한
명사구의 주제로 구성될 수도 있다. 예를 들어 *Na-nun chayk-i issta*
(I-TOP book-NOM exist(나는 책이 있다)). 이것은 일본어에서도 마찬가
지이다. *Watashi-ni hon-ga aru* (I-DAT book-NOM exist) and
Watashi-wa hon-ga aru (I-TOP book-NOM exist). 처격 존재 구성은
또한 투르크, 몽골, 퉁구스 언어들에서도 또한 발견된다. 터키어,
Ben-de bir kitab var (I-LOC a book exist), 칼카 몽골어 *Nad-ed
nom bai-n'* (I-DAT book be-DUR), 어윙키어 *Min-du: kniga bisi-n*
(I-DAT book be-3SG), 만주어 *Min-de bithe bi* (I-DAT book be). 일
본어와 한국어의 주제 소유 구성은 중국어의 영향 아래 발달되었을지도
모른다. 왜냐하면 이것들이 표준 중국어의 표준적인 전략을 보여주기
때문이다. 케트어, 니브흐어, 루카이어 또한 처격 소유 구성을 가진다.
칸티어와 아이누어는 타동사 'to have'로 소유를 부호화한다. 유카기르
어는 접속 구성으로 소유 구성을 사용한다.

17. 서술적 비교를 부호화하기 위한 탈격 형식의 사용

한국어는 일반적으로 *kicha pota ppaluta* (train PT be.fast) 'faster
than a train(기차보다 빠르다)'와 같은 비교 구성에서 *pota* 'than(보다)'라
는 비교 불변화사를 사용한다. 그러나 문어 한국어에서는 탈격 표지
eyse 'from(에서)'가 사용될 수 있다. 예를 들면 *i eyse te khu-n salang*
(this ABL more be.big-ADN love) 'a greater love than this(이에서 더
큰 사랑)'. 다른 트랜스유라시아 언어들은 모두 비교기준 명사구가 탈격
형식으로 구성된 비교 구성을 형성한다. 예를 들면, 터키어 *bu araba-*

dan daha büyük (this car-ABL more big) 'bigger than this car', 칼카 몽골어. *ene xun-ees iluu* (this person-ABL good) 'better than this person', 어웡키어. *oron-duk gugda-tmar* (deer-ABL tall-COMP) 'taller than a deer', 만주어. *ere niγalma ci sain* (this person ABL good) 'better than this person' 일본어 *chikyuu-yori omoi* (globe-ABL be.heavy) 'heavier than the globe'. 유카기르어와 케트어는 또한 비교 기준을 탈격 어미로 표시한다. 칸티어에서는 비교의 표지가 후치사 *niŋə* 'since, from'인데 이것은 탈격 비슷한 의미론을 가지지만 비교기준 탈격 어미와는 차이가 있다. 니브흐에서는, 비교 접미사 *-γk*이 전통적으로 격 형식과는 분리되는 것으로 간주되었다. 아이누어는 불변화사 *kasuno* 'than'를 사용하여 비교 구성을 형성한다. 표준 중국어의 비교 구성에서 비교기준 명사구는 동사 'to exceed'의 직접 목적어로 구성된다. 루카이어의 비교 구성은 묘사적 동사 어간의 부분적 중첩(CVV)으로 형성된다.

4. 분석

4.1. 특질값

표 1에는, 조사된 언어들이 수평적인 비교 사항으로 입력되어 있고, 17가지 특질들이 수직적인 비교 사항으로 들어가 있다. 해당 언어에서 주어진 특질들이 있거나, 없거나, 불확실한 사항은 (+), (-), (+/-)값으로 표시되었다. 마지막 열에는 (+)값의 수를 세어서 입력하였다.

표 1. 역사적 단계에 따라 선별된 트랜스유라시아 언어와 대표적인 이웃 언어들의 특질값

빈도	특질번호	터키어	(이전의)고대터키어	칼카몽골어	(이전의)중세몽골어	어윌키어	(이전의)만주어	한국어	(이전의)중세한국어	일본어	(이전의)고대일본어	칸티어	케트어	유카기르어	니브흐어	아이누어	표준중국어	루카이어
58%	01	+	+	+	+	+	+	+	+	+	+	+	-	+	+	+	-	+
10%	02	-	-	+	+	+	+	-	+	-	-	-	-	+	+	+/-	-	-
	03	+	+	+	+	+	+	+	+	+	+	+	-	+	-	-	-	-
61%	04	+	+	+	+	+	+	-	-	+	-	-	+	+	-	-	-	+
45%	05	+	+/-	+	+/-	-	+/-	+	+/-	+	+/-	-	-	-	-	-	-	-
31%	06	-	-	-	+	+	+	-	-	-	-	-	-	+	-	+	+	+
27%	07	-	+	-	+	+	+	+	+	+	+	+	-	+	-	-	-	-
⟨27%	08	-	-	-	+	+	+	-	+	-	+	-	-	-	-	-	-	-
	09	+	+	+	+	+	+	+	+	+	+	+	+	+	+	+	-	+
43%	10	+	+	+	+	+	+	+	+	+	+	+	-	+	-	-	-	-
80%	11	+	+	+	+	+	+	+	+	+	+	+	-	-	+	-	-	+
⟨13%	12	-	+	+	+	+	+	+	+	+	+	+	-	-	-	-	-	-
	13	+	+	+	+	+	+	+	+	+	+	+	+	-	-	-	-	+
40%	14	+	+	+	+	+	+	+	+	+	+	+	+	+	+	+	-	
	15	+	+	+	+	+	+	+	+	+	-	-	+	+	-	-		
20%	16	+	+	+	+	+	+	+	+	+	-	+	-	+	-	+	-	-
⟨47%	17	+	+	+	+	+	+	-	+	+	+	-	+	-	-	-	-	-
	+	11	15	14	17	15	17	11	12	11	13	6	6	11	7	4	1	7

4.2. 지역성의 경계 짓기

트랜스유라시아 언어들의 특질값을 그 이웃 지역들과 비교할 때, 대부분의 이웃 언어들은 트랜스유라시아 언어들의 변이형들에서 조사된 원형으로부터 더 강한 일탈을 보여준다. 이것은 트랜스유라시아 언어들에 대해서 "지역성"의 개념을 적용하는 것이 유의미하다는 것을 시사한다. 이것들이 선택된 이웃 언어들 대부분과는 동떨어진 것이 되게 하는 언어적 특질들의 지리적 집중을 반영한다는 의미에서 그렇다. 유카기르

어는 다른 이웃 언어들에 비해서 트랜스유라시아 언어들의 원형과 유형
론적 유사성을 보인다.[2] 적어도 세 가지 평가된 자질(즉 3. 어두 위치의 *r*-
제약의 부재, 12. 1인칭 대 2인칭 단수 대명사에서의 mi-Ti 대립의 존재, 15. 부동사
(converb)의 넓은 용법)에 대해서, (+)값을 갖는 우랄 언어에서 칸티어는
(-)값을 가졌다. 이것은 "지역성"이라는 것을, 보다 더 넓지만 다소 낮은
일관성을 갖는 트랜스유라시아-유카기르어-우랄 언어들의 제2의 지
대(second belt)에 적용할 수 있을지도 모른다는 것을 시사한다.

4.3. 트랜스유라시아 유형으로부터의 일탈

트랜스유라시아 지역 내에서, 가장 높은 긴밀성은 몽골과 퉁구스 언
어들에서 발견되었다(중세 몽골어 17; Ma 17 ; 칼카 몽골어 14 ; 어웡키어 15).
서쪽으로는 터키어가 원형으로부터 일탈했고(고대 터키어 15, 터키어 11),
동쪽으로는 일본어와 한국어가 일탈했다(중세 한국어 12 ; 고대 일본어 13 ;
한국어 11 ; 일본어 11).

우랄 언어의 영향으로 인한 서쪽 주변부에서 변화한 원형적인 트랜
스유라시아 특질들의 예는, 우랄 언어의 구개적 조화가 터키어에서 나
타나는 2. 트랜스유라시아 설근 모음조화가 있다. 그리고 7. 속성 단어
들의 동사적 부호화의 점진적 상실의 경우, 우랄 언어의 명사적 부호화
를 반영하면서 동쪽으로는 퉁구스 언어의 변이형들과 서쪽으로는 투르
크 언어의 변이형들이 고대로부터 현대로 올수록 변화해 가고 있다.

---

2) Robbeets(forthcoming)에서, 나는 공유되는 문법화의 과정을 포함하여 27개 특질에
   대한 유형론적 개요를 확장하였다. 이 확장된 연구에서 유카기르어는 트랜스유라
   시아 언어의 원형과는 보다 낮은 유형론적 유사성을 보여 주었다.

12. 투르크, 몽골, 퉁구스 언어들에서 1인칭 단수 대명사와 2인칭 단수 대명사에서의 mi-Ti 대립을 만들어내는 m-어두의 이차적인 발달도 그 예가 된다.

동쪽으로는 원형적인 트랜스유라시아 특질이 변화해서 한국어와 일본어가 북동부 시베리아 지역의 특질을 반영하고 있는 예는 다음과 같다. 4. 아이누어, 니브흐어, 축치어와 비슷하게, 한국어와 고대 일본어에서의 유성음 변별의 상실. 만주어, 한국어, 일본어로 확산된 것처럼 보이는 중국어의 특질들은 1. 한국어와 일본어에서의 단일한 성조 체계의 발달, 7. 다른 트랜스유라시아 언어들에 비해 한국어와 일본어에서 동사적으로 부호화되는 속성 단어들의 상대적으로 높은 비율, 9. 다른 퉁구스 언어에 비해 만주어에서 분석적인 특질의 증가, 11. 다른 퉁구스 언어에 비해 만주어에서의 종류 수분류사의 증가, 그리고 다른 언어들의 변이형들에 비해서 한국어와 일본어에서의 종류 수분류사의 증가, 16. 한국어와 일본어에서 주제적 소유 구성의 발달.

4.4. 보편적으로 동기화된 특질 대 역사적으로 동기화된 특질

관찰한 것에 대한 단순한 해석은, 트랜스유라시아 언어 유형의 특질들이 보편적으로 너무 흔한 것이어서 몇몇 인접한 어족들에서 보이는 특질들의 평행한 출현이 우연적인 것이라고 주장하는 것이 될 수도 있다. 그러나 이것은 특질들이 이웃하는 지역과는 대조적으로 트랜스유라시아 지역에 명백하게 집중되어 있기 때문에, 분명 사실이 아니다. 게다가, 범언어적으로 보았을 때 상대적으로 빈도가 낮은 몇몇 특질들은, 공유된 특성들이 보편적으로 빈도 높은 특질들의 우연적인 공유로 인한 것이 아니라는 것을 보여준다. WALS와 기타 자료에서의 샘플링에 따르면, 나는 13가지 특질의 범언어적 빈도에 대한 측정을 추가할 수 있다.

네 가지 특질(5, 10, 14, 17)은 세계의 33%이상 50% 미만의 언어에서 발견되는 것이라는 점에서 아주 흔하지는 않다. 여섯 가지 특질(2, 6, 7, 8, 12, 16)들은 33% 미만의 언어에서 발견되는 것이라는 점에서 상대적으로 드물다. 세계의 언어에 걸쳐서 상대적으로 빈도가 낮고 무작위로 흩어져 있지만, 특정한 그룹의 언어에서 빈도가 높고 지리학적으로 집중되어 있는 현상은 논의되는 언어들 사이의 지역적이거나 계통적인 역사적 연결 관계에 대한 증거를 제공해 준다(Croft 1990 : 206-207).

4.5. 확산된 자질과 본유적 자질

트랜스유라시아 언어에의 귀속(affiliation)은 논쟁적인 것으로 남아 있지만, 심지어 Janhunen(1996 : 220)과 같은 비평가들은 기원전 1천 년 전에 관련 있는 개별 어족들의 고국(homelands)이, 아이누어 화자들과 니브흐어 화자들의 고국과 마찬가지로, 남부 만주의 조밀한(compact) 지역에 모두 위치해 있었을 것이라는 데에 동의하였다.

여기서 논의된, 6 1인칭 복수 대명사에서의 포함-배제 변별, 그리고 12. 1인칭 단수 대명사 대 2인칭 단수 대명사에서의 mi-Ti 대립과 같은 일부 공유된 특질들은 거의 확실히 접촉에 유도된 것이다. 다른 것들은 다음의 다섯 가지 관찰에서 시사되는 바와 같이, 공통된 선대(ancestral) 특질의 잔유물인 것처럼 보인다.

1. 지리 : 일본어의 고립된 위치

다른 트랜스유라시아 언어들로부터 일본어를 분리시키는 강한 지리적 경계를 형성하는 동해와 쓰시마 해협에도 불구하고, 케트어, 유카기르어, 아이누어, 니브흐어와 같이 지리적으로 덜 고립된 언어들에 비해 일본어는 유형론적으로 트랜스유라시아 언어들과 가깝다. 심지어 선사시대의 접촉에 관한 시나리오 내에서도, 이것은 일본어의 트랜스유라시아적 특징이 배타적으로 확산된 것이 아니라는 것을 시사한다. 왜냐하면 아이누어와 니브흐어 또한 남부 만주에 있었고 공통적인 특성을 덜 가지고 있었기 때문이다.

2. 역사 : 역사적 변이형들이 더 원형적인 트랜스유라시아 언어이다.

유형론적인 긴밀성(coherence)은 조사된 언어의 현재 단계보다 역사적 단계에서 더 컸던 것으로 보이기 때문에, 트랜스유라시아의 지역성이 지난 1천년 동안에 쇠퇴해 왔다고 말하는 것이 타당할 것이다. 중국어와 시베리아어, 우랄 언어로부터의 영향이 명백하게 트랜스유라시아적 특질들에 겹겹이 쌓여 있는 반면에, 나는 이전 단계의 중국어, 시베리아어, 우랄 언어에 겹겹이 쌓여 있는 트랜스유라시아의 영향에 관한 증거는 찾지 못했다. 이것은 트랜스유라시아적 특질들이 이들 언어에 본유적인 것이었음을 시사한다.

3. 분포 : 주변부 퉁구스 어족에서의 강한 긴밀성

몽골 언어와 퉁구스 언어에서는 강한 구조적 동일성(uniformity)이 발견된다. 이 분포 패턴은, 몽골 언어가 언어 연속체의 중심부를 구성하고 있기 때문에 확산 시나리오에서의 몽골 언어에 대한 예상과 일치한

다. 하지만 이것은 북동부 주변부로 확산되어 간 퉁구스 언어에 대해
누군가가 예상할 수 있는 것은 아니다.

4. 분포 : 일본어의 특질의 증가

동쪽 지역에서의 원형으로부터의 일탈은 특질들의 감소를 총괄적으
로(en-bloc) 보여주거나, 심지어는 우리가 한국어에서 일본어로 나아간
것이라고 본 고대 일본어에 대해서는 약간 증가를 보이기도 한다. 특질
들의 점진적인 확산에 관한 시나리오에서, 우리는 일본어의 (+)값이
한국어의 (+)값보다 더 적을 것이라는 예측을 할 수 있다. 13번의 사격
의 대명사 어간과 같은 몇몇 트랜스유라시아 특질들이 한국어에서는 공
백을 보여주면서 한국어의 중개 없이 어떻게 일본어로 확산되었는지에
관해서는 설명하기가 더 어렵다.

5. 동형성(isomorphism) : 공유된 특질들은 형식적 대응물과 결합한다.

트랜스유라시아 언어들 사이에서 공유되는 몇몇 구조적 특질들이 그
개별적 특질을 반영하는 형식적 대응물인 표지와 결합한다는 관찰은 계
통적 유지(genealogical retention)에 관한 암시(indicative)가 된다. 예를 들
면 5번의 동사 차용어에 관한 비-동사적 전략의 경우가 그렇다. 동사
차용어를 받아들일 때, *-lA-(터키어 -lA-, 칼카 몽골어. -l-, Ud. -lA-, 일본어
-r(a)-)와 같은 공통된 모양의 동사로부터 온 명사 접미사를 사용한다.
그리고 13번의 인칭 대명사의 이차적인 사격 어간 형성에 있어서도 한
국어를 제외한 모든 트랜스유라시아 언어들에서 공통된 접미사 *-n을
사용한다. 공통된 특질들이 형식적 대응물과 결합하는 이러한 예들에
서, 공통된 특질은 계통적으로 동기화된 것일 개연성이 있다.

5. 결론

이 글에서 나는, 한국어가 트랜스유라시아 언어들과 여러 구조적 특질들을 공유하고 있다고 주장하였다. 그러므로 우리는 한국어를 트랜스유라시아 유형인 것으로 간주할 수 있다. 한국어와 트랜스유라시아 언어들과, 그 지역 바깥의 이웃 언어들을 대상으로 17가지 특질의 지리적 분포를 비교해 본 결과, 지역적인 뜻에서 트랜스유라시아 유형의 경계를 설정하는 것이 가능하게 되었다. 그러므로, 이 언어들이 그 이웃한 비-트랜스유라시아 언어들을 제외하고 가지는 언어적 특질들의 지역적 집중을 보여주는 한에 있어서, 트랜스유라시아 언어들에 대해 "지역성"의 개념을 적용하는 것이 유의미할 것이다.

한국어와 트랜스유라시아 언어들에 대해 "지역성"의 개념을 적용하는 것이 유의미하다 하더라도, 언어적 특질들의 집중은 모든 공유된 특성들이 확산의 결과라는 것을 함의하지는 않는다. 지리적, 역사적, 분포적, 그리고 결합되는 형식적 대응물들에 관한 조사는, 일정수의 특질들은 공통된 선대(ancestor)로부터 상속된(inherited) 것일지도 모른다는 것을 시사한다.

- 약어표(Abbreviations)

a) 언어 형식

ABL	ablative	탈격
ACC	accusative	대격
ADN	adnominalizer	관형사화소
CLASS	classifier	분류사
COMP	comparative	비교
CONV	converb	부동사
DAT	dative	여격
DUR	durative	지속상
FIN	finite	정형
GEN	genitive	속격
HON	honorific	존대
INCH	inchoative	기동상
LOC	locative	처격
NOM	nominative	주격
OBL	oblique	사격
PL	plural	복수
PST	past	과거
PT	particle	불변화사
SG	singular	단수
TOP	topic	주제

b) 언어

Ain.	Ainu	아이누어
Ch.	Mandarin Chinese	표준 중국어
Evk.	Evenki	어웡키어
J	Japanese	일본어
K	Korean	한국어
Khal.	Khalkha	칼카 몽골어
Khan.	Khanty	칸티어
Ma.	Manchu	만주어

MK	Middle Korean	중세 한국어
MMo.	Middle Mongolian	중세 몽골어
Niv	Nivkh	니브흐어
WMo.	Written Mongolian	문어 몽골어
OJ	Old Japanese	고대 일본어
OT	Old Turkic	고대 터키어
Ruk.	Mantauran Rukai	루카이어
Yuk.	Yukaghir	유카기르어

⊡ 참고문헌

Bulatova, Nadežda Ja. & Grenoble, Leonore A. 1999. *Evenki.* (Languages of the World/Materials 141.) Munich : Lincom.

Croft, William 1990. *Typology and universals.* Cambridge : Cambridge University Press.

Erdal, Marcel 2004. *A grammar of Old Turkic.* Leiden : Brill.

Filchenko, Andrey Yury 2007. *A grammar of Eastern Khanty.* Houston : Rice University PhD. Dissertation.

Frellesvig, Bjarke 2010. *A history of the Japanese language.* Cambridge : Cambridge University Press.

Georg, Stefan 2007. *A descriptive grammar of Ket (Yenisei-Ostyak) Part 1: Introduction, Phonology, Morphology.* Folkestone : Global Oriental.

Göksel, Aslï & Kerslake, Celia 2005. *Turkish. A comprehensive grammar.* London : Routledge.

Gorelova, Liliya 2002. *Manchu grammar.* Leiden : Brill.

Grönbech, Karl 1936. *Der Türkische Sprachbau.* Kopenhagen : Levin & Munksgaard.

Gruzdeva, Ekaterina 1998. *Nivkh.*(Languages of the World Materials111). Munich : Lincom.

Hashimoto, Mantaro 1986. "The Altaicization of Northern Chinese." In: McCoy, John & Light, Timothy (eds.) 1986. *Contributions to Sino-Tibetan Studies.* Leiden : Brill, 76-97.

Janhunen, Juha 1982. "On the structure of proto-Uralic." *Finnisch-ugrische Forschungen* 44, 23-42.

Janhunen, Juha 1996. *Manchuria. An ethnic history.* (Mémoires de la Société Finno-Ougrienne 222.) Helsinki : Suomalais-Ugrilainen Seura.

Janhunen, Juha 2012. *Mongolian.* (London Oriental and African Language Library 19.) Amsterdam : John Benjamins.

Janhunen, Juha 2013. "Personal pronouns in Core Altaic." In: Robbeets, Martine & Cuyckens, Hubert (eds.) 2013. *Shared Grammaticalization : with special focus on the Transeurasian languages* (Studies in Language Companion Series 132.) Amsterdam : Benjamins, 211-226.

Johanson, Lars & Robbeets, Martine 2009. "Introduction." In: Johanson, Lars & Robbeets, Martine (eds.) 2009. *Transeurasian verbal morphology in a comparative perspective : genealogy, contact, chance.* (Turcologica 78.) Wiesbaden : Harrassowitz, 1-5.

Lee, Ki-Mun & Ramsey, Robert 2011. *A history of the Korean Language.* Cambridge : Cambridge University Press.

Li, Charles N. & Thompson, Sandra A. 1989 *Mandarin Chinese : a functional reference grammar.* Berkeley : University of California Press.

Frellesvig, Bjarke 2010. *A history of the Japanese language.* Cambridge : Cambridge University Press.

Kaiser, Stefan; Ichikawa, Yasuko; Kobayashi, Noriko & Yamamoto, Hirofumi 2001. *Japanese : A comprehensive grammar.* London : Routledge.

Ko, Seongyeon 2012. *Tongue root harmony and vowel contrast in Northeast Asian languages.* New York : Cornell University Ph.D. dissertation.

Martin, Samuel Elmo 1988. *A reference grammar of Japanese.* Tokyo : Tuttle.

Martin, Samuel Elmo 1992. *A reference grammar of Korean.* Tokyo : Tuttle.

Maslova, Elena 2003a. *A Grammar of Kolyma Yukaghir* (Mouton Grammar Library 27.) Berlin : Mouton de Gruyter.

Maslova, Elena 2003b. *Tundra Yukaghir* (Languages of the World/Materials 372). Munich: Lincom.

Nichols, Johanna 2012. "Selection for m: T pronominals in Eurasia." In: Johanson, Lars & Robbeets, Martine (eds.) 2012. *Copies versus cognates in bound morphology.* (Brill's Studies in Language, Cognition and Culture 2.) Leiden : Brill, 47-70.

Nikolaeva, Irina 1999. *Ostyak.* (Languages of the World/Materials 305.) Munich : Lincom.

Norman, Jerry 1988. *Chinese* (Cambridge Language Surveys.) Cambridge : Cambridge University Press.

Poppe, Nicholas 1964. "Der altaische Sprachtyp." In: Spuler, B. & al. (eds.) 1964. *Mongolistik* (Handbuch der Orientalistik 5.2.) Leiden : Brill. 1-16.

Rickmeyer, Jens 1989. "Japanisch und der altaische Sprachtyp. Eine Synopsis struktureller Entsprechungen." *Bochumer Jahrbuch zur Ostasienforschung* 12, 313-323.

Robbeets, Martine 2005. *Is Japanese related to Korean, Tungusic, Mongolic and Turkic?* (Turcologica 64.) Wiesbaden : Harrassowitz.

Robbeets, Martine 2014. "The Japanese inflectional paradigm in a Transeurasian perspective." In: Robbeets, Martine & Bisang, Walter (eds.) 2014. *Paradigm change in the Transeurasian languages and beyond.* (Studies in Language Companion Series 161.) Amsterdam : Benjamins, 197-232.

Robbeets, Martine (forthcoming). "Japanese, Korean and the Transeurasian languages." In: Hickey, Raymond (ed.) *The Cambridge handbook of areal linguistics* (Cambridge Handbooks in Language and Linguistics.) Cambridge : Cambridge University Press.

Rybatzki, Volker 2003. "Middle Mongol." In: Janhunen, Juha (ed.) 2003. *The Mongolic languages.* London : Routledge, 57-82.

Shibatani, Masayoshi 1990. *The languages of Japan.* (Cambridge Language Surveys.) Cambridge : Cambridge University Press.

Sohn, Ho-min 1994. *Korean.* London : Routledge.

Street, John 1957. *The language of the Secret History of the Mongols.* New Haven : American Oriental Society.

Tamura, Suzuko 2000. *The Ainu language.* (ICHEL Linguistic Studies 2.) Tokyo : Sanseidō.

Vajda, Edward J. 2004. *Ket.* (Languages of the World/Materials 204.) Munich : Lincom.

Vovin, Alexander 2005. *A descriptive and comparative grammar of Western Old Japanese. Part 1 : sources, script and phonology, lexicon, nominals.* (Languages of Asia 3.) Folkestone : Global Oriental.

Vovin, Alexander 2009. *A descriptive and comparative grammar of Western Old Japanese. Part 2 : adjectives, verbs, adverbs, conjunctions, particles, postpositions.* (Languages of Asia 8.) Folkestone : Global Oriental.

Weiers, Michael 1966. *Untersuchungen zu einer historischen Grammatik des präklassischen Schriftmongolisch.* Bonn : Rheinischen Friedrich-Wilhelms-Universität Ph.D dissertation.

Werner, Heinrich. 1997. *Die ketische Sprache.* Wiesbaden : Harrassowitz.

Wohlgemuth, Jan 2009. *A typology of verbal borrowings*. (Trends in Linguistics. Studies and Monographs 211.) Berlin : Mouton de Gruyter.

Zeitoun, Elizabeth 2007. *A grammar of Mantauran* (Rukai). (Language and Linguistics Monograph Series A4-2.) Taipei : Institute of Linguistics, Academia Sinica.

東北亞 諸言語의 漢字 사용에 대하여
朝鮮吏文과 元代 漢吏文의 生成을 중심으로

고려대학교 명예교수

1. 緒論

韓半島에서는 역사 이전부터 중국 대륙으로부터 漢文을 수입하여 자신들의 언어를 기록하였다. 한문은 중국어를 기록하기 위하여 개발된 문자이며 따라서 한반도의 언어를 한문으로 기록하는 데는 많은 문제가 있었다. 왜냐하면 한반도의 토착어는 중국어와는 문법구조가 다른 교착적인 언어이어서 이 언어를 고립적인 문법구조의 중국어로 번역하여 한문으로 기록하기에는 매우 어려움이 따랐다. 특히 중국어로 번역할 수 없는 고유명사를 표기하기 위하여 한자의 발음과 새김을 빌려 표기하는 방법을 啓發하였다.

이와 같은 고유명사 표기로부터 한자의 음과 뜻을 빌려 표기하는 방법이 삼국시대에 유행하게 되었다. 그러나 이러한 차자표기 방법은 모두가 한반도에서 창작된 것이라고 보기 어렵다. 이미 중국 주변의 여러 민족들은 아주 오래 전부터 이러한 차자표기 방법을 사용한 흔적이 있기 때문이다. 적어도 그러한 發想은 다른 민족들의 한자표기에서도 있었다고 추정된다.

한반도에서는 문법구조가 다른 한문을 읽기 위하여 口訣의 방법을 開發하였다. 아마도 新羅가 그 시작으로 보이지만 현재로는 高句麗나 百濟에 口訣이 없었다고 斷言하기에는 너무나 자료가 부족하다. 그러나 新羅에서는 口訣을 사용하였음을 기록으로 남겨두었다.[1] 또 한자를 빌려 신라어를 기록하는 鄕札의 방법도 매우 발전하였다. 그러나 역시 우리말을 기록하기에는 마땅치 않아 훈민정음이란 표음문자를 발명하게 된다.

그러나 어느 때부터인가 吏文이란 특수한 한자 표기를 고안하여 공문서나 법률문서에 사용하였다. 훈민정음을 발명한 이후에도 한문의 變體로 볼 수 있는 吏文은 甲午更張까지 공문서의 정문으로 계속해서 사용되었다. 실로 조선시대 5백 년 동안 모든 공문서의 正文은 吏文이란 독특한 한자 표기이었다. 그러나 국어학계는 이 吏文의 발생경로나 변천과정에 대하여 아무런 연구가 없었고 그저 그 해독에 급급하였다.

그러나 필자는 중국의 元代에 새로운 口語體의 문장어가 생겨나서 司法, 行政 문서에 사용한 것을 吏文이라고 불렀음에 착안하고 이것과 한반도의 吏文과 어떤 영향관계가 없었는지 고찰하고자 한다. 이 글은 우리의 吏文이 대륙의 어떤 한자 표기와 연관을 맺고 발생하게 되었는가

---

1) 예를 들면 『三國史記』(권46) 「列傳」6 '薛聰'조에 "以方言讀九經 訓導後生 至今學者從之"나 『三國遺事』9권4 「元曉不羈」조의 薛聰에 관한 기술에서 "以方音通會華夷方俗物名 訓解六經文學 至今海東業明經者 傳受不絕"의 기사는 薛聰이 釋讀口訣의 방법을 이용하였음을 증언한다.

를 고찰하고자 하는 것이다.

2. 漢語와 漢文

漢文은 中國의 언어를 漢字라는 표의문자로 기록한 것이다. 언어학적인 분류에 의하면 중국어는 口語를 말하고 한문은 文語를 말한다. 모든 自然言語는 口語가 있은 다음에 이를 기록한 文語가 있기 마련이다. 즉 살아있는 언어를 문자로 기록할 때에는 문자가 가진 여러 가지 제약에 의하여 약간의 변화를 입게 된다. 뿐만 아니라 文語는 독자적인 발달을 하면서 상당한 기간이 지나면 口語와는 매우 다른 언어가 된다. 漢文도 口語인 중국어를 모태로 하여 생겨난 文語인 것이며 그 후에 독자적 발전을 거듭하였다.

그런데 여기서 중국어가 어떤 언어인가는 그렇게 간단하게 정의할 수 없다. 우선 역사적으로 중국어는 몇 천 년의 변화를 거듭한 것이어서 각 시대별로 매우 다른 언어의 모습을 보여준다. 또 하나 중국어는 지역적으로 많은 方言을 갖고 있다. 실제로 方言 이상의 차이를 보이는 언어도 여럿이 있다. 뿐만 아니라 中原의 公用語는 覇權을 잡은 민족의 언어나 정치 중심지의 방언에 의하여 수시로 변하였다. 여기서 우리는 '漢文이 中國語를 漢字로 기록한 文語'라는 정의가 매우 애매함을 깨닫게 된다.

우리가 보통 漢文이라고 부르는 것은 先秦시대에 古文을 말한다. 보통 四書三經으로 불리는 초기 儒敎 經典의 漢文을 古文이라고 말하는데 이 文語는 東周의 首都인 洛陽의 언어를 기본으로 하여 형성된 것이다.2) '雅言'이라고 불리는 周代의 公用語가 先秦 때까지는 學文의 언어이었고 周의 行政言語이기도 하였다. 古文은 簡潔性과 暗示性을 특징으로 하는 기록과 의사전달이 주된 목적으로 형성된 文章語이었다.3)

그러나 이러한 古文은 시대의 변화에 따라 바뀌게 된다. 春秋戰國시대에 各國의 언어가 독자적으로 발전하였고 秦의 통일 이후에 長安의 언어가 새로운 公用語로 부상하게 되었다. 보통 '通語'라고 불리는 이 새로운 언어는 그 동안 中原의 公用語로 사용되었던 雅言의 권위에 도전하였다. 儒敎 經典의 언어이었던 古文은 다른 종교의 經典의 언어처럼 매우 보수적이었고 다른 언어로의 변화를 받아들이지 못하였다. 따라서 通語는 儒敎 經典의 언어를 바꾸지는 못하였고 이후에 詩文의 언어로 발전한다. 즉 古文의 簡潔性과 暗示性으로부터 粧飾性이 추가된 通語를 바탕으로 생겨난 새로운 文語는 六朝시대에 이르러 더욱 장식성이 두드러지게 나타났다. 이렇게 변형된 한문을 '變文'이라고 부른다.

變文의 시작을 唐代 중기 이후 불경 번역문에서 찾는 학자도 있다. 문법구조가 다른 梵語를 번역하면서 그 문법에 이끌렸고 특히 佛僧들의 俗講에서 古文의 雅言과는 다른 通語가 사용되었다. 이 때에 불교의 敎理를 大衆에게 전파하기 위하여 곡조를 붙일 수 있는 韻文과 교리를 설명하는 散文을 혼합하여 連唱帶講하는 경우가 있었는데 변문은 이와 같이 韻文과 散文이 혼합된 것이 특징이다. 소박하고 간결하며 고립적 문

---

2) B. Karlgren(高本漢, 1940)에서는 『詩經』 이전 시기를 '太古 漢語', 『詩經』 이후부터 東漢시기까지를 '上古 漢語', 六朝 시기부터 唐末까지를 '中古 漢語', 宋朝 시기를 近古 漢語, 元明 시기를 '老官話'로 구분하였다(蔣紹愚, 1994).

3) 古文은 先秦시대에 만들어진 『論語』, 『孟子』, 『莊子』, 『荀子』, 『韓非子』 등의 諸家의 議論文에서 기틀이 잡혔고 漢代에 賈誼의 『治安策』, 『過秦論』 등의 論策文과 左丘明의 『春秋左氏傳』, 司馬遷의 『史記』 등에서 서사문으로 발전하였다.

법 구조인 古文에 비하여 變文은 詩文에 사용된 것이기 때문에 화려하고 장식적이다. 唐, 宋, 元 이후에 발달한 平話, 詞話, 白話小說, 寶卷, 彈詞, 鼓子詞 등이 모두 변문으로부터 나온 것으로 본다.[4]

그러나 變文은 동 시대에 한자를 빌려서 자신들의 民族語를 기록한 異民族의 한문 표기에서도 나타난다. 그것은 한문 고문의 문법에서 벗어나 자신들이 언어에 맞추어 표기했기 때문이다. 이 변문은 주로 동북아 알타이제어의 한문표기에서 나타난다. 예를 들면 南宋 시대에 金의 使節로 會寧(지금의 吉林)에 간 洪邁(1123~1201)는 契丹의 어린이들이 漢詩를 읽을 때에 우리의 吏讀文과 같이 女眞語의 語順에 맞추어 읽는다고 하였다. 그는 예를 들어 金나라 사신으로 갔을 때에 자신을 영접한 副使 秘書少監 王補가 推敲의 故事로 유명한 唐代 賈島의 '題李凝幽居'의 絶句 "鳥宿池中樹 僧敲月下門"을 "月明裏和尙門子打 水底裏樹上老鴉坐"라고 읽어 웃음을 금치 못했는데 王補는 錦州사람으로 契丹人이었다는 기사가 있다(『夷堅志』「丙志」第18 '契丹誦詩' 조).[5]

물론 이와 같은 '契丹誦詩'를 變文에 넣지는 않는다. 오히려 이것은 우

---

4) 淸의 光緖 25년(1899)에 중국 甘肅省 敦煌의 千佛洞 石室에서 2만여 권의 장서가 발견되었다. 그 가운데 佛經의 俗講 교재로 보이는 變文으로 된 사본이 다수 포함되었다. 이것이 소위 敦煌 變文 자료로서 盛唐(8세기 후반)부터 宋 太宗 2년(977)의 것이 가장 새로운 것이라고 한다. 따라서 變文은 唐代 中葉부터 발달한 것으로 본다.
5) 淸格爾泰(1997)에서는 이 "月明裏和尙門子打 水底裏樹上老鴉坐--달 밝은 가운데 화상이 문을 두드리고 물 밑 나무 위에 갈가마귀가 앉았다--"에 해당하는 몽고어 "saran-du xoošang egüde toγsixu-du naγur taxi modun-du xeriy-e saγumui"를 들면서 중국사신 洪邁가 듣기에는 우스운 중국어 語順이지만 契丹語로는 당연한 것이고 이 어순은 몽고어와도 일치함을 주장하였다. 물론 이것은 우리말의 어순과 이와 일치하면 아마도 우리의 吏讀文도 이와 같이 '우스운' 중국어의 하나이었으며 이러한 현상은 고립적인 중국어 문법에 의한 한문과 교착적 문법 구조의 契丹文이나 吏讀文의 차이에서 생겨난 것이다.

리의 吏讀文과 같은 것으로 쓰기는 한자로 쓰였지만 읽기는 아마도 여진어로 읽었을 것이다. 당시 중국 대륙과 그 주변의 여러 민족이 그들의 다양한 언어를 한자로 기록하였으며 그 가운데는 古文의 문장구조와 일치하지 않는 일종의 變文도 적지 않았던 것으로 보인다.

전술한 中唐 이후에 발달한 변문들은 古文에서 조금 逸脫한 것으로 그 문법구조는 중국 上古語, 즉 古文의 그것에 맞춘 것이다. 그러나 隋, 唐을 거치면서 通語의 세력은 더욱 커져 이 언어를 모태로 한 새로운 文語가 등장하였으니 그것이 白話, 또는 白話文이다. 보다 口語的인 이 새로운 문체는 散文에 쓰였으나 일부는 문학작품의 언어가 되었다. 唐, 宋에 이르러 口語的인 이 문체로 古文의 유교 經典들이 註釋된다.6)

3. 元代의 漢兒言語와 漢吏文

중국어의 역사에서 가장 특기할 만한 일은 몽고족에 의하여 건립된 元의 건국으로 인하여 언어 중심지가 北方의 北京으로 옮겨진 것이다. 쿠빌라이(忽必烈), 즉 元 世祖가 燕京, 지금의 北京에 도읍을 정할 때에 이 지역은 동북아의 여러 이민족이 漢族과 각축을 벌리던 곳이어서 여러 언어가 混用되었다. 13세기 초에 몽고족이 세력을 얻어 이 지역의 패권을 차지하면서 몽고어가 많이 혼입된 형태의 중국어가 등장하게 되었는데 이것이 종래 蒙文直譯体, 또는 漢文吏牘体로 불리던 漢兒言語

---

6) 이러한 儒敎 經典의 註釋은 後漢시대 鄭玄의 <十三經奏疏>까지 거슬러 올라가지만 唐·宋代 通語에 의한 經典의 주석은 朱子에 의해서 본격적으로 이루어진 것으로 볼 수 있다.

다.7) 이 언어는 종래의 雅言이나 通語와는 의사소통이 불가능할 정도의
다른 언어이었던 것이다.

　김문경 외(2002 : 369~370)에서는 北宋의 許亢宗이 宣和 7년(1125)에 金
太宗의 卽位式에 祝賀의 使節로 다녀오면서 쓴 여행기『許奉使行程錄』
을 인용하면서 어떻게 이런 언어가 생겨났는지를 소개하였다. 즉 許奉
使 일행이 遼의 黃龍府(지금 하얼빈에서 남서쪽으로 약 100km 지점) 부근을
지날 때의 기록으로 "契丹이 强盛했을 때에 이 부근으로 여러 민족을 이
주시켰기 때문에 여러 나라의 풍속이 섞여있어서 서로 말이 통하지 않
았는데 '漢兒言語'를 써서 처음으로 의사가 소통했다는 기록이 있다"(『三
朝北盟會編』권20)고 하여 이 지역에 이주해온 여러 이민족들이 漢兒言語로
의사를 소통했음을 지적하였다. 실제로 북경지역에 모여 살게 된 동북
아 여러 민족들이 일종의 코이네(Koinē)로서8) 漢兒言語를 사용하였고
이것은 종래 中原의 공용어이었던 長安의 언어를 기본으로 한 通語와는
매우 다른 엉터리 중국어이었던 것이다.

---

7) '漢兒言語'는 필자에 의하여 세상에 알려진 元代 北京지역의 口語로서 실제 이 지역
　의 공통어이었다. 元代 高麗에서는 이 언어를 학습하는 '漢語都監'을 두었고(졸저,
　1988) 이 언어를 학습하는 <老乞大>, <朴通事>를 편찬하였는데 조선 太宗 조에
　간행된 것으로 보이는『老乞大』가 최근 발견되어 소개되었고 필자에 의하여 이것
　이 漢兒言語를 학습하던 교재이며 거의 原本으로 추정되었다(졸저 : 2002a, 2004).
　<原本老乞大>의 발견과 이것이 漢兒言語의 교재라는 주장은 중국과 일본의 중국어
　역사를 전공하는 많은 연구자들에게 충격적인 것이었을 것이다. 이미 中宗조에 崔
　世珍에 의하여 소개된 바 있는 元代 漢兒言語와 그 교재의 존재에 대하여는 졸고
　(1999, 2000, 2003, 2004)에 의해서 여러 차례 주장되었고 이제는 많은 중국어 연
　구자들에게 사실로 받아들이고 있는 것으로 보인다(金文京 외, 2002). 졸고(1999)는
　일본어로 동경에서, 졸고(2000)는 국어로 서울에서, 그리고 졸고(2003b)는 영어로
　ICKL에서 발표한 것이며 졸고(2004)는 중국어로 北京에서 발표되었다.
8) 코이네(κοινη, Koinē)는 알렉산더대왕 이후 지중해 지역을 석권한 대 희랍제국의
　공용어로서 아티카 방언을 기본으로 한 것이다. 이로부터 大帝國의 공용어를 '코
　이네'라고 한다.

1) 漢兒言語

漢兒言語는 앞에서 언급한 '契丹誦詩'와 같이 몽고어의 어순에 맞추고 몽고어의 조사와 어미를 삽입한 상태의 언어로서 졸저(2004)에서 필자는 일종의 크레올로 보았고 金文京 외(2002)에서는 이를 '胡言漢語'라 불렀다.9) 元에서는 이 언어를 공용어로 하여 고려가 중국과의 교섭에서 사용하게 하였다. 따라서 고려에서는 元이 建國한 이후에 漢語都監을 두어 이 언어를 별도로 교육하게 되었다.10)

元은 蒙古人에 의하여 국가가 통치하였지만 실제 한족의 백성을 다스리는 일은 漢人들이었고 몽고인들은 이들을 감독하는 일을 하였다.11) 따라서 漢人들은 몽고인 통치자에게 보고서를 올리게 되었는데 이 보고서에 사용된 것은 古文이 아니라 漢兒言語를 모태로 하여 새롭게 형성된 文語이었다. 이렇게 새롭게 생겨난 文語를 그동안 '漢文吏牘体', 또는 '蒙文直譯体'라고 불렀는데 이에 대하여 前揭한 金文京 외(2002 : 372)의 설명에 의하면 다음과 같다.

---

9) 金文京 외(2002 : 370~371)에 '胡言漢語'에 대하여 "南宋人이 '漢人', '漢兒'라고 말하는 경우 그것은 반드시 北方의 金나라 治下에 있는 중국인을 가르친다. 따라서 '漢語'도 북방에서 사용되는 중국어를 의미하지만 그 언어는 南宋人에게는 奇妙한 말로 들린 것 같다. 南宋의 저명한 철학자 陸九淵(1139~93)의 『象山語錄』(卷下)이나 禪僧의 傳記集인 『五灯會元』(卷 16) '黃檗志因禪師' 조 등에 엉터리, 이상한 말이라는 의미로 '胡言漢語'라는 말투가 보인다"라고 기술하였다.

10) 고려시대의 '漢語都監' 및 '吏學都監'의 설치와 운영에 대하여 졸고(1987), 졸저(1990)을 참고할 것.

11) 예를 들면 元代 各省에는 몽고인의 감독관이 있어 漢人 官吏를 지휘하였는데 大都省에는 '札魯花赤, 首領官, 六部官, 必闍赤人' 등의 몽고인이 있어 漢人 官吏를 감독하게 되었으나 <元典章>延祐 7년(元 英宗 卽位年, 1320)의 '中書省 奏過事內 1件'에 이들이 출근을 게을리 하므로 皇帝가 일찍 출근하고 늦게 퇴근할 것을 申飭하는 聖旨가 실려 있다. 여기서 '札魯花赤'는 "몽고인 斷事官"을 말한다.

金의 王族은 몇 마디라도 '漢語'를 말할 줄 알았지만 몽고의 王族이
나 貴族은 일반적으로 漢語를 알지 못하였으며 또 배울 생각도 없는
것 같았다. 그렇기 때문에 특히 汗의 命令과 같이 중요한 사항은 汗
이 말한 몽고어로 번역하여 기록할 필요가 생겨났다. 거기에는 원래
엉터리 중국어이었던 '漢兒言語'를 사용하는 것이 가장 간편하였고
또 정확하였을 것이다. 만일 정규 중국어, 혹은 文言(古文이나 후대
의 백화문 등)으로 번역하려고 생각하면 意譯에 의하여 의미의 어긋
남이 없을 수가 없게 된다. 더구나 이것을 읽는 사람들이 契丹人, 女
眞人 등 漢兒言語를 사용하고 있을 '漢人'들이었다. 이리하여 '漢兒言
語'는 口語에서 文章語가 되었다. 소위 '蒙文直譯体'라는 漢文이 바로
그것이다.

그러나 이러한 설명들은 이 문장어가 모두 漢兒言語라는 당시 실존한
口語를 반영한 것이라는 점을 看過한 것으로 이제는 빛바랜 주장이라고
아니할 수 없다. 이미 필자의 여러 논저(졸고, 1999, 2000, 2003, 2004)에서
당시 漢兒言語와 蒙古語가 混淆된 漢語가 일종의 코이네(공통어)로서 실
제로 존재하였고 '蒙文直譯体'란 이 口語를 그대로 기록한 것이며 漢文吏
牘体는 漢語를 기반으로 하여 새롭게 형성되어 司法과 行政에서 사용된
文章語의 문체를 말하는 것이기 때문이다.

蒙古帝國의 제2대 大汗인 太宗 오고타이(窩闊大)가 몽고인 書記官(必闍
赤人)의 子弟에게는 '漢兒言語'와 그 문서를, 그리고 漢人의 자제에게는
몽고어를 학습시키라는 聖旨를[12] 내린 것은 이 漢·蒙 官吏들이 몽고어

---

12) 이 오고타이 大汗의 聖旨는 北京의 地誌인 『析津志』(『析津志輯佚』, 北京古籍出版,
　　1983)에 실려 있으며 元 太宗 5년(1233)에 내린 것이다. 그 내용은 燕京(元의 首都)
　　에 '四敎讀'이란 학교를 설립하고 그곳에서 몽고인 必闍赤의 子弟 18인과 중국인
　　의 자제 22인을 함께 起居시키면서 몽고인의 자제에게는 '漢兒言語·文書'를, 중국
　　인의 자제에게는 몽고어와 弓術을 교육하게 하라는 것이었다. 여기서 '漢兒言語'

와 그를 번역할 한아언어와 그 文語를 서로 학습하여 의사소통에 지장
이 없도록 할 목적으로 내린 것이었다.

2) 漢吏文과 漢文吏牘体

元代의 口語인 漢兒言語를 기반으로 하여 형성된 문장어를 '蒙文直譯
体'와 '漢文吏牘体'로 나누어 생각한 학자가 있다. 즉 田中謙二(1965)에서
는 그 논문 冒頭에

> 「元典章」, 정확하게는 「大元聖政國朝典章」에 수록된 문서의 스타일
> 은 크게 나누어서 漢文吏牘体와 蒙文直譯体의 2종으로 나누어진다.
> 전자는 행정·사법의 실무에 종사하는 胥吏의 손으로, 적어도 北宋
> 때에는 거의 완성된 法制文書用의 문체이다. 이에 대해서 후자는 몽
> 골족이 지배하는 元 王朝의 특수 情況 아래 발생하였고 몽고어로 쓰
> 인 法制문서를 譯史(飜譯官)가 중국어로 번역할 때에 사용한 문체를
> 가르친다. 蒙文直譯体라는 말은 임시로 지은 이름에 지나지 않고 이
> 것도 역시 한자로 쓰인 일종의 漢文이다. 다만 이들 2종의 문체는 통
> 상의 중국문과 조금씩 樣相을 달리 하기 때문에 일반적으로 「元典章」
> 의 문장은 難解하다고 하여 살아있는 사료를 많이 가지고 있지만 지
> 금도 충분하게 활용하지 못하고 있다(田中謙二, 1965 : 47).

이러한 주장은 漢文吏牘体가 北宋 때부터 시작되었고 蒙文直譯体는
元代에 발생한 것으로 보았으나 필자는 후자가 元代 北京地域의 口語인
漢兒言語를 그대로 기록한 것이고 전자는 이를 文語化한 것으로 본다.

는 당시 漢人들의 口語를 말하며 또 '文書'는 文語인 漢吏文을 말하는 것으로 이해
할 수 있다. 金文京 외(2002) 참조.

이에 대하여 吉川幸次郎(1953)에서는 元代 吏牘文의 대표적 자료인 〈元典
章〉의 문체에 대하여 다음과 같은 언급한 것은 비록 그가 漢兒言語의
존재를 몰랐다 하더라도 당시 현실을 꿰뚫어본 것이다.

〔전략〕 かくきわめて僅かではあるが、あたかも元曲の白のごとく、
口語の直寫を志した部分が存在する。なぜこれらの部分たけ口語を直
寫しようとするのか。それは恐らく、いかなる言語に誘導されての
犯罪であるかが、量刑に關係するからであり、その必要にそなえる
爲であろうと思われるが、要するに吏牘の文が、必要に応じてはい
かなる言語をも受容し得る態度にあることを、別の面から示すもの
である。〔후략〕― 〔元典章에는〕 아주 정말 적기는 하지만 마치 〈元
曲〉의 '白'과 같이 口語를 그대로 적으려고 한 부분이 존재한다.[13] 그
것은 아마도 어떤 언어로 유도된 범죄인가가 형량을 정하는데 관계
됨으로 그러한 필요에 대비하기 위한 것일 수도 있다고 생각된다. 요
컨대 吏牘으로 된 문장이 필요에 응하기 위하여 어떤 언어라도 수용
할 수 있는 태도라는 것을 다른 면에서 보여준 것이다―

이 언급은 원대 吏牘文이 司法에서 사용될 때에는 罪人의 供招라든지
訴訟의 訴狀에서 사실을 파악하기 위하여 그들이 사용하는 口語를, 그
것이 어떤 언어이든지 그대로 기록하려고 한 부분이 있다는 것이다.[14]

---

13) 吉川幸次郎(1953)은 〈元典章〉에서 사건 관계자의 회화를 본래의 회화대로 기록하
려고 한 부분은 거의 刑部조에만 보이지만 간혹 戶部에도 보인다고 하였다.

14) 吉川幸次郎(1953)에는 당시 口語를 〈元典章〉에 그대로 기록한 예를 몇 개 들었는
데 그 중 하나를 소개하면 다음과 같다. 〈元典章〉(권)「殺親屬」제5의 예로 妻를
죽인 범인의 供招가 있는데 皇慶 元年(1312) 6월 12일 池州路 東流縣으로 饑饉을
피하여 온 霍牛兒가 乞食의 동무인 岳仙과 싸움하여 여지없이 얻어맞았는데 그것
을 본 妻가 "你喫人打罵。做不得男子漢。我每日做別人飯食。被人欺負。――당신은 사
람들에게 얻어맞고 욕을 먹네. 사내로서 자격이 없어. 내가 매일 다른 사람의 밥
을 얻어먹으니(?) 사람들로부터 바보라고 하지――" 라고 하여 처를 죽였다는 심문

여기서 어떤 언어라는 것은 두말할 것도 없이 당시 북경 지역에서 코이네로 사용되던 漢兒言語이며 元代 吏牘文에는 이러한 口語를 蒙文直譯体란 이름으로 잠정적으로 규정한 것이다.

그러나 후대의 학자들은 吉川幸次郎와 田中謙二의 이러한 잠정적 용어를 마치 실제로 漢文에 그러한 문장체가 존재하는 것처럼 신봉하여왔다. 이것은 모두가 漢兒言語의 존재를 미처 이해하지 못한 결과라고 할 수 있다.

필자는 지금까지 논의한 元代에 司法이나 行政에서 주로 사용한 漢文吏牘体를 '漢吏文'으로 보고자 한다. 다시 말하면 지금까지 일본인 학자들에 의하여 주장된 '漢文吏牘体', '蒙文直譯体'라는 한문의 變文은 실제로 元代 吏文으로 口語를 直寫한 것을 말하는 것이다. 특히 '漢文吏牘体', 즉 원대 이후 발달한 중국의 '吏文'을 朝鮮시대에 한반도에서 널리 쓰이던 吏文과 구별하여 '漢吏文'으로 불러왔다.[15]

지금까지 漢文吏牘体의 元代 文章語가 古文과 다른 문체를 보이며 이를 漢吏文임을 언급한 일이 없다. 그러나 조선 초기까지 元代에 시작된

내용에 나오는 문장이다. 이것은 구어체로서 古文과는 매우 다른 문장이며 형식을 갖춘 漢文吏牘体와도 다름을 지적하였다. 실제로 이 문장구조는 필자가 漢兒言語의 자료로 소개한 『原本老乞大』의 그것과 일치한다. 蒙文直譯体란 당시 北京지역에서 실제 口語로 사용되던 漢兒言語를 말한다. 졸저(2004) 참조.

15) 成三問의 <直解童子習序>에 의하면 조선시대 초기에는 漢吏文을 承文院에서 교육하여 事大文書 작성에 임하게 하였고 司譯院에서는 구어, 즉 漢兒言語를 학습하여 통역을 담당하게 하였다는 기사가 있다. 즉 그 序文에 "[前略] 自我祖宗事大至誠 置承文院掌吏文 司譯院掌譯語 專其業而久其任[下略]-[전략] 우리 조종으로부터 사대에 지성이시매 承文院을 두어서는 이문을 맡기시고 司譯院을 두어서는 언어의 통역을 맡기시어 그 업을 한갓지게 하고 그 직을 오래게 하시니[하략]"에 의하면 司譯院에서는 구어를 배워 통역을 담당하고 承文院에서는 吏文, 즉 漢吏文을 학습하였음을 알 수 있다. 본문의 해석은 洪起文(1946)을 참고함.

吏文, 즉 漢吏文을 시험하는 漢吏科가 있었으며 『世宗實錄』(권47) 세종 12년 庚戌 3월조의 기사에는 詳定所에서 諸學의 取才에 사용할 出題書를 규정하여 謄載하였는데 여기에 漢吏科의 課試 방법이 상세히 설명되었다.

그 가운데 漢吏學의 출제서로는 '書, 詩, 四書, 魯齋大學, 直解小學, 成齋孝經, 少微通鑑, 前後漢, 吏學指南, 忠義直言, 童子習, 大元通制, 至正條格, 御製大誥, 朴通事, 老乞大, 事大文書謄錄, 製述奏本·啓本·咨文'을 들었는데 이 취재에 사용된 출제서야말로 漢吏文을 학습하는 교재임이 틀림없다.

위의 취재서 가운데 '書, 詩, 四書'는 先秦시대의 고문으로 작성된 것이고 〈朴通事〉, 〈老乞大〉는 당시의 口語인 漢兒言語를 학습하는 교재이며 나머지는 漢吏文을 학습하는 교재임이 분명하다. 이 각각에 대하여 소개하면 다음과 같다.

먼저 〈魯齋大學〉은 元의 許衡이 편찬한 『魯齋遺書』 3권의 〈大學直解〉를 말하는 것으로 四書의 하나인 〈大學〉을 당시 원대 漢兒言語로 풀이한 것으로 보이며 〈成齋孝經〉은 元代 北庭成齋의 『孝經直解』을 말한다.16) 〈大元通制〉는 元의 건국초기부터 延祐年間(1314~1320)에 이르기까지 元

---

16) 『成齋孝經』은 精文研(1986 : 484)에 "明의 陳璃이 지은 책. 兒童의 敎訓을 위하여 지은 것이다"라는 설명이 있어 정광 외(2002 : 18)의 주3에서 "『成齋孝經』은 元代의 『直解孝經』을 明代 陳璃(號 成齋)이 당시 북경어로 주석한 것이다. (중략) 精文研 (1986) 참조"로 보았다. 그러나 이것은 잘못된 것으로 『直解孝經』은 元代 北庭成齋 小雲石海涯(自號 酸齋, 一名 成齋)의 작이며 일본에 전해지는 『孝經直解』는 그 서명이 '新刊全相成齋孝經直解'이며 卷尾에는 '北庭成齋直說孝經終'으로 되었고 서문의 말미에 '小雲石海涯 北庭成齋自敍'로 되었다. 필자의 여러 논문에서 精文研(1986)을 인용하여 실수한 경우가 많은데 이것도 그 가운데 하나다. 참으로 독자 제위에게 미안하게 생각한다.

代의 법률제도를 집대성한 책으로 元이 皇慶 1년(1312)에 仁宗이 阿散에게 개국 이래의 法制事例를 편집하도록 명하여 至治 3년(1323)에 완성된 元代 유일한 체계적 법전이다.

〈至正條格〉은 元 至正 6년(1346)에 〈大元通制〉를 刪修한 것이다. 〈御製大誥〉은 明 太祖가 元代의 악풍을 바로잡기 위하여 官民의 犯法 사례를 채집하여 이를 근거로 洪武 18년(1385) 10월에 '御製大誥' 74조를 반포하였으며 이듬해 다시 '御製大誥續編' 87조(1권)와 '御製大誥三'의 47조(1권)를 만들었는데 이를 통칭하여 〈御製大誥〉라고 한다.

〈事大文書謄錄〉은 조선시대 承文院에서 중국 朝廷과 왕래한 문서를 모아놓은 것으로 『世宗實錄』의 기사(권51, 세종 13년 1월 丙戌조, 동 권121, 세종 30년 8월 丙辰조)와 『端宗實錄』(권13, 단종 3년 1월 丁卯조)의 기사에 의하면 5년마다 한 번씩 書寫하고 10년마다 한 번씩 인쇄하여 출간하였다고 한다(정광 외, 2002b) 참조.

따라서 '魯齋大學, 直解小學, 成齋孝經, 少微通鑑, 前後漢'은 '大學, 小學, 孝經, 通鑑, 前漢書, 後漢書'를 漢兒言語로 풀이한 것이고 '吏學指南, 忠義直言, 大元通制, 至正條格, 御製大誥'은 그동안 漢文吏牘体라고 불러왔었던 元代 발생한 새로운 文語, 즉 漢吏文으로 작성된 것이며 이 가운데 '吏學指南'은 이러한 漢吏文을 학습하는 참고서다.17) 그리고 '忠義直言, 大元通制, 至正條格, 御製大誥'는 앞에서 살펴본 〈元典章〉과 같은 부류의 책으로 元代의 法律, 詔勅, 上疏 등의 行政文書를 모

---

17) 『吏學指南』에 대하여는 정광 외(2002b)를 참조할 것. 元 大德 5년(1301)에 徐元瑞가 편찬한 〈吏學指南〉을 조선 세조 4년(1458)경에 경주에서 복간하였는데(奎章閣 소장) 정광 외(2002b)에서는 이 책을 영인하여 공간하면서 상세한 해제와 색인을 붙였다.

은 문헌이다. '老乞大, 朴通事'는 口語인 漢兒言語를 학습하는 교재인데
이 언어가 漢吏文이란 文章語의 모태이었음은 누차 언급하였다.

그러면 위에서 漢吏文, 즉 漢文吏牘体와 蒙文直譯体의 교본으로 본 '魯
齋大學, 直解小學, 成齋孝經, 少微通鑑, 前後漢'을 중심으로 漢吏文이 어
떠한 漢文인가를 살펴볼 수 있다. 이들 漢吏文 교재 가운데 필자가 자유
로이 이용할 수 있는 〈成齋孝經〉을 예로 하여 漢吏文의 정체를 찾아보기
로 한다.

3) 〈成齋孝經〉의 蒙文直譯体

앞에서 살펴본 바와 같이 〈成齋孝經〉은 元代 小雲石海涯가 〈孝經〉을
魯齋(元의 許衡)가 〈大學〉을 당시 북경어로 直說한 것을 본떠서 역시 당시
北京 지역의 口語인 漢兒言語로 풀이한 것이다.18) 이 책의 저자 小雲石
海涯는 『元史』(권143)에

　　小雲石海涯家世 見其祖阿里海涯傳 其父楚國忠惠公 名貫只哥 小雲石
　　海涯 遂以貫爲氏 復以酸齋自號(중략) 初襲父官爲兩淮萬戶府達魯花赤
　　(중략) 泰定元年五月八日卒 年三十九 贈集賢學士中奉大夫護軍 追封京
　　兆郡公 諡文靖 有文集若干卷 直解孝經一卷 行于世―소운석 해애의 家
　　世는 그 조부 아리해애의 전기를 보면 아버지가 초국의 忠惠公으로
　　이름이 貫只哥이었으며 그리하여 小雲石 海涯는 '貫'으로 성을 삼았

---

18) 이에 대하여는 일본에 전해지는 『新刊全相成齋孝經直解』의 권두에 붙은 自敍에
　　"(전략) 嘗觀魯齋先生取世俗之□直說大學 至於耘夫竟子皆可以明之 世人□之寶 士夫
　　無有非之者於以見 云云(하략)"라는 기사를 참조할 것. □부분은 훼손되어 글자가
　　보이지 않는 부분임. 일본에 전해지는 〈孝經直解〉에 대하여는 太田辰夫・佐藤晴
　　彦(1996) 참조.

다. 또 自號를 '酸齋'라 하였다. (중략) 처음에는 아버지의 관직을 세
습하여 '兩淮萬戶府達魯花赤'이 되었다. (중략) 태정 원년(1324) 5월 8
일에 돌아갔다. 나이가 39세 集賢學士 中奉大夫 護軍을 贈職하였고 京
兆郡公으로 추증되었다. 諡號는 文靖이며 문집 약간 권과 〈直解孝經〉
1권이 있어 세상에 유행하였다—

이 기사를 보면 小雲石海涯(1286~1324)가 『直解孝經』 1권을 지어 세상
에 유행시켰는데 그는 원래 위구르인으로 漢名을 貫雲石이라 하였으며 이
것은 〈孝經〉을 당시 북경어, 즉 漢兒言語로 알기 쉽게 풀이한 것임을 알
수 있다. 그는 貫酸齋란 이름으로 樂府散曲의 작자로도 널리 알려졌다.

『直解孝經』은 당시 매우 인기가 있었던 것으로 錢大昕의 『補元史 藝
文志』(권1)과 金門詔의 『補三史 藝文志』에 "小雲石海涯直解孝經一卷"이란
기사가 보이며 倪燦의 『補遼金元 藝文志』와 盧文弨의 『補遼金元 藝文志』
에 "小雲石海涯孝經直解一卷"이란 기사가 보인다. 明代 焦竑의 『國史經籍
志』(권2)에는 "成齋孝經說 一卷"으로 기재되었다(長澤規矩也, 1933).

貫雲石의 〈成齋孝經〉은 그의 自敍 末尾에 "至大改元孟春旣望 宣武將軍
兩淮萬戶府達魯花赤 小雲石海涯 北庭成齋自敍"라 하여 至大 元年(1308) 正
月 15일에 완성되었음을 알 수 있다. 그는 許衡의 『魯齋大學』과 같이
〈孝經〉을 당시 漢兒言語로 풀이하여 直說한 것으로 필자가 소개한 『原本
老乞大』(이하 〈原老〉로 약칭)와 〈孝經直解〉(이하 〈孝解〉로 약칭)는 당시 북경
어를 동일하게 반영한다.

〈孝解〉가 〈原老〉와 같이 漢兒言語의 문체를 갖고 있는 예를 〈孝解〉의
직해문에서 찾아보면 다음과 같다.

『新刊全相成齋孝經直解』「孝治章 第八」

원　문 : 治家者不敢失於臣妾 而況於妻子乎 故得人之懽心 以事其親

직해문 : 官人每 各自家以下的人 不着落後了 休道媳婦孩兒 因這般上
　　　　頭 得一家人懽喜 奉侍父母呵 不枉了有 麽道(관인들은 각기
　　　　자신의 아랫사람을 홀대하지 않는다. 아내나 아이들에게
　　　　는 말할 것도 없다. 이러한 차례로 일가 사람들의 기쁨을
　　　　얻어 부모님에게 시중을 들면 굽힘이 없다고 말할 것이다)

이 예문에서 밑줄 친 ①每와 ②上頭, ③呵, ④有, ⑤麽道는 모두 몽고
어의 영향으로 한문에 삽입된 것이다. 이제 이들을 고찰하여 〈孝解〉가
〈原老〉와 같이 당시 口語인 漢兒言語로 直解한 것임을 살펴보기로 한다.

① 每

이 직해문의 "官人每"에 보이는 '每'는 명사의 복수접미사로 후대에는
'每 〉 們'의 변화를 보였다. 조선 中宗조 최세진의 『老朴集覽』에서는 〈原
老〉에 '每'가 사용되었음을 알고 있었고 이에 대하여 다음과 같이 언급
하였다.

　　每 本音上聲 頻也 每年 每一箇 又平聲 等輩也 我每 咱每 俺每우리 恁
　　每 你每너희 今俗喜用們字(單字解 1 앞)―본음은 上聲이고 '빈번하다'
　　이다. '每年 - 해마다', '每一箇 - 하나씩. 또는 平聲으로 읽으면 等輩
　　(같은 무리)'와 같은 의미를 나타낸다. 我每(우리들), 咱每(우리들, 청
　　자 포함), 俺每(우리들), 恁每(당신들), 你每(너희들) 등이다. 지금은
　　일반적으로 '們'자를 즐겨 쓴다―"

이 해설에 의하면 '每'가 복수접미사임을 말하고 있고 〈노걸대〉의 新

本, 즉 刪改本에서는 이미 '每'가 '們'으로 바뀌었음을 증언하고 있다. 실제로 〈原老〉의 '每'는 『刪改老乞大』[19]와 『飜譯老乞大』(이하 〈飜老〉로 약칭)에서는 '們'으로 교체되었다.

別人將咱每做甚麽人看(〈原老〉2앞)
別人將咱們 做甚麽人看(〈飜老〉上 5 뒤)
漢兒小廝每 恨頑(〈原老〉2 앞)
漢兒小廝們 十分頑 漢兒(〈飜老〉上 7 앞)
俺這馬每不曾飮水裏(〈原老〉9 앞)
我這馬們不曾飮水裏(〈飜老〉上 31 앞)

복수의 의미로 '們'이 사용되기 시작한 것은 宋代부터이었으며 '懣(滿), 瞞, 門(們)' 등의 형태로 나타난다. 元代에 이르러서도 '們'이 부분적으로 사용되었으나 대부분은 '每'로 바뀌었다. 그러다가 明代 중엽부터 다시 '們'의 사용이 많아지기 시작하였다. 이처럼 宋·元·明代에는 '們 〉每 〉 們'의 형태로 반복되는 과정을 거쳤으며 그 원인에 대해서는 정확히 밝혀지지 않고 있다. 주목되는 것은 元代에 이르러 북방계 官話가 표준어로 되면서 '每'가 통용되었지만 남방계 官話에서는 여전히 '們'을 사용하였으며 원대 이후에는 또한 북방계 관화에서조차 '每'가 점차 사라지게 되었다는 것이다(呂叔湘, 1985 : 54). 따라서 〈孝解〉가 〈原老〉와 같이 북방계 漢兒言語를 반영함을 알 수 있다.

---

19) 고려 말에 편찬된 『原本老乞大』를 조선 성종 14년(1483) 경에 漢人 葛貴 등이 刪改한 것으로 〈飜老〉와 『老乞大諺解』의 저본이 되었다.

② 上頭

직해문의 "因這般上頭"에 나오는 '上頭'는 후치사로서 이 시대의 漢兒言語에서만 사용되고 후일에는 '上頭 〉 因此上(-까닭에)'으로 바뀌었다. 『老朴集覽』에 "上頭 전츠로 今不用(累字解 2 앞)—上頭'는 '까닭으로'라는 의미로 현재는 사용하지 않는다—"라는 주석이나 "因此上 猶言上頭(累字解 2 뒤)—'因此上'은 '上頭'(까닭으로)와 같은 의미이다—"라는 주석은 '上頭'와 '因此上'이 같은 의미였음을 말하고 있다.

'因此上'은 원인을 나타내는 접속사의 형태이며 '上頭'는 '上'에 '頭'가 첨가된 형태로서 원인을 나타낸다. 모두 몽고어의 영향을 받은 후치사의 형태로 분석된다. 『元朝秘史』의 대역문에는 '禿剌(tula)'로 대응되는데 이를 余志鴻(1992 : 6)에서 옮겨보면 다음과 같다.

　　注　音：騰格裏因　札阿隣　札阿黑三　兀格　黍貼昆　禿剌(『元朝秘史』
　　　　　　206-567)
　　對譯文：天的　　　神告　　告了的　　言語　明白的 上頭
　　意譯文：天告你的言語 明白的上頭(『元朝秘史』206 앞013)

따라서 〈孝解〉 자주 쓰인 '上頭'는 몽고어 '禿剌(tula)'에 대응되어 삽입된 것이다. 이 예는 〈효해〉의 직해문을 蒙文直譯体라고 보는 것을 이해하게 한다.

③ 呵

다음으로 직해문의 "奉侍父母呵"에 나오는 '呵'는 역시 후치사로서 몽고어에 이끌려 삽입된 것이다. 후대에는 '呵 〉 時(-면)'로 변화되었는데 이에 대하여 『老乞』에서는 "時 猶則也 古本用呵字 今本皆易用時字 或用便字(單字解 5 앞)--'時'는 '則'과 같다. 古本에서는 '呵'자를 사용하였는데 今本에서는 모두 '時'자로 바꾸거나 또는 '便'자를 사용하였다--"20)라고 하여 古本의 '呵'를 今本에서 '時'로 교체하였음을 밝히고 있어 〈原老〉에서는 '呵'이었음을 알 수 있다. 예를 〈原老〉에서 찾아보면 다음과 같다.

身已安樂呵 也到(몸이 편안하면 도착하리라. (〈原老〉 1 앞)
旣恁賣馬去呵 咱每恰好做伴當去(이제 네가 말을 팔러 간다면 우리
들이 벗을 지어 가는 것이 좋다. (〈原老〉 3 앞)21)

'呵'는 語氣助詞로 분석될 수도 있겠으나 예문이 보여 주는 바와 같이 가정의 의미를 나타내는 후치사 형태로 보는 것이 더욱 타당할 것이다. 이것은 몽고어에서 그 흔적을 찾아 볼 수 있는데 『元朝秘史』에 의하면 '阿速(-[b]asu/esü)의 對譯文으로 '呵'가 사용되었고 이 몽고어는 국어의 '-면'과 같이 가정의 의미를 나타내고 있으며 [b]'는 모음 뒤에서만 사용

---

20) 『老朴集覽』에는 '呵'에 대한 〈音義〉의 주석을 옮겨놓았다. 이를 인용하면 "音義云 原本內說的[呵]字不是常談 如今秀才和朝官是有說的 那箇[俺]字是山西人說的 [恁]字也是 官話不是常談 都塗(弔)了改寫的 這們助語的[那][也][了][阿]等字 都輕輕兒微微的說 順帶 過去了罷 若緊說了時不好聽 南方人是蠻子 山西人是豹子 北京人是태子 入聲的字音是都 說的不同--〈音義〉에 의하면 原本에서 사용한 '呵'자는 일상용어가 아니라고 하였다. 현재는 秀才나 조정의 관리 중에 그 말을 사용하는 사람들이 있다. 그 '俺'자는 山西人이 사용하는 말이며 '恁'字 역시 官話로서 일상용어가 아니므로 모두 지워버리고 고쳐서 쓴 것이다. 어조사인 '那', '也', '了', '阿' 등 글자들은 가볍게 발음하여 지나가야 하며 만일 발음을 분명히 할 경우 듣기가 좋지 않다. 南方人은 '蠻子', 山西人은 '豹子', 北京人은 '태子'라고 하는데 이들은 入聲字의 發音을 각기 다르게 한다--"라고 하였다.

21) 이들은 『飜譯老乞大』에서는 모두 '呵 > 時'로 교체되었다.
身已安樂時 也到(〈飜老〉 上 2 앞)
你旣賣馬去時 咱們恰好做火伴去(〈飜老〉 上 8 앞)

된다(余志鴻, 1992 : 3).

④ 有

졸저(2004)에서 〈原老〉의 특징으로 몽고어의 時制와 문장종결을 나타
내는 'a-(to be), bayi-(to be)'를 '有'로 표기하였고 이것이 원대 漢兒言語
의 영향임을 최세진은 『老朴集覽』에서도 밝힌 바 있음을 소개하였다.
즉, 『老朴集覽』에 '漢兒人有'의 설명에서 "元時語必於言終用有字 如語助而
實非語助 今俗不用—원대어에서는 반드시 말이 끝나는 곳에 '有'자를 사
용하는데 語助辭인 듯하나 실은 語助辭가 아니다. 지금은 세간에서 사
용하지 않고 있다"(「老集」上 1앞)라고 하여 어조사(語助辭)처럼 사용되는
문장 종결어미의 '有'가 원대 언어에 있었으나 최세진 당시에는 더 이상
사용되지 않음을 말하고 있다.

몽고어의 動詞 'bui(is), bolai(is), bülüge(was)'와 모든 동사의 정동사
형(all finite forms of the verbs)인 'a-(to be)', 'bayi-(to be)', 그리고 동사
'bol-(to become)'은 모두 계사(繫辭, copula)로 쓰였다.22) 따라서 〈原老〉에
쓰인 문장종결의 '有'는 몽고어의 'bui, bolai, bülüge, a-, bayi-, bol-'가
문장의 끝에 쓰여 문장을 종결시키는 통사적 기능을 대신하는 것으로
몽고어의 영향을 받은 원대 북경어의 특징이라고 보았다(졸저, 2004 :
518~519).

〈孝解〉의 직해문에서 '有'가 사용된 용례가 많으며 그 가운데 몇 개를
추가하면 다음과 같다.

---

22) 이에 대하여는 Poppe(1954 : 157)의 "The Simple Copula' "The verbs" *bui* "is", *bolai*
"is", *bülüge* "was", and all finite forms of the verbs *a-* "to be", *bayi-* "to be", and
bol- "to become" usually serve as copula."라는 설명을 참조하라.

ㄱ 원문 : 夫孝德之本也,〈孝解〉「開宗明義章 제1」

　　직해문 : 孝道的勾當是德行的根本有(효행이라는 것은 덕행의 근
　　　　　　본이다)

ㄴ 원문 : 敬其親者 不敢慢於人,〈孝解〉「天子章 제2」

　　직해문 : 存着自家敬父母的心呵　　也不肯將別人來欺負有((스스로
　　　　　　부모를 존경하는 마음을 갖고 있는 사람은 다른 이를
　　　　　　업신여기지 않는다)

ㄷ 원문 : 君親臨之厚莫重焉,〈孝解〉「聖治章 제9」

　　직해문 : 父母的恩便似官裏的恩一般重有(부모의 은혜는 마치 천
　　　　　　자의 은혜만큼 무겁다)

ㄹ 원문 : 宗廟致敬不忘親也 修身愼行恐辱先也,〈孝解〉「感應章 제16」

　　직해문 : 祭奠呵　　不忘了父母有,　小心行呵　　不辱末了祖上有(제를
　　　　　　지내는 것은 부모를 잊지 않으려는 것이다. 수신하여
　　　　　　행동을 조심하는 것은 선조를 욕되게 함을 두려워하기
　　　　　　때문이다)

　이 예문의 직해문 문말에 쓰인 '有'는 志村良治(1995 : 384)에서는 入矢
義高(1973)의 주장에 따라 元代 초기부터 사용되기 시작하였으며 확정적
인 의미를 나타낸다고 주장하였다. 한편 太田辰夫(1991 : 179)에서는 '有'
자의 이러한 용법은 元代에서 明初에 걸친 자료들에서 많이 찾아 볼 수
있는데 실제 口語體에서 사용되었던 것임에 틀림이 없다고 하였다. 그
리고 元曲에 이르러서는 더 이상 사용되지 않았으나 '一壁有者'(한 쪽에서
기다리고 있다)와 같은 관용어적 용법은 원곡에서도 찾아 볼 수 있으며
따라서 '有'는 어휘적 의미가 없는 문장 말 종결어미였을 것으로 추정이

된다고 하였다.

〈原老〉에서는 문장 말에 '有'가 대량으로 사용되었음을 발견할 수 있다. 이것은 『老朴集覽』의 해설과 같이 바로 원대의 大都지역의 언어임을 보여주는 유력한 근거라 할 수 있다. 23) 〈原老〉에 나오는 예를 두 개만 들어보자.

> ㉤ 我也心裏那般想著有(나도 마음에 이렇게 여기노라)(〈原老〉 3뒤)
> ㉥ 您是高麗人却怎麽漢兒言語說的好有(너는 고려인인데 어떻게 漢兒言語로 잘 말하느냐(〈原老〉 1앞)24)

이 예문들을 보면 '有'가 문장종결어미로서 과거완료 時相을 보여주는 것으로 보인다.25)

⑤ 麽道

'麽道'는 〈孝解〉만이 아니고 元代의 聖旨나 그를 새긴 碑文에서도 발견된다. 이것은 몽고어의 'ge'e(말하다)'를 표기한 것으로 蒙漢對譯 漢兒言語 碑文을 보면 몽고어의 "ge'en, ge'eju, ge'ek'degesed aju'ue"를 대역

---

23) 『元朝秘史』의 경우를 살펴 보면 '有'는 '-UmU'에 대응되는데 다음과 같은 예문에서 보여 주는 바에 의하면 과거에서 현재까지(미래까지 지속 가능한) 지속되는 시제를 나타낸다고 하였다(余志鴻, 1988).
貼額周 阿木'載着有'(『元朝秘史』 101, 948) 迭兒別魯 梅'顫動有'(『元朝秘史』 98, 947)
莎那思塔 木'聽得有'(『元朝秘史』 101, 948)

24) 『飜譯老乞大』에서는 이 '有'가 없어진다.
我也心裏這般想着(<飜老〉 上 11앞)
你是高麗人 却怎麽漢兒言語說的好(<飜老〉 上2앞)

25) 몽고어의 "ge'ek'degsed aju'ue(말 하고 있다)"가 '說有, 說有來'로 표시되는 예를 들 수 있다(田中謙二, 1962).

한 것이다. 즉 '麽道'는 "~라고 말씀하셨다"에 해당하는 몽고어를 대역
한 것이다. 예를 大德 5년(1301) 10월 22일의 上奏文에서 찾으면 다음과
같다.

> 大德五年十月二十二日奏過事內一件
> 　陝西省 官人每 文書裏說將來 "貴(責)赤裏愛你小名的人 着延安府屯田
> 有 收拾贖身放良不蘭奚等戶者 麽道 將的御寶聖旨來有 敎收拾那怎生?"
> 麽道 '與將文書來' 麽道 秦呵 '怎生商量來' 麽道– 대덕 5년 10월 22일에
> 上奏한 案件 하나: 섬서성 관인들이 문서로 전해 와서 "貴赤(弓兵)의
> 愛你(아이니)라고 하는 사람이 延安府의 屯田에 와서 '속량금으로 평
> 민적을 회복한 보론기르(不蘭奚, 옛 南宋 지구에서 몽고군에 포로로
> 잡혀 와서 노예로 일하는 사람을 말함. '孛蘭奚'로도 씀)를 돌아가라'
> 고 <u>말한</u> 御寶聖旨를 휴대하고 있습니다만 돌아가게 시키면 어떨까
> 요?" <u>라고 하는</u> 문서를 보내 왔다고 上奏하였더니 "어떻게 상담하였
> 는가? <u>라고 하여</u>–. 밑줄 친 부분은 '麽道'를 번역한 곳.

　이 예를 보면 밑줄 친 '麽道'가 3번 나오는데 모두가 인용문 형식을
취하고 있다. 물론 〈原老〉에는 이러한 인용문이 없기 때문에 '麽道'는 사
용되지 않는다. 필자는 〈孝解〉의 이러한 문체가 〈原老〉의 漢兒言語로부
터 文語로써 漢吏文으로 발전해 가는 과정을 보여주는 것으로 본다. 여
기서 〈노걸대〉의 漢兒言語는 口語로서 일상회화에 사용되는 언어이었고
〈孝解〉의 직해문은 문어의 모습을 보이는 것으로 장차 吏文으로 발전한
것이다.

　이와 같이 〈孝解〉에는 보통 한문에서 사용되지 않는 '每, 上頭, 呵, 有,
麽道' 등의 어휘를 사용하였으며 문장 구조도 古文과는 상당한 차이를
보인다. 그러나 〈孝解〉가 조선 前期에 시행된 漢吏科의 출제서임으로 이

러한 한문, 다시 말하면 漢吏文을 실제로 학습하였고 이것으로 사대문
서를 작성하였음을 알 수 있다.

4. 韓半島의 吏文과 吏讀文

한반도에서도 元代 이후에 발달한 漢吏文을 본 따서 행정, 법률 등의
공문서에 사용하는 吏文을 만들어 사용하였다. 그러나 吏文은 후대에
吏讀文과 혼용되어 양자의 구별이 불가능하게 되었다. 또 1970년대 중
반에 〈舊譯仁王經〉의 釋讀 口訣資料가 발견된 이래 口訣에 대한 관심이
높아져 口訣文과의 구별도 있어서 혼란이 가중되었다. 이 글에서는 우선
이러한 術語의 정리로부터 한반도의 吏文에 대하여 고찰하고자 한다.

1) 吏讀와 口訣

韓半島에서는 오래 전부터 중국의 文物을 받아들이면서 중국어를 배
우고 한자를 익혀 漢文으로 된 각종 文獻을 읽고 또 스스로 한자를 빌
려 우리말을 기록하였다. 한문은 고립적인 문법구조를 가진 중국어를
표의문자인 漢字로 기록한 것이기 때문에 이것을 읽을 때에는 우리말로
풀어 읽거나 교착적인 우리말의 문법구조에 따라 조사와 어미를 첨가하
여 읽었다(졸고, 2003a). 이런 한문 독법 가운데 전자를 釋讀이라 하고 후
자를 順讀, 또는 誦讀이라 하며 이 때에 揷入되는 우리말의 문법요소,
즉 조사와 어미를 口訣, 입겿이라 한다.

반면에 우리말을 한자로 기록하는 경우에는 먼저 중국어로 번역하여

한자로 쓰는 방법이 있다. 이것은 중국어를 기반으로 한 漢文과 다름이
없다. 그러나 중국어로 번역하여 표기하는 경우 번역이 불가능하거나
어려운 것이 있는데 人名, 地名, 그리고 고유의 官職名이 그러하다. 이
경우에는 한자로 번역하거나 발음대로 표기하는 방법이 있다. 예를 들
면 신라 武將 '居柒夫'를 '荒宗'으로, '奈乙'을 '蘿井'으로, '舒弗邯, 舒發翰'
을 '角干'으로 적는 방법이다. 이것은 실제 신라어를 한자를 빌려 발음대
로 표기하고 이를 중국어로 번역한 예이다.

　이와 같이 고대국어의 고유명사를 표기하는 방법에서 한걸음 나아가
서 우리말의 語順으로 한자를 羅列하는 방법이 있는데 이것은 이미 널
리 알려진 바와 같이 壬申誓記石의 표기 방법으로부터 발전한 것이다.
이렇게 우리말 어순에 맞추어 한자로 표기한 문장을 지금까지 '鄕札文',
또는 '吏讀文'으로 불렀고 여기에 사용된 한자들을 '鄕札', 또는 '吏讀字'
라고 보았다.[26]

　우리말을 한자로 語順에 맞추어 표기하는 吏讀文에는 중국어에 없는
고유명사나 문법요소와 같은 것을 한자의 뜻과 발음을 빌려 표기하는
경우가 있다. 예를 들어 葛項寺 造塔記(758)의 "二塔天寶十七年戊戌中立
在之-두 탑은 천보 17년 무술에 세우겨다-"의 '在之'는 時相과 문장 종결
을 나타내는 문법부의 표기를 위하여 사용된 것이다. 이 때의 '在'나 '之'
는 口訣과 많이 유사하다. 그러나 중요한 차이는 吏讀가 한자로 우리말
을 기록하는 데 사용된 것이라면 口訣은 한문을 읽을 때에 揷入되는 것

---

26) 이승재(1992 : 14)에서는 吏讀文은 문장으로서 創作文의 實用文에 해당하는 것으로
　　보아 文藝文의 鄕札文과 구별하였다. 또 口訣文은 창작문이 아니라 飜譯文으로 이
　　두문과 구별하였다. 그러나 이두와 향찰은 동일한 것으로 고려전기까지 唐文에
　　대한 鄕札이란 명칭으로 불렸다.

이다. 따라서 吏讀文은 문법구조가 우리말에 기반을 둔 것이며 口訣文은 중국어의 문법구조에 따른 한문 문장에 우리말의 문법부인 口訣을 삽입한 것이다. 또 하나의 차이는 口訣이 우리말의 文法部를 기록하는 것에 局限되는 반면 이두는 고유명사를 표기하는 경우에 意味部를 기록하는 경우도 있다.27)

그리고 '吐'가 있다. 이것은 吏讀나 口訣에서 특히 우리말의 문법부, 즉 助詞나 語尾를 한자를 빌려 표기한 것을 말하는 것으로 '口訣吐'와 '吏吐'가 있게 된다. 吏吐의 경우는 吏讀가 간혹 의미부를 기록하는 경우가 있음으로 따로 독립되어 구별될 수 있지만 '口訣吐'는 口訣이 대부분 문법부를 기록하는 것이므로 구별이 쉽지 않다.28)

2) 吏文과 吏讀

吏讀文이 바로 吏文이 아님은 지금까지의 논의에서 이해하였을 것이다. 즉 漢吏文과 같이 한반도에서도 한자를 이용하여 공문서의 작성에 유용한 문체를 만들어 사용하게 되었다. 朝鮮 吏文이29) 언제부터 정식

---

27) 吏讀와 口訣은 혼동한 예로 劉烈(1983)을 들 수 있다. 그는 口訣에 대하여 "구결은 리두의 퇴화된 특수한 한 형태이다. 구결은 엄격한 의미에서는 조선말을 기록하는 서사수단이 아니다. 그것은 한갓 한문을 우리말식의 줄글로 읽기 위하여 덧보태는 문법적인 보충수단으로서의 일정한 토를 표기하기 위한 수단으로만 쓰이게 퇴화하여 굳어진 리두의 '화석' 형태에 지나지 않는다"(띄어쓰기 표기법은 원문대로, 劉烈, 1983 : 31)라고 하여 구결과 이두를 혼동하고 있다.

28) 남풍현(1980)에서는 구결과 토를 구별할 것을 주장하고 '口訣 = 漢文 + 吐'라고 보았다. 그리고 이어서 "吐는 口訣에 소속되는 하나의 형식이지 그 자체가 체계적인 의사전달의 내용을 갖는 것은 아니다"라고 하여 구결의 방법으로 懸吐하는 것으로 보았다.

29) 고려시대에도 吏文이 존재하였는지는 확인할 수 없다. 따라서 잠정적으로 漢吏文에 대하여 朝鮮吏文으로 구별한다.

으로 공문서의 공용문어가 되었는지는 아직 아무런 연구가 없다. 그러
나 漢吏文의 영향을 받아 조선 이문이 이루어졌다면 고려 말이나 조선
초기의 일로 볼 수 있다.

　이 吏文이 조선시대의 공문서의 공용문어로서 모든 공문서는 吏文으
로 작성되어야 효력을 발생했다. 『受敎輯錄』(1698) 「戶部」 '徵債' 조에 "出
債成文(중략) 諺文及無證筆者 勿許聽理"이라 하여 언문으로 쓴 것, 증인
이 없거나 쓴 사람이 분명하지 않은 경우 채권의 효력을 인정하지 않았
음을 알 수 있다.

　吏文이 吏讀文과 구별된 사실을 다음 『世祖實錄』의 다음 기사에서 알
수 있다.

　　吏曹啓：吏科及承蔭出身, 封贈爵牒等項文牒, 皆用吏文 獨於東西班五
　品以下告身 襲用吏讀 甚爲鄙俚 請自今用吏文 從之―이조에서 계하기를
　吏科 및 承蔭 출신으로 작첩 등을 封贈하는 문서에 모두 이문을 사용
　하지만 홀로 동반 서반의 5품 이하 고신에서만 관습적으로 이두를
　사용하여 심히 비루하고 속되었습니다. 이제부터 이문을 사용하도록
　청합니다. 따르다―

여기에서 말하는 吏文은 漢吏文에 근거하여 고려 말과 조선 전기에
관청에서 사용하던 것을 말하며 吏讀란 한자의 음과 훈을 빌려 우리말
을 기록하는 것을 말한다.

　朝鮮 吏文의 전형을 보여주는 것으로 中宗조 최세진이 편찬한 『吏文
大師』(이하 〈吏師〉로 약칭)를 들 수 있다. 이것은 말할 것도 없이 조선 吏文
의 학습서로서 漢吏文에 정통했던 최세진이 그것과 比肩되는 朝鮮 吏文
의 학습서를 편찬한 것이다.

조선 초기의 吏文은 漢吏文의 문체에 맞춘 것으로 吏讀文과는 구별되었다. 다만 〈吏師〉에서 볼 수 있는 것처럼 套式이 있고 특수한 慣用句를 사용하며 공문서에 사용하는 漢文을 吏文이라 부른 것이다. 그런데 吏文의 특수 관용구는 놀랍게도 吏讀文에서 가져온 것이 많았다.

〈吏師〉의 권두에 소개된 관용구 가운데 대부분은 吏讀로 된 것이다. 예를 들면 '右謹言所志矣段'는 所志(陳情書, 또는 告訴狀)의 序頭에 붙는 관용구인데 통사구조가 우리말이고 '矣段(-읜똔)'과 같은 吏讀가 들어있다. 내용은 "앞으로 삼가 말씀드릴 소지라는 것은"의 뜻이다. 또 '右所陳爲白內等(앞으로 말씀드리려고 하는 것은)'도 고문서의 첫머리에 사용하는 관용구인데 여기에도 '爲白內等(ᄒ숣ᄂ든)'과 같은 이두가 들어있다.

그러나 내용에 있어서는 漢吏文의 문체를 사용한다. 예를 들어 〈吏師〉에는 朝鮮 吏文에 자주 쓰이는 四字成句가 다수 실려 있다.

合行牒呈-牒呈, 즉 공문서를 보내기에 합당하다는 뜻.
照驗施行-대조하여 시행하는 것.
他矣財穀-남의 재물과 곡식, 즉 타인의 재산 .
夜間突入-밤에 무단으로 남의 집에 들어가는 것.
偸取恣意-偸取, 즉 남의 물건을 훔치는 것을 恣意로 한다는 것.
連名資生-겨우 목숨을 이어갈 정도로 살아가는 것.
現露辭緣-모두 드러난 내용.
依律施行-법률에 따라 시행함.[30]

---

30) 〈吏師〉에는 이 이외에도 吏文에 자주 쓰이는 四字成句를 많이 소개하였다. 필자가 고대 도서관 소장본으로 헤아려 본 결과 140여개가 넘었다. 개중에는 '物故公文'과 같이 이두에 의한 것도 없지 않지만 대부분 漢吏文에서 사용되는 四字成句를 표제어로 하였다.

이와 같이 四字成句를 많이 사용하는 한문 문체는 漢吏文의 특징으로 서 조선 吏文이 이를 본받은 것이다. 吉川幸次郎(1953)에서는 〈元典章〉의 漢文 吏牘의 문체적 특징으로 緊張感을 들고 긴장을 유발하는 요인으로 써 다음 두 가지를 들었다.

    ⓐ 四字句, 또는 그 변형을 기본으로 하는 리듬.
    ⓑ 어떤 종류의 구어적 어휘를 포함한 吏牘 특유의 말을 빈번하게
       사용함.31)

이에 의하면 조선 이문도 漢吏文과 같이 四字句를 기본으로 하는 문 체적 리듬을 가졌고 구어적 표현을 가미하였으며 이문에만 사용되는 관 용구를 빈번하게 사용하여 공문서로서의 권위와 긴장을 유발한 것으로 보인다. 이것은 조선 吏文이 전혀 漢吏文의 문체를 본받은 때문인 것으 로 본다.

조선 후기에 들어오면 吏文의 套式은 그대로 유지하였으나 吏讀 표기 가 늘어난다. 필자가 譯官의 名門인 川寧 玄氏家의 고문서에 찾은 玄啓 根의 陳試 所志를 예로 들면 다음과 같다. 이 所志는 乾隆甲子 式年試의 上式年(1743) 譯科 初試에 合格하였으나 이듬해에 실시하는 譯科 覆試에 는 父親喪으로 참여할 수 없어서 시험 응시를 늦춰달라는 陳試의 所志

---

31) 吉川幸次郎(1953)에서는 이를 포함한 한이문의 특징을 "元典章中の漢文吏牘の文體 は、(1) 古文家の文語と文法の基本をおなじくしつつも、古文家の文語のごとく藝 術的緊張をめざさない。(2)　しかも吏牘の文をしての緊張をめざす。(3)緊張を作 る要素としては　ⓐ 四字句もしくはその變形を基本とするリズム、ⓑ ある種の 口語的語彙をふくむ吏牘特有の語の頻用、(4)　しかしその緊張は、容易に弛緩をゆ るすのであって、往往、更に多くの口語的要素を導入して、緊張をやぶる。(5) さ ればといつて緊張を全くくずしまることはない。"로 정리하였다. 이와 같은 문체 적 특징은 조선 이문에도 그대로 적용된다.

로서 1744년 10월에 작성된 것이다.[32]

원문

譯科初試擧子喪人玄敬躋[33]

右謹言所志矣段 矣身今甲子式年譯科初試 以漢學擧子入格矣 五月分遭

父喪是如乎 依例陳試 事後考次立旨 成給爲只爲 行下向敎是事

禮曹 處分 手決 依法典

甲子 十月 日 所志

해석

역과 초시의 거자로서 상제인 현경제가

이제 소지할 것은 이 몸이 이번 갑자 식년시 역과 초시에 중국어

학으로 응시하여 입격하였으나 5월에 부친상을 당하였기 때문에 전

례에 따라 시험을 연기하고 사후에 시험함. 이를 입증하는 문서를 만

들어 주도록 분부를 내리옵실 일

예조에서 법전에 의거하여 처분하고 수결을 둠.

갑자년(1744) 10월 일 소지

이 吏文에는 모든 행정 所志의 冒頭에 붙는 慣用句 "右謹言所志矣段"가

있고 "矣身(의 몸, 제가), 是如乎(이다온, 이라고 하는), 立旨(신청서의 말미에 이

사실을 입증하는 뜻을 부기한 관아의 증명),[34] 爲只爲(ᄒ기슴, 하기 위하여), 行

---

32) 譯科의 初試와 覆試, 그리고 倭學 譯官 玄啓根의 譯科 應試와 喪故에 의한 陳試에 대
　하여는 졸저(1990 : 210)를 참조할 것.

33) 玄敬躋는 玄啓根의 兒名임(졸저, 1990).

34) '立旨'는 所志의 말미에 붙여 신청한 일을 관아에서 증명한다는 附記로서 토지문
　기나 노비문서 등에 사용되는 관용어이다. 예. 本文段 失於火燒是遣 立旨一張乙 代
　數爲去乎(安東 金俊植 宅 토지문기), 各別 立旨成給爲白只爲 行下向敎是事(海南 尹泳善
　宅 <所志>). 장세경(2001 : 432)

下向教是事(힝하아이샨일. 명령하옵실)" 등의 吏讀와 吏文으로 된 慣用語가
쓰였다.

따라서 조선 吏文은 漢吏文의 영향을 받아 형성된 것이며 漢吏文이
소위 蒙文直譯体로 알려진 漢兒言語를 기반으로 형성된 文語인 것처럼
조선 吏文은 신라시대의 鄕札표기에 기반을 둔 吏讀文을 기반으로 형성
되었고 漢吏文의 한문 문체를 수용하였다.

이 조선 吏文은 甲午更張(1894)에서 한글을 공문서에 사용할 수 있다
는 勅令이 내려지기 전까지 조선시대의 유일한 공용 文語이었다. 몇 백
년간 계속된 유일한 공용 문어인 조선 吏文에 대한 연구가 그렇게 많지
않은 것은 참으로 국어연구의 발전을 위해서 참으로 안타까운 일이다.

3) 吏讀 명칭의 淵源

吏讀는 앞에서 언급한대로 우리말을 중국어로 번역하지 않고 우리말
어순에 따라 한자로 기록하고 한자가 없는 조사와 어미는 한자의 발음
과 뜻을 빌려 차자 표기하는 방법을 말한다. 한반도에서 '吏讀'란 명칭이
언제부터 사용되었는지 명확하지 않다.

지금으로는 『世宗實錄』(권103) 세종 25년(1444) 2월 庚子(20일)조에 부
재된 崔萬理 등의 훈민정음 반대 上疏文에 "吏讀行之數千年 而簿書期會等
事 無有防礎者—이두가 행해진 지 수천 년에 문서를 기록하고 날짜를
정하는 등에 아무런 문제가 없는데—"라는 기사나 『訓民正音』(1446)의
卷末에 부재된 鄭麟趾의 後序에 "薛聰始作吏讀 官府民間至今行之—설총
이 이두를 시작하여 관부와 민가에서 오늘에 이르기까지 행하고 있다
—"에 나타나는 吏讀가 가장 오래된 것으로 보인다.

이두에 대하여 劉烈(1983 : 13)에서는

> 리두는 비록 한자로 씌여있으나 그것은 결코 한문이 아니며 따라
> 서 한문으로는 제대로 읽을수 없는 어디까지나 조선말을 적어놓은
> 독특한 조선글의 하나였다. 조선말을 적어놓은 조선글의 하나이기는
> 하면서도 또한 한자를 전혀 모르고는 제대로 읽을수 없는 특수한 류
> 형의 글이였다. 〔중략〕'리두'라는 이름은 그 자체의 발전력사와 관련
> 되여있으며 그 기능의 내용, 성격과도 관련되여있다. '리두'란 이름은
> '吏讀, 吏頭, 吏道, 吏吐, 吏套' 등으로도 쓰이고 '吏札, 吏書' 등으로도
> 쓰이였다. 이 여러 가지로 쓰인 이름들은 모두가 그 첫 글자를 '官吏'
> 를 뜻하는 '吏' 자를 쓰고있으며 그 둘째 글자는 대체로 '글자'나 '글'
> 을 뜻하는 글자들이나 또는 그런 글자들과 그 음이 비슷한 글자를
> 쓰고있는 것이 특징적이다. 이것은 곧 이 이름들이 모두 '관리들의
> 글', '관리들이 쓰는 관청의 글'이라는 말이다. 〔하략〕 (띄어쓰기, 맞
> 춤법은 원문대로)

라고 정의하였다.

그리고 '이두'라는 명칭에 대하여는 劉烈(1983)의 같은 곳에서 "그러므
로 '이두'라는 이름은 7~8세기 이후에 쓰이기 시작한 것이라 볼 수 있다.
그러나 '이두'의 발생, 발전 역사는 이보다 훨씬 오랜 이전부터 시작되었
던 것이다"라고 하여 '吏讀'는 신라시대에 이미 사용된 것으로 보았다.

그러나 '吏讀'라는 명칭은 전술한『세종실록』의 기사가 가장 앞선 것
으로『三國史記』나『三國遺事』는 물론 고려시대의 문헌에서도 발견되
지 않는다. 물론 신라시대에도 한자의 音訓을 빌려 신라어를 기록하는
방법이 있었으며 薛聰이나 强首先生이 이를 정리하였다는 기록이 남아
있지만 그것은 어디까지나 '鄕札'이었지 吏讀라는 명칭으로 나타나지는

않는다. 따라서 한자의 音과 訓을 빌려 우리말을 기록하는 방법은 멀리 삼국시대부터 있었지만 이를 '吏讀'라고 부른 것은 조선 초기의 기록이 현재로는 가장 이른 시기의 것이다.

현재로는 다음에 언급할 조선 '吏文'이 漢吏文의 영향으로 고려 후기에 생겨났고 그의 영향으로 漢吏文의 독특한 문체의 표기인 '吏牘'을 '吏讀'으로, 漢吏文을 학습하는 漢吏學을 '吏道'로 한 것에 대하여 '吏頭'로 바꾸어 적은 것으로 본다. 따라서 劉烈(1983)의 "吏讀, 吏頭, 吏道, 吏吐, 吏套, 吏札, 吏書'는 각기 다른 뜻을 가진 술어로서 다음과 같이 설명할 수 있다.

> 吏讀 - 漢吏文의 '吏牘'에 해당하는 술어로, 이두문을 표기하는 것 자체를 가르친다.
> 吏頭 - 漢吏文의 '吏道'에 해당하는 술어로, 吏文을 학습하는 것을 말한다.
> 吏吐 - 吏讀文에 삽입되는 문법요소, 吐를 말한다.
> 吏套 - 吏文類의 문체를 말함.
> 吏札 - 吏讀文에 쓰이는 한자 借字들을 말함.
> 吏書 - 이두로 쓴 문서, 또는 글월

따라서 이상의 술어는 漢吏文의 영향으로 한반도에서도 吏文이 생겨난 다음의 일이며 고려 말에서 조선 전기에 확립된 것으로 본다.

5. 結語

이상 중국에서 원대 이후에 발달한 漢吏文과 조선시대의 공용문서의 正文이었던 吏文과의 관계를 살펴보았다. 漢吏文은 元代 北京地域에서 移住해 온 북방민족들이 공통어(코이네)로 사용하던 '漢兒言語'를 기반으로 하여 형성된 文語임을 주장하였다. 따라서 이 漢兒言語는 고립적인 문법구조의 중국어에 교착적인 주변 민족의 언어가 混淆된 일종의 크레올로서 法律, 行政 문서에 사용되었고 종래 우리가 알고 있는 古文과는 매우 다른 문장 언어이었음을 강조하였다.

한반도에서는 고려후기 이후에 元代 漢吏文의 영향으로 吏文이 생겨나서 역시 법률, 행정에 사용되었다고 보았다. 초기에는 중국의 漢吏文에 의거하여 吏文이 형성되었으며 몇몇 특수한 관용어와 고유명사 등의 어휘 표기에만 吏讀가 사용되었지만 이 양자의 구별은 분명하였다. 그러나 중국 漢吏文의 바탕이 된 漢兒言語가 교착적 문법구조를 수용한 것처럼 한반도의 吏文도 우리말 어순에 의거한 吏讀文을 수용하여 후대에는 吏文과 吏讀文의 구별이 어렵게 되었다.

吏文이 비록 중국의 漢吏文에 영향을 받아 형성되었다고는 하나 이두를 수용하였고 후대에는 이두문과 혼동될 정도로 우리말 어순에 맞춘 문장 표기를 보였기 때문에 우리말의 연구에 필요한 자료로 생각한다. 이에 대하여는 앞으로 더 많은 연구가 필요하다. 다만 조선시대 500여 년의 공문서의 正文이었던 吏文에 대한 연구가 국어학에서 매우 소홀하게 된 것은 온당하다고 보기 어렵다.

이 글이 吏文에 대한 새로운 인식을 가져오기 바라며 국어학계에 만연한 편협하고 비타협적인 생각에서 벗어나기를 바라는 마음 간절하다.

국어학은 국어, 즉 우리말과 글에 대한 어떠한 것도 연구대상으로 삼아야 할 것이다.

🕮 참고문헌

저자명의 가나다 순

金文京 외(2002). 『老乞大―朝鮮中世の中國語會話讀本―』. 金文京·玄幸子·佐藤晴彦
　　　　譯註. 鄭光 解說. 東洋文庫 699. 東京: 平凡社.

長澤規矩也(1933). "元刊本成齋孝經直解に關して." 『書誌學』(日本書誌學會) 第1卷 第5
　　　　號. 이 논문은 후일 『長澤規矩也著作集』 제3권 「宋元版の研究」에 수록됨.

南豊鉉(1980). "口訣과 吐." 『국어학』(국어학회). 제9호. 이것은 남풍현(1999)에 재록
　　　　되었음.

＿＿＿＿(1999). 『國語史를 위한 口訣研究』. 서울: 太學社.

田中謙二(1961). "蒙文直譯体における白話について." 『元典章の文體』(校定本 元典章
　　　　刑部 第1冊 附錄)

＿＿＿＿＿(1962). "元典章における蒙文直譯體の文章." 〈東方學報〉. 1962年 第32冊. 이
　　　　논문은 『元典章の文體』(校定本 元典章 刑部 第1冊 附錄)에 재록됨.

＿＿＿＿＿(1965). "元典章文書の構成." 『元典章の文體』(校定本 元典章 刑部 第1冊 附錄)

董同龢(1968). 『漢語音韻學』. 臺北: 廣文書局.

余志鴻(1983). "元代漢語的後置詞 '行'." 『語文研究』. 1983-3. 北京

＿＿＿＿(1992). "元代漢語的後置詞系統." 『民族語文』. 1992-3. 北京

呂叔湘(1985). 『近代漢語指代詞』. 上海: 學林出版社.

劉 烈(1983). 『세나라시기의 리두에 대한 연구』. 평양: 과학백과사전출판사.

林 燾(1987). "北京官話溯源." 『中國語文』(中國語文雜志社). 1987-3, 北京

宮崎市定(1987). 『科擧史』. 東京: 平凡社.

志村良治(1995). 『中國中世語法史研究』. 中文版. 北京: 中華書局.

太田辰夫(1953). "老乞大の言語について." 『中國語學研究會論集』 제1호.

＿＿＿＿＿(1954). "漢儿語言について." 『神戶外大論叢』. 5-3.

太田辰夫·佐藤晴彦(1996). 『元版 孝經直解』. 東京: 汲古書院.

王 力(1958). 『漢語史稿』. 北京: 科學出版社.

＿＿＿＿(1985). 『漢語語音史』. 北京: 社會科學出版社.

吉川幸次郎(1953). "元典章に見えた漢文吏牘の文體." 『元典章の文體』(校定本 元典章
　　　　刑部 第1冊 附錄)

李基文(1961). 『國語史概說』. 서울: 民衆書館.

入矢義高(1973). 陶山信男『朴通事諺解 老乞大諺解語彙索引』序. 采華書林.

李丞宰(1992). 『高麗時代의 吏讀』. 서울: 太學社.

장세경(2001). 『이두자료 읽기 사전』. 서울: 한양대학교 출판부.

蔣紹愚(1994). 『近代漢語研究槪況』. 北京: 北京大學出版社.

정광 외(2002a). 『原本老乞大』(解題 · 原文 · 原本影印 · 倂音索引). 鄭光主編 編者 梁伍
鎭, 鄭丞惠. 北京: 外語敎學与硏究出版社.

_____(2002b). 『吏學指南』. 정승혜 · 양오진 공저. 서울: 태학사.

精文硏(1986). 韓沾劤 외 5인. 『譯註 經國大典 註釋篇』. 서울: 韓國精神文化硏究院 人
文硏究室.

拙 稿(1987). "朝鮮朝의 譯科 漢學과 漢學書―英 · 正祖時代의 譯科漢學試券을 중심으
로―." 『震檀學報』(震檀學會) 제63호.

_____(1999). "元代漢語의〈舊本老乞大〉." 『中國語學研究 開篇』(早稻田大學 中國語學
科). 제19호.

_____(2000). "〈노박집람〉과 〈노걸대〉 · 〈박통사〉의 舊本." 『震檀學報』(진단학회). 제
89집.

_____(2003a). "韓半島에서 漢字의 受容과 借字表記의 變遷." 『口訣研究』(口訣學會)
제11호.

_____(2003b). "〈老乞大〉의 성립과 그 변천." Sang-Oak Lee & Gregory K. Iversion
『한국 언어와 문화 탐색』. 서울: 도서출판 박이정.

_____(2003c). "朝鮮漢字音의 成立과 變遷." 日本 中國語學會 제53회 全國大會 심포지움
"漢字音研究의 現在"主題發表. 2003년 10月25日 日本 早稻田大學 大隈講堂.

_____(2004). "朝鮮時代的漢語敎育与敎材-以〈老乞大〉爲例-." 『國外漢語敎學動態』(北京
外國語大學). 總第5期.

_____(2005). "漢吏文에 대하여." 한국어학회 제36차 전국학술대회 기조강연. 2005년
8월 18일. 부산외국어대학교 외국어학습관 중강당.

_____(2005). "朝鮮漢字音의 成立과 變遷." 『인문언어』(국제언어인문학회). 제7집.
pp. 31~56.

_____(2009). "論八思巴文字的母音字與訓民正音的中聲." The hP'a gs-pa Script:
Session of Genealogy. Evolution and Influence. The 16th World
Congress. The International Union of Anthropological and Ethnological
Science. Kunming. China. July 27~31. 2009.

_____(2011). "〈蒙古字韻〉喩母의パスパ母音字と訓民正音 의中聲." 『東京大學言語學

論集』(東京大學 言語學科). 제31호.

拙　著(1988). 司譯院 倭學 硏究. 서울: 太學士.

_____(1990). 『朝鮮朝譯科試券硏究』. 서울: 大東文化硏究院(成均館大學校附設).

_____(2004). 『역주 原本老乞大』. 서울: 김영사.

_____(2006). 『훈민정음의 사람들』. 서울: 제이앤씨.

_____(2009). 『몽고자운 연구』. 서울: 博文社.

周法高(1973). 『漢字古今音彙』. 香港: 中文大學.

淸格爾泰(1997). "關於契丹文字的特點." 『아시아 諸民族의 文字』(口訣學會 編). 서울: 태학사.

洪起文(1946). 『正音發達史』上, 下. 서울: 서울新聞社出版局.

_____(1956). 『鄕歌解釋』. 平壤: 科學出版社.

Ishizuka, Harumichi. 1992. "Devices for Reading Chinese Texts among the Neighbouring Peoples." *Proceedings of the XXXII International Congress for Asian and North African Studies*. Stuttgart: Franz Steiner Verlag.

Kalgren, Bernhard. 1964. *Grammata Serica Recensa*. Stockholm: Museum of Far Eastern Antiquities.

Poppe, Nicholas. 1954. *Grammar of Written Mongolian*. Wiesbaden: Otto Harassowitz.

Street, J. C. 1957. *The Language of the Secret History of the Mongols*. Connecticut: New Haven.

한국어 총칭적generic 'give' 동사 주다 구문의 유형론적 문법 기술*

홍 재 성
대한민국학술원, 서울대학교 명예교수

1. 머리말

여기서 나는 한국어와, 일본어, 중국어, 퉁구스 제어를 중심으로 한 아시아 동북단 지역 일부 언어에서의 'give' 동사 구문의 형태·통사적

* 이 글은 2014년 10월 31일 개최된 제27회 가천대학교 아시아문화연구소 국제학술 대회 "한국어의 좌표 찾기 : 계통론과 유형론을 넘어서(Pinpointing the linguistic coordinate of Korean : Beyond genealogy and typology)"에서 행한 「아시아 동북단 지역 언어의 수여행위 동사 구문 : 유형론적 대조 문법 기술을 위하여」라는 제목의 구두 발표 중 한국어 자료와 관련된 일부 기본적 내용만을 약간 보완하여 정리한 것이다. 이 주제에 대해 발표할 수 있도록 원래 불어학 전공자인 필자를 초청해 준 가천대 아시아문화연구소에 감사의 뜻을 전하고 싶다. 이 글의 바탕이 된 한국어 문법 기술의 기본적 문제들에 대한 질문과 토론에 응해 주고 미완의 초고를 읽고 유익한 지적을 해 준 서울시립대의 목정수 교수, 역시 초고에 대해 적절한 지적들을 하면서 영어 번역본을 작성해 준 서울대학교의 박진호 교수에게 진심으로 고마움을 표하는 바이다. 또한 육필 원고를 정리하고 입력하는 수고를 마다하지 않은 도재학 연구원에게도 감사의 마음을 표하고 싶다.

morpho-syntactic 속성properties을 유형론적 관점에서 대조해 보고자 하는 목표 아래, 세 참여자 사태three-participant situation[event]의 언어적 부호화linguistic encoding 방책strategy 유형론(Margetts and Austin 2007)과 이 항 타동 구문ditransitive construction 정렬 유형론alignment[relational] typology(Malchukov, Haspelmath and Comrie eds. 2010)을 통합하는 절충적 방법론적 모형에 의거하여, 한국어의 총칭적 'give' 동사로서의 주다 동사가 분포되는 주요 절 구조clausal structure 유형의 기술을 시도해 볼 것이다. 이와 같은 기술은, 한편으로는 기술 대상을 'send', 'bring', 'say', 'teach' 등을 포함하는 이른바 광의의 수여 동사verbs of transfer로 확대하고, 또 한편으로는 표본 언어 목록을 몽골어파Mongolic와 터키어파Turkic 제어 등 전통적인 알타이어족의 일부 언어들과 아이누어Ainu, 니브흐어Nivkh, 유카기르어Yukaghir, 축치어Chukchi 등 고아시아[시베리아]Paleo-Asiatic[Siberian] 제어 및 일부 티베트계Tibetan 언어들로까지 확장하여, 동북단 아시아 지역 제어의 유형론적 대조 문법Typological Contrastive Grammar; TCG(홍재성 2010, 2014ㄴ) 연구 프로그램 속에 통합되는 작업의 한 단편fragment을 이루는 것이다. 이들 언어가 분포되어 있는 아시아 (동)북단 지역이 어떤 관점에서건 '언어 지역linguistic area'의 개념으로 포괄될 수 있을지 현 단계로서는 불명확하고,[1] 또한 이들 언어를 대상으로 한 유형론적 대조 연구가 계통 관계의 해명이나 접촉 언어학contact linguistics적으로 제기되는 문제의 해결에 어느 정도 함의를 가질 수 있는지도 불투명한 것이 사실이다. 그러나 다양 다기한 인간 언어의 한 구체적 구현인 개별 언어로서의 한국어 문법 체계상 두드

---

1) Anderson(2006)은 시베리아Siberia 지역 제어의 유형론적 대조를 시도한 것이다.

러진 주요 속성을 유형론적 시각에서 부각시켜 정밀하게 기술하고 궁극적으로는 이에 대한 내재적internal, 외재적external 설명과 공시적, 통시적 설명을 통합하는 다중변인적multifactorial 이해를 추구하고자 하는 유형론적 문법Typological Grammar; TG(홍재성 2009, 2011ㄴ, 2014ㄱ)의 틀에서 보면 공시적 관점에서의 유형론적 대조 문법TCG이 필수적이고, 언어들 사이의 계통적·접촉적 유사성과 상이성 관계를 탐구하려는 여타 접근법에 기반한 연구에 대해 상보적complementary인 기초적 작업이라 판단된다.

한마디로, 이 글에서 소개하는 작업은 궁극적으로는 일종의 아시아 동북단 제어의 지역 유형론적 연구 프로그램을 구성하는 작은 한 요소이고,2) 그 방법론적 틀은 유형론적 대조 문법TCG인데, 이는 바로 개별 언어의 유형론적 연구를 위한 대안적 문법 기술 모형으로 필자가 제안하고 있는 유형론적 문법TG이 그 핵심적 기반이다.

'give' 동사는 행위자 A(gent)가 대상 T(heme)의 처분권〔또는 소유권〕을 수령자 R(ecipient)에게 이전transfer〔또는 수여, 증여〕하는, 세 참여자 사태의 한 하위 유형을 어휘화하는 수여 동사의 대표형으로 볼 수 있다. 그런데 'give' 동사가 표현하는 'give' 행위는 체험적experiential 으로나 인지적cognitive으로나 인간 사회에 편재하는 보편적, 기본적 행

---

2) 한국어와 퉁구스 제어 사이의 관계에 특히 관심이 있는 필자가 이러한 연구 프로그램 내에서 시급하게 정리해 보고 싶은 몇 가지 연구 주제를 거론해 본다면, 어휘 부류 유형론 관점에서의 형용사 부류, 계사 구문, 상호 구문, 이동 목적 motion-cum-purpose 표현, 욕구·기상현상 등 사태의 언어적 부호화 방책, 기능 서술어 구문이나 다동사multi-verb 연쇄 구문, 소유 명사구, 그리고 격체계 — 격의 구분과 수, 격표지의 형태론적 단위로서의 지위, 격표지의 영화zeroing 가능성 등 등 — 의 문제이다. 현재까지의 공시적 시각에서의 피상적 관찰에 의하면 이런 영역들에서 한국어는 퉁구스 제어와 두드러진 대조를 보이는 까닭이다.

위의 하나이기는 하지만, 이것이 언어적으로 사상되는 양상은 대단히 다양하고, 그 범언어적 변이의 유형화는 별도의 논의 대상이 된다. 지구상 모든 언어가 'give' 동사를 사용하는 것도 아니고, 'give' 동사가 존재한다 하더라도 그 어휘·형태론morpho-lexical typology적 다양성은 매우 흥미 있는 변이를 보인다.

　그러나 압도적 대다수의 언어(표본 언어의 95% 이상)가 'give' 행위의 의미를 동사 범주의 어휘소로 부호화하는 것이 일반적이고 지배적인 언어적 표현 방책임은 명백한데, 특히 인구어, 우랄어, 알타이어, 드라비다어, 티베트-중국어 등 유라시아 대륙에 분포된 대부분의 언어는 'give' 행위의 개념공간을 구성하는 다양한 구성 성분이나 요소를 분리하여 부각시키지 않고 통합하여, 한국어의 <u>주다</u>, 중국어의 <u>gěi</u>, 어웡키어의 <u>buu-</u>, 또는 영어의 <u>give</u>, 프랑스어의 <u>donner</u>, 독일어의 <u>geben</u> 등등과 같이 일반적이고 총칭적인 'give' 의미를 나타내는 동사를, 그것도 단일 어근의 동사를 사용한다. 고아시아 제어에 역시 단일 어근의 'give' 동사가 존재하는데, 케트어Ket와 아이누어Ainu의 'give' 동사만 예외적으로 복합적 어근의 구성을 갖는다. 어쨌든, 이 지역의 모든 언어는 'give' 동사가 존재한다는 공유 속성을 갖고 있는데, 이는 지역적·계통적 편향성은 전혀 아니고, 'give' 개념의 어휘화 양상에 있어 관찰되는 유형론적 일반성에 부합되는 속성으로 이 글에서는 이에 대한 더 이상의 언급은 않기로 한다. (이 문제에 대한 더 자세한 기술과 논의는 홍재성(2015)를 참조할 것.)

　더구나 세 참여자 사태의 언어적 표현을 유형화하거나, 특히 이항 타동 구문의 유형론을 다루기 위해서는 'give' 개념의 절 구조 층위에서의 대응 양상에 초점이 놓이는 까닭에, 그것의 어휘화를 전제로 하고, 또한 그 어휘화 양상 자체는 부차적인 관심 대상인 만큼, 'give' 동사의 어휘 · 형태적 측면은 거론하지 않는다.

또한 총칭적 'give' 동사의 일반적, 기본적 의미를 '물리적 · 구상적 concrete · physical 대상object 처분권〔소유권〕의 이전 · 수여'로 잠정적으로나마 한정하여, 대응되는 절 구조의 양상을 다루게 되므로, 'give' 동사가 보이는 다의성의 현상이나, 'give' 동사의 기능동사support verb · 보조동사화, 또는 기타 다동사multi-verb 연쇄의 구성, 접어 · 접사화와 그에 수반하는 의미 · 문법 기능의 확장 양상의 유형론적 대조의 문제는 별도의 연구 과제로 남긴다.[3]

2. 기본 의미 주다 동사 구문의 유형론적 특징화

한국어에서 'give' 행위의 의미가 절 구조 층위에서 언어적으로 사상이 되는 양상의 가장 특징적인 점은, 다음에서 보이는 특이한 다중 복합 방책이 구사되는 점이다. 한국어의 주다 동사의 분포 가능한 구문은 단일한 이항 타동 구문으로 한정되지 않고 다중적일 뿐만 아니라, 논항 표지, 격후치사의 변이에 따른 구문적 변이도 보인다.

사태 의미는 반드시 동사 범주의 어휘소로 언어적으로 사상되는 것은 아니다. Khanina(2008)은 'want'의 사례로, 홍재성(2015)는 'give'의 사례로, 이와 같은 일반적 경향을 확인시켰다. 또한 다양한 언어의 모든 동사 어휘가 사태 개념만을 부호화하는 것도 아니다. 또한 특정 사

---

3) Newman(1996)은 인지언어학의 관점에서 다양한 언어 자료를 대상으로 'give' 동사의 의미 있는 연구의 이러한 여러 주제를 모두 거론하였다.

태 유형의 개념을 어휘화한 동사가 그 개념만을 특화하여 표현하는 것이 아니고, 다중적 의미를 표현하는 것이 일반적 현상이다. 이와 같이 어휘적 차원에서 의미와 언어 형태 사이의 대응은 다대다의 관계로 특징지어지는 것이 자명한 사실이다. 일단 어휘화된 사태 개념이 절 구조와 대응되는 양상 역시 일대일의 사상 관계를 보이는 것이 아니다. 두 참여자 사태를 어휘화한 이항 술어적 동사 구문이 반드시 두 논항 구문/타동사monotransitive 구문인 것은 아니다. 제2논항이 동사 술어에 완전히 통합incorporation되어, 단일 논항의 자동사 구문을 구성할 수도 있고, 두 참여자 사태 술어가 명사화predicate nominal되어 기능동사 구문을 구성하면, 기영이는 계사 구문을 깊이 연구를 했다.의 경우와 같이 이항 타동ditransitive 구문에 대응될 수도 있다. 또한 그 역의 경우도 성립되어 영어의 It rains 같은 일항 자동사 구문은 무참여자 사태/무논항 술어를 구현한다. 따라서 개념적으로 참여자 수에 따른 술어 유형과 핵심 논항의 수에 따른 구문 유형은 일대일의 단일한 보편적 대응 원리로 상관되는 것이 아니고, 역시 다대다의 관계로 특징지어지는 것이 언어적 현실이다. Margetts and Austin(2007)은 세 참여자 사태를 사례로 이와 같은 언어적 부호화 양상의 다양성을 적절히 확증시켜 준 연구 성과이다.

한국어 주다 구문은 바로 사태 개념과 절 구조 대응 양상의 이러한 측면을 잘 보여준다. 여기에 자동사 구문/일항 타동 구문을 대상으로 현대 통사론적 유형론의 전개에 크게 활력을 불어 넣은 정렬 유형론의 모형을 이항 타동 구문 영역에 확장, 적용시킨 Malchukov, Haspelmath and Comrie eds.(2010)의 성과를 통합하여4) 한국어 주다 구문의 절 구

---

4) 이항 타동 구문의 정렬 유형에 대해서는 Dryer(1986), Haspelmath(2005a, 2005b, 2007), Siewierska and Bakker(2007), Wunderlich(2006) 등의 중요한 선행 연구도 있다.

조 유형론적 기술을 시도해 보면 그 결과를 다음과 같이 정리할 수 있을 것이다.5)

 ① 1차 방책 : T-부각T-prominent[indirective] 의존어 표시flagging
　 이항 타동 구문(T=P≠R)

 (1) 기영이는 자전거를 동생에게 주었다.

　한국어는 논항의 절 구조상의 지위 표시나 여타 논항과의 구별 표시를 지배어인 서술어에 표시하지head-marking 않고, 논항명사구에 표시하는dependant-marking 언어이다(Nichols 1986). 이 점에서 동사에 주어 인칭의 일치 표시를 함으로써 부분적인 지배어 표시 언어의 성격을 보이는 퉁구스 제어와 다르다. 주다 동사가 이항 타동 구문을 구성하면 T에는 P와 마찬가지로 '대격accusative' 후치사 -을/를이 후접하고 R에는 이른바 '여격dative' 후치사 -에게가 후접하지만, 한국어 R표지에 대해서는 우선 다음과 같은 점을 지적할 수 있다.

　㉠ R의 유정성 자질에 따라 -에게는 -에와 대립된다.

---

5) 'give' 동사의 다의성은 매우 일반적 현상이고, 그 범위와 형상은 범언어적 변이를 보일 것이며, 예상되는 범언어적 변이의 양상은 바로 어휘 유형론lexical typology 의 주요 연구 과제이다. 한국어 주다 역시 A, R의 유정성, T의 어휘 의미 부류에 따라 상당히 넓은 범위의 다의성을 보이고, (도움+영향)-을 주다나 (용기+피해) -를 주다 같은 경우는 순수 어휘동사가 아닌 기능동사 행태를 보이기도 한다. 일반적, 총칭적 'give' 행위의 의미를 넘어선 다양하게 구별될 수 있는 다의적 의미를 부호화하는 주다 동사의 분포 가능한 구문이 아래 기술되는 구문적 유형과 속성을 동일하게 공유할 지는 한국어 주다가 보이는 다의성의 형상 분석과 더불어 별도로 관찰해 보아야 할 문제이다.

(1)에 대해 (2)가 가능하고 (3)이 이에 대조된다.

(2) 지수는 날마다 길고양이<u>에게</u> 먹이를 주었다.
(3) 민기는 그 서류를 총무과<u>에</u> 주었다.

ㄴ 한국어는 퉁구스어와 달리 여격과 향격allative 표지 구분이 없다.
-에게/-에는 유정성 자질의 대립을 유지한 채 순수한 이동의 목적지인
착점goal 표지로도 쓰인다.

(4) ㄱ. 기영이는 지수<u>에게</u> 갔다.
    ㄴ. 민기는 극장<u>에</u> 갔다.

ㄷ -에게는 화계 — 비격식, 구어체 — 에 따라 -<u>한테</u>와 교체될 수 있
고, R에 객체 존대법이 적용되면 -<u>께</u>로 교체되어, ㄱ에 지적된 의미적
요인과는 다른 화용적 고려에 의해 구문 유형상 변이를 보인다.

(5) 이 책을 할아버지-(<u>한테</u> + 께) 갖다 드려라.

ㄹ R에는 방향 표시의 후치사 -(<u>에게</u>+한테)로 ~ 로가 표지될 수 있
다. 이와 같은 R표지의 변이로 이전/수여 행위의 완결이나 그 후속되는
결과 함의의 필수성이 해지될 수 있다.

(6) 이영표는 공을 박지성-(<u>에게로</u> + 쪽으로) 주었다.

따라서 (6)은 (7)과 의미상 분명 차이가 있다.

(7) 이영표는 공을 바로 박지성<u>에게</u> 주었다.

또는 맥락에 따라서는 R의 잠재적 후보군 중에서 특정 수령자를 선택하는 상황의 의미도 가능한 듯하다.

(8) 그런 돈은 나한테-로 줄 것이 아니고, 민기한테-로-나 줘.

ㅁ 또한 적절한 맥락에서는 R-(에게+한테+에)에는 -를이 뒤따를 수 있다.

(9) ㄱ. 기영이-(에게+한테)-(를+ㄹ) 이걸 다 주겠다고?
    ㄴ. 기어이 기영이-한테-ㄹ 다 주려는 이유가 뭐냐?

이때 분포 가능한 -를은 다음과 같은 강한 부정을 내포한 수사의문문이나 예기치 못한 의외의 상황에서의 놀라움 등을 표시하는 반문에 나타나는 생략 불가능한 -를의 담화변조사적discourse modulator(전통적 한국어 문법 기술에서 보조사 또는 특수조사) 성격을 보이는 듯하다.

(10) ㄱ. 이거-(ㄹ+˚E) 어떻게 먹니? (> 나는 도저히 이런 것은 못 먹겠다.)
     ㄴ. 아니, 날 보고 이따위-(ㄹ+˚E) 다 먹으라고? (> 그런 요구는 너무나 부당하다.)

따라서 (9ㄱ, ㄴ)은 T-부각 의존어 표시 이항 타동 구문의 형태·통사적 변이의 논의에서는 제외시켜도 무방할 것이다. 그러나 ㄱ-ㄹ에서 지적된 구문적 변이는 지역 내 여타 언어에서는 관찰하기 어려운 한국어 주다 이항 타동 구문 특징의 한 측면이라고 할 수 있다.

의존어 표시의 유형론적 특징을 가진, 많은 유라시아 지역 언어의 'give' 동사 이항 타동 구문은 일반적으로 (1)의 한국어 구문과 같은 T-부각 정렬 유형을 보이는데, 퉁구스 제어를 포함해 우리의 관찰 대상 지역의 여러 언어 역시 그러하다.6)

(11) 어웡키어EVENKI

 ㄱ. Nungan   min-du   oron-mo   bu: -re-n

   3SG-NOM 1SG-DAT reindeer-ACCDEF give-NFUT-3SG

   He gave me a/the reindeer

                (Nedjalkov 1997: 231)

 ㄴ. Bi   hute-vi   sin-du   buu-d'e-m

   1SG-NOM child-RFL.POSS 2SG-DAT give-FUT-1SG

   I will give you my daughter

          (Malchukov and Nedjalkov 2010: 318)

---

6) 영어의 provide나 present 등 넓은 의미의 세 참여자 수여 동사는 R-부각성R-prominent [secundative] 의존어 표시 이항 타동 구문을 구성하지만, 유라시아 지역의 'give' 동사 자체가 이러한 구성을 보이는 경우는 극히 드문 듯하다. 핀·우그르어파와 한티어[오스티야크어]Hanty[Ostyak]는 예외적으로 다음과 같은 이중적 가능성을 갖고 있다.

 (i) 오스티야크어OSTYAK

  ㄱ. ma   a:n   pe:tra   e:lti   ma-s-e:m

    1SG   cup   Peter   Postp   give-PST-OBJ.1SGSUBJ

    I gave a/the cup to Peter

  ㄴ. ma   pe-tra   e:lti   a:n   ma-s-əm

    1SG   Peter   Postp   cup   give-PST-1SGSUBJ

    I gave Peter a/the cup

  ㄷ. ma   pe:tra   a:n-na   ma-s-e:m

    1SG   Peter   cup-LOC   give-PST-OBJ.1SGSUBJ

    I gave Peter a/the cup

         (Dalrymple and Nikolaeva 2011 : 174, 175)

ㄷ. sin-du   kolobo-jə,   ullə   buu-jə-m

2SG-DAT   bread-ACCIND   meat-ACCIND   give-FUT-1SG

I will give you (a piece of) bread and meat

          (Konstantinova 1964: 490, Kazama 2010: 145)

(12) 어원어EVEN

Etiken   kuŋa-du   turki-v   bö-n

old man   child-DAT   sledge-ACC   give-NFUT.3SG

The old man gave a sledge to the child

          (Malchukov and Nedjalkov 2010: 319)

(13) 우디허어UDIHE

Bi   sin-du   xeleba-wa   bu-oˑ-mi

1SG-NOM   2SG-DAT   bread-ACC   give-PST-1SG

I gave you some bread

          (Malchukov and Nedjalkov 2010: 318)

(14) 나나이어NANAI

mi   njoan-do-a-ni   əi   daŋsa-wa   bu-xəm-bi

1SG-NOM   him-DAT-OCM-3SG   this   book-ACC   give-PST-1SG

I gave him this book

          (Ko and Yurn 2011: 37)

(15) 만주어MANCHU

ere niyalma   de   bu-mbi

this man   DAT   give-IMPF

(Someone) give (it) to this man

          (Gorelova 2002: 183)

(16) 몽골어MONGOLIAN

Bi	Tuya-d	ene	nom-ig	og-son
1SG-NOM	Tuya-DAT	the	book-ACC	give-PST

I gave Tuya the book

(Dalrymple and Nikolaeva 2011: 176)

(17) 터키어TURKISH

Hasan	Kitab-ı	Ali-ye	ver-di
Hasan-NOM	book-ACC	Ali-DAT	give-PST

Hasan gave the book to Ali

(Kornfilt 1997: 219)

(18) 일본어JAPANESE

Hanako ga	inu ni	gohan o	age-ta
Hanako-NOM	dog-DAT	rice-ACC	give-PST

Hanako gave the dog rice

　(11)-(18)의 자료는 일본어를 위시해서, 역내의 퉁구스 제어나 몽골어, 터키어가 모두 한국어처럼 총칭적 'give' 동사의 의존어 표시 T-부각성 정렬 이항 타동 구문을 공유하고 있음을 보여준다. 그러나 격표지의 형태론적 지위나 성격, 격 체계—구별하는 격의 수나 각 격표지가 표현할 수 있는 문법적 의미와 기능의 범위—의 성격에 따른 언어적 변이가 있기 때문에 좀 더 미시적인 대조 기술이 필요하지만, 한국어를 중심으로 두세 가지 두드러진 상이점만 지적해 두기로 한다.

　ⓑ 이들 언어들은 정렬 유형론적 관점에서 모두 (명격-)대격(Nominative-) Accusative 언어로 특징지어진다. 한국어도 일단은 같은 정렬 유형의 언

어로 판단할 수 있다. 또한 이들 언어의 명격 표지는 전 세계 대격 언어
의 일반적 경향에 따라 무표지이다. 그러나 한국어는 일본어와 마찬가
지로 명격/대격 표지가 모두 유표지여서 등가적 대립equipollent opposition
을 보이는 점에서 유표적 명격marked nominative 언어의 하위 유형으로
볼 수 있다.[7)

역내 언어 중 축치어Chukchi는 (절대격-)능격(Absolutive-)Ergative 언어
이고, 표본 언어 목록을 확장할 경우 능격성을 보이는 티베트어Tibetan
가 중요한 관찰 대상이 될 수 있다. 축치어Chukchi의 'give' 동사는 의존
어 표시/지배어 표시 두 가지 측면에서 일관되게 T-부각성 정렬 유형의
이항 타동 구문을 구성한다.

(19) 축치어CHUKCHI

mor-əke   ne-re-yəl-mək   ŋəraq   gey²ətw-ət
1PL-DAT   3PL-FUT-give-1PL   three   whaleboat.ABS-PL
They will give us three whaleboats

(Comrie 2012: 27)

Ⓢ 그러나 한국어의 명격/대격 표지는 Ⓖ에서 지적된 점과 더불어
격접사라기보다는 접어clitic적 격후치사로 분석하는 것이 더 적절하다
는 점 이외에 다음의 두 가지 특이한 속성을 갖고 있다. 이 점은 격표지
층위에서 한국어를 전통적인 알타이 제어와 구별 짓게 해 주는 대단히
중요한 사실로 판단되고, 또한 이 속성들은 한국어 절 구조를 유형론적

---

7) 유표적 명격은 아프리카 대륙의 일부 언어와 미국 원주민어의 하나인 모하비어
   Mojave(유만어Yuman)가 보이는 특징이다. 이에 대한 기술은 König(2008)을 참조
   할 것.

으로 특징짓는 데 심대한 영향을 미치는 문제적 요소로 여겨진다.

(i) 한국어 명격/대격 표지는 다양한 맥락에서 빈번하게 생략/영화
zeroing 된다. 이 결과 한국어 '주다' 동사는 ②에서 제시될 의존어
표시 층위에서의 무표적 중립 정렬neutral alignment 이항 타동 구
문 구성이 가능하다. 더 심각한 문제는 (20)-(21) 같은 자동사,
타동사 구문의 절 구조를 고려하면 한국어는 역내의 제1, 제2 핵
심 논항의 격표지가 부재하는 중국어파sinitic 제어나 아이누어
Ainu, 니브흐어Nivkh, 케트어Ket와 같은 고시베리아어처럼, S=A
=P의 중립 정렬 유형을 보이는 언어로 특징지어질 수도 있다.

(20) ㄱ. 저기 민기 왔다.
ㄴ. 비 안 오는데.
ㄷ. 너 가니?
ㄹ. 지수 자니?

(21) ㄱ. 나 걔 좋아해.
ㄴ. 너 밥 먹었어?

(ii) 한국어 명격/대격 표지는 지배적 서술어와 논항 사이의 비대칭
적 격관계의 표지, 형태·통사적 기능만을 구현하는 격표지로만
분석될 수 없다. 이들은 문장 구성 요소의 정보 구조상의 지위나
담화적 변조 양상의 표지 기능도 수행하는 점에서 이른바 '화용
격pragmatic case' 표지의 성격을 공유하고 있다.[8]

---

8) 한국어 이외의 여러 언어에서의 화용격 현상에 대해서는 Malchukov(2009)와
Hagège(2010)을 참조할 것.

(i), (ii)의 속성은 한국어 문법 연구 영역에서 너무나 잘 알려진 현상이고 이에 대해 수많은 연구 성과가 축적되어 있음에도 그 문제적 성격은 아직도 다 소진되었다고 할 수 없다.9) (i), (ii)의 속성은 역내 소수

---

9) -이/가, -을/를은 단일절 구조 내의 다중 분포, 여타 격후치사와의 중첩, 빈번한 영화, 담화변조사로서의 화용적 기능 구현 등의 면에서 상당한 평행성을 보인다. 그러나 비논항 성분과의 통합 가능성을 고려하면 -을/를의 분포가 훨씬 더 광범위하며, 또한 이 표지는 일본어 대격 표지와 명백한 대조를 보인다. 이와 같은 -을/를의 특이한 행태는 아직까지 한국어 문법 연구 영역에서 만족스러운 해명을 보지 못하고 있는 것이 현황이다. -을/를의 이례적 행태를 보이는 자료를 다시 한 번 제시해 본다.

(ii) 집에서 낮잠이나 잘 (것을 + 걸) 괜히 나갔었다.

(iii) 선생님께서 말씀하시기를 그 문제는 좀 더 신중히 다루어야 한다고 하셨다.

(iv) 걔가 부지런하기-를 하나 똑똑하기-를 하냐, 태우는 안 돼.

(v) ㄱ. 3월이 되었는 데에도 꽃이 피지-(를 + 가) 않네.

　　ㄴ. 기영이는 그 모임에 오지-(를 + *가) 않았어.

(vi) 민기는 지수-(에게 + 를) 생일 선물-(로 + 을) 은반지를 두 개를 주었다.

(vii) 기영이는 민기가 나가려는 것을 팔을 붙잡았다.

(viii) 그날따라 너무나 조용-들-을 해서 분위기가 이상했다.

(ix) 나도 지수를 만나러-를 갔었지.

(x) 모두 태우에게로 다가-(들 + 를 + 는) 갔었다.

(xi) ㄱ. 정부는 일본산 수산물-(의 + E) 수입 금지-(의 + E) 해제를 지연시켰다.

　　ㄴ. 정부는 일본산 수산물을 수입을 금지를 해제를 지연을 시켰다.

(xii) ㄱ. 그는 아직도 계사 구문을 연구 중이다.

　　ㄴ. 그는 아직도 계사 구문을 연구 중에 있다.

(xiii) ㄱ. 지수는 별 것도 아닌 것을 (고민 + 걱정 + 시샘)-(이다 + 한다).

　　ㄴ. 너-(는 + E) 또 왜 나를 (구박 + 비난 + 의심 + 원망)-(이냐 + 하니)?

　　ㄷ. 그 역시 이 계획-(에 + 에를 + 을) 반대다.

(xiv) 나도 시장-(에 + 에를 + 엘 + 을) 갔었다.

위의 자료들은 -을/를이 다중 분포, 일부 격조사와의 중첩, 수의적 생략 가능성 이외에 경우에 따라서는 생략 불가능성(ii, iii, iv, vii, xiiiㄱ-ㄴ), 선행 명사구의 비명사구성/비논항적 지위(viii, ix, x) 등의 속성을 지니고 있음을 보여준다. 특히 (xiiiㄱ-ㄷ)은 한국어에서 사건 서술의 계사 구문이 가능할 뿐 아니라(홍재성 2014ㄷ) 동사 서술어가 부재하는 — 한국어 계사 -이는 형용사 범주로 특징지어진다 — 계사 구문에서 의미적 논항이 -을/를 명사구로 실현될 수 있는 점에서 한국어 대격 후치사 -을/를이 수행할 수 있는 기능의 극단적 범위를 보여주는 매우 흥미 있는 자

일부 언어, 특히 일본어에서도 관찰되나 그 범위나 성격은— 특히 영화 가능성의 범위나 대격 표지의 이중적 성격에 있어서— 한국어와 동일 하지 않은 듯하다.10)

◎ R 표지의 교체에 의한 T-부각 정렬 이항 타동 구문의 다양한 변 이는 (11)-(18)이 예시하는 여타 언어의 구문에서는 관찰할 수 없는 한 국어 구문의 특징인 듯하다. 특히 퉁구스 제어의 격체계에서는 한국어 와 달리 여격dative과 향격allative이 구별되어 있는데, 'give' 동사 구문의 R 표지는 여격으로 한정되어 있다.

② 2차 방책

(가) 이중적 중립 정렬 이항 타동 구문(T=P=R)

한국어 <u>주다</u> 동사는 T와 R이 동일하게 표지되는 의존어 표시 층위의 중립 정렬 이항 타동 구문의 구성이 가능하다. 앞의 △-(i)에서 지적한 대격 표지 영화 가능성에 따라 중립 정렬 유형을 유표적 중립 유형 (22)와 무표적 중립 유형 (23)으로 구분할 수 있다.11)

료이다.

10) 일부 퉁구스어와 몽골어, 터키어, 그리고 특이하게 유카기르어Yukaghir — 부분적 으로 중국어 역시 — 의 'give' 동사 구문에서 T 논항의 표시에 있어 한국어와 상 이한 점은 이른바 차별적 목적어 표시differential object marking; DOM 현상이다. 한국어의 -을/를과 영화에 의한 그 무표적 짝이 동일한 현상의 성격을 지니고 있 는지는 불분명하다. 현재 수준의 관찰에서 분명한 것은 -을/를 ~ ∅의 대립은 차별적 목적어 표시 현상보다 훨씬 더 광범위하다는 것이다. DOM에 대해서는 Bossong(1991), Aissen(2003), de Swart(2007), 특히 Darlymple and Nikolaeva(2011) 을 참조할 것.

11) -에게 ~ -를의 교체, -를의 영화zeroing 가능성과 미세한 정보 구조의 변이에 상 응하는 어순의 변이 가능성에 의해, 다음과 같은 혼합적 구문 유형의 실현도 관 찰할 수 있다.

(22) 기영이는 자전거를 동생을 주었다.

(23) 기영이는 그 자전거 동생 주었대.

(22)의 <u>주다</u> 구문은 영어 (24ㄴ)이나 북경 중국어 (25ㄱ)에서 가능한 이른바 이중 목적어[이중 대격] 구문과 동일한 유형으로 특징지을 수도 있다.

(24) 영어ENGLISH

　ㄱ. John gave the book to Mary.

　ㄴ. John gave Mary a book.

(25) 북경 중국어MANDARIN CHINESE

　ㄱ. wǒ　　　gěi-le　　　　lǎo-zhāng　　　sān-běn　　shū

　　　1SG　　give-PERF　　Mr. Zhang　　　three-CL　　book

　　　I gave Mr. Zhang three books

　　　　　　　　　　　　　　　　　　　　　(Sun 2006: 150)

　ㄴ. Tā　　　gěi　　　qián　　　　gěi　　　　wǒ

　　　3SG　　give　　money　　　Prep　　　1SG

　　　He/she gives money to me

　　　　　　　　　　　　　　　　　(Newman 1996: 214)

이 밖의 역내 언어 중에서는 케트어Ket와 아이누어Ainu가 의존어 표시 층위의 중립 정렬 구문을 보인다.

(xv) ㄱ. 기영이는 그 자전거를 아예 동생 주어 버렸대.

　　 ㄴ. 그러니까, 너 동생을 그 자전거 주려고?

(26) 케트어KET

kɛˀt	qīm	tīp	divijaq
keˀd	qīm	tīp	d{u}^{8}-i^4-b^3-ij^2-aq^0
person	woman	dog	3M^8-3F^4-APPL^3-PST^2-give^0

The man gave (his) wife a dog

(Nefedov, Malchukov and Vajda 2010: 358)

(27) 아이누어Ainu

ㄱ.
poysan	icen	kor-e
child	money	have-CAUS

(He) gave money to the child

(Tamura 1988: 181)

ㄴ.
Anna	ninup	kani	en=kor-e
Anna	sewing	1SG	1SG.O=have-CAUS

Anna gave me sewing

(Bugaeva 2011: 241)

이 두 언어는 의존어 표시 층위에서는 핵심 논항의 무격 표시 특징을 지니지만 'give' 동사의 어근 유형이 역내 대다수 언어의 단일 어근성을 공유하지 않고, 희귀한 복합 어근 구성 — 불연속 어근과 'have' 동사 + 사역 접사 연쇄의 복합 어근 — 을 보일 뿐만 아니라 비주어 논항의 지배어 표시 속성을 갖고 있다.

목적어 P의 격표시 체계가 복잡한 콜리마 유카기르어Kolyma Yukaghir 의 경우, 'give' 동사는 기본적으로 의존어 표시 층위에서 T-부각성 이항 타동 구문을 구성하지만, (28)에서와 같이 R에 제한적 대격 표지가 통합하여 이중 목적어 구문을 이룰 수 있다.

(28) 콜리마 유카기르어KOLYMA YUKAGHIR

ㄱ. met   tet-in   pušnina-lek   kej-te-me

    1SG   2SG-DAT   fur-PRED   give-FUT-OF:1SG

    I will give you some fur

                              (Maslova 2003: 95)

ㄴ. pon'qonodo   šaqale-ŋin   tude   mašl'uø   tadï-mele

    lynx   fox-DAT   his   daughter   give-OF:3SG

    The lynx gave his daughter to the fox (as a wife)

                             (Maslova 2003: 326)

ㄷ. met   tet-ul   pugelbie-k   kej-te-me[12]

    1SG   2SG-ACC   feather-PRED   give-FUT-OF:1SG

    I will give you some feather

                             (Maslova 2003: 354)

(25ㄱ), (26), (27), (28ㄷ)의 자료가 보이는 중립 정렬의 'give' 이항 타동 구문은 역내 언어들에서 전혀 생산적이거나 지배적인 구문 유형은 아니다. 일본어나 전통적 알타이 제어에서는 이 유형의 구문이 불가능 하고, 유라시아 지역 전체를 보더라도 주변적 구문 유형이어서, (24ㄴ) 과 같은 영어의 빈번한 이중 목적어 구문은 게르만어파 언어들 사이에 서도 예외적이다. 퉁구스 제어에서는 언어에 따라 일부 'teach' 같은 세 참여자 사태를 어휘화한 동사 구문에서만 가능하다(Malchukov and

---

12) 콜리마 유카기르어Kolyma Yukaghir의 'give' 동사는 R의 인칭에 따라 어근이 보 충법적suppletive 변이를 보인다. 즉, R이 1/2인칭인 경우는 kej-, R이 3인칭인 경 우는 tadï이다. 이러한 'give' 동사 어근의 다형성polymorphism은 아래 (31)에서 제시될 살리바어Saliba의 경우와 유사하다. 한국어 역시 직접 명령문 또는 내포 명령문에서 R의 인칭 자질과 관련하여 주-~달-/다의 어근 변이가 있다. 'give' 동사는 또한 존칭 범주honorification와 관련하여 한국어, 일본어, 자바어Java, 마 두라어Madura 등에서 어근 변이, 또는 별개 동사의 분화 같은 다형성 현상을 보 이는데, 이러한 어휘·형태론적 층위의 현상에 대해서는 논의를 생략한다. 자세 한 점은 홍재성(2015)를 참조할 것.

Nedjalkov 2010).

(나) 삼분tripartite 정렬 이항 타동 구문(T≠P≠R)

한국어 <u>주다</u> 구문은 중립 정렬 유형 이 외에 T, P, R이 각기 달리 표지되는 또 하나의 정렬 유형이 가능하다.

(29) 나에게는 생맥주로 주세요.

(29) 예문은 T가 -로로 표지된 점이 특징인데, R이 화제화되거나 -도, -만 등 담화변조사가 부착되고, T가 잠재적 후보 대상 집합에서의 선택 과정을 함의하는 경우 자연스럽게 사용될 수 있다. 그러나 -로 자체는 담화변조사로 분석될 수 없기 때문에 <u>T-로</u> 논항을 내포한 절 구조는 이항 타동 구문의 변이형으로 보아 <u>주다</u> 구문의 유형에 포함시킬 수 있다. (29)가 보이는 이항 타동 구문의 변이 역시 역내 여타 언어들과 비교해 보았을 때 한국어에 독특한 것이 아닌가 한다.

③ 3차 방책 : 일항 타동 구문monotransitive construction

전형적 세 참여자 사태인 'give' 행위의 개념을 동사 범주로 어휘화한 한국어 <u>주다</u>가 세 논항 술어 구문인 이항 타동 구문에만 분포되는 것은 아니다. 다음과 같이, 두 가지 유형의 일항 타동 구문을 구성할 수 있는데, 이러한 사실은 Margetts and Austin(2007)에서 관찰된, 참여자 수에 기반한 사태 유형과 통사적 핵심 논항의 수에 기반한 절 구조 유형 사이의 일대일의 일관된 대응이 아닌 어긋나는 사상 관계mismatch의 사례를 한국어 <u>주다</u> 구문에서 확인할 수 있는 대단히 흥미 있는 점이다.

또한 이렇게 'give' 동사가 일항 타동 구문을 구성할 수 있다는 사실은
역내 일부 언어에서도 관찰된다.

(가) 흡수absorption－방향 표시directional 방책 구문

(30) ㄱ. 소금 좀 이리-(로+E) (˚내게+E) 주시겠어요?
　　 ㄴ. 이것도 그리-(로+E) (˚네게+E) 줄까?

(30ㄱ-ㄴ)의 자료는 경우에 따라서는 주다의 R이 여격 보어 논항으
로 실현될 수 없는 일항 타동 구문이 가능함을 보여준다. 개념적으로는
R 참여자의 존재를 부정할 수 없으나 동사 의미 내에 제3참여자의 의미
가 통합되어 통사적으로는 그 실현이 제약되는 점에서 이러한 유형의
구문을 흡수 방책의 일항 타동 구문이라 할 수 있다. (30ㄱ-ㄴ)은 또
한편으로 핵심 논항이 아닌 부가어adjunct 지위의 직시적deictic 방향 표
시 표현을 내포하고 있는데, 이 방향 표시 요소의 의미적 대립에 의해
R의 지시대상― 나/너 ― 의 정체성이 화용적으로 함축된다. 이와 같은
방책의 구사는 파푸아 뉴기니아 지역의 오세아니아 제어 중 하나인 살
리바어Saliba에서도 확인된다.

(31) 살리바어SALIBA

ㄱ. Bosa　　kesega　　ye　　　　le-ya-na
　　 basket　　one　　　3SG　　　give-3SG.O-hither
　　 He gave me/us one basket

ㄴ. Bosa　　kesega　　ye　　　　le-ya-wa
　　 basket　　one　　　3SG　　　give-3SG.O-to ADDR
　　 He gave you(SG/PL) one basket

ㄷ. Bosa   kesega   ye   mose-i-ø

     basket   one   3SG   give-APPL-3SG.O

     He gave him/her one basket

ㄹ. Bosa   kesega   ye   mose-i-di

     basket   one   3SG   give-APPL-3PL.O

     He gave them one basket

(Margetts 2008: 112)

(31)의 살리바어Saliba 'give' 동사 구문은 우선 R의 인칭이 1/2인칭인 경우와 3인칭인 경우에 따라 동사 어근이 별개—'le-'와 'mose-i'의 의미는 완전히 동일하다고 판단된다—인 점이 특징인데, 또 하나 특이한 것은 R의 인칭에 따라 논항 구조가 완전히 다른 점이다. R이 3인칭인 mose-i는 온전한 이항 타동 구문을 구성하나, R이 1/2인칭인 le-가 분포되는 절 구조는 일항 타동 구문이다. 이때 R의 정체성은 동사 어형 내에 내포된 방향 표시 접사 -na(이리)와 -wa(그리)에 의해 화용적으로 함축될 뿐이다. 한국어와 다른 점은 무엇보다 방향 표시 요소가 의존 형태소로서 동사 어형에 필수적으로 통합된다는 것이다. 방향 표시 요소가 발달한 언어에서 R의 지시대상—또는 'send', 'bring', 'throw' 같은 이동 동사의 유정 착점animate goal—이 함축적으로 표현되거나, 동일 어근에 기반하여 'go'/'come'의 의미가 구별되는 언어의 사례는 그리 드문 것이 아니다.

(나) 명사 보어(논항) 〔소유possessive〕 방책 구문

(32) 태우는 직원들의 봉급을 아직도 안 주었다.

(32)의 자연스럽고 우선적인 해석으로는 T 명사구인 <u>직원들의 봉급</u>에 속격 보어adnominal complement로 내포된 <u>직원들</u>이 R의 지시대상이다. 다시 말해, (32) 주다 구문은 T만이 주어 이외의 핵심 논항인 일항 타동 구문이고, 주다 개념의 필수적 구성성분인 제3의 참여자 R은 T 명사구 내에 내포된 속격 보어로 실현되어 있는 것이다.

이와 같은 구문 유형은 A, R, T 사이의 관계가 특정한 경우, 말하자면 발화 상황 시점에서 A로부터 R에게로의 T의 수여와 T의 처분권이 R에게 귀속됨이 강하게, 당연하게 예정되어 있는 경우에만 가능한 듯하다. (32)가 표현하는 상황은 A(태우)와 R(직원들) 사이의 관계에서 R이 T(봉급)를 A로부터 당연히 수령하는 예정이 전제되어야 할 것이다. 따라서 <u>봉급</u>, <u>월급</u> 등과 같은 소규모 하위 어휘 부류만 T 위치에 분포가 가능한 듯하다. 물론 (32)는 정규적 이항 타동 구문 표현도 가능하다.

(32′) 태우는 직원들에게 봉급을 아직도 안 주었다.

A, T, R 사이의 특정한 관계를 전제하는 세 참여자 사태의 일항 타동 구문 대응은 다른 동사의 경우에도 관찰된다.

(33) 너 기영이-(에게+의+E) 빚을 갚았니?
(34) 태우는 민기-(에게서+의) 지갑을 (빼앗았다 + 훔쳤다).

이와 같은 명사 보어(논항) 방책에 의한 주다 일항 타동 구문의 구성은 어원어Even, 나나이어Nanai, 우디허어Udihe 같은 일부 퉁구스어의 지정격designative case 구문에서도 관찰할 수 있다. 다음은 어원어Even 'give' 동사 <u>bö</u>-의 지정격 구문의 예이다.

(35) 어원어EVEN

Etiken   min   turki-ga-v   bö-n

old man   my   sledge-DES-1SG.POSS   give-NFUT.3SG

The old man gave a sledge to me

(Malchukov and Nedjalkov 2010: 328)

앞서 인용한 예문 (12)와 대조적으로 (35)는 일항 타동 구문이다. T 논항인 <u>min</u> <u>turki-ga-v</u>는 소유 관계 표현의 명사구와 유사한 단일 논항 이다.

(36) 어원어EVEN

ㄱ. min   turki-v

    my   sledge-1SG.POSS

ㄴ. Etiken kuŋa   turki-wa-n   bö-n

    old man   child   give-NFUT.3SG

    The old man give the child's sledge

(Malchukov and Nedjalkov 2010: 325)

(36ㄱ)은 소유 명사구이고, (36ㄴ)은 명사 소유자가 의존어인 소유 명사구ー'<u>kuŋa</u> <u>turki-wa-n</u>'은 단일 성분이다ー 가 <u>bö</u>-의 목적어 T로 분포된 구문이다. (36ㄴ)과 (35)의 공통점은 단일 성분으로 의존어 소 유자와 일치하는 소유 접사가 지배어 피소유물에 후접 표지된 것인데, 격표지 -ga- ~ -<u>wa</u>- 가 대조된다. 지정격 표지 -ga-는 <u>turki</u>가 <u>bö</u>-의 목적어 T임을 표시하는 동시에 후접하는 -<u>v</u>가 지시하는 소유자 <u>min</u>이 <u>bö</u>-의 수혜적 수령자임을 나타내는 이중적 격기능의 표지이다. 이렇게 볼 때 -<u>ga</u>-는 통상적 격표지와 달리 그것이 의존하는 명사구의 격관계

뿐 아니라 그것과 분리된 별도 요소의 격관계를 아울러 표시하는 점에서 대단히 특이한 격표시이다(Malchukov 2009; Kazama 2010). 이와 같은 지정격은 격 유형론 관점에서 흥미 있는 문제를 제기하지만, 이 글에서의 논의와 관련해서는 지정격 T 명사구에 의한 'give' 동사의 일항 타동 구문 구성의 가능성이 중요한 사항이다.

이밖에 지적하고 싶은 점은 역내 언어 중 하나인 니브흐어Nivkh의 'give' 동사 구문이 보이는 R 명사구 통합incorporation에 의한 일항 타동 구문의 구성이다. 니브흐어Nivkh는 고아시아 제어의 하나로 다양한 통합 양상을 보이는 일종의 다중 통합[포합]polysynthetic어인데, 'give' 동사는 (37ㄱ)과 같은 일종의 T부각 정렬 유형의 이항 타동 구문을 구성할 수 있다. 동시에 (37ㄴ)이 보이는 논항 통합에 의한 일항 타동 구문 역시 가능하다.

    (37) 니브흐어NIVKH

      ㄱ. əmək   karandas   p'-oʁla-k'im-d

          mother   pencil   RFL-child-give-IND/NML

          The mother gave her child a pencil

      ㄴ. əmək   p'-oʁla-doχ   karandas i-mɤ-d-ra

          mother   RFL-child-ALL pencil   3SG-give-IND/NML-HILI

          The mother gave a pencil to her child

                            (Mattissen 2003: 174)

니브흐어Nivkh 동사 어형의 형태론적 분석은 많은 논란의 여지가 있으나, 이 글에서는 Mattissen(2003)을 그대로 따랐고, 니브흐어Nivkh는 켈트어Celtic나 니아스 셀라탄어Nias Selatan 같이 어두 자음의 교체 현상이 특이한데 삼항 술어 동사의 경우 논항 통합 유무와 T/R의 통합에 따른 동사 어근 변이가 다형성polymorphism을 유발하는 점만을 지적해 둔다. (특히 (37ㄱ-ㄴ) 구문의 대조에 대해서는 Mattissen(2003)을 참조할 것.)

3. 요약과 몇 가지 후속 논의

'give' 개념의 절 구조 부화화에 있어 다중적 복합 방책을 선택하는 한국어의 <u>주다</u> 구문의 유형은 다음과 같이 정리될 수 있다.

① 일차 방책 : T-부각 의존어 표시 이항 타동 구문(T=P≠R)

A R-에게 T-를 V

이 구문의 R표지의 교체 가능성에 의해 다음과 같은 여러 하위 구문 변이를 보인다.

A R-(에게+에+한테+께) T-를 V

② 이차 방책 : 이중적 중립 정렬 이항 타동 구문(T=P=R)

(가) 유표적 중립 정렬 구문

A R-를 T-를 V

무표적 중립 정렬 구문

A R-∅ T-∅ V

이들 구문은 혼합된 구문 변이가 가능하다.

```
┌─────────────────────────────────┐
│        A  R-를  T-∅  V          │
│        A  R-∅  T-를  V          │
└─────────────────────────────────┘
```

(나) 삼분 정렬 이항 타동 구문(T ≠ P ≠ R)

```
┌─────────────────────────────┐
│       A  R-에게  T-로  V     │
└─────────────────────────────┘
```

③ 삼차 방책 : 일항 타동 구문

(가) 흡수-방향 표시 구문

```
┌─────────────────────────────┐
│        A  T-를  DIR  V       │
└─────────────────────────────┘
```

(나) 명사 보어[소유] 구문

```
┌─────────────────────────────┐
│        A  R-의  T-를  V      │
└─────────────────────────────┘
```

이러한 한국어 주다 구문의 변이적 다양성 자체가 역내 여타 언어들
— 특히 퉁구스 제어들 — 과 차별되는 우선적 특이성이다. 하지만 단순
히 구문 유형의 일반적 차원에서의 대조를 넘어 좀 더 심층적인 유형론
적 대조 연구를 진전시키기 위해서는 선행적으로 한국어 주다 구문의
다양성을 유발하는 주요 — 또는 결정적인 — 요인/문법적 속성을 가려
내고, 그것들의 지위나 성격을 명확히 할 필요가 있다. 현재의 관찰로
는 다음의 속성이 지적될 수 있다.

1) 단일절 내에서 다중 분포를 보이고, 영화zeroing가 가능한 대격 표
   지 -를의 성격. 이에 따라 이중적 중립 정렬 구문이 가능하다(②-가).
2) 동사 서술어 의미에 내포되어 통사적 실현이 제약되는 논항의 지
   시 대상에 대한 방향 표시 요소의 화용적 함축에 의한 지시 가능

성. 따라서 방향 표시 부가어가 분포된 일항 타동 구문이 구성될
수 있다(③-가).

3) 'give' 행위의 개념 공간 내에서 T가 R — 동시에 A — 과 맺어질
수 있는 특정한 암묵적implicit 의미 관계. 이에 기반하여 R이 T에
통사적으로 통합된 소유 관계 명사구에 의한 일항 타동 구문이 가
능하다(③-나).

다음으로는 이러한 자질/속성들을 다음과 같이 재분류해 보고, 이들
이 한국어 어휘부나 문법 체계상의 여타 유형론적 특징과의 관련성 여
부를 관찰해 볼 필요가 있다.

4) '주다' 동사 특정적 속성

5) '주다' 동사를 포함한 수여 동사 사태를 부호화하는 일부 또는 전
체의 공유 속성

6) 세 참여자 동사 일부 또는 전체의 공유 속성

7) 동사 어휘부 전체에 분포된 동사 어휘 속성

이러한 재분류 관점에서 보면 1), 2), 3)은 모두 주다 동사 구문에 한
정된 요인은 아니다. 1)은 동사 어휘부 특성을 넘어서 한국어 문법 체
계/절 구조 원리 전체에 파급되는 함축을 가진 대단히 광범위하고 일반
적인 한국어의 유형론적 속성이라 판단된다. 또한 의존어 표시 이중적
중립 정렬 이항 타동 구문의 분포 가능성은, 역내 여타 언어들과의 두
드러진 대조점을 이룰 뿐 아니라, 이항 타동 구문의 일반 유형론적 관
점에서 더 깊이 천착되어야 할 연구 주제이기도 하므로 1)의 속성에 대

한 유형론적 탐구의 중요성은 되풀이해 강조할 필요가 없다. 2), 3)은 세 참여자 사태를 어휘화한 일부 동사 구문에만 한정된 속성이기는 하지만 Margetts and Austin(2007)이 부분적으로 제시해 보였듯이 범언어적 차원에서 보면 여러 지역의 언어에 분포되는 유형론적 속성이다.

한국어는 유라시아 대륙 전체 언어들의 지배적 의존어 표시 이항 타동 구문의 정렬 유형인 T-부각성 구문을 아이누어Ainu, 니브흐어Nivkh, 케트어Ket와 같은 고아시아 언어를 제외한 역내 대부분의 언어들과 공유하고 있다. 그러면서도 이 글에서 소개한 바와 같은, 역내 언어들, 특히 퉁구스어파의 언어들과 차별되는 구문적 변이를 보인다. 한국어는 이밖에도, 퉁구스어파의 언어들— 여기에 몽골어나 터키어를 포함시켜도 거의 마찬가지이다— 과는 대조적인 중요한 문법 체계상의 유형론적 특징을 갖고 있다. 이들 언어들은 모두 명사성 형용사nouny adjective 언어이고, 'be'와 'exist'를 통합하는 동사성 계사 언어이고, 화제 부각성 topic-prominence이 부재하며, 존칭 범주의 문법화나 종 분류사sortal classifier 역시 부재하고, 주어 일치라는 부분적 지배어 표시 성격을 보인다. 퉁구스 제어는 상호 구문 구성에서 상호성이 동사에 표지되고, 별도의 상호사를 중첩해서 사용할 때, 그 형태론적 유형은 인구어의 그것과 동일하다. 형용사의 명사성이나 동사성 계사의 존재, 화제 부각성 부재 등도 유라시아 지역 제어의 지배적 공통성이다. 이항 타동 구문의 여러 속성을 포함하여 한국어의 퉁구스어에 대한 이러한 대조적 특성에 대한 이해나, 퉁구스어와의 가능한, 있을 수 있는 계통적, 접촉적 관계의 탐구가 의미 있는 연구 과제라 할 때, 다음과 같은 관점에서의 통시 유형론적 연구 역시 대단히 흥미 있을 것이다. 그것은 이 글에서 거론되거나 언급된 유형론적 속성의 시간적 안정성time stability(Nichols 1992;

Wichmann and Holman 2009) 정도와 차용 또는 복제copying/replication 가능
성의 정도를 평가해 보는 것이다. 두 언어나 언어 집단이 상당히 긴 폭
의 시간대 내에서 변화의 가능성이 희박하고 차용이나 복제 가능성의
정도가 낮은 유형론적 속성을 공유하고 있다면 그것은 계통적 관계를
추정할 수 있는 중요한 단서가 될 수 있지 않을까 한다. 현대의 통시 언
어학과 접촉 언어학 연구는 언어 체계와 사용의 모든 층위에서 변화가
면제된 요소는 부재하며, 또한 어떤 언어 요소나 형식도 차용되거나 복
제될 수 있다는 점을 실증적으로 확인해 주고 있기에, 한국어, 일본어
와 역내 여러 언어들 사이의 관계를 탐구함에 있어 새로운 유형의 단서
를 탐구하는 데에도 관심을 가질 필요가 있을 것이다(Johanson and
Robbeets eds. 2010; Johanson and Robbeets eds. 2012; Robbeets and Cuyckens
eds. 2013; Robbeets 2014; Vovin 2014).

• 약자 · 약호abbreviations

1	일인칭	1st person
2	이인칭	2nd person
3	삼인칭	3rd person
A	행위주 / 타동사 구문 제1논항	agent / first argument in a transitive construction
ABS	절대격	absolutive
ACC	대격	accusative
ACC DEF	한정 대격	definite accusative
ACC IND	비한정 대격	indefinite accusative
ADDR	청자	addressee
ALL	향격	allative
APPL	지향태	applicative
CL	종분류사	sortal(mensural) classification
CAUS	사역	causative
DAT	여격	dative
DES	지정격	designative
DIR	방향	directional
F	여성	feminine
FUT	미래	future
HILI	강조	highlighting focus
IMPF	미완료	imperfect
IND	직설법	indicative
M	남성	masculine
NFUT	비미래	non-future
NML	명사화소	nominalizer
NOM	명격	nominative
O(BJ)	목적어	object / objective
OCM	사격 표지	oblique case marker
OF	목적어 초점	object focus
PERF	완료	perfect
PL	복수	plural

PostP	후치사	postposition
PRED	서술격	predicative
PreP	전치사	preposition
RFL	재귀적	reflexive
RFL.POSS	재귀소유접사	reflexive possessive
SG	단수	singular
SUBJ	주어	subject / subjective

卟 참고문헌

Aissen, J. 2003. "Differential Object Marking: Iconicity vs. Economy." *Natural Language and Linguistic Theory* 21-3. pp. 435-483

Anderson, G. 2004. "The Languages of Central Siberia: Introduction and Overview." In Vajda, E. J. (ed.) *Languages and Prehistory of Central Siberia*. Amsterdam: John Benjamins. pp. 1-119.

Anderson, G. 2006. "Towards a Typology of the Siberian Linguistic Area." In Matras, Y., McMahon, A. and Vincent N. (eds.) *Linguistic Areas: Convergence in Historical and Typological Perspective*. Basingstoke: Palgrave Macmillan. pp. 266-300.

Bossong, G. 1991. "Differential Object Marking in Romance and Beyond." In Wanner, D. and Kibbee, D. A. (eds.) *New Analyses in Romance Linguistics*. Amsterdam: John Benjamins. pp. 143-167.

Brown, D. Chumakina, M., and Corbett, G. G. (eds.) 2013. *Canonical Morphology and Syntax*. Oxford: Oxford University Press.

Bugaeva, A. 2011. "Ditransitive Construction in Ainu." *Sprachtypologie und Universalienforschung* 64-3. pp. 237-255.

Bulatova, N. and Grenoble, L. 1999. *Evenki*. München: Lincom Europa.

Comrie, B. 2012. "Some Argument-Structure Properties of 'give' in the Language of Europe and Northern and Central Asia." In Suikhonen, P. *et al.* (eds.) *Argument Structure and Grammatical Relations*. Amsterdam: John Benjamins. pp. 17-36.

Dalrymple, M. and Nikolaeva, I. 2011. *Object and Information Structure*. Cambridge: Cambridge University Press.

Dryer, M. 1986. "Primary Objects. Secondary Objects, and Antidative." *Language* 62-4. pp. 808-845.

Dryer, M. 2007. "Clause Types." In Shopen, T. (ed.) *Language Typology and Syntactic Description, Vol. 1. 2nd edition*. Cambridge: Cambridge University Press.

Fabre, A. 1982. "Comparaison Typologique du Coréen et du Japonais."

Languages 68. pp. 107-124.

Girfanova, A. 2002. *Udeghe*. München: Lincom Europa.

Gorelova, L. 2002. *Manchu Grammar*. Leiden: Brill.

Gruzdeva, E. 1998. *Nivkh*. München: Lincom Europa.

Hagège, Cl. 2010. *Adpositions*. Oxford: Oxford University Press.

Haspelmath, M. 2005a. "Ditransitive Constructions: the Verb 'give'." In Haspelmath, M. *et al*. (eds.) *World Atlas of Language Structures*. Oxford: Oxford University Press.

Haspelmath, M. 2005b. "Argument Marking in Ditransitive Alignment Type." *Linguistic Discovery* 3-1. pp. 1-21.

Haspelmath, M. 2007. "Ditransitive Alignment Splits and Inverse Alignment." *Functions of Language* 14-1. pp. 79 - 102.

Haspelmath, M. 2010. "Comparative Concepts and Descriptive Categories in Cross-linguistic Studies." *Language* 86-3. pp. 663-687.

Iemolo, G. 2013. "Symmetric and Asymmetric Alternation in Direct Object Encoding." *Sprachtyplogie und Universalienforschung* 66-4. pp. 378-403.

Itabashi, Y. 1988. "A Comparative Study of the Old Japanese Accusative Case Suffix wo with the Altaic Accusative Case Suffixes." *Central Asiatic Journal* 32-3·4. 193-231.

Janhunen, J. 2013. "The Tungusic Languages: A History of Contacts." In Kim, J. and Ko, D. (eds.) *Current Trends in Altaic Linguistics*. Seoul: The Altaic Society of Korea. pp. 17-60.

Johanson, L. and Robbeets, M. (eds.) 2010. *Transeurasian Verbal Morphology in a Comparative Perspective: Genealogy, Contact, Change*. Wiesbaden: Harrassowitz Verlag.

Johanson, L. and Robbeets, M. (eds.) 2012. *Copies versus Cognates in Bound Morphology*. Leiden: Brill.

Katsuki-Pestemer, N. 2008. *Japanese Postpositions: Theory and Practice*. München: Lincom Europa.

Kazama, S. 2010. "Designative Case in Tungusic Languages." In Malchukov, A. and Whaley, L. (eds.) *Recent Advances in Tungusic Linguistics*. Wiesbaden: Harrassowitz. pp. 123-154.

Khanina, O. 2008. "How Universal is Wanting?" *Studies in Language* 32-4. pp. 818-865.

Kim, J. 2011. *A Grammar of Ewen.* Seoul: Seoul National University Press.

Kittilä, S. 2006. "The Anomaly of the Verb 'give' Explained by its High (Formal and Semantic) Transitivity." *Linguistics* 44-3. pp. 569-612.

Ko, D. and Yurn, G. 2011. *A Description of Najkhin Nanai.* Seoul: Seoul National University Press.

Konstantinova, O. A. 1964. *Evenkijskij jazyk* (The Evenki Language). Moskva-Leningrad: Nauka.

Kornfilt, J. 1997. *Turkish.* London: Routledge.

König, Ch. 2008. *Case in Africa.* Oxford: Oxford University Press.

Kübler, N. 1992. "Verbes de Transfert en Français et en Anglais." *Lingvisticæ Investigationes* 16-1. pp. 61-97.

Lazard, G. 2002. "Transitivity Revisited as an Example of a More Strict Approach in Typological Research." *Folia Linguistica* XXXVI-3·4. pp. 141-190.

Malchukov, A. 1995. *Even.* München: Lincom Europa.

Malchukov, A. 2009. "Rare and 'Exotic' Cases." In Malchukov, A. and Spencer, A. (eds.) *The Oxford Handbook of Case.* Oxford: Oxford University Press. pp. 635-648.

Malchukov, A., Haspelmath, M. and Comrie, B. (eds.) 2010. *Studies in Ditransitive Construction: A Comparative Handbook.* Berlin: Mouton de Gruyter.

Malchukov, A. and Nedjalkov, I. 2010. "Ditransitive Constructions on Tungusic Languages." In Malchukov, A., Haspelmath, M. and Comrie, B. (eds.) *Studies in Ditransitive Construction: A Comparative Handbook.* Berlin: Mouton de Gruyter. pp. 316-351.

Margetts, A. 2008. "Learning Verbs without Boots and Straps? The Problem of 'GIVE' in Saliba." In Bowerman, M. and Brown, P. (eds.) *Cross-linguistic Perspective on Argument Structure.* New Jersey: Lawrence Erlbaum Associates. pp. 111-137.

Margetts, A. and Austin, P. 2007. "Three-participant Events in the Language of the World: Towards a Cross-linguistic Typology." *Linguistics* 45-3. pp.

393 - 450.

Masica, C. 1976. *Defining a Linguistic Area: South Asia.* Chicago: The University of Chicago Press.

Maslova, E. 2003. *A Grammar of Kolyma Yukaghir.* Berlin: Mouton de Gruyter.

Mattissen, J. 2003. *Dependent-Head Synthesis in Nivkh.* Amsterdam: John Benjamins.

Nedjalkov, I. 1997. *Evenki.* London: Routledge.

Nefedov, A. Malchukov, A. and Vajda, E., 2010. "Ditransitive Constructions in Ket." In Malchukov, A., Haspelmath, M. and Comrie, B. (eds.) *Studies in Ditransitive Construction: A Comparative Handbook.* Berlin: Mouton de Gruyter. pp. 352-381.

Newman, J. 1996. *Give: A Cognitive Linguistic Study.* Berlin: Mouton de Gruyter.

Newman, J. (ed.) 1997. *The Linguistics of Giving.* Amsterdam: John Benjamins.

Nikolaeva, I. 1999. *Ostyak.* München: Lincom Europa.

Nikolaeva, I. and Tolskaya, M. 2001. *A Grammar of Udihe.* Berlin: Mouton de Gruyter.

Nichols, J. 1986. "Head-marking and Dependent-marking Grammar." *Language* 62-1. pp. 56-119.

Nichols, J. 1992. *Linguistic Diversity in Space and Time.* Chicago: The University of Chicago Press.

Reesnik, G. 2013. "Expressing the GIVE Event in Papuan Languages: A Preliminary Survey." *Linguistic Typology* 17. pp. 217-266.

Refsing, K. 1986. *The Ainu Language.* Aarhus: Aarhus University Press.

Rivas, J. 2004. *Clause Structure Typology.* Lugo: Tris Tram.

Robbeets, M. 2014. "Korean and Transeurasian Types." 제27회 가천대학교 아시아 문화연구소 국제학술대회 발표자료집.

Robbeets, M. and Cuyckens, H. (eds.) *Shared Grammaticalization: With Special Focus on the Transeurasian Languages.* Amsterdam: John Benjamins.

Sadler, M. 2002. "From a Pragmatic Marker to a Direct Object Marker: The Japanese Particle 'o' in Written Discours." *Studies in Language* 26-2. pp. 243-281.

Sohn, J. Y. 1978. "A Contrastive Study of the Altaic Cases." *Korean Linguistics*

1. pp. 146-192.

Siewierska, A. and Bakker, D. 2007. "Bound Person Forms in Ditransitive Clauses Revisited." *Functions of Language* 14-1. pp. 103-125.

Stassen, L. 1997. *Intransitive Predication.* Oxford: Oxford University Press.

Stassen, L. 2009. *Predicative Possession.* Oxford: Oxford University Press.

Suikhonen, P., Comrie, B. and Solovyev, V. (eds.) 2012. *Argument Structure and Grammatical Relation.* Amsterdam: John Benjamins.

Sun, Ch. 2006. *Chinese: A Linguistic Introduction.* Cambridge: Cambridge University Press.

de Swart, P. 2007. *Cross-linguistic Variation in Object Marking.* Ph. D. Thesis. Radboud University Nijmegen.

Tamura, S. 1988. *The Ainu Language.* Tokyo: Sanseido.

Tranter, N. 2012. *Languages of Japan and Korea.* London: Routledge.

Vajda, E. 2004. *Ket.* München: Lincom Europa.

Vovin, A. 2014. "Korean as a Paleosiberian." 제27회 가천대학교 아시아문화연구소 국제학술대회 발표자료집.

Wichmann, S. and Holman, E. W. 2009. *Temporal Stability of Linguistic Typological Features.* München: Lincom Europa.

Wunderlich, D. 2006. "Toward a Structural Typology of Verb Classes." In Wunderlich, D. (ed.) *Advances in the Theory of the Lexicon.* Berlin: Mouton de Gruyter.

고석주(2000). "한국어 조사의 연구 : '-가'와 '-를'을 중심으로." 연세대학교 박사학위 논문.

김용하(2014). 『한국어 조사의 분포와 통합체계』. 광명 : 경진출판사.

류구상 외(2001). 『한국어의 목적어』. 서울 : 월인.

목정수(2015). "알타이제어의 구문 유형론적 친연성 연구 : 한국어의 타동 구문을 중심으로." 『한글』(한글학회) 307. 75-124쪽.

목정수·문창학(2015). "일한 '이중 주어 구문'에 대한 대조 연구 : 일본어의 '주어유무 논쟁'과 한국어의 '서술절구 논쟁'을 중심으로." 『일본학연구』(단국대학교 일본연구소) 45. 349-368쪽.

박형익(1989). "동사 '주다'의 세 가지 용법." 『한글』(한글학회) 203. 145-163쪽.

배주채(2009). "'달라, 다오'의 어휘론." 『국어학』(국어학회) 56. 191-220쪽.

이광호(1988). 『한국어 격조사 '을/를'의 연구』. 서울 : 탑출판사.

이선희(2004). 『국어의 조사와 의미역』. 서울 : 한국문화사.

홍재성(2009). "동북단 아시아 지역 제어 계사 구문의 유형론적 대조 연구." 한국언어
학회 학술대회. 목포대학교.

홍재성(2010). "프랑스어와 한국어 계사 구문의 유형론적 대조." 『학술원 논문집(인
문·사회과학편)』(대한민국학술원) 49-1. 1-61쪽.

홍재성(2011ㄱ). "Pour une grammaire typologique de la langue française."
Conférence donnée à l'université Niigata.

홍재성(2011ㄴ). "Typlogical Grammatical Description of Korean Converb
Construction with 'le' of "Motion-cum-purpose"." The 21st Japanese/
Korean Linguistic Conference. Seoul National University.

홍재성(2014ㄱ). "이항 타동 구문 유형론과 중국어." 한국 중국 언어학 학술세미나.
인하대학교.

홍재성(2014ㄴ). "유형론적 관점에서의 Kolyma Yukaghir 이항 타동 구문: kej/tadī
동사 구문을 중심으로." 한국 언어유형론 학회 창립기념 연구발표회. 서울대
학교 언어연구소 공동주최.

홍재성(2014ㄷ). "공동 서술joint predication 구문 유형론과 한국어 계사 구문." 한
국언어정보학회 2014년 정기 학술대회 특강 자료.

홍재성(2014ㄹ). "한국어·프랑스어의 유형론적 대조 문법 : '주다'/donner 이항 타동
구문을 중심으로." 한국 프랑스 관련 연구학회 공동 학술대회. 한국외국어대
학교.

홍재성(2015). "'give' 행위의 어휘·형태 유형론." 제44회 대한민국 학술원 국제학술
대회: 우리 시대의 언어의 학제적 연구 발표자료집. 대한민국 학술원 발간.

홍재성 외(1997). 『현대 한국어 동사 구문 사전』. 서울 : 두산동아.

홍재성 외(2007). 『세종 전자 사전』. 서울: 문화관광부/국립국어원.

언어유형론과 국어학
그 빛과 그늘

목 정 수
서울시립대학교 국어국문학과

1. 머리말

이 글은 국어학과 언어유형론의 관계를 따져보고, 국어학이 제대로 자리매김을 하기 위해서는 필연적으로 언어유형론과 관계를 맺어야 한다는 점을 보이는 데 주목적을 둔다. 또한 언어유형론의 논의에 도움을 받아 국어학이 발전할 수도 있지만 언어유형론 논의에 국어학이 무비판적으로 함몰될 경우 자칫 국어의 현상을 왜곡할 수도 있음을 지적하고자 한다. 이론적으로 국어학이 세계 언어유형론 학계에 일정 정도 기여하기 위해서는 국어학이 오히려 주체적이고도 일관된 틀을 유지하는 가운데 정확한 한국어 자료와 그에 대한 분석을 제공할 필요가 있음을 역설하고자 한다.

국어는 누가 연구하는가? 국어를 연구하는 사람을 국어학자라 하므로 당연히 국어는 국어학자가 연구한다고 할 수 있다. 그러면 누가 국어학자인가? 특정 학과 출신이라야 국어학자인가? 로망스어학으로 언어학 박사학위를 받은 사람은 국어학자가 될 수 없는가? 흔히 국어학자라는 사람들은 외국어 전공 학자들이 국어를 연구하면 약간 눈을 흘기고 국어를 국어로 보지 않고 외국어처럼 보고 있다고 비난한다. 특히 외국 이론에 국어를 꿰어 맞추느라 국어를 왜곡한다는 식의 혹독한 발언을 멈추지 않는다.[1] 그러면서 한편으로는 서구 이론에 어둡고 그 이론이란 것을 따라가지 못하고 있음에 속으로 초조해하기도 한다. 이러한 형국을 감안하면, 국어를 누가 어떻게 연구할 것인가 하는 질문은 간단하고 사소한 것 같지만, 그 답을 찾기가 매우 어려운 질문이 될 수 있다. 그 어려운 질문에 우리는 언어유형론에 관심을 갖고 그 시각으로 국어를 연구하는 사람들이 당당히 진정한 국어학자 노릇을 할 수 있다는 답을 감히 내놓고자 한다. 다시 말해서, 국어학자는 진정한 국어학자가 되기 위해서(라도) 역설적으로 다른 언어에 대한 관심과 분석 능력을 가져야 한다는 것이다.

그리고 어떻게 연구해야 국어학이라 할 수 있는가? 국어를 연구하는 데 특별한 고유의 방법이라도 있긴 한가? 국어학 전통에서 관습화된 용어를 가지고 국어학과 다른 외국어학이나 일반언어학 영역을 구분할 수는 있을지 모른다. 그러나 국어학의 용어라는 것도 거의 대개는 서구 언어학의 용어를 번역하는 과정에서 탄생한 것이고, 많은 부분 일본의 제조 공장을 통해 수입된 것이라는 점을 감안하면, 무엇으로 국어학의

---

1) 생성문법의 이론에 따라 한국어를 재단하는 논문을 쓴 영어학자들이 이런 비판을 받아 마땅한 측면이 없는 것은 아니다. 그러나 그런 틀을 빌려 국어학을 하는 학자들도 많다는 것을 부인하기 어렵다.

정체성을 말할 수 있는가 하는 난제에 봉착하게 된다. 이 글은 이러한 어려운 질문에도 언어유형론이 어느 정도 답을 제공할 수 있을 것으로 본다. 왜냐하면, 사상과 언어 문제를 나란히 놓고 다루고 있는 아사리 마코토(淺利誠)의 저서 『일본어와 일본사상 : 일본어를 통해 본 일본인의 사고』에서도 밝히고 있듯이, 국어든 어떤 언어든 하나의 모(국)어라는 것은 내부의 시각으로는 접근할 수 없는 실체이기 때문이다. 국어를 제대로 보고 더 나아가 제대로 연구하려면 국어라는 숲에서 헤매면 안 되고, 그 숲에서 벗어나야 한다는 것이다. 아사리 마코토의 말을 들어 보자.

> "모어에 대해 초월론적이기는 힘들다. 또 모어를 '외부의 눈'으로 보고 다루는 일도 어렵다. 하지만 그것 외에는 달리 모어를 다룰 방법이 없을지도 모른다. 그렇다면 우리는 처음부터 이 난점을 안고 있는 셈이다."

> "모어를 다루기 위해서는 스스로 모어를 외부에서 보지 않으면 안 된다. 그것을 가능하게 하는 기본적인 조건은 모어와 외국어의 대조적 관점에서 모어를 보는 것이다."

그렇다면 국어라는 숲에서 나오기만 하면 되는 것인가? 거기서 나와 다시 국어라는 숲을 보기 위해서는 비교론적 시각이 필요한데, 그러한 시각을 갖기 위해서는 국어를 객관적으로 바라보고 비교의 준거점으로서 다른 언어를 봐야 하지 않는가. 그렇다면 언어유형론적 시각에서 국어를 연구하는 것은 그 자체가 이론적으로나 현실적으로나 필연적인 방법론이 될 수밖에 없다. 역설적으로 국어학자는 외국어 전공자가 되어야 하는 것이 의무이다. 이런 의미에서 언어유형론과 국어학은 떼려야

뗄 수 없는 관계를 맺고 있다고 할 수 있다.

처음에 언급했듯이, 우리는 이러한 언어유형론의 순기능을 보이고, 그와 동시에 우리는 언어유형론의 역기능, 아니 국어학이 자칫 빠질 수 있는 위험성도 보이고자 한다. 즉 언어유형론을 국어 현상에 잘못 적용 하여 국어의 본질을 짚지 못하고 오히려 왜곡하는 사례를 경계하자는 의미에서 이른바 '비주격 주어 구문'에 대한 논의를 중점적으로 검토하 기로 한다. 이러한 역기능에 대한 고발로써 언어유형론의 맹신은 금물 이고 국어학의 주체적 시각이 필수라는 점을 보이고자 하는 것이다.

2. 언어유형론과 국어학의 문제점들

2.1. 비교 준거점의 문제

다음의 한국어의 문법적 특성들은 외국어로서의 한국어 교육을 염두 에 두고 있는 장소원(2011)이 제시한 것이다.

A-1. 어미와 조사가 발달된 언어이다.
A-2. 한국어의 문법 형태는 대체로 한 형태가 하나의 기능을 가진다.
A-3. 유정 명사와 무정 명사의 구분이 문법에서 중요한 경우가 있다.
A-4. 분류사(classifier), 단위성 의존명사 또는 '단위 명사'가 발달
　해 있다.

또한 장소원(2011)에서 주로 인도유럽어들을 비교 대상으로 다음과 같은 한국어의 형태·통사적 특성을 제시하고 있는 것으로 보아, 언어

유형론의 비교 또는 대조적 시각이 암묵적으로 반영되어 있다고 볼 수 있다.

B-1. 한국어는 대명사가 발달하지 않아서 그 쓰임이 극히 제약적이다.

B-2. 한국어에는 관계대명사가 없다.

B-3. 한국어에는 관사가 없다.

B-4. 한국어에는 접속사가 없다.

B-5. 한국어에는 가주어와 같은 허형식이나 존재문의 잉여사가 없다.

B-6. 한국어에는 일치(一致, agreement 또는 concord) 현상이 없다.

B-7. 한국어에는 복수 대상에 반드시 복수 표지가 연결되지는 않는다.

B-8. 한국어는 동사와 형용사의 활용이 매우 유사한 특징을 가진다.

C-1. 한국어는 평서의 타동사문을 중심으로 하는 언어 유형 가운데 '주어(S)-목적어(O)-동사(V)'의 어순을 가지는 SOV형 언어이다. 즉 한국어는 동사-말(verb-final) 언어에 속한다.

C-2. 한국어의 수식 구성에서 수식어는 반드시 피수식어 앞에 온다. 즉 한국어는 좌분지(left-branching language) 언어에 속한다.

C-3. 한국어는 핵-끝머리(head-last 또는 head-final) 언어에 속한다.

C-4. 한국어는 동사를 제외한 문장 성분의 순서를 비교적 자유롭게 바꿀 수 있는 자유 어순 (free word order) 또는 부분적 자유 어순으로 표현된다.

C-5. 한국어는 주어나 목적어가 쉽게 생략될 수 있는 언어이다.

C-6. 한국어는 담화-중심적 언어의 성격을 가지며, 주제 부각형 언어의 특성을 강하게 가진다.

C-7. 한국어에는 통사적 이동이 드물거나 없다.

C-8. 한국어는 대우법(경어법 또는 높임법)이 정밀하게 발달했다.

이러한 한국어의 유형론적 특성은 주로 영어나 프랑스어를 위시한 인구어를 기준으로 하였을 때 성립 가능한 것이다. 그런데, 이를 뒤집어 인구어를 중심으로 한국어나 일본어 또는 알타이제어를 비교 대상으로 하여 본다면, 영어와 프랑스어의 유형론적 특성을 다음과 같이 정리하는 것도 논리적으로 가능하다.

> A-1′. 영어는 조사가 없다.
> B-2′. 영어는 관형사형어미나 연체형어미가 없다.
> B-8′. 프랑스어는 관형사가 없고, 형용사의 행태가 동사보다 명사에 더 가깝다.
> C-5′. 프랑스어는 주어가 필수적인데, 인칭대명사의 성격이 일반 명사구와 다르고 어미와 유사하다.
> C-8′. 영어는 대우법(경어법 또는 높임법)이 발달하지 않았다.

이런 점을 종합해 보면, 무엇을 기준으로 한국어의 유형론적 특성을 논의할지에 대해 선험적으로 결정되어 있는 것은 아무것도 없다는 것을 알 수 있다. 유형론적 비교 작업을 할 때는 우리가 어떤 용어로 또는 어떤 시각으로 언어 현상을 기술하고 있느냐 하는 점을 메타적으로 바라볼 필요가 있다. 용어에 따라 비교 작업의 내용과 결과가 달라질 수밖에 없기 때문이다. 앞에 열거된 한국어의 유형론적 특성들은 개별화된 속성이 아니라 전체적인 시각에서 개별 속성들 간의 상관속(相關束)으로 포착해야 한다. 이러한 작업이 이루어진 뒤에야 언어와 언어의 체계적인 유형론적 비교 작업이 가능할 것이다.

그리고 비교 대상의 언어 자체도 중요하지만, 그 언어들의 무엇을 비교할 것인가가 더 중요하다. 그런데, 비교가 제대로 이루어지려면 비교

기준이나 준거가 마련되어야 하는데, 통일된 문법용어로 같은 시각에서 기술된 언어 자료나 참조문법이 있어야 한다는 것이 기본 전제가 된다.[2] 그러나 비교 작업을 위해서 미리 동일한 문법관을 공유하고 통일된 용어로 기술한 세계 언어의 문법서는 아직 없고, 앞으로도 있기 어려울 것이다. 이런 사정은 언어유형론의 비교는 세마지올로지(semasiology)의 관점에서 접근하기 어렵다는 것을 암시한다. 구체적 예로서 영어의 '-ing'과 한국어의 '-은/을'을 비교할 수 있는가 하는 문제가 제기될 때, 영어의 '-ing'은 '동명사/(현재)분사'의 명칭으로 기술되어 있고, 한국어의 '-은/을'은 '관형사형어미'로 기술되어 있는데, 이를 비교할 것인가 말 것인가의 문제가 발생할 수 있다는 것이다. 또 한국어를 중심으로 한다면 '관형사형어미'와 비교 대상이 되어야 하는 것은 영어의 어떤 것인가? 동명사 어미인가 관계절을 이끄는 관계대명사인가? 이러한 문제를 고려하면, 언어유형론의 비교를 위해서는 오노마지올로지(onomasiology)의 관점에서 시작하는 것이 필요하다고 볼 수 있다.[3] 그러나 이 관점에서도 무엇을 기본 개념으로 설정할 것인가가 문제이다(Haspelmath 2010a, Newmeyer 2010, Haspelmath 2010b). 개별 언어를 뛰어넘어 언어 일

---

2) 연재훈(2011 : 5)에서는 이러한 개별어 연구와 언어유형론 연구의 상관성을 다음과 같이 표현하고 있다. "범언어적 보편성과 차이점을 연구하는 언어 유형론과 각 개별 언어의 연구는 상호 보완적이고 협력적인 관계를 가진다고 할 수 있다. 각 개별 언어의 심도 있는 연구가 선행되지 않고는 광범위한 언어의 비교 분석을 전제로 하는 언어 유형론적 연구가 성립할 수 없기 때문에 유형론은 개별 언어의 기술문법에 우선 의존할 수밖에 없다. 그러나 일단 범언어적으로 확립된 유형론적 보편성은 개별 언어의 문법현상을 이해하는 데 적지 않은 통찰력을 제공해 주는 것도 또한 사실이다."
3) 요체는 세마지올로지의 시각에서는 프랑스어의 인칭대명사 'Tu'와 'Vous'의 대립을 한국어의 선어말어미 '-시-'의 유무대립과 비교하는 것이 원천적으로 차단된다는 것이다.

반을 포괄하는 개념 또는 개념어의 추출이 그 기준이 되는 특정 언어 없이도 가능한가 하는 문제가 발생하기 때문이다. 이 문제도 구체적인 예를 가지고 따져보자. 가령 형용사의 유형론을 연구할 때도 형용사란 용어 자체가 문제가 될 수 있다. 형용사란 용어는 개념적으로 정립되기 이전에 인구어의 전통문법에서 형태론적 특성을 고려하여 만든 용어이기 때문이다. '형용사'란 용어는 'adjective'의 번역 용어로서, 'adjective'는 라틴어 'adjacere'와 관련되어 있고, '옆에/가까이 놓인'의 의미로, 홀로는 사용되지 않고 명사에 덧붙거나 명사를 'modify'하거나 'describe/qualify'하거나 하는 요소로 정의되고 있는 것이다. 이렇게 정립된 'adjective'가 한국어 문법에서는 '형용사'란 용어로 번역됨에 따라 새로운 시니피에가 형성되어 [+상태]의 의미자질이 더 중요한 요소로 작용하게 되었고, 'adjective'의 원의는 '관형사'란 용어로 구분되기에 이르렀다. 이 '관형사'를 'adnoun'이나 'modifier' 등으로 역번역하여 사용하는 것도 이러한 과정과 무관치 않다.4) 따라서 한국어의 관형사는 자칫 잘못하면 형용사 유형론 논의에서 고려의 대상에서 빠지게 되는 구도가 형성되는 문제가 생긴다(목정수 2002, 2009b, 2013d 참조).

필자는 한국어의 현상을 객관적인 시각에서, 객관적인 용어로 드러내기 위해서는 우선 철저한 분포 분석과 분류 작업을 수행해야 하고 그 후에는 외국어와의 비교 짝을 찾아 그 공통점과 차이점을 밝혀야 유형론적 관점에서 한국어의 유형론적 특성을 제대로 드러낼 수 있다고 본다.5) 이런 차원에서 심리술어(=주관동사=심리형용사)를 중심으로 펼쳐지

---

4) 일본어는 언어 현상적으로 보면 한국어와 매우 유사하지만, 일본어 문법의 상황은 한국어와 매우 다르게 전개되었다. 일본어의 형용사와 형용동사라는 용어의 시니피에를 정합적으로 이해할 필요가 있다(목정수 2009b).

고 있는 소위 비주격 주어(non-nominative subject), 원인격(=능격) 주어
(ergative subject)6) 등의 논의를 비판적으로 검토해 보고, 한국어의 현상
이 제대로 기술되고 언어유형론 논의에 제대로 원용되고 있는지를 알아
보기로 한다.

2.2. 한국어 어순 유형론의 문제

유형론 연구에서 한국어의 특성으로 가장 많이 언급하는 것이 어순
(word order)이다. 문장의 필수 성분이라고 하는 주어와 목적어 성분이
서술어와 어떤 순서로 나타나는지를 기준으로 인간 언어의 유형을 정하
려는 것이다. 이러한 논의는 기본적으로 주어와 목적어가 무엇인가를
전제로 하는데 국어학계에는 아직 주어를 어떻게 규정할지에 대한 합의
된 논의가 없다. 그리고 학교문법에서 주어나 목적어를 필수성분 또는
주성분으로 보면서도, 주어나 목적어의 생략 가능성을 이야기하는 모순

---

5) 필자는 주로 프랑스어나 루마니아어를 한국어의 비교 대상으로 하여, 어떤 문법
　범주들이 비교의 대상이 되어야 할지를 구체적으로 제시한 바 있다. 한국어 조사
　들 가운데 '가, 를, 도, 는, 의, (이나, 이라도)'를 하나의 부류로 설정해야 할 근거
　를 마련한 후, 구조적으로 인구어의 한정사류 체계 — 영어의 'a, the, any, some'이
　구체적인 대응 예임 — 와 비교한 것도 그러한 방법론에 입각한 것이다. 관사가 없
　는 중국어의 경우에는 양사 구조와 연계하여 비교할 수 있다. 다른 한편, 동사와
　관련된 문법 범주로서는 '-(는)다, -(느)냐, -자, -(으)라, -(으)려'를 하나의 부류로
　설정하고, 인구어 접속법(mode subjonctif) 형태와 어떻게 비교될 수 있고, 또 왜 비
　교되어만 하는가를 제시한 적이 있다. 또한 한국어의 인용·접속법 어미로 부류
　화함으로써 이들을 단순히 '평서형, 의문형, 청유형, 명령형, 의도형' 종결/어말어
　미로 규정하는 데 그치지 않고, 인용 형식의 논의에 '-(으)려'가 포함되어야 하고, 여
　기에서 '-(으)마'라는 약속형 어미는 빠져야 함을 지적하였다(목정수 2009b, 2011).
6) 'ergative'에 대한 번역 용어로 주로 '능격'이 사용되고 있는데, 그것의 문제를 지적
　하고 있는 연재훈(2008)에 따라 '원인격'이 더 적절하다고 본다. 그러나 관례를 존
　중한다는 의미에서 '원인격/능격'으로 병기하기로 한다.

을 보이기도 한다(강창석 2011). 아무튼 세 성분의 순서가 문제가 되는 만큼, 그 유형의 수는 6가지가 된다.

SVO형, SOV형, OSV형, OVS형, VSO형, VOS형

그러나 한국어에서는 주어의 문제가 그리 단순치가 않다. 필수성분이라는 주어는 흔히 명시적으로 나타나지 않아도 된다. 또한 단문 내에서 아직 무엇이 주어인지가 불분명한 문장이 한두 개가 아니다. 소위 이중주어, 다중주어로 분석하는 입장이 일반화되어 있지만, 이러한 논의들은 '주격', '주어', '주체', '주제' 등의 개념과 용어를 혼동해서 사용하고 있다.

(1) 가. 그런 여자는 정말 마음에 안 들어요, 마음에 들지가 않는다구요.
　　나. 그 칼로가 잘 안 잘린다고요?
　　다. 할아버지께서 돈이 많으신가 봐요.
　　라. 너는 뭐가 아니 누가 그렇게 무서워서 그러는 거야?
　　마. 저는 딸이 둘, 아들이 하나입니다.

'SOV'의 순서가 지켜지지 않는 문장도 흔히 발견된다.

(2) 가. 이거 너 안 가질 거면 나 줘.
　　나. 너 이번 주에 가니 고향?
　　라. 아마 아이들이 좋아하는 노래가 무엇인지 아는 아빠가 그리 많지 않을 걸로 제가 짐작이 됩니다. (MBC FM 김성주 아나운서의 발화에서)

그러나 이때에도 변형이나 이동의 흔적을 보여주는 운율 구조는 찾기 어렵다. 다만, 직관적으로 이러한 순서가 유표적인 어순인 것을 알수 있을 뿐이다. 다음 (3가)와 (4가)는 무표적인 기본 어순이고, (3나)와 (4나)는 유표적인 변형 어순이다.

(3) 가. 코끼리는 코가 길다.
　　나. 코는 코끼리가 길지.

(4) 가. 철수가 나한테 손을 흔들어 주던데.
　　나. 나한테도 손을 흔들어 주데 철수가.

국어학에서는 한국어의 단문 구조를 서술어를 중심으로 논항 또는 부가어가 실현된 다음과 같은 형식으로 보고 논의를 펼치고 있다.

(5) 가. 철수가 잔다.
　　나. 철수가 예쁘다.
　　다. 철수가 머리가 크다.
　　라. 철수가 호랑이가 무섭다.
　　마. 철수가 학생이다.
　　바. 철수가 영희를 사랑한다.
　　사. 철수가 대통령이 되었다.
　　아. 철수가 영희에게 미희의 소개를 한다.

이러한 전통은 오래되었다. 주시경, 최현배에서 시작하여 최근의 문법서에 이르기까지 이러한 태도가 견지되고 있다. 대표적으로 남기심·고영근(1993 : 234)에서도 그러하다. 직접 인용해 보자.

　　"국어의 모든 문장은 궁극적으로, "무엇이 어찌한다", "무엇이 어떠하다", "무엇이 무엇이다" 중의 한 가지 내용을 담고 있다. 이때의 '어찌한다, 어떠하다, 무엇이다'의 내용에 따라 문장은 여러 가지 형식을 취하게 된다.

> 1. 바람이 분다.
> 2. 아이들이 공을 던진다.
> 3. 물이 얼음이 된다.
> 4. 국이 짜다.
> 5. 저 사람이 주인이 아니다.
> 6. 그가 주인이다.

　　이 문장들은 서술어의 종류에 따라 각기 그 문장을 구성하는 데 없어서는 안 될 최소한의 필수적 성분을 갖추어 가지고 있다."

　고영근·구본관(2008 : 271)에서도 이러한 태도가 그대로 유지되고 있다. 그대로 옮겨와 보자.

　　"그런데 우리말의 문장은 현실적으로는 그 수효를 셀 수 없을 정도로 많으나 그 뼈대는 다음 몇 가지의 기본적인 형식으로 간추릴 수 있다.

> (1) 가. 무엇이 어떠하다.
> 　　나. 무엇이 어찌한다.
> 　　다. 무엇이 무엇이다.
> 　　라. 무엇이 무엇을 어찌한다.
> 　　마. ① 무엇이 무엇이 아니다.
> 　　　　② 무엇이 무엇이 된다.

(1)과 같이 구체적인 문장을 대표하는 골을 기본문형(基本文型)이라 부른다. 지금은 잘 쓰이지 않지만 전통 사회에서는 많이 사용되던 '골'이란 말이 있는데 물건을 만들 때 일정한 모양을 잡거나 뒤틀린 모양을 바로 잡는 데 사용하는 틀을 의미한다."

그러나 한국어의 자연스러운 문장은 고영근·구본관(2008)에서 기본 문형으로 제시하고 있는 형식으로 실현되는 경우가 드물다. 고영근·구본관(2008)에 제시된 기본문형은 오히려 특수한 경우에 나타나는 유표적인 것이라 할 수 있다. 예를 들어, 국어학에서 소위 이중주어 문장을 논할 때 다루는 예는 다음 (6)처럼 조사 '가'가 쓰인 문장이 대부분이다.

(6) 가. 코끼리가 코가 길다.
　　나. 철수가 마누라가 무섭다.
　　다. 미도파가 구두가 값이 백 원이 싸다.

그러나 현실적으로 이러한 형식보다는 다음과 같은 형식으로 쓰이는 경우가 훨씬 일반적이다.

(7) 가. 코끼리는 코가 길다.
　　나. 철수는 마누라가 무섭대.
　　다. 뭐 철수가 마누라를 무서워한다고?

필자는 한국어의 기본 문형을 설정할 때 위에서 전통적으로 제시한 방식보다 오히려 어미를 적극적으로 고려하고 실제로 빈도가 높은 조사를 토대로 하여 다음과 같이 문형을 제시해야 한다고 생각한다. 국어문법에서 명시적인 주어 성분은 생략 가능하다는 것이 기본(default) 값이다.

1. X-(는) V-어미 (가을 하늘은 높다.)
                      (아기가 타고 있습니다.)
                      (너 똥마렵지?)
2. X-(는) Y-(가) V-어미 (우리 마누라는 얼굴이 작아.)
                              (철수는 마누라가 무섭대요.)
                              (얼굴이 큰 영희는 성형을 적극 고려중
                              이란다.)
3. X-(는) Y-(를) V-어미 (철수는 영희를 사랑하나 봅니다.)
                              (너 밥 먹고 싶지?)
4. X-(는) Y 이-어미 (당신은 누구(이)십니까?)
                          (지금 어디세요?)
   X-(는) Y-(가) 아니-어미 (저는 교수가 아니에요.)
                                (난 학생 아냐.)

이처럼 문장의 주요 성분이라고 하는 주어, 목적어 등의 성분은 생략
된 채 동사에 붙는 문법요소만으로도 충분히 문장을 구성할 수 있고,
관련된 정보를 전달하는 데 부족함이 없다. 이러한 사실은 한국어의 문
장 구조의 핵심이 어디에 있는가를 여실히 보여준다고 할 수 있겠다.
그러한 정보를 담당하는 것이 바로 어미를 비롯한 문법요소들, 즉 보조
동사, 선어말어미, 의존명사(인칭대명사 포함), 조사(명사 포함)이므로, 문
형을 제시할 때 이들 요소를 고려하지 않을 수 없을 뿐만 아니라, 이들
문법소를 중심으로 문장 구조를 파헤치는 시각이 더 타당하다고 할 수
있다.
 다음 프랑스어, 이탈리아어, 스페인어, 영어, 중국어의 기본 문장이
한국어에서 어떻게 다양하게 표현될 수 있는가를 (8)과 (9)의 비교를
통해 보면, 주어나 목적어 성분이 문법적 요소로 어떻게 실현되는가를

정밀하게 비교할 수 있다.

(8) 가. Je t'aime.
　　나. (Io) ti amo.
　　다. I love you.
　　라. Te quiero.
　　마. 我愛你。

(9) 가. 내가 너를 사랑한다.
　　나. 난 너를 사랑한다.
　　다. 난 너 사랑해.
　　라. 당신을 사랑합니다.
　　마. 나 너 사랑해.
　　바. 저 당신 사랑해요.
　　사. 사랑해, 자기.

　'워아이니(我愛你), 떼끼에로(Te quiero), 사랑해'라는 노랫말에서 '워아이니, 떼끼에로, 사랑해'가 동등한 층위에 놓이는 것은 가사의 길이를 맞추는 것 이상의 의미가 있다. '워아이니, 떼끼에로, 내가 너를 사랑한다'가 동일 층위에 놓인다고 보기 어렵다. 즉, 한국어 문장 '사랑해'에는 반말체 어말어미 '-어'가 들어있다는 것이, 스페인어의 '떼끼에로(Te quiero)'에는 1인칭어미 '-o'가 있다는 것이 중요하다. 마찬가지로 중국어 '워아이니(我愛你)'에는 1인칭대명사 '我'가 있다는 것이 중요하다. 프랑스어의 'je t'aime'에서도 'je'라는 접어 성격의 1인칭대명사가 필수적인 요소이고, 첨가될 수 있는 강세형 1인칭대명사 'moi'는 수의적인 요소이다. 이 중요한 필수요소들이 비교 대상이 될 수 있지 않을까?7)

(10) 가. Ti amo.

나. Je t´aime.

다. 사랑하-어.

라. 我愛你。

따라서 영어와 중국어를 예로 하여, SVO 유형을 설정한 논리를 그대로 적용하면, 한국어는 (O)VS, 프랑스어는 SOV, 이탈리아어는 OVS로 나타낼 수 있다는 논리도 가능하다고 본다. 주어가 무엇인지를 어떻게 결정하느냐에 따라 달라진다.

이처럼 문장 성분과 호응하는 문법요소를 중심으로 보면, 제약된 말 그대로의 '어(word)순(order)'의 유형론을 세울 수 있다. 예를 들어, 한국어는 보조동사를 통해서도 간접목적어의 인칭 관계가 표현된다. 명시적인 명사 논항을 통한 것보다 문법요소인 보조동사 '-(어)주다' 구성을 통해 여격의 인칭 관계가 드러난다는 것이다(목정수 2009b). '-(어)주다' 구성 자체가 여격 관계를 표시하고 있고, '-(어)주다', '-(어)드리다',

---

7) 다음 라틴어와 영어의 활용표를 비교해 보자.

(1) 라틴어 - 영어

amo - I love

amas - You love

amat - He/she loves

amamus - We love

amatis - You(all) love

amant - They love

그리고 프랑스어의 'je', 영어의 'I', 중국어의 '我', 이탈리아어의 '-o', 한국어의 '-어'가 비교 대상이 되는 것이 표준적(canonical)이라면 프랑스어의 'moi'나 라틴어의 'ego', 영어의 'me', 그리고 한국어의 '나/저' 등은 덜 표준적인 비교 대상이 된다고 할 수 있다(Brown et al. 2012).

'-(어)달다'와 선어말어미 '-시-'와의 결합에 따라 여격의 인칭성이 구별
되고 있는 것이다.

> (11) 가. ^{?*}나에게/날 위해 책 좀 읽어!
> 나. 나에게 책 좀 읽어 줘!
> 다. 나 책 좀 읽어 줘.
> 라. 책 좀 읽어 드려라 할아버지!
> 바. 책 좀 읽어 주세요 저!
> 사. 책 좀 읽어 다오.
> 아. 책 좀 읽어 달라고 보채네요.

또한 목정수(2013c)에서는 보조동사 '-(어)가다/오다'를 통해서 소위
방향격이 문법적으로 표시되고 있음을 보여주고 있다. 물론 방향격이
'dependent-marking language'처럼 명사구의 격 실현으로 구체적으로
나타날 수 있으나, 오히려 이는 전체 문장에서 수의적인 성분이 되고,
보조동사 구성이 필수적인 요소로 실현된다. 이런 사실은 한국어 문법
에서 문법적으로 실현되는 요소가 훨씬 중요하다는 것을 의미한다. 한
국어를 'head-marking language'로 볼 수 있게 만드는 측면이다.

> (12) 가. 이쪽으로 빨리 뛰어와!
> 나. 저를 위해 이쪽으로 걸어와 주시겠어요?

> (13) 가. 철수는 (위층으로) 뛰어올라갔다.
> 나. ^{*?}철수는 위층으로 뛰었다.
> 다. ^{*?}철수는 위층에서 뛰었다.
> 라. 철수는 (위층에서) 뛰어내려왔다.

3. 한국어 타동성 유형론

3.1. 타동성 유형론의 전제 조건: 주어 정의의 문제

어순 유형론, 그중에서도 타동성 유형론 논의에서 문장의 성분, 즉 주어와 목적어를 중심으로 그 유형을 분류하는 것이 기본이다. Dixon (2010)의 **A**(gent), **S**(ubject), **O**(bject)가 그것이다. 그러나 한국어의 타동성 논의에서 문제가 되는 것은 아직 주어가 무엇인지가 분명하지 않다는 것이다. 특히 소위 이중주어 구문이라고 부르는 문장에서 무엇이 진짜 주어인지에 대한 합의가 이루어지지 않고 있는 게 현실이다. 뿐만 아니라, 이중주어 구문을 해결하기 위해 언어유형론 논의에서 받아들인 '여격 주어'라는 개념도 국어학에서 이론적으로 보면 자충수를 두고 있다. '나에게 시간이 있다'를 소유 구문의 전형으로 보고, '나에게'를 여격 주어라 한다면, 이때 '시간이'라는 성분의 통사적 기능을 주어라 할 수는 없을 텐데, 무엇이라고 해야 할지도 문제이고, '할아버지께 시간이 많으시다'나 '김선생님께는 그 문제가 이해가 가십니까'와 같은 이상한 문장을[8] 정문으로 받아들이는 무리수 또한 이러한 문제와 무관치 않다는 것이다. 필자가 보기에 한국어의 문장 성분 중에서 다음 예에서 밑줄 친 '가形 성분'이 타동성 유형론 논의에서 고려되지 않는다는 것은 문제가 커 보인다. 필자는 이들도 목적어 성분에 대당하는 자격을 줄 근거가 충분하므로 이러한 구문을 타동사 유형론 논의에 포함시켜야

---

8) 필자는 이러한 문장을 매우 이상한 문장으로 본다. 백보 양보하여 말하자면, '할아버지는 그 설명이 이해가 가십니까?'가 훨씬 자연스러운 문장이라는 것이다. '할아버지께는 그 문제가 이해가 가십니다'를 이상하다고 보지 않는 학자들도 이 점을 부정하지는 못할 것이다.

한다고 본다.9)

> (14) 가. 나는 떠난 그녀가 너무 그립다.
> 나. 코끼리는 코가 길다.
> 다. 나는 언어학 책이 많다.

이러한 시각에서 다음 문장의 주어 성분이 무엇인지를 판단해 보는
작업은 한국어의 어순 유형론과 타동성 유형론을 성립시키기 위한 전제
조건이 된다. 더불어 다음에 본격적으로 논의하게 될 '비주격 주어' 개
념의 허구성을 이해하는 데도 중요하다.

> (15) 가. 선생님 설명이 이해가 안 되는데요.
> 나. 당신을 만나니 고향 생각이 절로 나는군요.
> 다. 잠이 잘 안 오나 보구나.
> 라. 왜 그렇게 힘이 들어 한 대요?
> 바. 시간 있으세요?
> 사. 여자 친구 소개 좀 해 드릴까요?
> 아. 뭐가 먹고 싶어서 그러는 거야?

필자는 목정수(1998)에서부터 한국어 조사 체계를 수립하는 과정에서

---

9) 그러나 어순의 유형에는 영향을 주지는 않는다. 그 성분 순서는 (1), (2)에서 보는
바와 같이 일반적인 '를형 성분'과 같기 때문이다.

> (1) 가. 할아버지는 코를 많이 고신다. (기본 어순)
> 나. 코는 할아버지가 많이 고신다. (주제화 구문)

> (2) 가. 할아버지는 코가 크시다. (기본 어순)
> 나. 코는 할아버지가 크시다. (주제화 구문)

소위 주격조사, 대격조사, 속격조사는 다른 부사격조사/의미격조사들과는 구조적인 차이가 있다는 것을 밝히고, 이들을 격어미 패러다임으로 포착할 수 없다는 점을 지적하면서, 조사 '이/가'와 '을/를'은 격 기능보다는 오히려 '도'와 '은/는'과 더불어 한정(determination)의 기능 요소로 파악하는 것이 더 타당할 수 있음을 주장했다. 이러한 점을 강조하기 위해, 이러한 조사들의 분포와 기능을 고려하여, 후치 한정사, 즉 후치 관사로 명명하고자 했다. 이처럼, 한국어의 조사 '이/가'를 어떻게 규정하느냐에 따라 유형론에서 언급하는 어순의 문제까지 영향을 받을 수 있다. 어순의 비교 기제가 되는 성분 중에서 주어 성분의 가늠이 필수적이기 때문이다. 따라서 한국어의 격 유형론을 성립시키기 위해서는 한국어의 격 실현이 격어미의 패러다임으로 이루어지는 것이 아니라 어순과 후치사에 의해 실현된다는 점을 분명히 인식해야 한다. 이에 따라 그 후치사의 목록을 설정하는 것이 중요하다. 그리고 후치사의 기능에 대응되는 복합후치사 목록을 작성하는 것도 필요하다.

먼저, '이/가'나 '을/를'을 격조사로 보기 어려운 이유는, 이것이 라틴어의 주격이나 대격어미에 대응되는 것이라면 이들의 생략이 설명될 수 없기 때문이다. 둘째, '이/가'나 '을/를'은 명사에만 붙는 것이 아니라, 부사어나 동사 활용형에도 붙는다는 사실이다. 셋째, '께서', '에서', '이서' 등의 여러 개의 주격조사가 존재한다고 보는 것 자체가 '이/가'가 격 패러다임과는 무관하다는 것을 말해 준다(고영근·구본관 2008 참조). 마지막으로 이들은 다른 부치사(=후치사) 성격의 다른 조사와는 사뭇 다른 분포를 갖는다.

이러한 결론은 또한 격(case)과 부치사(adposition)의 유형론을 논할 때 여기에 '이/가', '을/를', '의'를 포함하기 어렵다는 것을 의미하고, 동시에 부사격조사로 분류되어 왔던 '에, 로, 와'나 '로부터, 에서, 에게, 부터, 까

지, 처럼, 보다, 에 대해, 을 위해, 덕택에, 대신(에), 날, 때' 등이 후치사
목록에 포함되어 부치사 유형론에 적극 반영되어야 한다는 것을 뜻한다.

(16) 가. 도끼로 장작을 팼다.
　　 나. 그 문제에 대해 진지하게 토론합시다.
　　 다. 차 가지고 갈 테니 조금만 더 기다리세요.
　　 라. 엄마 생일날 선물을 많이 해 드렸다.
　　 마. 그 사람 대신에 내가 직접 갔다.

아무튼 필자의 주장대로 '은/는'이 기본적으로 주어와 더 관계가 깊다
는 것을 받아들이면, 다음과 같은 문장에서의 '가형 성분'의 통사적 기
능이 타동성(transitivity)의 문제와 연계되어 다시 논의될 필요가 생긴
다. 소위 '이중주어 구문'이 재검토의 대상이 되어야 한다는 말이다. 이
때 이러한 성분의 통사적 기능을 한국어 내적으로 따지는 논의와 동시
에 프랑스어와의 비교를 통해서도 중요한 결론을 도출할 수 있다.

(17) 가. 우리 할아버지는 돈이 많으세요.
　　　 - Mon grand-père a beaucoup d'argent.
　　 나. 나 있잖아 그게 너무 알고 싶어.
　　　 - Moi, je veux le savoir.

(18) 가. (너) 선생님 말씀이 이해가 되니?10)
　　　 - Tu peux comprendre ce qu'il a dit?

---

10) (18)의 문장은 다음과 같은 구조를 갖는 것으로 분석할 수 있다.

(1) 가. (너) 선생님 말씀을 이해를 할 수 있겠니?
　　 나. (너) 선생님 말씀을 다시 생각을 좀 해 봐.

나. (나) 문득 선생님 말씀이 생각이 났어.

   - Ça m'est soudain revenu à l'esprit.

3.2. 비주격 주어 논의의 문제

이제 본격적으로 언어유형론에 영향을 받아 펼쳐진 한국어의 소위 '여격 주어' 구문에 대한 논의에서 문장에 대한 문법성 판단이 논의 구조에 따라 어떻게 왜곡될 수 있는지를 보이고자 한다. 소위 언어직관에 의한 문법성 판단에도 이론적 입장이 어떻게 개입할 수 있는지를 보여 주고자 하는 것이다. 이제부터 제시하는 예문 가운데는 짝으로 이루어진 것들이 있는데, 이는 다른 논자들과 필자의 논의의 차이를 대조 부각시키기 위한 것이다. 예를 들어, 다음 (19)와 (20)처럼 한 짝으로 묶어 제시한 것들은 문법성 판단에서부터 다루는 문형에 이르기까지 필자의 의도가 다른 논자들과 어떻게 다른지를 선명히 드러내기 위한 것이다. 인용 출처를 밝힌 것들에서 문법성 판단은 해당 논자들의 것임을 밝힌다.

(19) 가. 김선생님께(는) 순이가 필요하시다.

     나. ^{*?}순이에게(는) 김선생님이/께서 필요하시다.

                                  (Yoon 2004 : 267)

(20) 가. 김선생님은/김선생님께서는 많은 돈이 필요하시대요.

     나. [*]김선생님에게 그 놈의 돈이 필요하실까요?

     다. ^{*?}김선생님께 그 놈의 돈이 필요하실까?

                                  (목정수 2013b : 92-93)

(19)의 예는 Yoon(2004)에서 따온 것인데, 이 논문은 영어로 한국어의 소위 '비주격 주어'에 대해 논의한 것이기 때문에 세계 유형론 학계에서 많이들 인용하고 있다. 그런데 이것이 문제가 되고 있다. 왜냐하면, 이상한 문법성 판단도 문제이거니와, 이러한 구성이 한국어의 기본 구조인 것처럼 잘못 알려지게 될 가능성이 크기 때문이다.

다음은 동사 '있다'의 논항구조와 의미를 논의할 때 어떤 예문들이 동원되는가를 알아보기로 한다. 한 예로 임근석(2012)에서는 '있다'의 소유 의미를 논하면서, 다음 (21)과 같은 형태의 예문을 기본 구조로 상정하고 있다. 필자의 입장은 이와 다르다. (22)가 정상적이라 본다.

(21) 가. 나에게 꿈이 있다.
　　　나. 할아버지에게 돈이 많으시다.

(22) 가. 나는 꿈이 있어요.
　　　나. 우리 할아버지는 돈이 많으세요.

이처럼, 동사 '있다'의 논항구조는 매우 복잡해 보인다. 그리고 '소유'와 '존재'의 개념은 매우 가까워 보인다. 그러나 기본적으로 '있다'는 존재와 소유의 의미로 구분될 수 있다. 그 구분을 존대형 '있으시다'와 '계시다'로 할 수 있기 때문이다.11)

---

11) 영어의 'have'와 'be'의 의미지도(semantic map)와 한국어의 '있다'와 '이다'의 의미지도를 대조해 보면 그 의미 영역이 어떻게 나누어지고 겹치는지를 파악할 수 있다. 영어의 'have'의 짝으로 '가지다'를 설정하는 것의 문제 지적에 대해서는 목정수(2005)를 참고하기 바란다.

(23) 소유 : [누구는] [무엇이] 있다.

  '있으시-'/'있-' 유형 =〉 HAVE-유형

(24) 존재 : [누가/무엇이] 있다.

  '계시-'/'있-' 유형 =〉 BE-유형

[X-는 Y-가 있-] 구문과 [X-에/에게(는) Y-가 있-] 구문이 별도의 구문이고, '있다'의 의미도 '소유'와 '존재'로 해석된다는 점은 직관적으로 분명하다. 이 글에서는 이를 증명하는 논거를 제시하고자 한다. 이보다 더 분명한 논거는 현재로서는 없어 보인다. 필자는 (23)의 소유 구문에서 'Y-가' 성분은 주어가 아닌 목적보어로 처리해야 한다고 본다. 더 나아가 그와 동일한 통사 구조를 보이는 기술동사의 구문에서 제2논항 자리에 오는 명사구 성분도 목적보어로 분석하는 것이 타당하다고 주장할 것이다(목정수 2005, 2014b 참조). '많다', '적다' 등의 양의 관계를 의미하는 기술동사들도 소유동사 '있다'를 기본으로 해서 환언될 수 있다는 점에 근거하여, '있다'의 기본구조인 [X-는 Y-가 있-]처럼 [X-는 Y-가 많이/적게 있-] 구조로 분석됨으로써 'Y-가' 성분을 목적보어로 분석할 수 있다는 논리이다.

  그러면 [X-는 Y-가 있-] 구문에서 'Y-가'가 주어로 분석될 수 없다는 주장의 논거를 들어보자. 먼저, 선어말어미 '-시-'와의 일치관계를 통한 진단이다. 이 구문에서 '있다'는 소유의 의미를 갖는데, 그때는 보충법 존대형 '계시다'가 대응되지 않는다. '계시다'가 대응되는 것은 [X-에 Y-가 있-]형의 존재 구문에서 'Y-가' 성분이 [+존대] 자질을 갖는 경우이다. '있으시다'와 '계시다'의 호응을 통해, 주어진 구문에서 무엇이 주어인가를 알아낼 수 있는 것이다. 다음 예문을 비교해 보면 분명하다.

(25) 가. 아버님은 돈이 있으시다/ *계시다.

　　　나. 당신은 돈이 많이 있으세요/ *계세요?

(26) 가. 사랑방에 할아버지가 계신다/ *있으시다.

　　　나. 할아버지는 사랑방에 계세요/ *있으십니까?

　동사 '있다'의 경우에 동사 구문 유형에 따라 존대표지 '-시-'의 결합형이 달리 쓰이기 때문에 '-시-'와 주어와의 호응/일치 관계를 보여주는 데 적절하게 이용될 수 있다. 즉 존재동사로서의 용법은 '계시다'에, 소유동사로서의 용법은 '있으시다'에 대응된다.

(27) 가. 우리 할아버지는 친구가 하나도 없으세요.

　　　나. 나도 할아버지가 있어! 너만 있냐?

　　　다. 할아버지도 하실 수 있으십니다.

(28) 가. 할아버지는 지금 안방에 계셔.

　　　나. 나에게는 존경하는 선생님이 두 분 계신다/계시다.

　　　다. 할아버지는 지금 신문을 읽고 계세요.

　둘째로, 관계절 구성에서 'Y-가' 성분은 관계절의 머리어(head)가 될 수 없는데, 이는 주관동사(=심리형용사)의 경우와 평행한 양상을 보여준다. 일반적으로 관계절화 가능성의 위계에서 '주어'가 '목적어'나 '사격보어(처소 〉 도구)'에 비해서 높은 것을 고려하면, 'X-는' 성분보다 'Y-가' 성분이 주어성(subjecthood)이 떨어진다는 것을 알 수 있다(연재훈 2003 참조).

(29) 가. 돈이 많으신 할아버지

　　　나. *할아버지가 많으신 돈

　　　다. 안방에 계신 할아버지

(30) 가. 호랑이가 무서운 나

　　　나. *내가 무서운 호랑이

　　　다. 나에게 무서운 호랑이

　한편, 이러한 문제를 해결하기 위해 나온 것이 소위 '여격 주어' 개념이다. '심리동사'의 구문을 논할 때 제시되는 예문의 형태는 다음 (31가)와 같은 것이 일반적이고, 이를 (31나)의 기저문에서 나온 표층구조로 파악하는 방식이 널리 퍼져 있다. 생성문법의 틀에서도 이런 방식이 유지되고 있고, 세계 언어유형론 학계에서도 이런 논의가 대세가 되도록 국어학의 논의 구조가 그쪽으로 쏠려 있다는 것이다. 이에 반해, 필자는 (32가)의 구조 자체가 기본 문장이라고 보고 있다. (31나) 같은 구조는 특수한 상황에서 나타나는 유표적인 문장 구조라 보고 있고, (32다)는 (32가)와 논항구조와 의미구조가 다르다고 보고 있다.

(31) 가. 내가 호랑이가 무섭다.

　　　나. 나에게 호랑이가 무섭다.

(32) 가. 나는 마누라가 무섭다. (be afraid of Y)

　　　나. 내가 마누라가 무섭다니, 천하의 목정수도 이제 인생 종

　　　　　쳤구먼.

　　　다. 나에게도 호랑이는 무섭다. ← 호랑이는 나에게도 무섭

　　　　　다. (be scary to X)

여기서 심각하게 생각하고자 하는 것은 세계 유형론 학계에서 'non-nominative subject' 또는 'non-canonical marking of subjects'의 개념으로 논의되는 것들과 국어학의 논의가 관련되어 있는 동시에 왜곡된 사실이 그 논의에 반영되어 있다는 점이다(Aikhenvald, Dixon & Onishi 2001, Bhaskararao & Subbarao 2004 참조). 또한 한국어의 '비주격 주어', '여격 주어' 등의 논의에서는 격 형태와 성분의 기능이 혼동되어 있다. 대표적으로 범언어적 관점에서 논의된 '여격 주어'의 개념을 받아들여 한국어의 여격 주어 구문을 논하고 있는 연재훈(1996)도 마찬가지이다. 필자는 '여격 주어' 논의가 성립하기 위해서는 예비조건이 충족되어야 한다고 본다. 예를 들어, 러시아어의 사격 주어(oblique subject)라고 하는 것은 그 논항이 사격형으로만 실현되는 제약이 있다(Jung 2009, 정하경 2013 참조).

그러나 한국어 '나에게 호랑이가 무섭다'나 '할아버지께 돈이 있으시다'의 경우에는 이러한 문장 자체의 문법성도 의심되거니와 '나는 호랑이가 무섭다'나 '할아버지는 돈이 있으시다'의 구조가 훨씬 더 자연스러우면서도 기본적인 문장이라는 점에서 러시아어의 경우와는 완전히 다른 현상이다. 러시아어의 경우에 '여격 주어'가 '주격'형으로 해서는 문장이 성립하지 않는다는 점을 잊어서는 안 될 것이다.

힌디어의 이른바 속격 주어가 쓰인 한정 문장(phrase déterminative)의 구조도 그렇다(Montaut 1991). 다음 (33), (34)와 같은 소유 구문에서 'mere'와 'unka:'처럼 속격(genitive)형으로만 가능하다는 것을 알 수 있다. 속격형 'mere' 자리에 다른 주격(nominative)형 'mai:N'이나 원인격/능격(ergative)형 'maiNne', 여격(dative)형 'mujhe'는 사용될 수 없다는 것이다.

(33) mere   do bha:i: haiN
나_속격 두 동생_남성복수 있다_현재·남성복수
'나는 동생이 두 명 있다. = 나는 동생이 둘이다.'

(34) unka: caRhne ka: abhya:s   nahi:N   hai
그들_속격 등산_속격   연습_남성단수 아니(neg) 있다_현재·남성단수
'그들은 등산의 경험이 없다.'

따라서 유형론의 틀을 따라 이에 부합하는 것으로 제공하고 있는 한
국어 예문에 대한 문법성 판단에 있어서나 이론적 측면에 있어서나 필
자는 '여격 주어설'에 대해 부정적인 시각을 갖지 않을 수 없는 것이다.
연재훈(1996, 2003)에서처럼 '여격형' 논항이 '-시-'와 호응하는 것을 인정
하여 이를 주어 성분으로 분석한다 하더라도,12) 그 다음에 있는 '가형
성분'은 그러면 어떤 성분으로 분석해야 할지 난관에 봉착하게 된다. 연
재훈(1996, 2003)에서 이에 대한 입장을 밝히지 않고 넘어갈 수밖에 없었
던 것도 그 논의가 보여주는 한계이자 기본적인 문제가 어디서 유래하
고 있는지를 분명히 보여준다고 평가할 수 있겠다.

---

12) 연재훈(2011 : 73)에서는 여격 표지 명사구는 접속문 구성에서 동일 명사구 삭제
현상에 의해 생략될 수 있기 때문에 생략된 성분의 지위를 주어로 규정할 수 있
다고 보고 있다. 이때 들고 있는 예가 다음이다.
  (1) [tᵢ 돈-이 많아서] 영수ᵢ-에게 친구-가 많다.]

그러나 필자는 다음과 같은 문장이 더 자연스럽다고 본다.

  (2) 가. 돈이 많아서 영수는 친구가 많다.
     나. 영수는 돈이 많아서 친구가 많다.
     다. [tᵢ 돈-이 많아서] 영수ᵢ-는 친구-가 많다.
     라. [영수ᵢ-는 돈-이 많아서] tᵢ 친구-가 많다.

임동훈(2000)에서 논의되고 있는 다음과 같은 예문에 대한 서정수 (1977, 1984)의 문법성 판단에 대한 비판— 서정수의 (35가)에 대한 문법성 판단에 어느 정도 동의하고 있으면서 (35나)에 대해서는 '는'을 제거하면 아주 어색해진다고 지적하고 있음— 도 그렇고, 이러한 '-시-'의 문제를 해결하기 위해 임동훈(2000)에서 제시한 '사회적 화시소' 등의 개념도 다 이러한 주어 개념에 대한 오해 내지 부정확한 선입견에서 비롯된 것이라 생각된다.13) 임동훈(2000 : 65)에서는 서정수(1977, 1984)의 '주제 존대설'에 대해서 '-시-'의 존대 대상이 주어에 국한되지 않는다는 사실을 밝혔다는 점에서 향후 연구에 적지 않은 공헌을 했다고 긍정적으로도 평가하고 있는가 하면, (35가)과 같은 예는 특수한 상황에서 쓰인 것임을 인식하지 못했다는 한계를 지적했다. 결국, '-시-'가 청자경어에도 관여함을 보여주는 예라고 이해할 수 있을 것이라 함으로써 임동훈 (2011)의 '청자 존대 요소'로서의 '-시-'의 문법화 논의를 암시하고 있다. 필자는 목정수(2013b)에서 (35가)의 예문에 대한 서정수(1977, 1984)의 문법성 판단, 즉 '주제 존대설'을 전면 부정했고, (35나)도 특수한 상황, 즉 '김선생님'이 3자가 아니라 청자일 경우에라도 어색한 문장이 된다는 점을 분명히 하였다. (36가, 나, 다)의 구조가 자연스럽다는 것이다. 그러면서 필자가 노린 것은 이러한 그의 문법성 판단이 나오게 된 배경과 이데올로기를 추적해 보는 것이었다. 이에 대한 자세한 논의는 목정수 (2013b)를 참조하기 바란다.

---

13) '-시-'의 일치소는 'NP-ø, NP-께서, NP-께서는, NP-가, NP-는' 등과 호응하고, NP-에게, NP-에게는, NP-께, NP-께는' 등과는 잘 호응되지 않는다고 정리할 수 있다.

(35) 가. 김선생님께는 그 문제가 이해가 가십니까?
　　　나. ^{??}김선생님께 그 문제가 이해가 가십니까?
　　　다. [*]김선생님께는 그 문제가 이해가 가실 것이다.

(임동훈 2000 : 64-65)

(36) 가. 김선생님께서는 그 문제가 이해가 가십니까/되십니까?
　　　나. 김선생님은 그 문제가 이해가 가십니까/되십니까?
　　　다. 김선생님도 그 문제가 이해가 가시는가 봐.

(목정수 2013b : 83)

　　다음 임홍빈(1985)에서 제안하고 있는 '-시-'의 해결방안에서도 다음 (37)과 같은 이상한 예문이 등장하는데, 이도 마찬가지로 주어에 대한 인식이 분명치 않기 때문으로 보인다. 목정수(2013b)에서는 (38)과 같은 문장이 자연스럽다고 보고 있다. 주어 자리에 '이것은'과 '아버님은'이 있기 때문에 '-시-'의 사용 여부가 결정되는 것이다. 이렇게 '주어' 개념을 명확히 설정하면, 해당 예문의 자연성/문법성 판단을 정확히 할 수 있게 된다.

(37) 가. 이것이 아버님의 유품이시다.
　　　나. 아버님의 손이 떨리신다.

(임홍빈 1985 : 307)

(38) 가. 이것은 아버님의 유품이다.
　　　나. 아버님은 손이 떨리시는 모양이야.

(목정수 2013b : 77)

　　최근 과도한 존대표현으로 지적되고 있는 서비스업계 종사원들이 고

객을 대상으로 하는 표현에서의 '-시-'도 주어 인칭을 명확히 하기 위한 것으로 파악할 수 있다. '이쪽으로 앉으실게요'라든지 '사모님, 모터가 고장나셨습니다', '손님, 다 해서 5만 원이십니다' 등의 예에서 나타나는 선어말어미 '-시-'에 대해서 주체존대 요소로서의 '-시-'와 청자존대 요소로서의 '-시-'를 문법화의 기제로 별개로 나누어 설명하려는 시도가 있었는데(임동훈 2011), 필자는 이보다는, 선어말어미 '-시-'를 간단히 '주어존대 요소'로 규정하는 방식이 위 문장에서 누구/무엇을 주어로 보고 문장을 펼치는지를 정확하게 보여준다는 입장에 서 있다. 관련하여 '*?할아버지에게 책이 있으시다' 같은 예보다는 '할아버지는 책이 있으시다'가 훨씬 자연스럽다는 것과 '선생님, 안녕하세요?'에서나 '손님, 저쪽에서 계산하세요'에서나 '손님, 이 옷이 훨씬 잘 어울리세요'에서 '-시-'가 관여하는 층위는 동일하다는 점을 주장한 바 있다(목정수 2013b). 한국어에서 주어 판별이 어려운 경우가 많다고 하지만, 대부분 '-시-'를 이용하여 '-시-'에 반응하는 성분이 나타나는 자리가 주어라고 보면 되는 것이다. 예를 들어, '친구가 맘에 듭니다'에서 '친구' 대신에 〔+존대〕자질을 갖는 '할아버지'를 대치했을 때, '*할아버지가 맘에 드십니다'처럼 비문이 되는 경우는 '친구가' 성분을 주어로 볼 수 없다는 것이다. 이는 '저는 할아버지가 맘에 듭니다'와 같은 문장 구조를 갖는다는 것을 의미하므로, 이 문장의 주어 성분은 '저는'으로 보아야 한다. 이러한 현상은 전형적인 타동사문에서의 현상과 동일하다.

(39) 가. 저는 강아지를 보았습니다.
나. 저는 할아버님을 보았습니다/뵈었습니다/ *보셨습니다.

이처럼, 한국어 문법에서 무엇을 주어로 볼 것인가가 많은 문제를 야기하고 있고, 조사 '이/가'가 붙은 성분을 무조건 주어로 보는 눈멂 현상이 '가형 성분'을 목적(보)어로 취하는 구문을 타동성 논의에서 제외시켰고, 더 나아가서 '-시-'와 관련된 문법성 판단에도 악영향을 끼쳤다고볼 수 있겠다. 소위 주체존대 선어말어미 '-시-'와 관련하여 국어학계에널리 퍼져있는 개념이 '직접 존대'와 '간접 존대'의 개념인데,[14] 이 글에서는 '직접 존대'와 '간접 존대'의 개념도 '주어' 개념에 대한 이론적 차이에서 나온 파생 개념으로, 본질적으로 '-시-' 자체에 '직접 존대'의 기능과 '간접 존대'의 기능이 이중적으로 나뉘어 있다고 보지 않는다. '할아버지는 나한테 용돈을 많이 주신다'나 '할아버지는 코가 크시다'나 '-시-'는 똑같이 주어 '할아버지는'을 '직접 존대'하는 것이다.

3.3. 일본어 문장 구조에 대한 논의와 문법성 판단의 문제

여기서는 잠시 본 논의의 궤도에서 벗어나서, (그렇지만 본 논의와매우 긴밀히 연결될 수 있는) 일본어 가능동사(potential verb) 구문의 문법성에 대한 일본 생성문법 학자들의 판단과 비언어학자(=국어교육 전공자)의 판단의 차이를 보이고자 한다. 필자는 우연한 기회에 국어교육을전공하기 위해 서울대학교 사범대 국어교육과에 유학을 와서 공부하고있는 오기노 신사쿠라는 박사과정생의 발표를 들은 적이 있다. 그런데

---

14) 이러한 개념은 '높임법'의 체계를 설정할 때, 일차적으로 '주체 높임법'과 '객체 높임법'으로 나누고, 다시 '주체 높임법'을 하위분류할 때 나온 개념이다. 고영근 · 구본관(2008) 등을 위시한 학교문법에서 그대로 수용되었고, 최근 권재일 (2012)에서도 더 고착화된 형태로 제시되어 있다.

거기서 평소 의문점을 갖고 있던 것을 해소하게 되는 값진 경험을 한 바가 있어, 여기서 간단히 소개하고자 한다.

오기노(2013)에서는 일본 대학생들의 학습 능력, 즉 '국어' 능력의 저하를 문제 삼으면서, 佐藤사토(2013)이 현재의 일본대학생들의 보고서를 조사하여 조사 사용법, 주어와 술어의 관계 등의 문법 오류가 많이 나타나는 등 일본 대학생들의 국어 문법 능력에 큰 문제가 있음을 밝히고 있는 사례를 제시하고 있다. 여기서 우리가 주목하고자 하는 것은 다음과 같은 조사 사용법의 오류라고 지적된 문장인데, 이 문장 구조는 일본 생성문법 학자들이 소위 'non-nominative subject'의 예로 많이 드는 것이라는 사실이다. 이러한 문장 구조에 대해서 필자는 이미 일본인 일반인(서울시립대 국문과에 유학 온 일본인 학생들)을 대상으로 조사해 본 결과, 주어 자리에 오는 성분의 구조가 'に'가 아닌 'は'일 때 훨씬 자연스럽고 또 그 구조가 훨씬 빈도가 높다는 사실을 알게 되었다. 필자는 이를 여러 차례 재확인하여, 이런 사실을 한국 언어유형론 학회에 소개도 하고 여러 일본어 전공자들에게 지적도 해 준 바 있다. 그러나 여전히 일본어의 가능동사 구조에서나 소유동사 'いる' 구문에서 주어 성분이 'N-に' 또는 'N-(に)は'의 소위 비주격형으로 나타난다고 기술되고 있는 실정은 그리 변하지 않고 있다. 우리 국어학계의 논의 구조와 아주 흡사하다 하겠다. 오기노(2013 : 329)에서 조사 사용법 오류의 예로 들고 있는 예는 다음과 같다. (40)의 예가 우리 논의와 관계있는 것이다.[15]

---

15) 이런 일본어 구문에서 사용된 서술어는 'できる(dekiru)'인데, 이에 대응되는 한국어 구조가 어떤 것인가를 따져보는 게 중요하다는 것이다. 생성문법학자들이 제시한 바대로 일본어 기본 구조에서는 'X-ni(wa)'나 'X-wa' 구조가 다 가능할지 몰라도, 이와는 달리 한국어에서는 다음 (1)보다는 (2)가 훨씬 자연스러워 보이는 정도를 넘어서 (1)은 비문법적으로 판단되기 때문이다.

(40) '實習がおわり、私にはたくさんの課題を見つけることができ
    ました。(실습이 끝나, 나에게는 많은 과제를 찾을 수 있었
    습니다.)' '私には(나에게는)' → '私は(나는)'

(41) '實習したことによって、自分の欠点がしることができたので、
    (실습한 것으로 자신의 결점이 알 수 있어서.)' '欠点が(결점
    이)' → '欠点を(결점을)'

생성문법을 토대로 하고 있는 Shibatani(2001)에서는 여격 주어
(dative subject) 구문에 대해서 논의하면서 다음과 같은 예를 들고 가능
동사 구문에 대해 다음과 같은 문법성 판단을 내리고 있다.

(42) 가. Ai ga/wa Ken ga suki da.
     Ai nom/top Ken nom like cop
     'Ai likes Ken.'
    나. Ai ni (wa) eigo ga hanaseru.
     Ai dat (top) English nom can speak
     'Ai can speak English.'
    다. Ai ga eigo ga hanaseru. (cf. 40나)
     Ai nom English nom can speak
     'Ai can speak English.'
    라. *Ai ni Ken ga suki da. (cf. 40가)
     Ai dat Ken nom like cop
     'Ai likes Ken.'

---

(1) 가. *?너에게(는) 영어를 하는 것이 가능하니?
    나. *너에게 영어가 되니?
(2) 가. 너는 영어를 하는 게 가능하니?
    나. 네가 영어가 된다고?

여기서 (42나)의 가능동사 구문에 대한 생성문법학자 Shibatani (2001)의 문법성 판단과 앞서 국어교육 전공자 오기노(2013)의 조사 사용 오류에 대한 지적과 비교를 해 볼 필요가 있다. 그 실상이 어떤지는 더 논의해 보면 되겠고, 우리가 중요하게 생각하는 것은 이러한 문법성 판단이 어떻게 해서 나오게 되었는가 하는 그 배경 부분이다. 필자가 추측컨대, 시바타니를 위시한 일본 생성문법학자들은 위 (42나) 구문에서 '英語が'를 주어로 보고 싶은, 아니 그렇게 보고 있는 것 같다. 따라서 한 문장에 주어는 하나라는 생성문법이나 형식문법에서 주장하는 보편성의 문제를 해결하기 위해서는 나머지 다른 성분을 비주어라고 봐야 하는데, 이를 위해서 비주격 성분이 기저형을 이루고 표면형의 주격은 이에서 변형을 통해 생성된 것으로 보자는 논의가 형성된 것으로 추론할 수 있겠다. 다음 문장에서 어느 것이 더 자연스럽고 문법적인지 따져볼 필요가 있다. (43가)도 가능한 구성이라 할 수 있을지 모르겠지만, (43나)나 (43다)가 훨씬 자연스럽다는 데는 모두 동의할 수 있을 것으로 본다.

(43) 가. 私に日本語が讀めます。
　　나. 私は日本語が讀めます。
　　다. あなたが日本語が讀めると ?

3.4. 두 번째 '가형 성분'의 통사적 기능

목정수(2005)에서는 기술동사나 주관동사의 제2논항인 '가형 성분'이 주어로 파악될 수 없음을 보였고, 이 '가형 성분'은 서술어와 함께 서술절(predicate clause)이 아닌 서술어구(predicate phrase)가 된다는 점을 주장하였다. 소위 이중주어 구문에서 진성 주어는 제1논항 성분이 담당하는 것이고, 제2논항은 비주어, 즉 목적보어로 봐야 한다는 '단일주어설'을 내세운 바 있다. 이어 목정수(2014a, 2014b)에서는 이를 입증하기 위해 두세 가지의 진단법을 사용하였다.

첫째는, 대용언 '그리하다/그러다'와 '그러하다/그렇다'를 통해 대용언은 '주어+서술어' 전체를 대용할 수 없다는 것을 보임으로써 소위 서술절의 '가형 성분'이 주어가 아님을 입증한 것이다. 다음 이중주어 구문에서 소위 서술절이 대용언 '그러하다'에 의해 대용된다는 것은 이 서술절이 절이 아닌 구 구성이라는 것을 말해준다.

(44) 가. 코끼리가 코가 길지요.
나. 코끼리도 그래요?
다. 코도 그래요?

(45) 가. 나는 호랑이가 무서워요.
나. 너도 그래?
다. 뱀도 그래?

여기서 (44나)의 '그래요'는 '코가 길어요'를 대용한다. 그렇지만 (44다)의 '그래요'는 '코끼리가 길어요'를 대용할 수 없다. 이 경우에 '그래요'는 '코끼리도'라는 성분이 생략된 것을 전제로 해서 '길어요'라는 서술어만을 대용할 수 있다. (45나)와 (45다)에서도 똑같은 상황이 펼쳐진다. '그래'는 '(호랑이가) 무섭다'만을 대용할 수 있다. 따라서 '그러하다'가 '코가 길다'를 대용할 수 있다는 것은 이것이 [주어+서술어]의 절 구

성이 아니라 [비주어+서술어]의 구 구성을 하고 있다는 것을 의미한
다. 반면, 목적어가 주제화된 다음과 같은 문장은 사정이 다르다. 다음
(46)에서 '아버지가 돌아가시다'와 '세종대왕께서 만드시다'는 '그러시다'
로 대용할 수 없다.

(46) 가. 철수는 아버지가 일찍 돌아가셔서 공부를 포기하고 돈 벌
러 나갔다.
나. 한글은 세종대왕께서 만드셨다.

(47) 가. *영수도 그러셔서 공부를 포기했다.
나. *측우기도 그러셨다.

(47)이 비문인 이유는 이 문장에서 '그러다'가 '아버지가 돌아가시다'
와 '세종대왕께서 만드시다'를 대신할 수 없기 때문인데, 대신할 수 없
는 이유는 다시 이들이 서술구가 아니라 서술절, 즉 문장이기 때문이다.
두 번째 방법으로, 복문에서 연결어미의 '주어 동일성 제약'을 이용하
는 것이다. 예를 들어, 대등 연결어미인 '-고도'는 선행절과 후행절의 주
어가 동일해야 한다는 '주어 동일성 제약'을 지켜야 한다. 다음 (48나)
의 비문법성은 여기에서 비롯된 것이다.

(48) 가. 저는 결혼하고도 일을 계속하고 싶어요.
나. *저는 결혼하고도 남편은 일을 계속하고 싶어해요.

이를 통해 '잠이 오다' 구성에서 '잠이'라는 성분이 진성 주어가 될 수
없다는 것을 알 수 있다.

(49) 가. 포도주를 두 잔 마시고도 잠이 안 왔어요.
　　　나. 포도주를 두 잔이나 드시고도 잠이 안 오세요?

연결어미 '-고도'의 '주어 동일성 제약'에 의하면, 후행절에서 '잠이'가 주어라면 선행절의 주어로 상정될 수 있는 인물명사와 다르므로 이 문장은 비문이 되어야 한다. 그러나 실제로는 그렇지 않다. 따라서 이 복문에서 후행절의 주어는 선행절의 주어와 같다는 것이 입증된다. 그 주어는 '포도주를 마시고 잠이 안 오는' 사람인 것이다. 여기서는 1인칭 주어인 '나/저'가 된다.

(50) 가. (나는$_i$) 포도주를 두 잔 마시고도 ($\emptyset_i$) 잠이 안 왔어요.
　　　나. ($\emptyset_i$) 포도주를 두 잔 마시고도 (나는$_i$) 잠이 안 왔어요.
　　　다. *그는 포도주를 두 잔 마시고도 나는 잠이 안 왔어요.

다음 문장에서의 주어도 마찬가지이다.

(51) 가. 그는$_i$ 포도주를 두 잔 마시고도 ($\emptyset_i$) 잠이 안 오나 봅니다.
　　　나. ($\emptyset_i$) 포도주를 두 잔 마시고도 그는$_i$ 잠이 안 오나 봅니다.
　　　다. *그는$_i$ 포도주를 두 잔 마시고도 ($\emptyset_j$) 잠이 안 오나 봅니다.

(52) 가. 할아버지는$_i$ 포도주를 두 잔 드시고도 ($\emptyset_i$) 잠이 안 오세요?
　　　나. ($\emptyset_i$) 포도주를 두 잔 드시고도 할아버지는$_i$ 잠이 안 오세요?
　　　다. *할아버지는$_i$ 포도주를 두 잔 드시고도 ($\emptyset_j$) 잠이 안 오세요?

마지막으로 결합가(valency) 이론에 의지하여, 이중주어 구문에서, 대주어, 소주어, 서술절의 개념으로 논항구조를 설명하려는 논의의 부당

성을 입증할 수 있다. 여기서 강조하고자 하는 것은 용언(동사이든 형용사
이든) 또는 용언에 상당하는 용언구가 결합가를 결정한다는 것이다. 이
는 논항구조나 결합가를 설정하는 언어에서 목격되는 범언어적 현상이
다.16) 논항구조를 보여주는 결합가 사전을 참조하면, 대부분 다 서술어
와 서술어가 요구하는 논항이 다 채워지면 기본 단문이 구성된다는 것
을 알 수 있다. 필자가 경험한 영어, 프랑스어, 독일어, 루마니아어 등
에서는 모두 그렇다. 따라서 문장의 주어나 목적어 같은 성분은 논항으
로서 서술어에 의해 요구된 것이다. 다음은 모두 하나의 단문이라고 해
야 할 것이다.

 (53) 가. 철수가 영희를 사랑한대요.
   나. 아이가 타고 있어요.
   다. 저는 목정수라고 합니다.
   라. 코끼리는 코가 길다.
   마. 철수는 키가 무척 크다.
   바. 가을 하늘은 높다.

 서술어가 요구하는 논항이 다 채워졌을 때 기본적인 단문이 구성된
다. 따라서 문장의 주어나 목적어 같은 성분은 논항으로서 서술어에 의
해 요구된다. 전체 문장은 결합가 실현의 결과이지, 다시 다른 논항을
요구할 수 있는 자격은 없는 것이다. 그 이유는 문장의 핵을 동사로 보
고 주어가 실현된 단계에서의 핵을 동사가 유지한다고 하더라도 그 동

---

16) 경험적으로 그렇다는 것이고, 필자의 지식 범위 내에서 그렇다는 것이다. 서술절
 이란 개념을 인정했을 때 이러한 서술절이 또 다른 논항을 요구하는 현상이 있
 는 언어가 발견되기 전까지는 이 글의 관점은 유효하다.

사의 논항 요구는 이미 실현된 것이기에 다시 이것이 중심이 되어 또 다른 논항을 요구할 수 없기 때문이다. 이것이 가능하려면 서술어가 논항으로 요구한 성분과의 결합이 제3의 서술어의 자격을 가져야 한다. 합성동사나 서술어구처럼 되어야 그것이 핵이 되어 다른 논항을 요구할 수 있는 것이다. 따라서 '코끼리는 코가 길다'에서 서술어 '길다'가 '코가'를 소주어 논항으로 요구하고 '코가 길다'가 또다시 주제(=대주어) 논항으로 '코끼리는'을 요구한다고 하는 것은 '코가 길다'를 문장 단위로 보는 한, 모순에 빠지게 된다.17) 절(=문장)은 결합가가 실현된 단위라서 또 다른 논항을 요구할 수 있는 자격이 없기 때문이다. 따라서 이러한 모순을 해결하기 위해서는 '코가 길다'의 결합체를 서술절(=문장)이 아니라 서술어구로 파악하는 시각이 필요하다. '길다'가 요구한 '코가'와의 결합을 VP 구성으로 파악하면, 이 VP의 핵은 여전히 '길다'가 유지하고 있고 '코가'와의 결합체인 '코가 길다'가 연어 구성(collocation)이나 관용구(idiom)처럼 하나의 단위로 개념화되거나 하나의 서술어로 될 가능성을 유지한 채, '코가 긴' 대상을 주어 논항으로 요구할 수 있게 되는 것이다.

    (54) 가. 코끼리는 코가 길다.
        나. 철수는 이 업계에서 발이 넓다. 〔발(이) 넓다 → 발넓다〕
        다. 아휴, 정말 힘들다. 〔힘(이) 들다 → 힘들다〕
        라. 계단 운동하시니까 정말 땀이 많이 나시지요? 〔땀(이) 나

---

17) 이 때문에 '코끼리는 코가 길다'에서 서술어 '길다'를 1항 술어로 보고, 이 문장을 '코끼리의 코가 길다'라는 심층구조에서 도출된 것으로 설명하려고 하는 것이다. '길다'의 논항은 '코끼리의 코가'로 하나만 요구되기 때문이다. 1항 술어의 논항이 실현된 '코가 길다'가 절이라면 이미 논항 실현이 끝난 단문 차원으로 넘어가기 때문에 이 절이 다시 새로운 논항을 요구할 수는 없게 되는 것이다.

　다 → 땀나다〕
마. 자 이제 제 설명이 이해가 되시나요? 〔이해(가) 되다/가
　　다 → 이해되다/가다〕

　이렇게 되면 '길다'라는 서술어는 한 자리 서술어로도 쓰일 수 있고,
두 자리 서술어로도 쓰일 수 있다는 것을 의미하고, 그 논항구조에 따
라 의미도 달라진다는 일반적 현상을 포착할 수 있다.

　(55) 한강이 한국에서 제일 길다. (한 자리 서술어 = be long)
　(56) 코끼리는 코가 길다. (두 자리 서술어 = have … long)

　동사 '있다'도 논항구조에 따라 의미 해석도 달라지고, 그 구문에 따
라 존대형도 달라지는 것은 앞에서 살펴본 바 있다. 존재동사 '있다'의
논항구조는 〔(NP$_2$-에) NP$_1$-이 있다〕 또는 〔NP$_1$-은 NP$_2$-에 있다〕이고
소유동사 '있다'의 논항구조는 〔NP$_1$-은 NP$_2$-가 있다〕이다.

　(57) 가. 나는 생각한다. 그래서 내가 있는 것이다.
　　　나. 나한테는 이모가 두 분 계시다.
　　　(존재동사 '있다' -〉 존대형 '계시다')

　(58) 가. 나는 꿈이 있다.
　　　나. 할아버지는 책이 많이 있으시다.
　　　(소유동사 '있다' -〉 존대형 '있으시다')

　영어의 'have' 동사도 논항 구조에 따라 의미가 달라질 수 있다.

(59) 가. I have a book. (두 자리 서술어)

　　나. He had the kindness to tell me the way. (두 자리 서술어)

(60) 가. I'll have him a good teacher in future. (세 자리 서술어)

　　나. I want you to have this room clean and tidy. (세 자리 서술어)

　　다. When did you last have your hair cut? (세 자리 서술어)

　　라. I can't have you playing outside with a bad cold! (세 자리 서술어)

또한, 범언어적으로 보아도, 해당 서술어가 논항의 자리에 절 형식을 요구하는 경우는 있지만, (서술)절이 새로운 논항을 요구하는 경우는 그 사례를 찾아보기 어렵다. 가령, 'think' 등의 사유동사나 인지동사가 목적보어로 'that 절'을 요구할 수 있지만, 어느 절이 그 절 밖의 새로운 요소를 논항으로 요구한다는 것은 기본적으로 절의 개념을 수정하지 않는 한, 성립할 수 없다.

(61) 가. I don't think that it is true.

　　나. I guess (that) I can get there in time.

　　다. Let us suppose that the news is really true.

한국어에서도 인지동사나 발화동사 등이 완형 보문절을 취할 때 나타나는 조사 '이/가'와 '을/를'의 교체 현상에 대해 이른바 ECM(예외적 격 표시) 구문으로 논의되어 왔는데(엄홍준·김용하 2009), 이러한 교체도 완형 보문이 그 절 밖의 다른 논항을 요구하는 것으로 설명하는 것은 불가능하다. 다음 (62)에서 '그녀를'이 내포절의 주어 자리에서 상위문의 목적어 자리로 옮겨간 것으로 설명한다 해도, 이것을 모문 동사 '생각하다', '보다', '가정하다'에 의해 격 지배 받는 것이지 내포문의 요구에 의해서 실현된 논항으로 볼 수는 없는 것이다.

(62) 가. 그녀가/그녀를 예쁘다고 생각해?
　　 나. 나는 그녀가/그녀를 머리가 크다고 봐.
　　 다. 그녀가/그녀를 범인이라고 가정해 봅시다.

4. 맺음말

국어의 모습을 객관적으로 드러내기 위해서는 외국어라는 잣대를 통해 볼 수밖에 없으므로 유형론적 비교 작업은 국어학의 필수적인 방법론이 된다. 따라서 언어유형론은 국어학의 예비 조건이 된다 하겠다. 그리고 한국어가 언어유형론의 자료가 되어 그 이론에 기여하기 위해서는 한국어 분석이 일관된 방식으로 이루어져야 하고, 적절한 일반언어학적 용어로 명명되는 것이 바람직하다. 용어가 다르더라도 현상 자체가 비교의 짝이 되어야 할 근거가 주어져야 한다. 따라서 비교의 짝을 설정하는 데 신중에 신중을 기해야 하고, 외관상 비교의 대상이 되지 않아 보이는 것들도 전체 체계 속에서의 위치 점검을 통해 비교 대상으로 부상할 수 있는 것들을 평등하게 가려낼 수 있는 안목이 필요하다. 이러한 예비 조건이 충족되었을 때 비로소 한국어의 유형론적 특성을 제대로 밝힐 수 있게 될 것이다.

동시에 이 글에서는 유형론적 논의에 휩싸여 한국어에 대한 객관적 관찰과 기술의 눈이 흐려져서는 안 된다는 것도 강조했다. 한국어에 대한 기술과 해석이 객관적으로 이루어지고 국어학에서 세계 유형론 학계에 제대로 된 한국어 자료를 제공하게 될 때, 언어유형론이 제대로 발전할 수 있고, 동시에 국어학도 더불어 발전할 수 있는 시너지 효과가 나타날 것이다.

參 참고문헌

강창석(2011). "국어 문법과 主語."『개신어문연구』33. 47-77.

고영근(2013). "민족어 의존·결합가 문법과 그 유형론적 접근 : 언어 유형론 노트 (4)."『2013 형태론 가을 집담회』.

고영근·구본관(2008).『우리말 문법론』. 집문당.

권재일(2012).『한국어 문법론』. 태학사.

김영희(1974). "한국어 조사류어의 연구 : 분포와 기능을 중심으로."『문법연구』1. 271-311.

남기심(1986). "서술절의 설정은 타당한가."『국어학 신연구』. 탑출판사. 191-198.

남기심·고영근(1993).『표준 국어문법론』(개정판). 탑출판사.

목정수(1998). "한국어 격조사와 특수조사의 지위와 그 의미 : 유형론적 접근."『언어학』23. 47-78.

목정수(2002). "한국어 관형사와 형용사 범주에 대한 연구 : 체계적 품사론을 위하여."『언어학』31. 71-99.

목정수(2003). "한국어-불어 대조 번역을 통한 구문 분석 시론 : 종결어미의 인칭 정보를 중심으로."『불어불문학연구』55-2. 719-758.

목정수(2003).『한국어 문법론』. 월인.

목정수(2005). "국어 이중주어 구문의 새로운 해석."『언어학』41. 75-99.

목정수(2007). "'이다'를 기능동사로 분석해야 하는 이유 몇 가지."『어문연구』136. 7-27.

목정수(2009a). "한국어학에서의 소쉬르 수용의 문제 : 기욤을 매개로."『언어학』53. 27-53.

목정수(2009b).『한국어, 문법 그리고 사유』. 태학사.

목정수(2010). "계사 유형론의 관점에서 본 한국어 '(시적)이다/(유명)하다'의 정체."『시학과 언어학』19. 99-125.

목정수(2011a). "한국어 구어 문법의 정립 : 구어와 문어의 통합 문법을 지향하며."『우리말글』28. 57-98.

목정수(2011b). "한국어 '명사성 형용사' 단어 부류의 정립 : 그 유형론과 부사 파생."『언어학』61. 131-159.

목정수(2013a). "한국어의 핵심을 꿰뚫어 본 교육 문법서 : Yeon & Brown (2011).

Korean : A Comprehensive Grammar를 중심으로."『형태론』 16-1. 55-81.

목정수(2013b). "선어말어미 '-시-'의 기능과 주어 존대."『국어학』 67. 63-105.

목정수(2013c). "한국어 방향격 표시의 세분화 기제 : 보조동사 '-(어)가다/오다'를 중심으로."『한국문화』 63. 161-188.

목정수(2013d).『한국어, 보편과 특수 사이』. 태학사.

목정수(2014a). "허웅 선생의 일반언어학 이론 : 그 성과와 한계, 그리고 계승을 위한 제언."『허웅 선생 학문 새롭게 보기』(권재일 엮음). 박이정. 33-82.

목정수(2014b). "한국어 서술절 비판 : 통사 단위 설정을 중심으로."『현대문법연구』 76. 101-126.

목정수(2014c).『한국어, 그 인칭의 비밀』. 태학사.

박진호(2012). "의미지도를 이용한 한국어 어휘요소와 문법요소의 의미 기술."『국어학』 63. 459-519.

백봉자(2006).『외국어로서의 한국어 문법 사전』. 하우.

변광수 편저(2003).『세계 주요 언어』. 도서출판 역락.

손호민(2008). "한국어의 유형적 특징."『한글』 282. 61-95.

아사리 마코토(淺利誠) (2008).『일본어와 일본사상 : 일본어를 통해 본 일본인의 사고』(박양순 옮김). 한울.

엄홍준 · 김용하(2009). "주어 인상 구문과 예외적인 격 표시 구문에 대한 비교언어학적 고찰."『언어』 34-3. 583-602.

연재훈(1996). "국어 여격주어 구문에 대한 범언어적 관점의 연구."『국어학』 28. 241-275.

연재훈(2003). *Korean Grammatical Constructions: their form and meaning.* Saffron Books. London.

연재훈(2008). "한국어에 능격성이 존재하는가 : 능격의 개념과 그 오용."『한글』 282. 124-154.

연재훈(2011).『한국어 구문 유형론』. 태학사.

오기노 신사쿠(2013). "일본 초 · 중등학교 국어 문법 교육의 문제, 그리고 대학 국어 문법 교육의 역할."『초 · 중등학교의 국어교육과 대학의 국어교육 : 위계성과 질적 수월성을 중심으로』. 서울대학교 국어교육연구소. 329-347.

우순조(1995). "내포문과 평가구문."『국어학』 26. 59-98.

이윤미(2013). "한국어의 비주격 주어에 대한 연구." 연세대 석사학위논문.

이정복(2010). "상황 주체 높임 '-시-'의 확산과 배경."『언어과학연구』 55. 217- 246.

임근석(2012). "유형론적 관점의 한국어 소유 서술구문 연구를 위한 기초적 논의." 『우리말글』 55. 45-76.

임동훈(1996). "현대 국어 경어법 어미 '-시-'에 대한 연구." 서울대 박사학위논문.

임동훈(1997). "이중 주어문의 통사 구조." 『한국문화』 19. 31-66.

임동훈(2000). 『한국어 어미 '-시-'의 문법』. 태학사.

임동훈(2011). "담화 화시와 사회적 화시." 『한국어 의미학』 36. 39-63.

임홍빈(1974). "주격 중출론을 찾아서." 『문법연구』 1. 111-148.

임홍빈(1985). "{-시-}와 경험주 상정의 시점(視點)." 『국어학』 14. 287-336.

임홍빈(1990). "존경법." 『국어연구 어디까지 왔나』. 388-400.

장소원(2011). "한국어 문법론." 『서울대학교 온라인 한국어교원 양성과정』. 서울대학교 평생교육원, 언어교육원, 한국어문학연구소, 국어교육연구소. 46- 112.

정인상(1990). "주어." 『국어연구 어디까지 왔나』. 241-247.

정하경(2013). "The development of oblique subjects in (North) Russian." 『(사)한국언어학회 2013년 여름학술대회 발표논문집』. 67-80.

최성호(2009). "한국어 "교착" 현상에 대한 연구 : 러시아어 굴절과 비교하여." 『언어학』 55. 169-195.

최성호(2013). "교착 통사론 : 생략과 부가." 『언어학』 65. 3-37.

최현배(1963). 『우리말본』(3판). 정음문화사.

허 웅(1983). 『국어학 : 우리말의 오늘·어제』. 샘문화사.

허 웅(1995). 『20세기 우리말의 형태론』. 샘문화사.

허 웅(1999). 『20세기 우리말의 통어론』. 샘문화사.

角田太作(2009). 『世界の言語と日本語 : 言語類型論から見た日本語』(改訂版). 東京 : くろしお出版.

大野晋(1978). 『日本語の文法を考える』. 岩波書店.

松本克己(2007). 『世界言語のなかの日本語 : 日本語系統論の新たな地平』. 東京 : 三省堂.

Blake, B. J. 2004. *Case*, second edition. Cambridge University Press.

Blanche-Benveniste, C. *et al.* 1984. *Pronom et Syntaxe* : *L'approche pronominale et son application au français*. Société d'Etudes Linguistiques et Anthropologiques de France.

Brown, D., M. Chumakina & G.G. Corbett. 2012. *Canonical Morphology and Syntax*. Oxford University Press.

Bubenik, V., J. Hewson & S. Rose (eds.) 2009. *Grammatical Change in Indo-European Languages*. John Benjamins Publishing Company.

Choi-Jonin. 2008 "Particles and postpositions in Korean." In Kurzon & Adler (eds.) 2008. pp.133-170.

Comrie, B. 1989. *Language Universals and Linguistic Typology*, second (ed.) The University of Chicago Press.

Comrie, B. (ed.) 1987. *The World's Major Languages*. Croom Helm.

Corbett, G.G. *et al.* (eds.) 1993. *Heads in grammatical theory*, Cambridge University Press.

Croft, W. 2001. *Radical Construction Grammar : Syntactic theory in Typological perspective*. Oxford University Press.

Dixon, R. M. W. 2010. *Basic Linguistic Theory Vol. 1 : Methodology*. Oxford University Press.

Garry, J. & C. Rubino (eds.) 2001. *Facts about the World's Languages*. A new England Publishing Associates Book.

Greenberg, J. (ed.) 1978. *Universals of Language*, second edition. The MIT Press.

Guillaume, G. 1971. *Leçons de linguistique 1948-1949, Série B, Psychosystématique du langage : Principes, méthodes et applications (I)*. Québec, Presses de l'Université Laval et Lille; Paris, Klincksieck.

Guillaume, G. 1973. *Principes de linguistique théorique de Gustave Guillaume*. Paris, Klincksieck et Québec, Presses de l'Université Laval et Paris, Klincksieck.

Guillaume, G. 1974. *Leçons de linguistique 1949-1950, Série A, Structure sémiologique et structure psychique de la langue française II*. publiées par R. Valin. Québec: Presses de l'Université Laval et Paris: Klincksieck.

Hagège, C. 2010. *Adpositions*. Oxford University Press.

Haspelmath, M. 2003. "The geometry of grammatical meaning : Semantic maps and cross-linguistic comparison." In Michael Tomasello (ed.) *The new psychology of language*, vol. 2. Lawrence Erlbaum. pp.211-242.

Haspelmath, M. 2010a. "Comparative concepts and descriptive categories in cross-linguistic studies." *Language* 86-3. pp.663-687.

Haspelmath, M. 2010b. "The interplay between comparative concepts and descriptive categories (Reply to Newmeyer)." *Language* 86-3. pp.696-699.

Haspelmath, M., M. Dryer, D. Gil & B. Comrie (eds.) 2005. *The World Atlas of Language Structures*. Oxford University Press.

Haspelmath, Martin, E. König, W. Oesterreicher and W. Raible (eds.) 2001. *Language typology and language universals : An international handbook*, vol. 2. de Gruyter.

Hewson, J. & V. Bubenik 2006. *From case to adposition : the development of configurational syntax in Indo-European languages*. John Benjamins Publishing Company.

Hirtle, W. 2007. *Lessons on the English Verb*. McGill-Queen's University Press.

Hirtle, W. 2009. *Lessons on the Noun Phrase in English*. McGill-Queen's University Press.

Jung, Hakyung. 2009. "Possessive subjects, nominalization, and ergativity in North Russian." Bubenik *et al.* (eds.) 2009, *Grammatical Change in Indo-European Languages*, John Benjamins Publishing Company, pp.207-220.

Katzner, K. 1975. *The Languages of the World*. Routledge & Kegan Paul. London.

Kurzon, D. & S. Adler (eds.) 2008. *Adpositions : pragmatic, semantic and syntactic perspectives*. John Benjamains Publishing Company.

Li, C. N. (ed.) 1976. *Subject and Topic*. New York : Academic Press.

Makino Seiichi and Michio Tsutsui. 1986. *A Dictionary of Basic Japanese Grammar*. The Japan Teimes. Tokyo.

Makino Seiichi and Michio Tsutsui. 1995. *A Dictionary of Intermediate Japanese Grammar*. The Japan Teimes. Tokyo.

Martin, Samuel E. 1992. *A Reference Grammar of Korean*. Tuttle.

Montaut, A. 1991. "Constructions objectives, subjectives et déterminatives en hindi/urdu: où les paramètres sémantiques croisent les paramètres discursifs." *Sur la transitivité dans les langues*. LINX nr. 24.

pp.111-132.

Newmeyer, F. J. 2010. "On comparative concepts and descriptive categories: A reply to Haspelmath." *Language* 86-3. pp.688-695.

Ruhlen, M. 1987. *A Guide to the World's Languages*, vol. 1,2,3. Stanford University Press.

Shibatani, Masayoshi. 2001. "Non-canonical constructions in Japanese." Aikhenvald, Dixon and Onishi (eds.) *Non-canonical Marking of Subjects and Objects*. John Benjamins Publishing Company. pp. 307-354.

Sohn, H-M. 1999. *The Korean Language*. Cambridge University Press.

Tesnière, L. 1959. *Eléments de syntaxe structurale*. Paris : Klincksieck.

Valin, R. 1981. *Perspectives Psychomécaniques sur la Syntaxe*, (Cahiers de Psychomécanique du langage). Québec : Presses de l'Université Laval.

Whaley, L. 1997. *Introduction to Typology*. SAGE Publications.

Yeon, J-H. & L. Brown. 2011. *Korean : A Comprehensive Grammar*. Routledge.

Yoon, James H. 2004. "Non-nominative (major) subjects and case stacking in Korean." Bhaskararao & Subbarao (eds.) *Non-nominative Subjects* vol. 2. John Benjamins Publishing Company. pp.265-314.

언어유형론의 관점에서 본 한국어의 문법적 특징
지역유형론에 초점을 맞추어

박 진 호
서울대학교 국어국문학과

1. 소위 (우랄-)알타이 제어의 공통 특질[1]

인도-유럽 제어에 대한 비교언어학적 연구가 눈부신 성공을 거둔 이후, 유럽의 언어학자들은 인도-유럽 제어 이외의 언어들에도 눈을 돌려 이 언어들 사이의 친족관계를 밝히고 어족을 설정하는 데에 관심을 갖게 되었다. 19세기에, 유라시아 대륙의 드넓은 지역에 퍼져 있는 많은 언어들을 하나의 어족으로 파악하려는 경향이 생겨났다. 이 대규모 어족을 처음에는 투란(Turanian) 어족이라고 불렀다가, 나중에는 우랄-알타이 어족이란 이름으로 불리게 되었다.

그런데 이 학자들이 소위 우랄-알타이 제어가 하나의 어족에 속한다고 생각한 데에는, 인도-유럽 제어에 적용되었던 비교 방법을 엄밀하게

---

[1] 이 절의 내용은 松本克己(2007)의 제3장을 상당 부분 참고하였다.

적용하여 연구한 결과가 아니라, 훨씬 막연한 차원의 공통점이 중요한
역할을 하였다. 소위 우랄-알타이 제어가 공유하고 있는 공통 특징이란
예컨대 다음과 같은 것이다.

(1) Wiedemann (1838)
　① 모음조화
　② 문법적 性(gender)의 결여
　③ 관사의 결여
　④ 교착적 형태법(agglutimative morphology)
　⑤ 소유인칭접사에 의한 명사의 어미변화
　⑥ 풍부한 동사 파생 접사
　⑦ 전치사 대신 후치사 사용
　⑧ 수식어를 핵 명사 앞에 둠
　⑨ 수사 뒤에 오는 명사가 항상 단수형임
　⑩ 비교 기준을 탈격으로 표시
　⑪ 소유동사의 결여
　⑫ 부정동사에 의한 부정표현
　⑬ 의문문 전용의 조사
　⑭ (접속사 대신에) 풍부한 동명사, 부동사의 사용

　이러한 우랄-알타이어의 공통 특징을 일본어도 지니고 있기 때문에
일본어도 우랄-알타이 어족에 속한다는 식의 논의가 Boller(1854),
Aston(1877), Winkler(1884) 등에서 이루어지게 되었다.
　후지오카 쇼지(藤岡勝二, 1872-1935)라는 일본인 언어학자는 1901년~
1905년 독일 유학을 마치고 귀국하여 東京帝國大學 교수로 취임한 뒤
1908년 '日本語の位置'라는 제목의 강연을 행하였는데, 여기서 일본어와

우랄-알타이어의 공통 특징으로서 다음의 14가지를 들었다. 위에서 언급한 유럽 학자들의 우랄-알타이어 공통 특질론을 거의 그대로 계승한 것이다. 일본어는 이 14개 특징 중 ③모음조화만 결여하고,[2] 나머지 13개 특징을 지니고 있다.

(2) 藤岡(1908)
  ① 어두에 자음군이 오지 않는다.
  ② 어두에 r음이 오지 않는다.
  ③ 모음조화가 있다.
  ④ 관사가 없다.
  ⑤ 문법상의 性이 없다.
  ⑥ 동사의 활용이 오로지 접미사의 접합에 의해 이루어진다.
  ⑦ 그러한 접미사의 종류가 많다.
  ⑧ 대명사의 변화가 인구어와 다르다.
  ⑨ 전치사가 없고 후치사를 사용한다.
  ⑩ 'have'에 상당하는 단어가 없고 '있다'에 의해 소유를 나타낸다.
  ⑪ 비교구문에서, 탈격 또는 그에 준하는 후치사를 사용한다.
  ⑫ 의문문에서 어순이 변하지 않는다. 의문의 표지가 문말에 온다.
  ⑬ 접속사의 사용이 적다.
  ⑭ 형용사가 명사의 앞에, 목적어가 동사의 앞에 온다.

그 뒤 우랄-알타이 어족을 우랄 어족과 알타이 어족으로 나누는 견해가 일반화되었는데, 우랄-알타이어 공통 특질론은 알타이어 공통 특질론으로 계승되었다〔핫토리 시로(服部四郎)(1958), 이기문(1972)〕.

─────────────

2) 일본어에서도 上代로 거슬러 올라가면 모음조화의 흔적이 있다는 주장이 있다.

(3) 服部(1958: 157ff)

① 어두에 자음군이 오지 않는다.

② 어두에 /r/이 오지 않는다.

③ 모음조화가 있다.

④ 단어의 형태가 2음절 이상인 것이 많다.

⑤ 접미사, 어미, 접미부속어, 후치사를 많이 사용하고, 전치사가 없다.

⑥ 주어가 술어의 앞에 오고, 술어만으로 문장을 만들 수 있다.

⑦ 수식어가 피수식어의 앞에 온다.

⑧ 보어나 목적어가 자신을 지배하는 동사의 앞에 온다.

⑨ 동사의 어간이 활용어미를 취하여, 여러 가지 연체형·연용형이 만들어지고, 이것이 다시 주어·객어·보어를 취하여 복문이 만들어진다.

⑩ 인구어의 관계대명사가 없다.

위의 (1)-(3)은 현대 언어유형론의 연구 성과를 바탕으로 해서 보면, 언어의 계통 분류의 근거로는 삼을 수 없는 특징들이다. 당시에는 세계의 다양한 언어에 대한 정보가 부족했고, 어떤 성질이 세계 언어들 가운데 흔한지 드문지에 대한 판단이 주로 유럽 언어들을 바탕으로 해서 이루어졌다. 그래서 유럽어들 가운데 흔한 성질이면 세계 언어 전체에서도 흔하고, 유럽어들 가운데 드문 성질이면 세계 언어 전체에서도 드물 것이라고 생각했던 것이다. 위의 (1)-(3)은 대체로 유럽어에서는 찾아보기 힘든, 드문 성질들이다. 유럽어와는 판이하게 다른 특징들을 유라시아의 많은 언어들이 공통적으로 지니고 있는 것이 당시 유럽 학자들 눈에는 심상치 않은 일로 비쳐졌고, 이들 언어가 동일 계통에 속할 것이라는 추측을 낳았다.

그러나 현대 언어유형론의 관점에서 보면 (1)-(3)에 나열된 성질 대다수가 별로 특이할 것이 없는 일반적 성질이다.

① 어두자음군 : 어두(word-initial) 또는 음절초(syllable-initial) 위치에서 하나의 자음만 허용하는 언어가 자음군을 허용하는 언어들보다 훨씬 많다.

② 어두의 r음 : 한국어, 일본어에는 유음 음소가 하나뿐인 데 반해, 우랄-알타이 제어에는 l과 r과의 두 유음 음소가 있다. 우랄-알타이 제어 가운데 r음이 어두에 올 수 있는 언어들도 있고, 유음의 어두 제약이 있는 언어에서도 어두에 올 수 없는 것은 두 유음 음소 중 r이다. 그런데 유음 음소를 둘 가지면서 r이 어두에 올 수 없는 언어는 우랄-알타이어 외에도 매우 많이 있다.

③ 모음조화 : 모음조화는 우랄-알타이어뿐 아니라 세계 여러 지역, 여러 어족에서 널리 발견된다. 모음조화의 유무보다는 모음조화가 어떤 유형인가가 더 중요하다.

④ 性 : 성(gender)이 존재하지 않는 언어는 우랄-알타이어뿐 아니라 그 외에도 매우 많다. 성이 존재하는 언어는 유럽, 아프리카, 인도 등 특정 지역에 편중되어 있다.

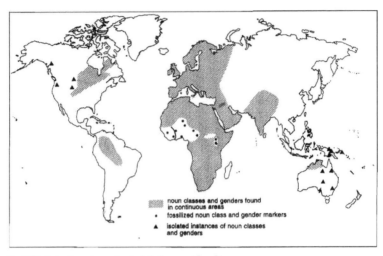

MAP 1. *Distribution of noun classes and genders in the languages of the world*

그림 1 : 성(명사부류)가 존재하는 언어의 분포 : Aikhenvald (2000: 78)

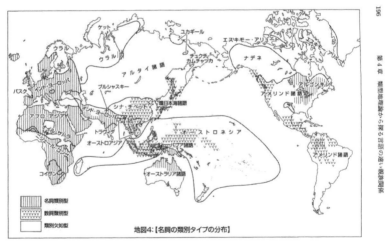

그림 2 : 명사부류가 존재하는 언어(세로줄)와 수 분류사가 존재하는 언어(∨)의 분포:
松本克己(2007: 196)

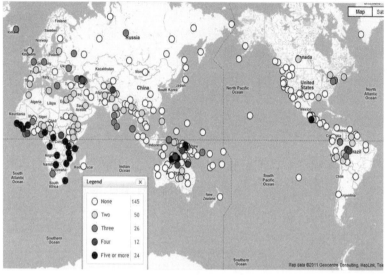

그림 3 : 성(명사부류)의 수: WALS 30

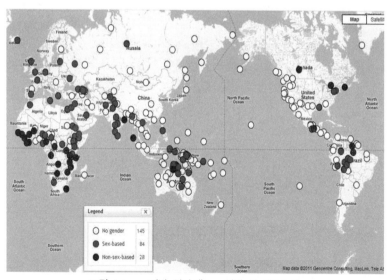

그림 4 : sex-기반 성과 非sex-기반 성: WALS 31

⑤ 관사 : 단순한 지시사와 구별되는 관사를 따로 갖는 언어도 많이
  있지만, 지시사와 구별되는 관사가 따로 존재하지 않는 언어도 많
  이 있다. 더구나 한정 관사(definite article)와 비한정 관사(indefinite
  article) 양쪽을 다 갖는 언어는 유럽 지역을 벗어나면 드문 편이
  다. 그도 그럴 것이, 한정 관사와 비한정 관사 양쪽을 외현적인
  표지로 나타내는 것은 비효율적이기 때문이다. 예컨대 둘 중 한정
  관사 하나만 외현적 표지로 나타내고, 그 외현적 표지가 안 나타
  나면 비한정으로 해석되는 식의 체계가 훨씬 경제적이고 자연스
  럽고 일반적이다.

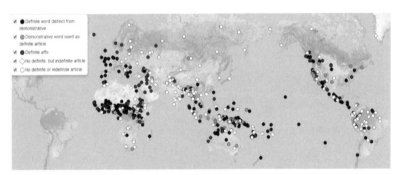

그림 5 : 한정 관사: WALS 37

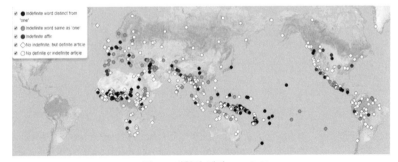

그림 6 : 비한정 관사: WALS 38

⑥ 접미사에 의한 교착적 형태법 : 굴절어, 고립어뿐 아니라 교착어
   도 세계 언어들 가운데 매우 일반적이며, 교착적인 문법 표지는
   접두사보다는 접미사 쪽이 훨씬 더 일반적이다. 따라서 접미사에
   의한 교착적 형태법은 morphological typology에서 default에 가
   까운 성질이다.

⑦ 소유 구문 : 서술적 소유(predicative possession)을 나타내는 방법에
   는 여러 가지가 있으며, 'have' 같은 타동사를 사용하는 방법은 그
   중 하나일 뿐이다.

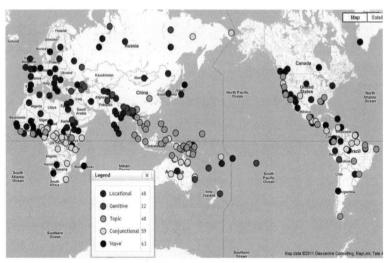

그림 7 : 서술적 소유 구문: WALS 117

⑧ 의문문 : 평서문으로부터 의문문을 만들 때 어순의 변경을 주된
   표지로 사용하는 언어는, 유럽 지역을 벗어나면 매우 드물다. 오

히려 일본어나 중국어처럼 의문 첨사(question particle)를 사용하는
언어가 훨씬 더 많다.

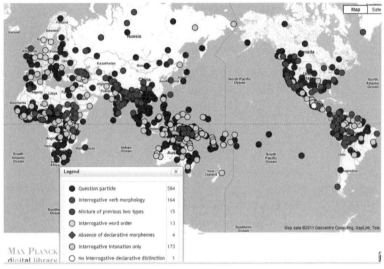

그림 8 : 판정 의문(polar question): WALS 116

⑨ 접속사, 관계대명사의 결여 : 절과 절을 접속할 때 접속사를 사용
  하는 방책뿐 아니라 종속절 술어의 활용형을 이용하는 것도 매우
  일반적인 방책이다. 관계절 형성시 관계대명사를 사용하는 것은
  유럽어에서는 일반적이지만, 유럽을 벗어나면 그리 일반적이지
  않다. 관계절 술어의 활용형(예컨대 분사(participle))을 이용하는 것
  도 매우 일반적인 방책이다.

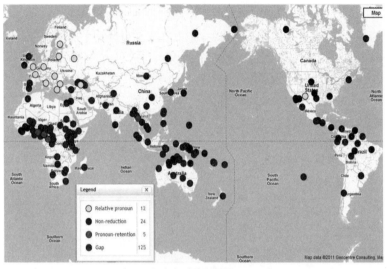

그림 9 : 주어의 관계화 방책: WALS 122

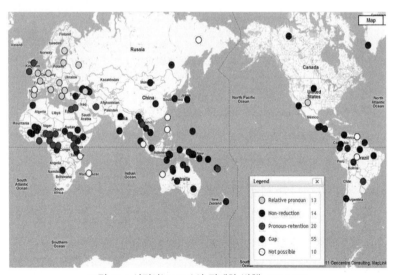

그림 10 : 사격어(oblique)의 관계화 방책: WALS 123

⑩ 비교 구문 : 비교 구문에서 비교 기준(standard of comparison)에 처소 관련 격표지를 사용하는 것이 가장 일반적이며, 이 중 탈격을 사용하는 것이 또한 매우 일반적이다.

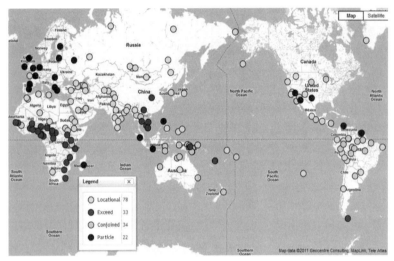

그림 11 : 비교 구문: WALS 121

지금까지의 논의로부터 얻을 수 있는 교훈은, 언어의 계통적 분류를 위해서든 다른 어떤 목적을 위해서든 어떤 하나의 언어 또는 일군의 언어들이 지닌 성질이 주목할 만큼 충분히 특이한 성질, 범언어적으로 드문 성질인지, 아니면 세계 언어들 가운데에서 흔히 볼 수 있는 성질인지 제대로 판단해야 한다는 것이다. 매우 일반적인 성질을 드문 성질이라고 오인하여, 이로부터 어떤 추론을 도출한다면 그 추론의 결론은 믿을 수 없는 것이 된다. 또한 일군의 언어들이 어떤 특징들의 묶음을 공유할 때, 이는 이들 언어가 하나의 조상 언어로부터 갈라져 나왔기 때

문에 생긴 것일 수도 있지만, 또 하나의 가능성은 지리적으로 인접한
언어들이 서로 접촉을 통해 상호작용하여 생긴 것일 수도 있다. 최근의
지역 유형론(areal typology)의 연구 성과는 후자의 요인으로 인해 생긴
언어간의 공통성이 매우 빈번하게 체계적으로 넓은 범위에서 나타남을
웅변적으로 보여주었다. 한국어가 지닌 특징이 무엇인지 생각할 때에도
이러한 사실들을 충분히 염두에 두어야 한다.

2. 어순과 관련된 특징 : 優性(dominance)과 조화(harmony)

위의 (1)-(3)에도 어순과 관련된 특징이 여럿 언급되어 있는데, 소위
(우랄-)알타이 제어 공통 특질론에서 지적된 어순과 관련된 특징 역시
(우랄-)알타이 제어만의 특징이 아님은 두 말할 나위도 없다. 그리고
(1)-(3)에서는 표면적인 어순 현상에만 주목하고 있는데, 어순과 관련하
여 표면 현상뿐 아니라 보다 더 심층적인 패턴에도 주목할 필요가 있다.

주지하다시피, S(주어), O(목적어), V(동사)가 형성하는 소위 기본 어순
(basic word order)에 대해 일찍이 Greenberg의 선구적인 연구가 있었다.
이 연구를 통해 S와 O와 V가 형성할 수 있는 이론적으로 가능한 6개의
어순이 골고루 나타나는 것이 아니라 이 중 SOV와 SVO가 가장 우세해
서 이 둘을 합하면 90% 가까이 되고 VSO가 10% 정도 되고, VOS,
OSV, OVS는 극도로 드물고 매우 좁은 지역에 한정되어 나타난다는 것
이 밝혀졌다. 또한 여러 어순 현상들 사이의 상관관계도 발견되었는데,
V-O, Prep-N, N-Rel이 서로 상관관계를 보이고, 반대로 O-V, N-Postp,
Rel-N이 서로 상관관계를 보인다는 것이 알려져 있다.

Hawkins는 이러한 어순간의 상관관계에 더욱 주목하여, 특히 명사구 내에서 핵 명사와 그 수식어들이 보이는 어순을 연구하였다. 지시사 (Dem), 수사(Num), 형용사(Adj), 속격어(G), 관계절(Rel) 이렇게 5가지 수식어가 핵 명사 앞에 놓이는지 뒤에 놓이는지를 살펴보았는데, 이론적으로 가능한 경우의 수는 25=32가지이지만, 전치사 언어에서 실제로는 7가지만 나타났다.

연번	Dem과 N의 어순	Num과 N의 어순	A와 N의 어순	G와 N의 어순	Rel과 N의 어순
①	NDem	NNum	NA	NG	NRel
②	DemN	NNum	NA	NG	NRel
③	NDem	NumN	NA	NG	NRel
④	DemN	NumN	NA	NG	NRel
⑤	DemN	NumN	AN	NG	NRel
⑥	DemN	NumN	AN	GN	NRel
⑦	DemN	NumN	AN	GN	RelN

표 1 명사 및 그 수식어들의 순서

위의 표에서 배경이 회색인 칸은 수식어가 핵 명사 앞에 오는 어순이고 나머지는 수식어가 핵 명사 뒤에 오는 어순이다. 언어에 따른 차이에 초점을 맞추어 보면, ①에서 ⑦로 갈수록 대체로 수식어들이 핵 명사 앞에 오는 경향이 강하고 ⑦에서 ①로 갈수록 수식어들이 핵 명사 뒤에 오는 경향이 강하다. 또한 수식어의 종류에 초점을 맞추어 살펴보면 왼쪽에서 오른쪽으로 갈수록 핵 명사 뒤에 오는 경향이 강하다. Hawkins는 이것을 Heaviness Serialization Principle이라고 불렀는데, 가벼운 수식어일수록 핵 명사 앞에 놓이는 경향이 있고 무거운 수식어일수록 핵 명사 뒤에 놓이는 경향이 있다는 것이다. 수식어의

heaviness는 Rel > G > A > {Dem, Num}의 순서라고 할 수 있다.[3]

Greenberg는 어순에 대한 유형론적 연구 과정에서 일찍이 매우 중요한 두 가지 개념을 제안했다. 우성(優性, dominance)와 조화(harmony)가 바로 그것이다. 어순상의 두 가능성 중 대개 하나는 우성(dominant)이고 다른 하나는 열성(recessive)이다. 예컨대, N-Rel 어순과 Rel-N 어순 중에서는 전자가 우성이다. 즉, 세계 모든 언어를 종합적으로 볼 때, 관계절은 핵 명사 앞에 오는 것보다는 뒤에 오는 경향이 강하다는 것이다. 조화는 한 언어 내에서 둘 이상의 어순 현상이 서로서로 상관관계를 맺으면서 나타나는 것을 말한다. 앞에서 언급한 V-O, Prep-N, N-Rel도 서로 조화를 이룬다고 할 수 있고, 명사 수식어들도 일관되게 핵 명사 앞에 오거나 일관되게 핵 명사 뒤에 온다면 조화를 이룬다고 할 수 있다. dominance가 범언어적 경향성이라면, harmony는 한 언어 내에서의 일관성이라 할 수 있다. dominance는 유표성(markedness)과 비슷한 개념이라고 이해할 수도 있다.

dominance와 harmony는 각 언어의 어순에 함께 영향을 미친다. 이 두 힘이 같은 결과를 낳을 때에는 아무 문제 없이 그 어순이 실현된다. 예컨대 영어는 V-O, Prep-N의 어순을 보이므로 관계절이 핵 명사 뒤에 오는 것이 언어 내적으로 조화를 이루는 어순이자, 범언어적으로도 그것이 우성인 어순이므로, 영어에서는 관계절이 핵 명사 뒤에 오는 것이 매우 당연한 것이다. 반대로 dominance와 harmony 양쪽 다 어기는 어순은 좀처럼 나타나지 않을 것이다. 즉 영어에서 관계절이 핵 명사 앞에 오는 어순은 영어 내적 조화에도 어긋나고 범언어적 경향성에도 어

---

3) 지시사(Dem)와 수사(Num) 사이에는 heaviness의 순서를 따지기 어렵다.

굿나므로 이런 어순은 실현되지 않는다는 것이다. dominance와 harmony 가 서로 갈등을 빚을 때 어느 쪽을 따를 것인지는 언어에 따라, 경우에 따라 다르다. 한국어는 O-V, N-Postp, Dem-N, Num-N, A-N, G-N의 어순을 보이므로 관계절도 핵 명사 앞에 오는 것이 한국어 내적 조화에 부합된다. 반면에 범언어적 dominance의 관점에서 보면 관계절이 핵 명사 뒤에 오는 것이 우성이다. 즉 한국어에서 관계절은 핵 명사 앞에 오라는 harmony 측의 압력과 핵 명사 뒤에 오라는 dominance 측의 압 력을 동시에 받고 있는 것이다. 이 때 한국어는 harmony 측의 압력이 더 세서 관계절이 핵 명사 앞에 온다. 러시아 지역에서 사용되는 Evenki 어도 한국어와 사정이 비슷하나, 이 언어의 관계절의 경우에는 harmony 보다 dominance가 더 큰 힘을 발휘하여 관계절이 핵 명사 뒤에 온다.4)

dominance와 harmony 개념은 어순 현상뿐 아니라 다양한 층위의 언어 현상에 폭넓게 적용될 수 있다. 예컨대 평순모음과 원순모음 중 어느 것이 우성인가? 후설모음의 경우 원순모음이 우성이고, 전설모음 의 경우 평순모음이 우성이다. 어떤 언어는 평순 대 원순의 대립을 후 설 및 전설에서 일관되게 갖는다. 이 언어는 harmony의 힘이 강해서 전설에서 원순모음을 회피하는 dominance를 압도한 것이다. 한편 전설 에서는 평순모음만 갖고 후설에서는 원순모음만 갖는 언어도 있다. 이 언어는 dominance가 harmony를 압도하고 있다고 할 수 있다. 한편 전 설에는 원순모음만 있고 후설에는 평순모음만 있는 언어는 없거나 매우 드물 것이다. 이런 언어는 harmony와 dominance 둘 다 어기기 때문이다.

구강 모음(oral vowel)과 비모음(nasal vowel) 둘 중에서는 물론 구강 모

___
4) 여기에는 러시아어의 영향도 있을 수 있다.

음이 우성이다. 비모음을 갖더라도 폐모음(closed vowel)보다는 개모음 (open vowel)에서 갖기가 더 쉽다. 그래서 프랑스어의 경우 개모음에서만 비모음을 갖는다. 이는 모든 위치에서 일관되게 비모음을 가질 것을 요 구하는 harmony를 희생하면서, 비모음이 개모음에서 흔히 나타난다는 dominance를 따르고 있는 것으로 이해할 수 있다. 한편 남아메리카 Tucanoan 어족의 Cubeo어는 개모음 e, a, o뿐 아니라 폐모음 i, ɨ, u도 그에 대응하는 비모음을 가진다. Cubeo는 폐모음에서 비모음을 회피한 다는 dominance를 희생하면서, 모든 위치에서 일관되게 비모음을 갖는 다는 harmony를 따르고 있는 것이다. 반면에 개모음에서는 구강 모음 만 있으면서 폐모음에서 구강 모음과 비모음의 짝을 지니고 있는 언어 는 아마 없을 것이다. 이런 언어는 dominance와 harmony 둘 다 어기 기 때문이다.

dominance와 harmony는 언뜻 이상하게 보이는 언어 현상이 왜 나 타나는지를 설명할 때, 서로 다른 각도에서 도움이 된다. '한 언어 내에 서 전반적으로 이러이러한데 왜 이 경우에만 유독 저런가?' 하는 질문 에 대한 대답은 흔히 범언어적인 dominance 때문이라는 데서 찾을 수 있다. 예컨대 '한국어를 비롯한 많은 언어에서 각 조음위치별로 폐쇄음 과 비음이 짝을 이루고 있는데(p-m, t-n, k-ŋ) 왜 유독 어두에서는 ŋ만 안 나타나는가?'라는 질문에는 범언어적으로 어두 위치에서 ŋ이 열성이다/ 유표적이기 때문이라고 답할 수 있다. 반면에, '범언어적으로 이러이러 한 것이 일반적인데, 왜 유독 이 언어에서만 저런가?' 하는 질문에 대한 대답은 흔히 그 언어 내부의 harmony에서 찾을 수 있다. 예컨대, '범언 어적으로 관계절은 핵 명사 뒤에 오는 게 일반적인데 한국어에서는 왜 앞에 오는가?'라는 질문에는 한국어에서 일관되게 핵이 뒤에 오는

harmony 때문이라고 답할 수 있는 것이다.

dominance와 harmony는 통시적 언어 변화의 방향을 이해하거나 예측하는 데에도 도움이 될 수 있다. 어떤 언어가 특정 harmony의 힘이 매우 강하여 일관된 모습을 보이고 있다 할지라도, 특정 경우에 범언어적인 dominance 또한 매우 강하다면, harmony가 dominance에 굴복하는 일이 생길 수 있다. 예컨대 한국어는 핵이 뒤에 오는 harmony가 강해서 관계절마저도 핵 명사 앞에 오지만, 핵 명사 뒤에 오는 관계절도 점차 생겨나 쓰이고 있다. 즉, 〔길에서 파는〕 떡볶이'가 한국어의 harmony에 충실한 pre-head 관계절이라면, '떡볶이 〔길에서 파는 거〕'는 범언어적 dominance에 충실한 post-head 관계절이라 할 수 있다. 후자의 관계절이 새로 생겨서 구어에서 널리 쓰이게 된 것은 harmony의 틈새를 비집고 dominance가 반짝 힘을 발휘한 경우라고 할 수 있다.

반대로 범언어적으로 특정 dominance의 힘이 강하여 특정 언어에서도 이를 따르고 있다 할지라도, 그 언어에서 이에 반하는 harmony의 힘이 그에 못지않게 강하다면, dominance를 굴복시킬 수도 있다. 예컨대 男性-女性의 性(gender) 구분은 有情 명사에만 적용되고 無情 명사에는 적용 안 되거나 中性으로 취급하는 것이 일반적이다. 그래서 라틴어에는 男性-女性-中性의 세 gender가 있었다. 그런데 현대 프랑스어로 오면서 중성 gender를 상실하여, 모든 명사에 대해 男性-女性의 양자택일을 강요하게 되었다. 이에 따라 모든 無情 명사가 상당히 자의적으로 두 gender 중 하나에 속하게 되었다. 이는 무정 명사에서는 남성이나 여성의 성을 회피한다는 dominance의 힘을 누르고 모든 명사에 대해 일관되게 성 할당을 한다는 harmony가 승리한 경우라고 할 수 있다.

이렇게 dominance와 harmony 개념을 염두에 두고, 한국어의 어순 현상을 보면, 어느 하나의 요인만으로 단순히 설명하려는 시도는 성공할 가망이 별로 없고, 어순에 영향을 미치는 다양한 요인들을 종합적으로 고려해야 함을 알 수 있다. 어순에 영향을 미치는 요인에는 의미적 요인, 화용적(특히 정보구조상의) 요인, (화용적 요인의 하위범주라고 볼 수도 있는) 처리(processing) 관련 요인, 통사적 요인 등을 들 수 있다.

　(4) 어순에 영향을 미치는 의미적 요인
　　① 도상성
　　　ㄱ. 의미상 서로 밀접히 관련된 성분들은 가까이 놓아라.
　　　　(예 : 수식어와 피수식어)
　　　ㄴ. 시간적 순서, 인과적 순서에 따라 성분을 배열하라.
　　　　(예 : 원인-결과)
　　　ㄷ. relator는 relatum들 사이에 놓아라.
　　　　(예 : 부치사는 논항과 술어 사이. V-Prep-N, N-Postp-V)
　　② 유정성 위계(animacy hierarchy) : 유정성이 높은 것을 낮은 것 앞에 놓아라.

　(5) 어순에 영향을 미치는 처리 관련 요인
　　① 청자의 작업 기억(working memory)의 부담을 고려하여, 가능한 한 처리하기 쉽게 배열하라.
　　　ㄱ. 무거운(heavy) 성분이 문장 중간에 삽입되는 것을 피하라.
　　　　(예 : 관계절 외치)
　　　　I was reading a book in the room [which was written by a friend of mine].
　　　ㄴ. center-embedding을 피하라.
　　　　예 : [[[철수가 바보라고] 영희가 얘기했다고] 영수가 所聞을 퍼뜨렸다고] 창수가 떠벌렸다.

　　　　cf. 창수가 〔영수가 〔영희가 〔철수가 바보라고〕 얘기했
　　　　　　다고〕 所聞을 퍼뜨렸다고〕 떠벌렸다.
　　② 경제성
　　　ㄱ. 복원 가능한(recoverable) 성분은 생략하라.
　　　ㄴ. 후보충 : 문장 성분을 생략했다가, 청자의 눈치를 살피
　　　　　면서, 청자가 생략된 성분을 identify하지 못하는 것 같
　　　　　으면, 생략했던 성분을 뒤에 첨가하라.
　　　　예 : 어디 갔니? …… 철수(말이야).

(6) 어순에 영향을 미치는 정보구조 관련 요인 : 구정보(given/old
　　information)와 신정보(new information)가 잘 구별될 수 있도
　　록 배열하라.
　　① 구정보는 대개 신정보보다 앞에 놓아라.
　　　예 : 철수야, 내 책 어디에 두었니? / 영희가 내 책상에 무
　　　　엇을 두었니?
　　② 초점 성분을 위해 특별한 위치가 마련되어 있으면, 초점을
　　　그 자리에 놓아라.
　　　예 : 헝가리어, 한국어 : 서술어 바로 앞, 영어 : 의문사를
　　　　문두로 보냄.

(7) 통사적 요인
　　① 논항의 문법역할(grammatical role)을 어순으로 나타내는
　　　문법규칙이 있는 경우, 그 규칙에 따라 배열하라.
　　　예 : 영어, 중국어 : 주어는 동사 앞, 목적어는 동사 뒤
　　② 특정 의미를 나타내기 위해 특정 구문을 사용해야 하고, 그
　　　구문이 특정 어순을 요구하는 경우, 그 구문이 요구하는 순
　　　서대로 배열하라.
　　　예 : 영어 수여 동사의 경우, 수령자(recipient)가 대상
　　　　(theme)을 소유하게끔 하려는 의도를 가지고 하는 수

여 행위를 나타낼 때에는 ditransitive 구문(4형식)을
사용하라. (R-T)
③ 핵 위치 일관성 : 핵과 비핵의 순서를 가능한 한 일관되게
하라.
④ 분지(branching) 구조 일관성 : 좌분지 구조, 우분지 구조를
가능한 한 일관되게 하라.

위의 (4)-(7)에 나열된 요인들은 범언어적 dominance라고 이해할 수
있다. 이 여러 dominance들은 물론 거기에 harmony까지 함께 고려하
여 어순 현상을 이해해야 하는 것이다. 이들 요인이 서로 갈등을 일으
킬 때 어느 것을 더 중시할 것인지는 언어에 따라, 경우에 따라 다르다.
관계절과 그 수식을 받는 핵 명사는 (4) 의미적 요인의 ①도상성 (ㄱ)
을 고려하면 서로 붙어 있는 게 좋지만, (5) 처리 요인 ① (ㄱ)을 고려
하면 관계절을 문장 끝으로 외치시키는 게 좋다. 철수가 영희에게 책을
주는 수여 사건을 표현하고자 할 때 인과적/시간적 순서를 고려하면 '철
수가 책을 영희에게 주었다'와 같이 배열하는 게 좋지만, 유정성 위계를
고려하면 '철수가 영희에게 책을 주었다'와 같이 배열하는 게 좋다. '철
수가 영희에게는 소설책을, 영수에게는 사전을 주었다'에서는 구정보인
'영희'와 '영수'를 앞에 놓고 신정보인 '소설책'과 '사전'을 뒤에 놓음으로
써 정보구조 요인을 중시한 경우이다.
위의 여러 요인들 중 어느 것이 더 힘이 강한가 하는 측면에서 보면,
영어나 중국어는 (7) 통사적 요인의 힘이 강하여, 주어는 대개 동사 앞
에, 목적어는 대개 동사 뒤에 놓이며, 이로부터 이탈할 매우 강한 동기
가 있어야만 여기서 벗어난 어순을 사용할 수 있다. 반면에 한국어나
일본어는 정보구조의 요인이 매우 강하여, 술어는 대개 문말에 오지만,

술어 이외의 성분들은 대체로 구정보를 앞에, 신정보를 뒤에 둔다는 원리에 따라 배열된다. 통사적 요인이나 정보구조의 요인에 비하면 의미적 요인은 모든 언어에서 비교적 꾸준하게 underlying force로서 작용하는 편인 듯하다. 그래도 중국어는 시간적/인과적 순서가 어순에 상당히 크게 작용하는 편이다.

또한 어순에 영향을 미치는 여러 요인들의 힘의 상대적 강도 차이에 주목해 보면, 여러 요인의 힘이 비등비등하여 어순이 유동적인 언어도 있고(예 : 한국어, 일본어), 어느 한 요인이 압도적으로 강하여 어순이 비교적 고정적인 언어도 있다(예 : 영어). 한국어는 〈표 1〉에서 ⑦에 해당하는 것에서도 볼 수 있듯이, 핵이 일관되게 뒤에 온다는 harmony의 힘이 매우 강한 언어이다. 핵이 일관되게 앞에 오거나 일관되게 뒤에 오는 것을 추구하는 harmony는 모든 언어에 작용하나, 〈표 1〉의 ②~⑥에 속하는 언어들에서 보듯이, 때로는 dominance의 힘에 눌려 핵 위치가 非일관적인 언어들도 많이 있다. 이런 언어에 비하면 한국어는 head-final 어순을 고집하는 harmony가 매우 센 언어인 것이다.

3. 유라시아 거대 언어 지역과 환태평양 거대 언어 지역

최근의 지역유형론의 연구 성과를 두루 살펴보면, 어떤 언어 특징이 비교적 좁은 지역에만 적용되어 그 특성의 지리적 분포가 지구상의 여기저기에 산재해 있는 경우도 있지만, 하나의 언어 특징이 매우 넓은 지역에 분포하는 경우도 매우 흔하게 볼 수 있다. 상당수의 언어 특징들의 분포 지역이 대체로 일치한다면, 이들 언어 특징을 공유하는 지역을 linguistic area라고 부를 수 있을 것이다. 발칸 언어 지역, 발트해 연안 언어 지역, 지중해 연안 언어 지역 등은 비교적 규모가 작은 언어 지역이라고 할 수 있다. 한편 어떤 언어 특징들은 유라시아 대륙의 거의 전체에서 나타나거나, 또는 태평양을 둘러싼 극동, 동남아, 태평양의 여러 섬들, 남북 아메리카에 걸쳐서 나타나기도 한다. 전자는 유라시아 거대 언어 지역, 후자는 환태평양 거대 언어 지역이라고 부를 만하다. 한국어와 일본어는 이 두 거대 언어 지역 사이의 경계에 위치해 있다. 그래서 어떤 언어 특징은 유라시아 대륙의 패턴을 따르고 또 다른 어떤 언어 특징은 환태평양 지역의 패턴을 따른다. 전통적으로는 전자가 주목을 받아 왔으나, 이들 특징은 (1)-(3)에서도 보았듯이 사실은 유라시아 언어 지역에 국한된 현상이 아닌 것이 대부분이며, 언어 특징으로서의 중요도가 생각만큼 높지 않다. 반면에 최근에는 한국어와 일본어가 지닌 특징 중 유라시아 언어 지역과는 다르고 환태평양 지역과는 일치하는 것들이 많이 발견, 지적되고 있다.

① 형용사 : 유라시아는 명사성 형용사, 환태평양은 동사성 형용사. 한국어는 동사성 형용사.5) 일본어는 둘 다 가지고 있으나, 동사성 형용사가 더 오래되었고, 명사성 형용사는 나중에 생겼고 한자어/외래어에 많음.

---

5) 그림에서 한국어는 붉은 색이어야 하는데, 회색으로 되어 있다. 만약 '~的' 등을 명사성 형용사로 보면 회색으로 볼 가능성도 있기는 하다.

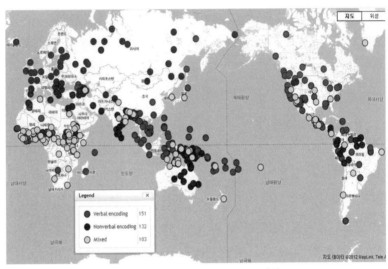

그림 12 : 형용사의 서술적 용법의 encoding 방식: WALS 118

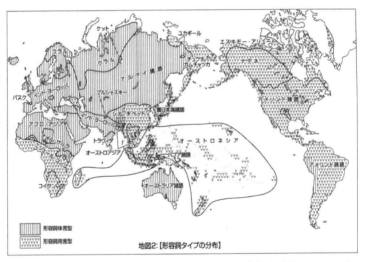

그림 13 : 명사성 형용사(세로줄)와 동사성 형용사(∨): 松本克己(2007: 194)

② 유음 : 유라시아는 유음 음소가 2개, 환태평양은 유음 음소가 1개.
한국어, 일본어는 1개. (고대 한국어에 유음 음소가 2개 있었다는 설이 있음.)

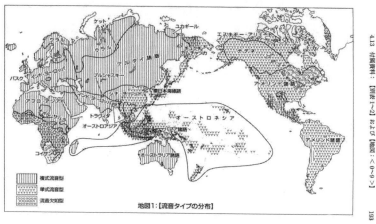

그림 14 : 유음 음소가 2개인 언어(세로줄)와 1개인 언어(∨): 松本克己(2007: 193)

③ 수(number), 수 분류사(numeral classifier) : 유라시아는 문법적 범주로
서 수가 존재하고 수 분류사가 없음. 환태평양은 문법적 범주로서 수
가 없고 수 분류사가 발달해 있음. 한국어, 일본어, 중국어는 후자.

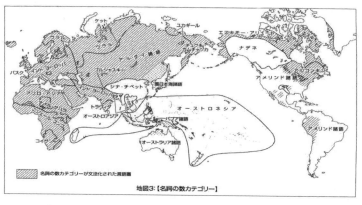

그림 15 : 명사의 수 범주가 문법화되어 있는 언어권: 松本克己(2007: 195)

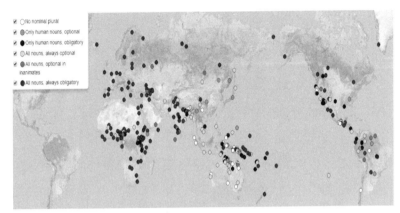

그림 16 : 명사 복수의 표시: WALS 34

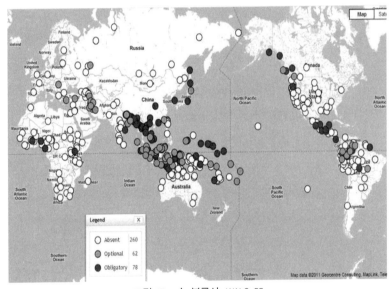

그림 17 : 수 분류사: WALS 55

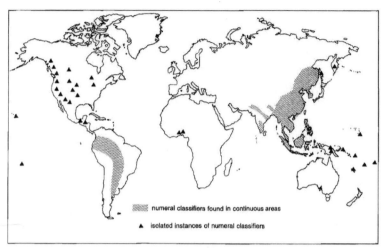

Map 3. *Distribution of numeral classifiers in the languages of the world*

그림 18 : 수 분류사가 있는 언어의 분포: Aikhenvald (2000: 122)

④ 현장지시사(demonstrative) : 모든 알타이 제어, 대부분의 우랄 제
어는 근칭 대 원칭의 2원 체계. 환태평양은 화자근칭, 청자근칭,
원칭의 3원 체계가 많음. 한국어, 일본어는 후자.

⑤ 인칭 어미 : 유라시아는 대개 동사에 주어의 인칭(-수)을 나타내는
어미가 붙음(단항형 인칭 표시). 환태평양은 이런 어미가 없거나(인
칭 무표시형) 주어뿐 아니라 기타(예 : 목적어) 논항을 나타내는 어미
가 붙음(다항형 인칭 표시). 한국어, 일본어는 인칭 무표시형.

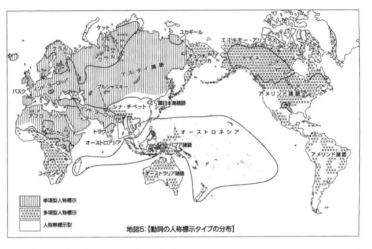

그림 19 : 동사의 인칭어미의 유형: 단항형(세로줄), 다항형(×): 松本克己(2007: 197)

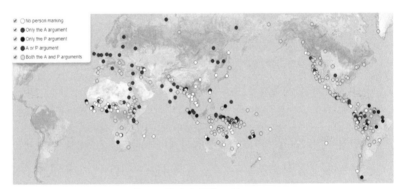

그림 20 : 동사의 인칭 표시: WALS 102

⑥ 중첩(reduplication) : 유라시아는 중첩을 문법요소의 표지로 별로
사용하지 않음. 환태평양은 복수 등에 흔히 사용. 한국어는 의문
대명사 복수를 중첩으로 나타냄.

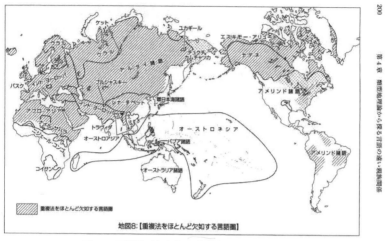

그림 21 : 중첩을 결여하는 언어권: 松本克己(2007: 200)

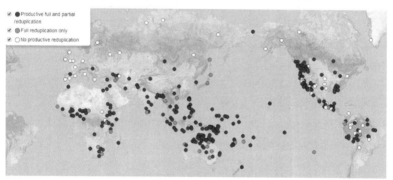

그림 22 : 중첩: WALS 27

⑦ 1+2인칭(포괄인칭) : 전통적으로 1인칭 복수에서 포괄형-배제형으로 간주되어 온 현상 중 일부는 1+2인칭(화자와 청자를 지칭)으로 다시 분석할 필요가 있는 것들이 있음. 이 1+2인칭 대명사가 유라시아에서는 매우 드묾(퉁구스 제어와 몽골어는 예외). 환태평양에는 흔함. 한국어와 일본어는 고대에 1+2인칭 대명사가 있었던 흔적이 있음.

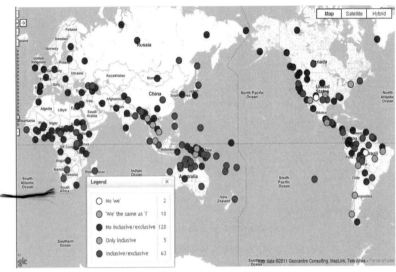

그림 23 : 자립 대명사에서의 포괄/배제 구분: WALS 39

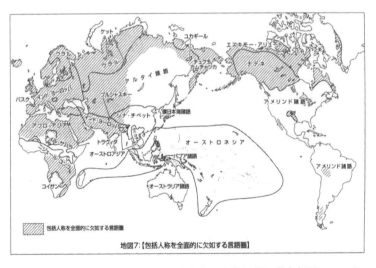

그림 24 : 1+2인칭(포괄인칭)을 결여하는 언어권(빗금): 松本克己(2007: 197)

⑧ 계사와 존재사 : 유라시아는 하나의 요소가 계사와 존재사의 기능을 담당함. 환태평양은 이 둘이 구별되어 있음. 한국어, 일본어는 후자.

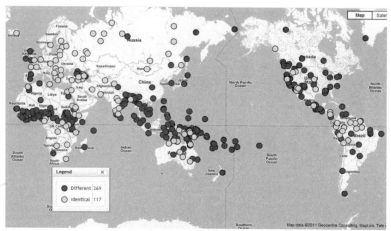

그림 25 : 명사 서술과 처소 서술: WALS 119

⑨ 시제 : 유라시아는 대개 시제 언어(tensed language). 환태평양은 대개 무시제 언어(tenseless language). 고대 일본어는 무시제 언어였다가 현대 일본어로 오면서 시제 언어가 되었음. 현대 한국어는 시제 언어이나, 고대 한국어는 무시제 언어였을 가능성이 있음.

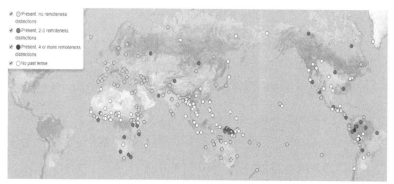

그림 26 : 과거-비과거의 시제 구분: WALS 66

⑩ AND-언어와 WITH-언어 : 유라시아는 and를 뜻하는 요소와 with 를 뜻하는 요소가 다름(AND-언어). 환태평양은 하나의 요소가 두 의미를 담당(WITH-언어). 한국어, 일본어는 후자.

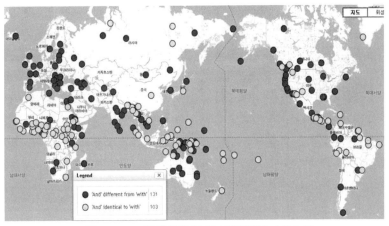

그림 27 : AND-언어(적색)와 WITH-언어(황색): WALS 63

⑪ 주어 부각형(subject prominent) 대 주제 부각형(topic prominent) : 유 라시아는 주어 부각형. 환태평양은 주제 부각형이 많음. 한국어, 일본어는 주제 부각형 내지 주어-주제 동시 부각형. (〈그림 7〉의 주 제 소유 구문(topic possessive construction) 참조)

⑫ 재귀사, 상호사 : 유라시아는 대개 국소적 재귀사(local reflexive). 환태평양은 대개 장거리 재귀사(long-distance reflexive). 국소적 재 귀사 중에는 재귀 표지가 동사에 붙는 일이 흔히 있음(verbal reflexive). 장거리 재귀사는 동사에 붙는 일이 없음. 한국어, 일본 어, 중국어는 후자. 상호사도 마찬가지.

⑬ 대우법/경어법 : 유라시아는 대우법이 미발달, 환태평양은 발달한 언어가 많음. 한국어, 일본어는 후자.

⑭ 의성의태어 : 유라시아는 의성의태어가 미발달, 환태평양은 발달. 한국어, 일본어는 후자.

⑮ 관형 소유 구성 : 유라시아에서 알타이 제어 중 head marking(몽골어 John ger-ny "John house-his") 또는 double marking(터키어 Hasan-ın kitab-ı "Hasan-Gen book-his")인 언어가 간혹 있음. 환태평양에서 남북아메리카와 파푸아뉴기니에는 head marking이 꽤 있으나 동남아시아에는 head marking이 드묾. 한국어는 dependent-marking(철수-의 책).

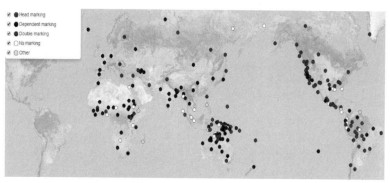

그림 28 : 관형 소유 구성에서 표지의 위치: WALS 24

4. 맺는 말

"철수는 한국의 고등학생으로서 어떤 특징이 있니?"라는 질문에 "매일 학교 가서 공부하고 있어."라는 답변은 그리 informative한 답변이 아닐 것이다. 마찬가지로 한국어가 문법적으로 어떤 특징이 있는가 하는 질문에 세계의 상당수 언어가 지닌 일반적인 성질을 들어 답한다면, 한국어의 특징을 드러내는 데 그리 도움이 안 될 것이다. 한국어가 지닌 성질 중 어떤 것이 세계 언어 가운데 드문/특별한 성질인지 잘 판단해야 제대로 된 답변을 할 수 있다. 장애음 음소 가운데 무기음, 유기음뿐 아니라 경음을 지니고 있는 것은 많은 언어에서 찾아보기 어려운 특징일 것이다. case alignment의 측면에서 한국어는 주격-대격 체계인데, 대격뿐 아니라 주격도 외현적인 표지를 가지고 있다는 것이 그리 흔치 않은 특징이라고 할 수 있다.[6] 이런 별난 특징이 많으면 많을수록 그 언어는 별난 언어라고 할 수 있다.[7]

한 언어의 특징을 살펴볼 때 피상적으로 드러나는 모습에 머무르기보다는, 보다 심층의 패턴에도 주의를 기울일 필요가 있다. 서로 상호작용하면서 그러한 표면적 현상을 빚어내는 심층의 힘이나 요인들을 들춰내야 한다. dominance와 harmony의 개념은 그러한 탐구에 매우 유용하다.

또한 한 언어가 지닌 특징은 지리적 분포의 관점에서 생각할 필요가

---

6) 이 점은 일본어도 마찬가지이다.
7) 角田太作(2009)에서는, 그런 관점에서 볼 때 일본어는 그리 별난 언어가 아니며, 오히려 영어가 상당히 별난 언어임을 잘 드러내고 있다. 19세기나 20세기 초에 영어를 비롯한 유럽어들을 gold standard로 삼아, 유럽어와 다른 성질을 지닌 언어를 별난 언어로 취급했던 것이 Euro-centrism의 소산이었음을 웅변적으로 말해 준다.

있다. 이 언어의 이러한 성질이 지리적으로 고립된 것인지, 아니면 주위의 지역에 널리 분포하고 있는지 하는 문제를 살펴보면 많은 통찰을 얻을 수 있다. 해당 언어를 포함하여 매우 좁은 지역에서는 그 성질이 일반적이나 세계 언어 전체로 보면 비교적 드문 성질인 경우도 있다. 한편 해당 성질이 매우 광범위한 지역에 퍼져 있는 경우도 있다. 한국어의 경우 유라시아 거대 언어 지역과 환태평양 거대 언어 지역 사이에 위치해 있으면서, 두 지역의 특징을 모두 가지고 있다는 것이 매우 중요한 특징이다. 때로는 둘 중 어느 한 쪽의 성질을 지니고 있다가 통시적 변화를 통해 상대방 지역의 성질로 변모한 경우도 있다. 매우 거대한 두 개의 지역 유형론적 힘이 한국어의 모습에 지속적으로 영향을 끼쳐 오고 있는 것이다.

🔖 참고문헌

이기문(1972). 『國語史概說』(개정판). 서울: 탑출판사.

角田太作(2009). 『世界の言語と日本語: 言語類型論から見た日本語』(改訂版). 東京: くろしお出.

服部四郎(1958). "アルタイ諸言語の構造." 『コトバの科學 1』(=『日本語の系統』), pp. 255-274.

藤岡勝二(1908). "日本語の位置." 『國學院雜誌』 第14卷 第8, 10, 11号.

松本克己(2007). 『世界言語のなかの日本語: 日本語系統論の新たな地平』. 東京: 三省堂.

Aikhenvald, A. Y. 2000. *Classifiers: A Typology of Noun Classification Devices.* Oxford University Press.

Boller, A. 1857. "Nachweis daβ das Japanische zum ural-altaischen Stamme gehört." *Sitzungsberichte der Wiener Akademie der Wissenschaft.* Phil.-hist. Kl. 23. 393-481.

Greenberg, J. H. 1963. "Some universals of grammar with particular reference to the order of meaningful elements." *Universals of Language.* pp. 73-113.

Hawkins, J. A. 1983. *Word order universals.* Academic Press.

The World Atlas of Language Structures (WALS). http://wals.info/

Wiedemann, F. J. 1838. "Über die früheren Sitze der tschudischen Volker und ihre Sprachverwandschaft mit den Völkern Mittehochasiens, Einladung zur öffentlichen Prüfung im hiesigen Gymnasium am 27sten und 28sten Juni 1838." *von dem Oberlehrere der griechischen Sprache.*

Winkler, H. 1884. *Ural-Altaische Völker und Sprachen.* Berlin.

http://kokugosi.seesaa.net/article/2842789.html

Pinpointing the linguistic coordinate of Korean

beyond genealogy and typology

Korean as a Paleosiberian Language

Alexander Vovin

EHESS/CRLAO, France

*It may seem strange that Korean could have once been without the
aspirated and tense consonants so characteristic of speech heard
throughout the country today. But language, like other aspects of
culture, can change with the passage of time in very fundamental
ways. It is hard for us to imagine a bland Korean cuisine. Yet we
know that the red peppers so basic to Korean cooking come from the
New World. Historical records indicate that they were introduced into
the country from Kyushu around the turn of the seventeenth century.
Historically speaking, that was not very long ago. No one in Sejong's
day, let alone in Koryo or before, could have ever tasted kimchi like
that prepared and enjoyed today. Perhaps the language of an earlier
time was also less spicy and sharp than it is today.*
Robert Ramsey (1990).

Typologically Korean appears to be a Paleosiberian
language if one removes the Yeniseian language family from
the picture. Since typology does not take into consideration
diachronic developments, I will allow myself to be slightly
ahistorical here as well.

Phonotactics #1

Once the tense and aspirated obstruents of modern Korean are removed from consideration as secondary development, Korean presents the same major phonological opposition between voiceless stops and voiced fricatives found in Chukchi-Koryak, Eskimo-Aleut, Yukaghir, and Nivx:

$$p : \beta, \ t : t/r < \text{*}ð, \ c : z, \ k : ɣ$$

This is quite different from the 'Altaic' languages where the major opposition is between voiceless and voiced stops (or between aspirated and unaspirated stops, depending on interpretation)

Phonotactics #2

Like Ainu and Nivx, but unlike 'Altaic', Korean intervocalic and post-sonorant voiceless lenis stops are phonetically realized as voiced or half-voiced:

gloss	Korean script	phonological transcription	phonetic transcription	gloss	Ainu romanization	phonetic transcription
sea	바다	/pata/	[pada]	sea	atuy	[aduy]
tobacco	담배	/tampɛ/	[tambɛ]	this year	tanpa	[tamba]
this	이거	/ikə/	[igə]	his younger brother	aki	[agi]
seven	일곱	/irkop/	[ilgop]	paper	kanpi	[kambi]

Phonotactics #3

A follow-up note based on the quote from Robert Ramsey in the epigraph. It is a well-known fact that Korean initial tense/glottalized obstruents developed from initial consonant clusters found in Middle Korean, which are, of course, secondary, but their mysteries can be unraveled only in few cases and with great difficulty. No other 'Altaic' language has initial consonant clusters except Monguor, but Monguor clusters are of a very late origin and can be easily accounted for as either aphaeresis in native vocabulary, or loans from Tibetan. Several examples:

Monguor *ndur* 'high', cf. MM, WM *öndür* 'id.'
Monguor *ndige* 'egg', cf. MM *öndüge*, WM *öndügen* 'id.'
Monguor *rguen* 'broad', cf. MM *örgün*, WM *örgen* 'id.'
Monguor *ŋguo* 'color', cf. MM *önge ⁓ öngen* 'color, appearance'
Monguor *ndoɣ* 'color, paint' < Tib. *mdog* 'id.'
Monguor *smamba* 'doctor' < Tib. *sman-pa* 'id.'

The situation in Korean is much more difficult, as the language literally went berserk in its development within the last 1,500 years, and without the (extremely limited) help of loanwords or transcriptions in the neighboring languages we would be completely clueless in recovering the original proto- or Old Korean forms. One example will suffice:

MdK *tti* [t²i](띠) 'belt' < MK *stúy* (·ᄯᅱ) < *sitïri, (attested as *sitərə* (シ ト ㅁ) in the Japanese transcription, NS XV: 412).

But how to reconstruct proto-Korean forms of MK *pstáy* (·떼) 'time', *pstùrí* (쁘·리) 'chicken pox', *pskúr* (·쁠) 'chisel', *psór* (·쁠) 'rice', *pcwòch-* (좆-) 'to pursue, to chase', etc.?

Cf. proto-Nivx *tonakai 'reindeer' > Nivx *tʰlaɲi*, borrowed into Ainu and consequently into Japanese as *tonakai.*

Korean adjectives are verbs, not nominals.
Korean adjectives have essentially the verbal paradigm (with several gaps):

가는 사람
ka-nun salam
go-PRES.ADN person
a person who goes

간 사람
ka-n salam
go-PAST.ADN person
a person who went away

붉은 얼굴
pulk-un elkwul
be.red-ADN face
a face that is red

The same picture is found in **Nivx**:

nivχ arak ta-d'
person vodka drink-FIN
A person drinks vodka

arak ta nivχ
vodka drink.ADN person
a person who drinks vodka

ki ur-d'
shoe be.good-FIN
Shoes are good

ur-la gi
be.good-ADN shoe
Good shoes

The same in **Ainu**:

menoko arpa
woman go
A woman goes away

arpa menoko
go woman
A woman who goes away

menoko pirka
woman be.beautiful
A woman is beautiful

pirka menoko
be.beautiful woman
A woman who is beautiful

Finally, in Chukchi-Koryak adjectives also appear to be verbs, but the question is more complex due to the problems related to incorporation.

This is very different from the 'Altaic' languages, where adjectives are essentially nouns. In modern as well is in Middle Japanese adjectives are essentially verbs, but this is a relatively recent development, as evidenced by parallel existence of inflected and uninflected adjectives in Old Japanese (Vovin 2009: 429-38), as well as by the fact that adjectival paradigms in Ryukyuan and Japanese do not match. Moreover, in Old Okinawan we have the same picture as in Old Japanese: adjectives can be both inflected verbs or uninflected nominals (Vovin 2009: 439).

Verb incorporation vs. verb compounding

Late Samuel Martin made a very important observation that unlike the 'Altaic' languages, where only verb compounding in the form of VERB+CONVERB+VERB is possible, in Korean verb incorporation in the form of VERB(bare stem)+VERB also takes place, although the verbal compounds with the structure VERB+CONVERB[1]+VERB also occur (Martin 1995). Several examples from Middle Korean:

> *kulk-sis-* 'to scour and wash', *twup[h]-teth-* 'to cover up (another's guilt)', *puzu-thi-* 'to smash, to shatter', *pulu-cicɨ-* 'to shout, to yell', *pwut[h]-cap-* 'to seize, to grasp', *mac-pwo-* 'to meet', etc.

---

1) Converb being either -a ∼ -e or -kwo.

Although Martin did not comment on the typological parallels, the same situation with bare verb stem incorporation is found in Ainu:

Masao soy-ta pon ku e-sinot-kor-an
Masao outside-LOI will tell you [this]C small bow APPL-play-have-be
Masao is playing outside with a small bow
(Nakagawa & Nakamoto 1997: 78)

The same picture is found in Nivx:

qonu-ha-d' 'to appear as white'
   < *qonu-* 'to be white' + *ha-* 'to be'
řo-mïr-d' 'to lift, to carry up to the mountain'
   < *řo-* 'to carry' + *mïr-* 'to climb'

Ergativity vs. Accusativity

As demonstrated by King (1988), Korean was historically ergative, because it preserves ergative alignment in dependent clauses:

i wang-Ø na-l ccek-uy
this king- Ø be.born-AND.IRR time-GEN
When this king was born... (Sek 23.32b)

ce-y ciz-wu-n coy
I-ERG perpetrate-MOD-ADN crime
The crime that I have perpetrated (Sek 9.30a)

All 'Altaic' languages are strictly accusative. There was an alternative active alignment in Old Japsanese, but it was short-lived and mostly confined to the texts that were influenced by Korean scribes.

CONCLUSION #1

By its typological characteristics, Korean appears to be a 'Paleosiberian' language rather than an 'Altaic' one. It has a number of typical Paleosiberian typological features, but none of the 'Altaic' ones, simply because there are none typical 'Altaic' typological features except SOV word order, but this is found in 75% of the languages of the World.

Let us just pose and think of it:

The classic SOV agglutinating type is found only in Turkic. There is no nominal agreement in Turkic, and no gender. There is no gender in modern Mongolic languages, but both Khitan and Middle Mongolian present the picture with at least vestiges of the gender system. Khitan had special markings for the feminine gender even in its writing system, and Middle Mongolian preterite forms in *-ba* (masc.) and *-bi* (fem.), as well as numerals *qoyar* 'two' (masc.) and *jirin* 'two' (fem.) are the solid proof for this earlier distinction probably lost under the influence from the Turkic languages. And in the *Monggol Ni'uča Tobča'an* 'Secret History of Mongols' there are clear traces of SVO word order (Stefan Georg, p.c. 2014). And what to make of the archaic Northern Tungusic languages' nominal-adjectival agreement? This is certainly not a typological feature characteristic for SOV languages. Needless to say, one cannot find this feature in Manchu or Jurchen, but these languages were heavily influenced by Mongolic from the West and Korean from the East.

At this point I want to apologize: it was a deliberate spoof and for two reasons. First there is no Paleosiberian language family. It is a junk basket for the languages of Noth-East Asia that do not fit into any established families, although Siefloth's recent work is highly indicative of the fact that after all, Uralic, Eskimo-Aleut, Yukaghir and Chukchi-Koryak might be ultimately related. Second, no typological feature can be taken as evidence for a genetic relationship. The spoof is over and now I am seriously going to demonstrate why typology is useless for proving the genetic relationship.

Word order plays no role

No one in his sane mind is going to deny the Indo-European relationship today. So Old Irish and Sanskrit are related, but the former has VSO word order, and the latter SOV.

> Old Irish:
> Imdīched in cú Laigniu huili
> defended the dog Leinster entire
> The dog defended all Leinster
> (Lehmann & Lehmann 1975: 6)

Sanskrit:

rājā mr̥ga-m̐ han-ti

king gazelle-ACC kill-3ps

The king kills a gazelle.

Ditto for other uncontroversial families.

Uralic:

Finnish is SVO, but Nganasan is SOV

Finnish:

Suomalaiset ilmeseisti ovat vaelluksensa eri vaiheissa vastaanottaneet rinsaasti germaanista ja skandinaavista geenistöä.

At various stages of their wanderings the Finns have obviously taken on a great deal of Germanic and Skandinavian genetic material

(based on Abondolo 1998: 180)

Nganasan:

dⁱesï-məŋada-gəj-tʲütə+i-sjüe-gəj

father-1ps.poss younger.sister-NOM-sing3p that-be-PRET-d3

My father had two younger sisters

(based on Helimskii 1998: 513).

Austronesian:

Tagalog is VOS (basic), but Indonesian is SVO

Tagalog:

Nagbigay ng libro sa babae ang lalaki

Gave linker book to woman linker man

The man gave the woman a book

(Schachter & Otanes 1972: 83)

Indonesian:

Saya tertarik pada pelajaran itu

I be.interested FIG.OBJ subject this

I am interested in this subject (Sneddon 1996: 191)

Semitic:

Ge²ezisVSO,butAkkadianisSOV:

Ge²ez

däb²u?ägwezat

go to war [past, 3ʳᵈmasc.plur.]Agwezat

Agwezat went out to battle (Gragg 2008: 233)

täkälu mänbärä bä-zəyä

set [past, 3ʳᵈmasc.plur.]throne[acc.]in=there

They set up a throne there (Gragg 2008: 233)

Akkadian:

dannum enšam ana lā ḫaballim

Strong weak to NEG oppress.INF

So that the strong do not oppress the weak

(Huehnergard & Woods 2008: 131)

Ergativity plays no role

Old Persian is accusative, but modern Zazaki has split
ergativity (in past tenses).

Old Persian:

hauv mām adāt

he me-ACC create.PRET

He created me (Vinogradova 1997: 53)

Zazaki:

min nō astōr dā biti

I.ERG this horse thee give.PRET

I gave you this horse (Pireiko1999: 75)

Middle Korean used to be ergative in dependent clauses, but now it is accusative (see above).

Western Old Japanese developed an active construction under the influence of Old Korean, but it turned out to be short lived:

藤原朝臣麻呂等伊負圖龜一頭獻止奏賜不爾

PUNTIPARA-NÖ ASÔMÎ MARÖ-RA-i PUMÎ-WO OP-ÊR-U KAMË-WO
PÎTÖ-TU TATEMATUR-AKU tö MAWOS-I-TAMAp-u-ni ···

PuNtipara-GEN retainer Marö-PLUR-ACT writing-ACC bear-PROG-
ATTR tortoise-ACC one-CL offer(HUM)-NML DV say-INF-HON-ATTR-LOC

[They] said that the retainer PuNtipara Marö and others had offered a tortoise bearing writing [on its back] ... (SM 6)

敬福伊部內少田郡仁黃金出在奏弖獻

KYAUPUKU-i KUNI-NÖ UTI-NÖ WONTA-NÖ KÖPORI-ni
KUNKANE-WO INTE-TAR-I TÖ MAWOS-I-te TATEMATUR-ER-I

Kyaupuku-ACT province-GEN inside-GEN WoNta-GEN district-LOC gold-ACC go.out(INF)-PERF/PROG-FIN DV say(HUM)-INF-SUB offer(HUM)-PROG-FIN

Kyaupuku reported that gold had been found on the territory of the province, in the district of WoNta (SM 12)

Vowel harmony plays no role

While Central Mongolic languages have vowel harmony, most of the Mongolic languages of the Gansu-Qinghai corridor do not.

Middle Mongolian
morin-ača
horse-ABL
from a horse (MNT § 80, § 265)

tenggeri-eče
heaven-ABL
from Heaven (MNT § 1, § 201)

Monguor
mori-sa
horse-ABL
from a horse (Todaeva 1973: 53)

kun-sa
person-ABL
from a horse (Todaeva 1973: 53)
(cf. MM *gü'ün* 'person')

Old Korean used to be a language without vowel harmony (Vovin 1995: 226; Martin 2000: 1-23), but Middle Korean has it, only to be almost completely lost in modern Korean.

Old Korean
吾肹
NA-ɣïr
I-ACC (SH II: 3)

目肹
NWUN-ɣïr
eye-ACC (SH VII: 5)

Middle Korean
나룰
na-ror
I-ACC (Sek 6: 4a)

눈을
nwun-ur
eye-ACC (Penso 8: 25)

Both Uralic and 'Ataic' languages have vowel harmony, but they are not related. Ditto for the Nivx language.

Structure of a language plays no role
In the Austroasiatic family Vietnamese is isolating, but Kharia is polysynthetic.

Vietnamese
Anh đi nhà không?
You go home not
Are you going home?

Kharia
lej-te-j-ɖe-m
abuse-PRES-immediately-increment-2ps
You are abusing right now (Biligiri 1965: 59)

Phonotactics plays no role

See above: Korean is certainly not related to Ainu, although both voice intervocalic obstruents.

CONCLUSION #2

I am somewhat perplexed by the central theme of the conference. We certainly need to abandon typology to find 'linguistic coordinates' of any language. But if we abandon the only point of reference -- the genetic relationship -- what can we really do 'beyond' this? To rely on archaeological finds? But pans and pots do not speak, and we are linguists, not archaeologists. To trust genetics? But language is culture, and a Korean child adopted into an American family will grow up as an Anglophone, and vice versa, an American child adopted into a Korean family will be completely Koreaphone. There are no language genes.

I hope I have presented a good scenario against reliance on typology for determining the genetic affiliation of any language. Doing it otherwise will throw us back 150 years to the days when people still talked about the 'Uralo-Altaic' family, because both Uralic and 'Altaic' languages have vowel harmony. But the only way to prove the genetic relationship is the crude force of the comparative method: a demonstration of REGULAR correspondences between languages A and B in their basic paradigmatic morphology (if any) and basic vocabulary.

So far, any of the attempts to demonstrate external relationship of Koreanic to other languages on the planet have failed from the point of view of the traditional historical linguistics. It does not come as a surprise, though.

Koreanic, like Ainu and Nivx is a portmanteau language family consisting of two (Korean, Chejudo), possibly three (Yukchin in Northern Hamkyŏngdo, and its derivatives in the Jilin province of China, as well as 'Soviet' Korean) languages. Contrary to the usual point of view, deriving Korean from Sillan, I think that Korean proper is a descendant of Koguryŏan, and Chejudo might be a descendant of Paekchean. Sillan has probably died out without leaving a trace. This might slightly diversify the family further. But here we hit the wall, as there is no evidence of other Koreanic languages spoken anywhere else, with the major exception of Japan, which had a considerable presence of Korean-speaking population in the antiquity. But both historical records, and the nature of the Korean influence on Japanese (Central Japanese is highly Koreanized variety of Japonic, but not the peripheral varieties) indicate that this presence was of an adstratal nature, resulting from massive Korean immigration to Japan due to three important historical events: foundation of the Japanese state in the fifth century AD, introduction of Buddhism to Japan in the sixth century AD, and fall of Koguryŏ and Paekche in the seventh century AD.

And we know quite well how portmanteau families and language isolates originate: language family members gradually die out except one or two. This process goes right in front of our eyes: Yeniseian was represented by several languages in eighteenth-nineteenth centuries. Only Ket remains alive today. In the case of Ainu, first Kuril and then Sakhalin branches disappeared, and then Hokkaidō branch gradually died out. All Chukchi-Koryak languages are extinct, moribund, or severely endangered except Chukchi which probably will be the only one in existence by the end of this century. A very similar picture can be observed for the Tungusic languages as well. And the list goes on. Thus, in all probability Koreanic underwent a very similar fate. Once it might have been a family with many members, but majority of them simply died out before being attested. There is some indication in Chinese historical sources that there might have been other Koreanic languages in the vicinity, but the evidence is mainly historical and ethnographic, with linguistic evidence being much more slim. The following questions may forever remain ultimately unanswered: do a few Puyŏ glosses offer any evidence for a Koreanic language distant enough from Koguryŏ? Was the language of the Parhae ruling elite a separate Koreanic language or a dialect of Koguryŏan?

For all practical purposes, KOREANIC is KOREANIC! And nothing is lost for our knowledge from the fact that it is a portmanteau family without any demonstrable genetic link to any other family on the globe.

🖴 REFERENCES

• Primary sources

Japanese

NS   Nihon shoki, 720 AD
SM   Senmyō, 7-8thcenturiesAD

Korean

Penswo   Pen.yek sohak, 1518 AD
Sek   Sekpo sangcel, 1447 AD
SH II   Silla hyangka II, 702-737 AD
SH VII   Silla hyangka VII, 742-765 AD

Mongolian

MNT   Mongol Niuča Tobča'an, 1224 AD.

• Secondary sources

Abondolo, Daniel 1998. "Finnish." In : Abondolo, Daniel (ed.) *The Uralic Languages.* London & New York : Routledge, pp. 149-83.

Biligiri, H. S. 1965. *Kharia. Phonology, Grammar, and Vocabulary.* Poona : Deccan College.

Gragg, Gene 2008. "Ge²ez(Aksum)." In : Roger D. Woodard(ed.) *The Ancient Languages of Mesopotamia, Egypt, and Aksum.* Cambridge & New York : Cambridge University Press, pp. 211-37.

Helimskii, Eugene 1998. "Nganasan." In : Abondolo, Daniel (ed.) *The Uralic Languages.* London & New York : Routledge, pp. 480-515.

Huehnergard, John & Christopher Woods 2008. "Akkadian and Eblaite." In : Roger D. Woodard (ed.) *The Ancient Languages of Mesopotamia, Egypt, and Aksum.* Cambridge & New York : Cambridge University Press, pp. 83-152.

King, Ross 1988. "Towards a History of Transitivity in Korean." A paper presented at the Conference on the Theory and Practice of Historical Linguistics, April 27, 1988, University of Chicago.

Lehmann, R. P. M & W. P. Lehmann 1975. *An Introduction to Old Irish.* New York : Modern Language Association of America.

Martin, Samuel E. 1996. "Un-Altaic Features of the Korean verb." *Japanese/ Korean Linguistics* 6 : 3-40.

Martin, Samuel E. 2000. "How Have Korean Vowels Changed Through Time?" *Korean Linguistics* 10 : 1-59.

Pireiko, L. A. 1999. "Zaza iazyk." In: Rastorgueva V. S., V. A. Efimov, and V. V. Moshkalo (eds.). *Iranskie iazyki II. Severo—zapadnye iranskie iazyki (The Iranian Languages II. The North-Western Iranian Languages).* Moscow : Indrik, pp. 73-77.

Ramsey, S. Robert 1990. "The origin of aspiration in Korean and other historical problems." A Paper Presented at the Association of Asian Studies annual meeting, Chicago, April 6, 1990.

Schachter, Paul & Fe T. Otanes 1972. *Tagalog Reference Grammar.* Berkeley & Los Angeles : University of California Press.

Sneddon, James Neil 1996. *Indonesian : A Comprehensive Grammar.* London & New York : Routledge.

Vinogradova S. P. 1997. "Drevnepersidskii iazyk (The Old Persian Language)." In: Rastorgueva V. S., V. V. Moshkalo, and D. I. Edel'man (eds.). *Iranskie iazyki I. Iugo-zapadnye iranskie iazyki (The Iranian Languages I. The South-Western Iranian Languages).* Moscow : Indrik, pp. 35-57.

Vovin, Alexander 1995. "Once again on the accusative marker in Old Korean." *Diachronica* 12.2 : 223-36.

Vovin, Alexander 2009. *A Descriptive and Comparative Grammar of Western Old Japanese. Part 2.* Folkestone : Global Oriental.

• ABBREVIATIONS

ACC	Accusative
AND	Adnominal
APPL	Applicative
FIN	Final
GEN	Genitive
IRR	Irrealis
LOC	Locative
MOD	Modulator
NOM	Nominative
PRET	Preterite

Korean and the Transeurasian Type

Martine Robbeets

Max Planck Institute for the Science of Human History, German

1. Introduction

The present contribution will be concerned with the geographical concentration of a number of linguistic features shared between Korean and the so-called "Transeurasian" languages and its historical motivation. The label "Transeurasian" was coined by Johanson & Robbeets (2010 : 1-2) in reference to a large group of geographically adjacent languages, traditionally known as "Altaic", that share a significant number of linguistic properties and include up to five different linguistic families: Japonic, Koreanic, Tungusic, Mongolic, and Turkic.

A linguistic area is a group of geographically adjacent languages that share a number of structural features as a result of contact. Since the term "area" implies that the shared properties are the result of borrowing, I will refrain from *a priori* attaching it to the Transeurasian region and rely on the concept of "areality" instead, i.e. a geographical concentration of structural features, independent of how these features developed historically. A scenario for how this concentration of features has emerged will be proposed *a posteriori* in Section 4. Only after evaluating 17 structural features shared across the Transeurasian languages, will I consider how the insights from the data are relevant for historical statements about how the languages may have come to share these features, weighing diffusion, genealogical relationship or an interaction of both factors as possible explanations.

The question whether all similarities between the Transeurasian languages should be accounted for by language contact or whether some are the residue of a common ancestor is one of the most debated issues of historical comparative linguistics (see Robbeets 2005 for an overview of the debate). In spite of the strong polarization in the Transeurasian field between so-called "retentionists", who view the similarities as arising from common descent and "diffusionists", who view them as arising from areal interaction, detailed characterizations of Transeurasian as a linguistic area are surprisingly rare in linguistic research (e.g. Poppe 1964, Rickmeyer 1989).

In this paper, I will try to fill at least a part of this gap in research by providing a typological profile of Korean and other selected Transeurasian languages, including their oldest reliable historical varieties. The organization of my paper is as follows. In Section 2, I will introduce the horizontal and vertical comparison points chosen for profiling Korean within the Transeurasian type. In Section 3, I will set up a profile of the Transeurasian type in relation to that of selected languages immediately outside the region. The linguistic levels discussed will include phonology, lexicon and semantics, morphology and syntax. In Section 4, I will present a tabular overview and consider how the data are relevant for general statements about the Transeurasian type, paying attention to the delimitation of areality, peripheral deviations from the prototype, changes towards another type and the distinction between diffused and inherited features.

2. Horizontal and vertical comparison points

The profile of the Transeurasian type will be represented in a table, consisting of vertical and horizontal comparison points. The horizontal comparative points are selected representatives of the Transeurasian languages and their linguistic neighbors. As representatives of the contemporary varieties of the five families belonging to the Transeurasian zone, I will use Turkish (Turkic), Khalkha Mongolian (Mongolic), Evenki (Tungusic), Korean (Koreanic) and Japanese (Japonic). For the collection of linguistic data underlying the feature values in contemporary Transeurasian languages, I will consult the following sources: Göksel & Kerslake (2005) for Turkish; Janhunen (2012) for Khalkha Mongolian; Bulatova & Grenoble (1999) and Nedjalkov (1997) for Evenki; Martin (1992) and Sohn (1994) for Korean and; Martin (1988) and

Kaiser *et al.* (2001) for Japanese.

In order to allow a diachronic perspective, I will supplement these data from the oldest linguistically reliable historical varieties of the individual families, i.e. Old Turkic (8th-14th C), Middle Mongolian (13th-17th C) and/or Written Mongolian, Manchu (17th-19th C), Late Middle Korean (15th-16th C) and Old Japanese (8th C). Therefore, I refer to the following sources: Erdal (2004) for Old Turkic; Street (1957), Weiers (1966) and Rybatzki (2003) for Middle Mongolian; Poppe (1954) for Written Mongolian; Gorelova (2002) for Manchu; Martin (1992) and Lee & Ramsey (2011) for Middle Korean and; Vovin (2005, 2009) and Frellesvig (2010) for Old Japanese.

In order to delimit external boundaries, I will include adjacent languages to the east (Ainu and Nivkh in the northeast and Rukai in the southeast), to the south (Mandarin Chinese) and to the north (Kolyma Yukaghir, Ket and Eastern Khanty). I retrieved linguistic data underlying the feature values in neighboring languages from the following sources: Gruzdeva (1998) for Nivkh; Maslova (2003a) for Kolyma Yukaghir; Werner (1997), Vajda (2004) and Georg (2007) for Ket; Filchenko (2007) for Eastern Khanty; Li & Thompson (1989) for Mandarin; Zeitoun (2007) for Mantauran Rukai and; Shibatani (1990), Tamura (2000) and Bugaeva (2012) for Ainu.

The vertical comparison points consist of a list of 17 features, chosen to maximize positive (+) values for Transeurasian as opposed to neighboring languages. A plus is given when the feature is present, a minus when the feature is absent, a (+/-) when the occurrence of the feature uncertain. In case a diachronic variety does not openly or productively reflect a certain feature, but nevertheless preserves a trace of it, indicating that the value was positive in an earlier stage of the language, the historical variety will be marked with a plus. In this way, we can obtain a glimpse of the unrecorded typological past of the language in question.

3. Profiling Korean within the Transeurasian type

3.1. Phonology

1. *Absence of complex tonal distinctions*
In contrast with Contemporary standard Korean, Middle Korean uses a system of pitch accent in which the first high tone is distinctive, e.g. MK *kaci* 'eggplant' vs. *ka·ci* 'type' vs. *·kaci* 'branch'. However, this suprasegmental system is not really tonal since words are only differentiated according to the position of one prominent syllable after which the pitch drops.

The same is true for the pitch accent system of Middle Japanese. Nivkh makes distinctive use of two types of tones. Among our sample languages, only Ket and Mandarin display complex tonal distinctions, in which each syllable is marked with one out of five distinctive tones

2. *Presence of tongue root vowel harmony*
Ko (2012: 169-242) recently supported the view that the

reduced vowel harmony in contemporary Korean derives from a tongue-root based system in Middle Korean. There is an opposition between RTR vowels /ʌ, o, a/, pronounced with the tongue root in retracted position and non-RTR vowels /i, u, ə/, pronounced with the tongue in advanced position, e.g. in MK. *sol-a* /sʌl-a/ 'burn-CONV' vs. MK. *sul-e* /sil-ə/ 'disappear-CONV' and in MK. *sol-wo-n* /sʌl-o-n/ 'burn-MOD- ADN' vs. *sul-wu-n* /sil-u-n/ 'disappear-MOD-ADN'. Ko (2012) further demonstrated that original vowel harmony in Mongolic and Tungusic was RTR based. Japanese lacks vowel harmony. Palatal harmony which requires all vowels within a domain to be exclusively front or back can be found in the Turkic languages as well as in most Uralic languages such as in Khanty. Yukaghir and Nivkh have been interpreted in terms of tongue root harmony. Shibatani (1990: 15) speculated that the Ainu opposition between o and u, a might have its origin in tongue root harmony. Since this remains unsure, I mark Ainu with the value (+/-). Ket lacks vowel harmony and so do Rukai and Mandarin, as such reflecting prototypical Austronesian and Mainland Southeast Asian behavior, respectively.

3. *Absence of r- restricted to initial position*

All Korean words with an initial liquid are borrowings: *latiwo* 'radio', *laisu* 'rice', *leymon* 'lemon', *lowuphu* 'rope' etc. Throughout the Transeurasian languages, the consonant r- is not allowed to occur word-initially, except in borrowings (e.g. J. *razio*, Even *radio*, Khal. *radio*, Tk. *radyo* 'radio'). This is also true for Kolyma Yukaghir. Although initial *r- is not reconstructed for proto-Uralic, Khanty is atypical in this sense. Ket lacks a phoneme /r/ altogether, so it gets a minus (-) because the absence of -*r* goes beyond initial position. Nivkh, Ainu, Mandarin and Rukai also have native words in initial *r-*.

4. *Presence of voicing distinction for stops*

In Contemporary and Middle Korean, stops display an opposition between lax (p), aspirated (ph) and tensed (pp), e.g. K. *pul* 'fire' vs. *phul* 'grass' vs. *ppul* 'horn'. Even if the lax stops become lightly voiced between voiced sounds, *pul* 'fire', there is no phonemic voicing distinction. Voicing distinction for stops in Japanese is a secondary development. In Old Japanese, voiced stops were still pronounced as prenasalized voiceless stops, so originally, Japanese lacked voicing distinction (J. *b, d, g, z* < OJ. *np, nt, nk, ns*). By contrast, Turkic, Mongolic and Tungusic languages share a voiced- voiceless opposition for stops, e.g. Tk. *tam* 'complete' vs. *dam* 'roof'. Khanty lacks voicing distinction for stops, a feature characteristic of proto-Uralic. Ket and Yukaghir display a voicing distinction, but languages to the extreme northeast such as Ainu, Nivkh and Chukchi do not. Mandarin, like Nivkh, has a distinction between aspirated and unaspirated stops, but lacks a voiced-voiceless opposition. Characteristic of most Austronesian languages, Rukai also displays voice distinction for stops.

3.2. Lexicon and semantics

5. *Preference for non-verbal strategy of (extra-family)*

verbal borrowing

When Korean borrows a foreign verb, say from English, it will go over a nominalized form of the verb and add a light verb such as *hata* 'to do'. Thus the English verbs *chat, click (a mouse)* or *jog* are borrowed as *chaythu hata, khullik hata* and *coking hata*. As far as the mechanisms for borrowing verbs across the languages of the world are concerned, most recipient languages can be roughly categorized into two distinct groups: borrowed verbs either arrive as verbs, needing no formal accommodation, or, they arrive as non-verbs and need formal accommodation (Wohlgemuth 2009). Korean, along with Turkic, Mongolic, and Japanese can be assigned to the second because their borrowings need formal accommodation by a suffix or a light verb: Tk. *klik-le-* and *klik et-* << English *click*; Khal. *zee-l-* << Mandarin *zhài* 'borrow, lend'; K. *coking ha-*, J. *zyogingu suru* 'to jog' << English jog; J. *demo-r-* << English *demonstrate*. The southern Tungusic languages also use verbalizers to accommodate borrowings, e.g. Ud. *tancewa-la-* << Russian *tancewa-t'* 'to dance' and Na. *voprosa-la-* << Russian *voproša-t'* 'to inquire, question'. The northern Tungusic languages, however, prefer to borrow verbs through direct insertion, e.g. Evk. *vypolńaj-* << Russian *vypolnja-t'* 'to fulfill, carry out'. Since we have no information about verb borrowing in the historical stages, I mark them with +/-. In contrast to the Transeurasian languages, Ainu, Sinitic languages such as Mandarin, Uralic languages such as Khanty and Austronesian languages such as Rukai show a strong preference for direct insertion, e.g. Mandarin *kaobei* << French *copier* 'to copy'. Yukaghir and Nivkh did not integrate any recognizable verbal borrowings from Russian or from other foreign languages into their lexicons.

6. *Inclusive-exclusive distinction in first person plural pronouns*

In contrast with Korean and Japanese, some Transeurasian languages such as the Tungusic languages and the Mongolic languages have an inclusive-exclusive opposition for their first person pronouns: they distinguish between exclusive 'we', excluding the addressee, i.e. 'I and others but not you' and inclusive 'we', including the addressee, i.e. 'I and possibly others and you'. The Middle Mongolian distinction between exclusive ba and inclusive bida is formally preserved in the Khalka oblique paradigm in the variation between formally exclusive *man-* and formally inclusive *bidn-*, but the functional distinction has been lost. In the Tungusic languages, however, the inclusive-exclusive opposition is generally well preserved, e.g. exclusive Ma. be, Evk. bu vs. inclusive Ma. muse, Evk. *mut ~ mit.* Old Turkic and most presently spoken varieties of Turkic distinguish between a first person plural (Tk./OT *biz* 'we') and an augmented plural form (Tk. / OT. *biz-ler* 'we (as a group)') denoting an isolated group of people, but contrary to what some linguists have suggested (e.g. Grönbech 1936: 81), this is not an inclusive-exclusive distinction. Nivkh and Rukai distinguish exclusive (Niv. *n'yŋ* Ruk. *-nai ~ nai-* (NOM)) from inclusive (Niv. *mer ~ mir;* Ruk. *-mita ~ ta-* (NOM)). Although Ainu personal affixes on the verb have inclusive-exclusive distinction, the first personal pronoun *aoka(i)* only has a single form. Khanty, Ket and Yukaghir lack inclusive- exclusive distinction. The distinction found in the first person plural pronouns between exclusive *wŏmen* and inclusive *zánmen* 'we' in Mandarin was not found in Old Chinese and developed under influence of Mongolian and Manchu during the Altaic rule.

7. *Property words are verbally and nominally encoded*

Cross-linguistically adjectives have no prototypical encoding strategy of their own: they will align themselves either with verbs or with nominals. An example of non-verbal encoding is English: it shows third person agreement on verbs, *he read-s*, but **he happies* is not available in the language. Korean, on the other hand has verbal encoding of adjectives: the encoding of *ilkta* 'to read' and *kipputa* 'to be happy' is identical. However, Korean also uses non-verbal property words, adjectival nouns which mostly occur in combination with *hata* 'do' as in *hayngpok hay-yo* '[he] is happy'. Since both the nominal and the verbal strategy is used, the encoding of property words in Korean is said to be mixed. Similarly, in Japanese some property words, such as J. *sizuka*, OJ. *siduka* 'quiet', J./OJ. *tasika* 'trustworthy' are encoded exclusively nominally, while others such as J./OJ. *taka-* 'to be high', J./OJ. *kata-* 'to be hard, tough' are essentially inflected in a similar way as verbs. In the Turkic, Mongolic and Tungusic languages, most property words are nominally encoded (e.g. OTk. *bädük*, Tk. *büyük* 'big, great; greatness', Ma. *den* 'high, tall; heigth', Evk. *gugda* 'high, heigth', WMo. *ulaVan*, Khal. *ulaan* 'red; redness, the red one'), but some are verbally encoded (OTk. *kat-* 'to be hard, firm, tough'; Tk. *büyü-* 'to be(come) large' ; WMo. *qala-*

'to be(come) warm'; Khal. *ayu:-* 'be afraid', Ma. *aka-* 'to be sad', Evk. *buli:-* 'to be sad'). Property words in Khanty and Ket are exclusively nominally encoded. In Yukaghir, Ainu, Nivkh, Mandarin and Rukai, however, property words are exclusively verbally encoded.

8. *Some property words exhibit switched encoding*

Generally, the mixed encoding of adjectives is split in the sense that most property words have only a single encoding option. In Korean *hayngpok* has nominal encoding and it cannot alternatively be inflected as a verb. There is no option to use **hayngpok-ayo.*

However, some doublets such as MK. *toso-* vs. MK. *toso* ho- 'to be warm'; MK. *·ha·ya* ho- vs. MK. *·huy-/ ·huy-* 'to be white'; MK. *·pha·la ho-* vs. MK. *phwulwu-* 'to be blue' exhibit traces of original switching, whereby the same property word can have both nominal and verbal encoding. Similar traces of switching are found in the other Transeurasian languages, especially in the earlier varieties, e.g. OT. *aè* 'hungry' / *ač-* 'to be hungry', OT. *keè* 'late, slow'/ *keè-* 'to be late, slow'; MMo. *bulqa* 'hostile; hostility' / *bulqa-* 'to be hostile'; Ma. *jalu* 'full'/ *jalu-* 'to be full', Ma. *sula* 'loose, free'/ *sula-* 'to be loose, be free'; MK. *toso-* vs. MK. *toso* ho- 'to be warm'; OJ. *taka* 'high' / *taka-* 'to be high', OJ. *opo* 'big / OJ. *opo-* 'to be big', etc. None of the neighboring languages, except Tundra Yukaghir, exhibits such behavior. There, two property words, i.e. *juku* 'small' and *t'ama* 'big' occur as noun modifiers without overt adnominalizers, e.g. *t'ama-d'ohoje* (big-sword) 'sabre' in addition to having a verbal encoding in e.g. the deverbal inchoative *t'ama-mu-* (be.big-INCH) 'to grow, become big' (Maslova 2003b: 14).

3.3. Morphology

9. *Morphology is agglutinative*

Korean is a typical agglutinative language. Agglutinative languages connect morphemes linearly in a way that there is a one on one relationship between a morpheme and its meaning, e.g. *cal mek-ess-sup-ni-ta* (well eat-PST-HUM-IND- DEC) 'I had a wonderful dinner'. The Transeurasian languages belong to a North Asian and European belt of agglutinative languages together with the Uralic languages, including Khanty and other languages of the Siberian area such as Ket, Yukaghir, Ainu and Nivkh. The Austronesian languages, including Rukai are agglutinative. Chinese is the only analytic language under examination.

10. *Inflectional morphology is predominantly suffixing*

Apart from some derivational prefixes in Korean such al K. *yel-* 'young, new' in *yel-cwungi* 'a chick out of its shell'; MK. s- intensive in MK. *ku·cit-* ˜ *skucit-* 'to scold', MK. *tih-* ˜ *stih-* 'to pound', etc.), prefixation is rare. This is also true for the other Transeurasian languages. As is the case for most Uralic languages, Khanty is strongly suffixing and so is Yukaghir. Nivk is considered to be weakly suffixing. In Ket, nominal inflectional morphology is strongly suffixing, whereas verb inflection is predominantly prefixing. In Ainu and Rukai, inflection makes use of both prefixes and suffixes. Probably due to Transeurasian influence, Mandarin is hard to assign unequivocally to either the isolating or weakly suffixing type, but Sinitic varieties in general tend towards the isolating pole.

11. *Absence of obligatory numeral classifiers*

Whereas the standard pattern in Middle Korean was to modify a noun with a preposed numeral, e.g. *twu kalh* (2 knife) 'two knives', the most common pattern in Contemporary Korean makes use of a classifier, e.g. *pus sek calwu* (writing. brush three CLAS) in which *calwu* denotes long objects with handles. However, the original pattern surfaces in expressions such as K. *twu nala* 'two countries' and the use of classifiers remains optional in Korean, e.g. *kalh hana-ka issta* (knife one-NOM be.present) 'there is one knife'. Whereas classifiers are obligatory in Contemporary Japanese, e.g. *enpitu san-bon* (pencil three-CLASS) 'three pencils', in Old Japanese numerals could be used with nouns, without intervening classifiers, e.g. OJ. *nana se* (7 rapid) 'seven rapids'. Turkic and Mongolic languages as well as most Tungusic languages do not make obligatory use of sortal numeral classifiers. In Tungusic, only Manchu has developed about 70 sortal numeral classifiers under Chinese influence, such as *fesin* which is used for objects equipped with a handle, e.g. *ilan fesin loho* (3 CLAS sword) 'three swords', but these are not obligatory in Manchu. *Loho ilan* (sword 3) 'three swords', for instance, is equally possible. Numeral classifiers are absent in Uralic languages such as Khanty as well as in Yukaghir and Ket. The use of classifiers is obligatory in Ainu, Nivkh and Mandarin, but optional in Rukai.

12. *Presence of mi-Ti opposition in first vs. second singular person pronouns*

Nichols (2012) observes that *m-T* pronominal paradigms with first person labial nasal m and second person apical or palatal obstruent *t, c, s,* etc. are much more common in northern Eurasia than elsewhere in the world. Janhunen (2013: 213) adds that there is a smaller group of *mi-Ti* languages extending from Uralic in the west, to Turkic, Mongolic and Tungusic in the east to Yukaghir in the north, in which not only the initial consonant but also the root vowel of the singular stems shows a basic similarity, in that it contains a non-low unrounded front vowel *i* or *e*. Although *m* is absent in the nominative first person singular in the Turkic, Mongolic and Tungusic languages, e.g. Tk. *ben,* OT. *ben,* Khal. *bii,* MMo. *bi,* Ma. *bi,* Evk. *bi;* it has developed in oblique forms in assimilation to the nasal oblique suffix -*n,* e.g. OT. *min-,* Khal. *min-ii* (GEN), MMo. *mi-nu* (GEN), Ma. *min-,* Evk. *min-.* The second person singular forms all reflect a voiceless dental T, i.e. Tk. *sen,* OT. *sen,* Khal. *cii,* MMo. *ci,* Ma. *si,* Evk. *si.* The Korean pronouns do not reflect mi-Ti opposition: among others they are first singular K./MK. *na* and second singular K./MK. *ne.* In Japanese, J. *watasi* and OJ. *wa* are among others used in the first singular, while a variety of contemporary pronouns and OJ. *na* are used in the second singular. Although the proto-Uralic first and second singular pronouns **mun* and **tun* reflect an *m-T* distinction (Janhunen 1982: 35), Khanty is deviant in having first singular *mä* and second singular *nöŋ.* In Yukaghir, however, the *mi-Ti* opposition is present in first singular *met* vs. second singular *tet.* The opposition is not found in Nivkh, Ket, Ainu, Chinese and Rukai.

13. *Formation of a secondary oblique stem of personal pronouns*

With the exception of Korean, the Transeurasian languages share a tendency of forming a secondary oblique stem of the personal pronouns by means of a nasal suffix *-n-.* In most contemporary Turkic languages, the nominative and oblique forms have merged, e.g. Tk. *ben* for the first singular nominative and oblique, but Old Turkic distinguishes the first singular nominative *ben* from the oblique stem *min-.* Similarly, the Mongolic and Tungusic languages derive oblique pronominal stems from the nominative roots through a nasal suffix, for instance in the first person plural pronouns MMo. *ba* (NOM) vs. *man-* (OBL) and Khal. *bid* (NOM) vs. *bidn-* (OBL) and in the first person singular pronouns Ma. *bi* (NOM) vs. *min-* (OBL), Evk. *bi:* (NOM) vs. *min-* (OBL). There are no oblique pronominal stems in Contemporary Japanese, but Old Japanese leaves traces of an oblique nasal suffix in some case forms, e.g. in the Eastern OJ. first person singular dative *wa-nu-ni* in alternation with Western OJ. *wa-ni.* Vovin (2005: 229-230) further found that an original Japonic pronominal oblique *-n-* is well supported by Northern Ryukyuan dialects where the first person pronoun uses *waa-* as the nominative and genitive base and extended *waN-* in the oblique cases. The oblique nasal suffix is an important element in the Uralic pronominal paradigm as well, e.g. the

Khanty first person pronoun *mä* (NOM) vs. *män-* (OBL). Ket, Yukaghir, Ainu, Nivkh and Mandarin, however, do not derive secondary oblique stems. Rukai derives secondary oblique stems of personal pronouns, but not with a nasal suffix *-n-*.

3.4. Syntax

14. *SOV (Subject-Object-Verb) sentence order*

Syntactically, Korean patterns with the Transeurasian languages in having typical SOV sentence order. Languages to the north such as Kanty, Yukaghir, Ket, Ainu and Nivkh are all SOV languages, while those to the southeast, such as Mandarin are virtually all SVO languages. Like most Austronesian languages, Rukai tends to be verb-initial, switching freely between VSO and VOS.

15. *Extensive use of converbs*

Korean is a converb-prominent language in the sense that it frequently uses converbs, also known as gerunds or adverbial participles, to mark adverbial subordination, e.g in K. *Kiho nun nol-ko ca-ss-eyo* (Kiho TOP play-CONV sleep-PST- FIN) 'Kiho played and (then) slept'. The Transeurasian languages all make extensive use of converbs. Khanty is rather an atypical Uralic language because it has only a single converb in *-min*, which is the least frequent nonfinite verb form. Yukaghir and Nivkh also use a variety of converbs to link clauses. Ainu, however, employs subordinating conjunctions. Ket has no converbs or serial verb constructions of any kind. In Mandarin, verbs or verbal phrases are merely juxtaposed, the relation between the items being largely unmarked. Rukai marks adverbial subordination through a variety of means such as subordinating conjunctions, changes in word order and nominalized verb forms.

16. *Use of locative existential construction to encode predicative possession*

Similar to the other Transeurasian languages, Korean shows a clear preference to express the concept "X has Y" on the basis of an existential sentence, whereby the possessed noun phrase functions as the grammatical subject of the 'exist'-predicate, while the possessor noun phrase is in a dative-locative case form. The expression 'I have a book', for instance can be expressed as K. *Na-hanthey chayk-i issta* (I-DAT book-NOM exist), but the possessor can also be construed as the topic of the noun phrase, e.g. Na-nun chayk-i issta (I-TOP book-NOM exist). This is also true for Japanese, which has *Watashi-ni hon-ga aru* (I-DAT book-NOM exist) and *Watashi-wa hon-ga aru* (I-TOP book-NOM exist). Locative existential constructions are also found in Turkic, Mongolic and Tungusic: Tk. *Ben-de bir kitab var* (I-LOC a book exist), Khalkha *Nad-ed nom bai-n'* (I-DAT book be-DUR), Evenki *Min-du: kniga bisi-n* (I-DAT book be-3SG) and Manchu *Min-de bithe bi* (I-DAT book be). Topic possessives in Japanese and Korean may have developed under influence of Chinese, since they represent the standard strategy in Mandarin. Ket, Nivkh and Rukai also use locational possessives. Khanty and Ainu encode possession by a transitive verb 'to have'. Yukaghir employs a conjunctional possessive.

17. *Use of the ablative case form to encode predicative comparison*

Korean commonly uses a comparative particle *pota* 'than' in comparative constructions such as in K. *kicha pota ppaluta* (train PT be.fast) 'faster than a train'. In literary Korean, however, the ablative marker eyse 'from' can be used, e.g. K. *i eyse te khu-n salang* (this ABL more be.big-ADN love) 'a greater love than this'. The other Transeurasian languages all form comparative constructions in which the standard noun phrase is constructed in the ablative case form, e.g. Tk. *bu araba-dan daha büyük* (this car-ABL more big) 'bigger than this car', Khal. *ene xun-ees iluu* (this person-ABL good) 'better than this person', Evk. *oron-duk gugda-tmar* (deer-ABL tall-COMP) 'taller than a deer', Ma. *ere niyalma ci sain* (this person ABL good) 'better than this person' and J. *chikyuu-yori omoi* (globe-ABL be.heavy) 'heavier than the globe'. Yukaghir and Ket also mark the comparative standard with the ablative case ending. In Khanty, the marker of comparison is a postposition *niŋə* 'since, from', which has ablative-like semantics but differs from the standard ablative case ending. In Nivkh, the comparative suffix -*yk* is traditionally considered as a separate case form. Ainu forms comparative constructions by means of the particle *kasuno* 'than'. In comparative constructions in Mandarin the standard noun phrase is constructed as the direct object of a verb 'to exceed'. In Rukai, a comparative construction is formed through partial reduplication (CVV) of the descriptive verb stem.

4. Analysis

4.1. Feature values

In Table 1, our languages are inserted as horizontal comparison points, while our 17 features serve as vertical comparison points. The presence, absence or uncertainty of a given feature in a given language is indicated in the corresponding cells with a plus (+), minus (-) or plus/minus (+/-) value, respectively. In the final row, the number of plus values is counted.

Table 1: Feature values for selected Transeurasian languages along with their historical stages and representative neighboring languages

Frequency worldwide		Tk.	(pre-)OT.	Khal.	(pre-)MMo.	Ewk.	(pre-)Ma.	K.	(pre-)MK.	J.	(pre-)OJ	Khan.	Ket.	Yuk.	Niv.	Ain.	Ch.	Ruk.
58%	01	+	+	+	+	+	+	+	+	+	+	+	-	+	+	+	-	+
10%	02	-	-	+	+	+	+	-	+	-	-	-	-	+	+	+/-	-	-
	03	+	+	+	+	+	+	+	+	+	+	-	-	+	-	-	-	-
61%	04	+	+	+	+	+	+	-	-	+	-	-	+	+	-	-	-	+
45%	05	+	+/-	+	+/-	-	+/-	+	+/-	+	+/-	-	-	-	-	-	-	-
31%	06	-	-	-	+	+	+	-	-	-	-	-	-	-	+	-	+	+
27%	07	-	+	-	+	+	+	+	+	+	+	+	-	-	-	-	-	-
‹27%	08	-	+	-	+	-	+	-	+	-	+	-	-	-	-	-	-	-
	09	+	+	+	+	+	+	+	+	+	+	+	+	+	+	+	-	+
43%	10	+	+	+	+	+	+	+	+	+	+	+	-	+	-	-	-	-
80%	11	+	+	+	+	+	+	+	+	-	+	+	+	+	-	-	-	+
‹13%	12	-	+	+	+	+	+	-	-	-	-	-	-	+	-	-	-	-
	13	-	+	+	+	+	+	-	-	-	+	-	-	-	-	-	-	+
40%	14	+	+	+	+	+	+	+	+	+	+	+	+	+	+	+	-	-
	15	+	+	+	+	+	+	+	+	+	+	-	-	+	+	-	-	-
20%	16	+	+	+	+	+	+	+	+	+	+	-	+	-	+	-	-	+
‹47%	17	+	+	+	+	+	+	+	-	+	+	-	+	+	-	-	-	-
	+	11	15	14	17	15	17	11	12	11	13	6	6	11	7	4	1	7

4.2. Delimitation of areality

When comparing the feature values for Transeurasian to those for the neighboring areas, most neighboring languages show stronger deviations from the prototype than do any of the investigated Transeurasian varieties. This suggests that it is meaningful to apply the concept of "areality" to the Transeurasian languages in the sense that they reflect a geographical concentration of linguistic features that sets them apart from most selected neighboring languages. Yukaghir shows more typological similarity with the Transeurasian prototype than do other neighboring languages. Note that for at least three of the examined features (i.e. 3. Absence of *r-* restricted to initial position; 12. Presence of mi-Ti opposition in first vs. second singular person pronouns, 15. Extensive use of converbs), Khanty yields a minus value, where the Uralic prototype would yield a plus value. This suggests that "areality" may also apply in a wider, but less coherent sense to a second belt of Transeurasian-Yukaghiric- Uralic languages.

4.3. Deviations from the Transeurasian type

Within the Transeurasian area, maximal coherence is found in the Mongolic and Tungusic languages (MMo. 17; Ma. 17; Khal. 14; Ewk. 15), with deviations from the prototype in Turkic in the west (OT. 15, Tk. 11) and in Japanese and Korean in the eastern periphery (MK. 12; OJ. 13; K. 11, J. 11).

Examples of prototypical Transeurasian features changing in the western periphery under Uralic influence are 2.

Transeurasian tongue root harmony, which aligns with the Uralic languages as palatal harmony in Turkic; 7. gradual loss of verbal encoding of property words — mirroring Uralic nominal encoding — as one proceeds from older to contemporary varieties and from Tungusic in the east to Turkic in the west and; 12. the secondary development of m-initials yielding an *mi-Ti* opposition in first vs. second singular person pronouns in Turkic, Mongolic and Tungusic.

Examples of prototypical Transeurasian features changing in Korean and Japanese in the east and aligning with the northeast Siberian area are 4. the lack voicing distinction in Korean and Old Japanese, in line with Ainu, Nivkh and Chukchi. Chinese features that seem to have diffused into Manchu, Korean or Japanese include 2. the development of simple tone systems in Japanese and Korean; 7. the relatively strong proportion of verbally encoded property words in Japanese and Korean in comparison to the other Transeurasian languages; 9. the increase of analytical features in Manchu in comparison to the other Tungusic languages; 11. the increase of sortal numeral classifiers in Manchu vis-à-vis the other Tungusic languages and in Japanese and Korean vis-à-vis older varieties of the languages; and 16. the development of topic possessives in Korean and Japanese.

4.4. Universally vs. historically motivated features

A simplistic interpretation of the observations would be to assert that the properties of the Transeurasian language type are universally so common that their parallel occurrence in several adjacent language families is coincidental. This is certainly not the case because the features are clearly concentrated in the Transeurasian area in contrast to neighboring areas. Moreover, the relatively low frequency of some features cross-linguistically indicates that the shared properties are not due to coincidental sharing of universally frequent features. Based on sampling in WALS and elsewhere, I am able to add an estimation of the cross-linguistic frequency for 13 features.

Four features are not very common (i.e. 5, 10, 14, 17) in the sense that they occur in less than half (50%) but more than a third (33%) of the languages worldwide. Six features are relatively uncommon in the sense that they occur in less than a third (33%) of the languages worldwide (i.e. 2, 6, 7, 8, 12, 16). Phenomena that are relatively infrequent and randomly spread across the world's languages but frequent and geographically concentrated in a specific group of languages provide evidence of a historical connection — be it areal or genealogical — between the languages concerned (Croft 1990: 206-207).

4.5. Diffused vs. inherited features

The affiliation of the Transeurasian languages remains debated, but even critics such as Janhunen (1996: 220) would agree that before the first millennium B.C. the homelands of the individual language families concerned were all located in a compact area in southern Manchuria, along with the homelands of Ainuic and Nivkh speakers.

Although some of the shared features discussed here, such as 6. inclusive-exclusive distinction in first person plural pronouns; and 12. mi-Ti opposition in first vs. second singular person pronouns are almost certainly contact-induced, others appear to be the residue of common ancestral features, as suggested by the following six observations.

1. *Geography: isolated position of Japanese*

Although the Sea of Japan and the Tsushima Strait form a strong geographical boundary separating Japanese from the other Transeurasian languages, Japanese is typologically closer to the Transeurasian languages than geographically less isolated languages such as Ket, Yukaghir, Ainu and Nivkh. Even within a prehistorical contact scenario, this suggests that the Transeurasian characteristics of Japanese are not exclusively diffused because Ainuic and Nivkh were also present in southern Manchuria and have less characteristics in common.

2. *History: historical varieties are more prototypical Transeurasian*

As the typological coherence seems to be greater for historical than for contemporary stages of the languages investigated, it is fair to say that Transeurasian areality has decreased over the last millennium. While influences diffusing from Chinese, Siberian and Uralic languages are demonstrably layered upon Transeurasian features, I find no evidence of

Transeurasian influence being layered upon earlier Chinese, Siberian or Uralic features. This suggests that Transeurasian features are inherent to these languages.

3. *Distribution: maximal coherence in peripheral Tungusic*

Maximal structural uniformity is found in the Mongolic and Tungusic languages. This distributional pattern conforms to the expectations for the Mongolic languages within a diffusional scenario, since they constitute the center of the linguistic continuum, but it is not what one would expected for the Tungusic languages, extending towards the northeastern periphery.

4. *Distribution: increase of features in Japanese*

The deviation from the prototype in the east reflects an en-bloc reduction of features or even a slight increase for Old Japanese as we proceed from Korean to Japanese. Within a scenario of gradual diffusion of features, we would expect that the plus values in Japanese would be lower than in Korean. It is further difficult to explain how some Transeurasian features, such as the oblique pronominal stems in 13 could show a gap in Korean, having diffused into Japanese without Korean intermediary.

5. *Isomorphism: shared features combine with formal correspondences*

The observation that some structural features shared among the Transeurasian languages combine with a formal correspondence of the marker reflecting the particular feature is also indicative of genealogical retention. This is for instance the case for 5. the non-verbal strategy of verbal borrowing employing a deverbal noun suffix of the common shape *-*lA*- (Tk. -*lA*-, Khal. -*l*-, Ud. -*lA*-, J -*r(a)*-) to accommodate for verbal borrowings and 13. the formation of a secondary oblique stem of personal pronouns through a common suffix *-*n*- in all Transeurasian languages except Korean. In instances like these in which shared features combine with formal correspondences, the shared feature is likely to be genealogically motivated.

5. Conclusion

In this paper, I have argued that the Korean language shares a number of structural features with the Transeurasian languages. Therefore, we can consider Korean as a language of the Transeurasian type. Compared the geographical distribution of 17 features in Korean and the Transeurasian languages to that of neighboring languages outside the area, it becomes possible to set up boundaries which delimit the Transeurasian type in an areal sense. It is therefore meaningful to apply the concept of "areality" to the Transeurasian languages in so far that these languages reflect a geographical concentration of linguistic features that sets them apart from the non-Transeurasian neighboring languages.

Although it is meaningful to apply the concept of "areality" to Korean and the Transeurasian languages, the concentration of linguistic features does not imply that all shared properties are the result of diffusion. Observations relating to geography, history, distribution, and combined formal correspondences suggest that a certain number of features may be inherited from a common ancestor.

• Abbreviations

a) Linguistic forms

ABL	ablative
ACC	accusative
ADN	adnominalizer
CLASS	classifier
COMP	comparative
CONV	converb
DAT	dative
DUR	durative
FIN	finite
GEN	genitive
HON	honorific
INCH	inchoative
LOC	locative
NOM	nominative
OBL	oblique
PL	plural
PST	past
PT	particle
SG	singular
TOP	topic

b) Languages

Ain.	Ainu
Ch.	Mandarin Chinese
Evk.	Evenki
J.	Japanese
K.	Korean
Khal.	Khalkha
Khan.	Khanty
Ma.	Manchu

MK.	Middle Korean
MMo.	Middle Mongolian
Niv.	Nivkh
WMo.	Written Mongolian
OJ.	Old Japanese
OT.	Old Turkic
Ruk.	Mantauran Rukai
Yuk.	Yukaghir

⊞ References

Bulatova, Nadežda Ja. & Grenoble, Leonore A. 1999. *Evenki.* (Languages of the World/Materials 141.) Munich : Lincom.

Croft, William 1990. *Typology and universals.* Cambridge : Cambridge University Press.

Erdal, Marcel 2004. *A grammar of Old Turkic.* Leiden : Brill.

Filchenko, Andrey Yury 2007. *A grammar of Eastern Khanty.* Houston : Rice University PhD. Dissertation.

Frellesvig, Bjarke 2010. *A history of the Japanese language.* Cambridge : Cambridge University Press.

Georg, Stefan 2007. *A descriptive grammar of Ket (Yenisei-Ostyak) Part 1: Introduction, Phonology, Morphology.* Folkestone : Global Oriental.

Göksel, Aslï & Kerslake, Celia 2005. *Turkish. A comprehensive grammar.* London : Routledge.

Gorelova, Liliya 2002. *Manchu grammar.* Leiden : Brill.

Grönbech, Karl 1936. *Der Türkische Sprachbau.* Kopenhagen : Levin & Munksgaard.

Gruzdeva, Ekaterina 1998. *Nivkh.*(Languages of the World Materials111). Munich : Lincom.

Hashimoto, Mantaro 1986. "The Altaicization of Northern Chinese." In: McCoy, John & Light, Timothy (eds.) 1986. *Contributions to Sino-Tibetan Studies.* Leiden : Brill, 76-97.

Janhunen, Juha 1982. "On the structure of proto-Uralic." *Finnisch-ugrische Forschungen* 44, 23-42.

Janhunen, Juha 1996. *Manchuria. An ethnic history.* (Mémoires de la Société Finno-Ougrienne 222.) Helsinki : Suomalais-Ugrilainen Seura.

Janhunen, Juha 2012. *Mongolian.* (London Oriental and African Language Library 19.) Amsterdam : John Benjamins.

Janhunen, Juha 2013. "Personal pronouns in Core Altaic." In: Robbeets, Martine & Cuyckens, Hubert (eds.) 2013. *Shared Grammaticalization : with special focus on the Transeurasian languages* (Studies in Language

Companion Series 132.) Amsterdam : Benjamins, 211-226.

Johanson, Lars & Robbeets, Martine 2009. "Introduction." In: Johanson, Lars & Robbeets, Martine (eds.) 2009. *Transeurasian verbal morphology in a comparative perspective : genealogy, contact, chance.* (Turcologica 78.) Wiesbaden : Harrassowitz, 1-5.

Lee, Ki-Mun & Ramsey, Robert 2011. *A history of the Korean Language.* Cambridge : Cambridge University Press.

Li, Charles N. & Thompson, Sandra A. 1989 *Mandarin Chinese : a functional reference grammar.* Berkeley : University of California Press.

Frellesvig, Bjarke 2010. *A history of the Japanese language.* Cambridge : Cambridge University Press.

Kaiser, Stefan; Ichikawa, Yasuko; Kobayashi, Noriko & Yamamoto, Hirofumi 2001. *Japanese : A comprehensive grammar.* London : Routledge.

Ko, Seongyeon 2012. *Tongue root harmony and vowel contrast in Northeast Asian languages.* New York : Cornell University Ph.D. dissertation.

Martin, Samuel Elmo 1988. *A reference grammar of Japanese.* Tokyo : Tuttle.

Martin, Samuel Elmo 1992. *A reference grammar of Korean.* Tokyo : Tuttle.

Maslova, Elena 2003a. *A Grammar of Kolyma Yukaghir* (Mouton Grammar Library 27.) Berlin : Mouton de Gruyter.

Maslova, Elena 2003b. *Tundra Yukaghir* (Languages of the World/Materials 372). Munich: Lincom.

Nichols, Johanna 2012. "Selection for m: T pronominals in Eurasia." In: Johanson, Lars & Robbeets, Martine (eds.) 2012. *Copies versus cognates in bound morphology.* (Brill's Studies in Language, Cognition and Culture 2.) Leiden : Brill, 47-70.

Nikolaeva, Irina 1999. *Ostyak.* (Languages of the World/Materials 305.) Munich : Lincom.

Norman, Jerry 1988. *Chinese* (Cambridge Language Surveys.) Cambridge : Cambridge University Press.

Poppe, Nicholas 1964. "Der altaische Sprachtyp." In: Spuler, B. & al. (eds.) 1964. *Mongolistik* (Handbuch der Orientalistik 5.2.) Leiden : Brill. 1-16.

Rickmeyer, Jens 1989. "Japanisch und der altaische Sprachtyp. Eine Synopsis struktureller Entsprechungen." *Bochumer Jahrbuch zur Ostasienforschung*

12, 313-323.

Robbeets, Martine 2005. *Is Japanese related to Korean, Tungusic, Mongolic and Turkic?* (Turcologica 64.) Wiesbaden : Harrassowitz.

Robbeets, Martine 2014. "The Japanese inflectional paradigm in a Transeurasian perspective." In: Robbeets, Martine & Bisang, Walter (eds.) 2014. *Paradigm change in the Transeurasian languages and beyond.* (Studies in Language Companion Series 161.) Amsterdam : Benjamins, 197-232.

Robbeets, Martine (forthcoming). "Japanese, Korean and the Transeurasian languages." In: Hickey, Raymond (ed.) *The Cambridge handbook of areal linguistics* (Cambridge Handbooks in Language and Linguistics.) Cambridge : Cambridge University Press.

Rybatzki, Volker 2003. "Middle Mongol." In: Janhunen, Juha (ed.) 2003. *The Mongolic languages.* London : Routledge, 57-82.

Shibatani, Masayoshi 1990. *The languages of Japan.* (Cambridge Language Surveys.) Cambridge : Cambridge University Press.

Sohn, Ho-min 1994. *Korean.* London : Routledge.

Street, John 1957. *The language of the Secret History of the Mongols.* New Haven : American Oriental Society.

Tamura, Suzuko 2000. *The Ainu language.* (ICHEL Linguistic Studies 2.) Tokyo : Sanseidō.

Vajda, Edward J. 2004. *Ket.* (Languages of the World/Materials 204.) Munich : Lincom.

Vovin, Alexander 2005. *A descriptive and comparative grammar of Western Old Japanese. Part 1 : sources, script and phonology, lexicon, nominals.* (Languages of Asia 3.) Folkestone : Global Oriental.

Vovin, Alexander 2009. *A descriptive and comparative grammar of Western Old Japanese. Part 2 : adjectives, verbs, adverbs, conjunctions, particles, postpositions.* (Languages of Asia 8.) Folkestone : Global Oriental.

Weiers, Michael 1966. *Untersuchungen zu einer historischen Grammatik des präklassischen Schriftmongolisch.* Bonn : Rheinischen Friedrich-Wilhelms-Universität Ph.D dissertation.

Werner, Heinrich. 1997. *Die ketische Sprache.* Wiesbaden : Harrassowitz.

Wohlgemuth, Jan 2009. *A typology of verbal borrowings*. (Trends in Linguistics. Studies and Monographs 211.) Berlin : Mouton de Gruyter.

Zeitoun, Elizabeth 2007. *A grammar of Mantauran* (Rukai). (Language and Linguistics Monograph Series A4-2.) Taipei : Institute of Linguistics, Academia Sinica.

■

On the Chinese Transcriptions of Northeastern Eurasian Languages*

Focusing on Imun (吏文) on the Korean Peninsula and
Hànliwén (漢吏文) in the Yuan (元) Dynasty

Kwang Chung

Professor Emeritus of Korea University, Korea

1. Introduction

Many civilizations in Northeastern Eurasia, especially those neighboring China, have lived under the influence of Chinese culture and further accommodated it for several thousand years. These civilizations suffered from continuous Chinese invasions and the subsequent enormous inflow of Chinese culture that took place. Even though sometimes these civilizations actually conquered China and assumed political

* This is a revised and extended version of a keynote speech presented at the opening of the 16th Japanese/Korean Linguistics Conference that was held in Kyoto on October 7th, 2006.

control, their own cultures were assimilated to or absorbed into the powerful Chinese culture.[1] The Korean Peninsula, which is located in the eastern part of Eurasia and neighbors China, was in this exact situation.

China is a country occupying a huge territory in eastern Eurasia. Although this area was habitat of many different civilizations, China built a unified country on this territory a long time ago, and formed its peculiar mixture of culture by accommodating the cultures of other civilizations and blending them with its own. China innovated its own culture by this process of accommodation, and as a result, Chinese culture of the ancient period became globalized. Thus, in the eastern part of Eurasia, Chinese culture surpassed other cultures in the ancient period.

The influence of Chinese culture compelled other civilizations to borrow and use the Chinese writing system, Chinese characters(漢字), to transcribe their own languages. These characters are ideograms and were developed to transcribe Chinese, which is an isolating language. The use of Chinese characters did not cause any troubles when it came to transcribing the languages of civilizations in China that were also of the isolating type. Furthermore, since Chinese characters were

---

1) For example, after conquering China, the Mongolians founded the Yuan(元) dynasty and the Manchurians founded the Ch'ing (淸) dynasty. In both instances, they governed China for a long period and enforced their own culture on the Chinese, but the Chinese culture absorbed only some parts of their culture and the traditional Chinese culture remained intact. However, the Mongolian and Manchurian cultures assimilated into the Chinese culture, and furthermore, in the case of the latter, they assimilated into the Chinese culture even in their motherland.

ideograms, the transcriptions of many languages could be unified even though they may have had a different phonemic system. We use the generic term '漢文 (Chinese writing)' to refer to these transcriptions using Chinese characters.

2. Chinese language (漢語) and Chinese composition (漢文)

漢文 (Chinese composition) refers to the transcription of the Chinese language using ideograms, called Chinese characters (漢字). Following linguistic classification, 漢語 (Chinese language), is a spoken language and Chinese composition is a written language. For all natural languages, it is typically assumed that a spoken language comes first, followed by a written language to record it. When a spoken language is recorded with a writing system, the transcription commonly shows inconsistencies with the spoken language because of several limitations inherent in writing. Furthermore, since a written language undergoes its own internal changes, further differences also develop with the spoken language over long periods of time. After being born as a written language to record spoken Chinese, Chinese composition also underwent such changes.

One thing to note here is that it is hard to define the identity of Chinese language. First, since Chinese underwent historical changes for several thousand years, it has a very different linguistic shape depending on each historical period. Secondly, Chinese has many regional dialects. In fact, the differences between many of these strains of Chinese go above and beyond regional dialect. Furthermore, the official language (公用語) used in the Zhōngyuán, 中原, area, was replaced by the language of the ruling race of China or by the regional dialect of a political center at certain times. Thus, the definition of Chinese composition as the written language recording Chinese with Chinese characters is inevitably vague.

When we talk about '漢文 (Chinese classics),' this usually refers to Gǔwén, 古文, of the pre-Qín (先秦) period. In general, the Chinese writing of early Confucian scriptures including Sìshū Sānjīng, 四書三經, is referred to as an archaic style, Gǔwén and this written language was based on the language of Luòyàng, 洛陽, the capital city of Dōng Zhōu, 東周 (East Zhōu).[2] The official language of the Zhōu(周) period, which was called 'Yǎyàn, 雅言,' had been the language of scholarity and literature until pre-Qín, and it was the administrative language of the Zhōu (周) dynasty. Gǔwén was formed as a written language with a simple and suggestible style for documentation and communication.[3]

---

2) B.Karlgren(高本漢, 1940) divided changing phases of Chinese language into several periods as Antique Chinese (太古 漢語) in the period before Shíjīng, 『詩經』, Archaic Chinese, (上古 漢語) in the period after Shíjīng, until Dōng Hàn, 東漢, Ancient Chinese (中古 漢語) from the period of Liùzhāo, 六朝, to the end of Táng, 唐, Early modern Chinese (近古 漢語) in the period of Sòng dynasty, 宋朝, and Old Mandarin (老官話) in the period of Yuan-Ming, 元明, dynasty (Jiang, 1994).

3) The written language of Archaic Chinese, Gǔwén, 古文, was formed on the basis of philosophers' scholarly works such as Lànyu, 『論語』, Mèngzi, 『孟子』, Zhuāngzi, 『莊子』, Xúnzi, 『荀子』 and Hánfēzi, 『韓非子』 written in the pre-Qín (先秦) period, and it progressed to theses in Zhìāncè, 『治安策』 and Guòzòulùn, 『過秦論』 written by Guyì, 賈誼, and to descriptions in Chūnqiūzuoshìchuán, 『春秋左氏傳』 written by

However, Gŭwén, 古文, changed in accordance with the passing of different eras. During the period of Chūnqîuzhànguó, 春秋戰國時代, the language of each country changed independently, and after the unification of the Qín (秦) dynasty, the language used in Chàngān, 長安, emerged as a new official language. This new language, usually called 'Tōngyǔ, 通語,' challenged the authority of 'Yāyàn, 雅言,' which had been the official language of Zhōngyuán, 中原, area of China. Gŭwén which was the language of Confucian scriptures, was used very conservatively (as was common with the scriptures of other religions), so it remained impervious to such changes. Thus, although Tōngyǔ could not replace the language of Confucian scriptures, it progressed to the language of literary works. The newly developed written language based on Tōngyǔ, which added fanciness to the simplicity and suggestibility of Gŭwén, showed increased fanciness during the Liùzhāo, 六朝, period. The Chinese writing of this style is referred to as 'Biànwén, 變文.'

Some scholars claim that Biànwén, 變文, started from the translation of Buddhist scriptures after the mid-Táng (唐) dynasty. While translating Sanskrit into Chinese, people were influenced by its very different grammar, and Buddhist monks in particular used Tōngyǔ different from the 'Yāyàn, 雅言' of Gŭwén in their lecturing. When the Buddhist doctrines were taught among people, mixed forms of verse with melody as well as prose explaining the doctrines were often used. Consistent with this, Biànwén has the characteristics of both

---

Zuoqiūming, 左丘明 and in Shiji, 『史記』 written by Sïmǎqiān, 司馬遷, during the Hàn (漢) dynasty.

verse and prose. Whereas Gǔwén is simple and succinct, and has an isolating grammatical structure, Biànwén is extremely fancy and decorative because it was mainly used in a variety of forms in poetry, essays, novels and the likes, developed during the Táng (唐), Sòng (宋), and Yuán (元) dynasties.[4]

However, Biànwén, 變文, also appeared in the Chinese transcriptions of other civilizations in the same era, who tried to transcribe their own language with Chinese characters. The reason for this was because they did not follow the grammar of Gǔwén, 古文, to transcribe their own languages. This kind of Biànwén appeared in the Chinese transcriptions of Northeastern Eurasian Altaic languages. For example, Hóngmài (洪邁, 1123~1201) who went to Huìníng, 會寧 (present day Jílín, 吉林), as a diplomatic representative of the Jin (金) dynasty in the period of South Sòng (南宋) reported that when the children of Khitan, 契丹, read Chinese poetry (漢詩), they read it in accordance with the word order of Jurchen, 女眞語, similar to Korean Itumun (吏讀文). According to Hóngmài, 洪邁,'s anecdote, he could not stop laughing when a vice-envoy Wángbu, 王補, who welcomed him read one verse of 'Title of Li's Seclusion (題李凝幽居)' written by Gudǎo, 賈島, in the Táng (唐) period. The line in question – "鳥宿池中樹 僧敲月下門" was

---

4) About twenty thousand books were discovered in the stone room in the thousand Buddha's cavern(千佛洞 石室) located in Dùnhuáng, Gānsùsheng (甘肅省 敦煌), China in 1899 (清 光緒 25年). Among them, many copies written in 'Biànwén, 變文' are included, which seem to be textbooks for lecturing Buddhist scriptures. These are materials of the so-called Dùnhuáng Biànwén, 敦煌 變文, the latest of which was written between the golden age of Táng (盛唐, the late 8th Century) and AD. 977 (宋 太宗 2年). Thus, it seems that Biànwén developed after the mid-Táng dynasty.

read as "月明裏和尙 門子打 水底裏樹上老鴉坐." Interestingly, there is a record indicating that Wángbu, 王補, is a Khitan (契丹人) born in Jinzhōu, 錦州 (『夷堅志』「丙志」第18 '契丹誦詩' 條).5)

This kind of Khitan's recital poem (契丹誦詩) is of course not classified as Biànwén. Rather, this is more like Korean Itumun (吏讀文), so even though it was written in Chinese characters, it might have been read in Jurchen, 女眞語. During that period, China and its neighboring races recorded their various languages with Chinese characters, and there seem to be many types of Biànwén, which did not correspond with the sentential structures of Gǔwén.

As mentioned earlier, many Biànwén, which were developed after the mid-Táng (唐) dynasty deviated slightly from Gǔwén, but their basic grammatical structure is based on the archaic language (上古語) of China, Gǔwén. However, since the influence of Tōngyǔ, 通語, was widespread during the Suí (隋) and Táng (唐) dynasties, a new type of written language was developed based on the spoken language, and it was

---

5) Whilecomparing"月明裏和尙門子打 水底裏樹上老鴉坐—while the moon is shining, a Buddhist monk beats a door, and a raven sat on the tree in the bottom of water —" with the corresponding Mongolian sentences "saran-du xooŝang egüde toγ sixu-du naγur taxi modun-du xeriy-e saγumui", Ching (1997) claimed that even though the expressions written in strange Chinese word order sounded very funny to the diplomatic representative to China, Hóngmài, 洪邁, this kind of sentential structure is natural to Khitanes (契丹語), and also, it fits with that of Mongolian. If Korean word order had been identical to that, Korean Itumun (吏讀文) would also have been considered as one of these variant forms of strange Chinese. This aspect results from the difference between Chinese with its isolating grammatical structure and Khitanese writings (契丹文) and Itumun with their agglutinative structures.

called 'Báihuà, 白話,' or 'Báihuàwèn, 白話文.' This new written style, which was more colloquial, was mainly used for prose, but it also became in part the language of literature. During the Táng and Sòng (宋) dynasties, Confucian scripts written in Gǔwén were annotated with this colloquial written style.[6]

This situation changed substantially during the Yuan (元) dynasty. The rulers of this dynasty used Mongolian, which has an agglutinative grammatical structure, and the language of Beijing, 北京, which was very different from the official language of Táng. Furthermore, Sòng, 宋, became a new official language of Yuan. This language was a very different Chinese from the traditional language of Gǔwén and the later language of Biànwén. The spoken language used in the Beijing area during the Yuan dynasty was Hànéryányǔ, 漢兒言語, influenced by Mongolian. The written language transcribing this spoken language with Chinese characters was called Hànliwén, 漢吏文, by the peoples of Goryeo (高麗人) and Joseon (朝鮮人) who had to learn to use it.

In this paper, I will inquire into the Hànliwén of the Yuan dynasty, which has yet to receive much scholarly interest. I will also introduce Imun (吏文), which was used from the late Goryeo (高麗) period on the Korean peninsula. Imun is very similar to Hànliwén in the sense that it was used to transcribe the Korean language with Chinese characters in accordance

---

6) The beginning of this kind of annotation of the Confucian Scripture goes back to *Shísānjīngzòushū*, 『十三經奏疏』written by Zhèngxuán, 鄭玄, in the late Hān (後漢) period, but the annotation of the Scriptures written in the Tōngyu, 通語, of the Táng-Sòng (唐·宋) period was mainly accomplished by Zhūzi, 朱子.

with Korean word order. The study of Korean Imun has been completely neglected, largely because its study specifically requires the comparison with the Hànliwén of the Yuan dynasty. Furthermore, the understanding of Chinese Hànliwén is only possible when we admit the existence of Hànéryányǔ, 漢兒言語, which was the official language of the Beijing area during the Yuan dynasty. However, the existence of this language has been ignored by China and by the scholarly pursuits of Chinese linguistics.

3. Hànéryányǔ, 漢兒言語, and Hànliwén, 漢吏文, of the Yuan dynasty

3.1. Hànéryányǔ, 漢兒言語

One of the most notable events in the history of Chinese is that the language recognized as official changed to that of Beijing in the North after the Yuan (元) dynasty was established by Mongolia. When Kubillai Khan (忽必烈汗) founded the capital city in Yenching, 燕京, present day Beijing, many different languages were used in that area since the Chinese and many other civilizations around Northeastern Eurasia were competing for governance. After Mongolia exercised dominance over this area around the early 13th century, Chinese which appears to have been mixed with Mongolian became widely used. This language is Hànéryányǔ, 漢兒言語, which has been called 'a directly translated style of

Mongolian (蒙文直譯體)' or 'an administrative style of Chinese composition (漢文吏牘體).7)' This language was markedly different from 'Yāyàn, 雅言,' and 'Tōngyǔ, 通語,' to the extent that they were not mutually comprehensible.

Kim et al. (2002: 369-370) introduced how this kind of language started to be used by means of citing The Documents of Ambassador Xǔ's Journey, 『許奉使行程錄』written by Xǔkángzōng, 許亢宗, of the North Sòng (北宋) dynasty, who went to the coronation ceremony of Táizōng, 太宗, Jin, 金, as a congratulating envoy in 1125 (宣和 7年). While reporting that "there is a record saying that when Khitan, 契丹, was a strong country, many peoples from different areas migrated into this area, and as a result, many cultures were mingled and they

---

7) 'Hànéryányǔ, 漢兒言語,' which was first introduced to the world by the current author, was the colloquial common language of the Beijing area in the Yuan (元) dynasty. During the period of the Yuan dynasty, Goryeo set up 'the School of Spoken Chinese (漢語都監)' in which this language was taught (Chung, 1988), and Lao Qida, 『老乞大』, and PǒTōngshì, 『朴通事』, which were the textbooks for this language were edited. Recently, Lao Qida which is assumed to have been published during the Taejong (太宗) period of Joseon (朝鮮) was discovered, and the current author proposed that this book was the textbook for learning Hànéryányǔ, and that it was the original copy (Chung, 2002, 2004). The discovery of the Original Lao Qida,『原本老乞大』and the claim that it is the textbook for Hànéryányu might have come as a great shock to many scholars in China and Japan studying the history of Chinese. In a series of papers (Chung, 1999, 2000, 2003b, 2004a,b), I made repeated claims for the existence of Hànéryányu of the Yuan dynasty and its textbook, which was already mentioned by Choi Sejin, 崔世珍, during the period of Jungjong, 中宗, of Joseon. Nowadays, this claim seems to be accepted as truth by many scholars studying the history of Chinese (Kim et al., 2002). Chung (1999) was presented in Tokyo in Japanese, Chung (2000) was presented in Seoul in Korean, Chung (2003b) was presented at ICKL in Turkey, and Chung (2004b) was presented in Beijing in Chinese.

could not communicate with one another. However, by using 'Hànéryányǔ, 漢兒言語' they started to communicate(『三朝北盟會編』Vol. 20), the author of Kim et al. (2002) pointed out that many peoples who moved into this area communicated with one another using Hànéryányǔ. In fact, many civilizations who gathered around the Beijing area from Northeastern Eurasia used Hànéryányǔ as a kind of Koinē,[8] and this was a very different Chinese from Tōngyǔ which was based on the language used around Chángān, 長安, the former official language of Zhōngyuán, 中原.

Hànéryányǔ, 漢兒言語, was not a language the same as those previously mentioned in the discussion of 'Khitan's reading poem (契丹誦詩)' that follows Mongolian word order and uses Mongolian case markers and endings. But in Chung (2004a, b), I treat it as a kind of creole and Kim et al. (2002) also refer to it as 'broken Chinese used as a savage's language (胡言漢語).[9]' During the Yuan(元) dynasty, this language was

---

8) Koinē(Κοινη) was the common language of the Greek empire which conquered the Mediterranean area after the period of Alexander the Great, and it is based on the Attica dialect. Since then, the term Koinē has been used to refer to the common language of an empire.

9) While referring to 'the savage's language of Chinese(胡言漢語),' Kim et al. (2002: 370-371) wrote that "when people of South Sòng (南宋) use the terms 'Hànrén, 漢人' or 'Hàner, 漢兒,' these always refer to Chinese people under the governance of the northern Jin (金) dynasty. Thus, 'Hànyǔ, 漢語' also refers to the Chinese used in the north. However, it seems that the language sounded strange to people of South Sòng. In Xiàngshānyǔlù, 『象山語錄』(卷下) written by Lùjiuyuān, 陸九淵 (1139~93), who was a famous philosopher of South Sòng, and in the article of Rev. Huángbòzhiyīn, '黃檗志因禪師' in *Wǔdēnghuìyuán*, 『五灯會元』(vol. 16), which is a collection of biographies of Buddhist Zen monks, the term 'the savage's language of Chinese (胡言漢語)' was used to refer to funny and strange speaking styles."

used as the official language in the negotiation between Goryeo (高麗) and China. Thus, after the foundation of Yuan, Goryeo set up the 'the School of Spoken Chinese (漢語都監)' especially to teach this language.[10)]

Although Mongolia ruled the country during the Yuan dynasty, this was achieved by means of supervising the Chinese ruling class, the Han race (漢人), who in turn controlled the common Chinese people.[11)] Therefore, the Chinese needed to write reports for the Mongolian supervisors, and the written language used in those reports was not Gǔwén, 古文, but a newly formed written language based on Hànéryányǔ. This newly formed written language has been called 'an administrative style of Chinese composition (漢文吏牘體),' or 'the directly translated style of Mongolian (蒙文 直譯體),' and is described by Kim et al. (2002: 372) as follows:

> "Even though the royalty of Jin, 金, could speak some spoken Chinese (漢語), the royalty or nobility of Mongolia in general did not know Chinese, and indeed they never

---

10) I refer readers to Chung (1988 1990) for the foundation and management of 'the School of Spoken Chinese (漢語都監)' and 'the School of Administrative Chinese Composition (吏學都監)' in the Goryeo (高麗) dynasty.

11) During the Yuan(元) dynasty, Mongolian officials were dispatched to each ministry (省) in order to supervise Chinese officials. For example, there is a record of '中書省 奏過事內 件' in *Yuándiǎnzhāng* 『元典章』(1320), saying that even though Mongolian officials called 'Zháluhuāchì, 札魯花赤, Shoulingguàn, 首領官, Liùbùguàn, 六部官, and Bidūchìrén, 必闍赤人' were supposed to supervise Chinese officials in the Ministry of the Capital City (大都省), they were lazy at showing up for work, so the king issued a royal order urging them to go to the office early and to leave work late. Here, the term 'Zháluhuāchi, 札魯花赤' refers to "Mongolian Government Official (Duànshìguān, 斷事官)."

even considered learning it. Thus, there was a need to record important matters such as the orders of Khan, 汗, in Mongolian, which was Khan's language. It seems that for such purposes, 'Hànéryányŭ, 漢兒言語' was the most simple and accurate means of transcription. If formal Chinese or Chinese classics (古文 or 白話文 etc.) were used to translate it, semantic translation processes would be required and as a result, that would inevitably result in the meaning being distorted. Furthermore, the people who needed to read it were 'Chinese people' such as Khitan (契丹人), Jurchen (女眞人), etc., using 'Hànéryányŭ.' Thus, 'Hànéryányŭ' changed from a spoken language to a written language. The Chinese writing, known as '蒙文直譯體', 'the directly translated style of Mongolian' refers to this." (Translation author's own)

However, such claims are seriously flawed in that they ignore the fact that the written language reflected Hànéryányŭ, 漢兒言語, which really existed as a colloquial language during that time. In a series of papers (Chung, 1999, 2000, 2003b, 2004a.b), I argued that a variety of Chinese which mixed Hànéryányŭ with Mongolian really existed as a kind of Koinē, and that 'the directly translated style (蒙文直譯體)' is the documentation of this colloquial language. I also claimed that 'the administrative style (漢文 吏牘體)' refers to a literary style of the written language mainly used in judicature and administration, which was newly formed based on spoken Chinese at that time.

The second Khan (汗) of the Mongolian empire, Ogotai, 窩闊台, gave a royal order[12] that the sons and siblings of Mongolian secretaries learn 'Hànéryányǔ, 漢兒言語' and its documents, and that the sons and siblings of Chinese public servants learn Mongolian. The purpose of the order was to facilitate communication between Chinese and Mongolian officials in the use of translations and written language forms.

3.2 Hànliwén (漢吏文) and Hànwénlidútǐ (漢文吏牘體)

Tanaka (1962) classifies the written style language which is based on Hànéryányǔ, 漢兒言語, a spoken language of the Yuan dynasty, into 'the direct translated style (蒙文直譯體)' and 'the administrative style (漢文吏 牘體).' He claims in the beginning of his paper that:

> "The style of documents included in the *Yuándiǎnzhāng*, 『元典章』, that is *The Documents of National Systems and Holy Governments of the Great Yuan Dynasty*, 「大元聖政國朝典章」 in full name, can be mainly divided into two types: the administrative style (漢文吏牘體) and the direct translated style (蒙文直譯體). The former is the literary style for judicial documents which were completed by

---

12) This royal order of Ogotai Khan is recorded in *Xījīnzhì*, 『析津志』(『析津志輯佚』, 北京古籍出版, 1983) which is a geography of Beijing and issued in 1233 (元 太宗 5年). He ordered the founding of a school called 'Sìjiàodú, 四教讀' in Yenching, 燕京 (the capital city of Yuan), in which 18 siblings of Mongolian Bidūchì, 必闍赤, and 22 siblings of Chinese people were going to live together, and to teach 'the missives written by Hànéryányu (漢兒言語·文書)' to Mongolian siblings and Mongolian and archery to Chinese siblings. It seems that the term 'Hànéryányu, 漢兒言語' refers to a colloquial language of Chinese at that time and 'Wénshū, 文書' refers to a written language called Hanliwén (漢吏文). Refer to Kim et al. (2002).

secretaries working in the legal system and administration. In contrast, the latter refers to a literary style that was used by translators in converting Mongolian judicial documents into Chinese, and it originated in the special situation of the Yuan dynasty in which China was governed by Mongolian. The direct translated style was nothing but a temporary name, and it also referred to a type of Chinese writing which used Chinese characters. Unfortunately, the sentences of *Yuándiǎnzhāng*, 『元典章』 are thought of as very abstruse since the two literary styles are different from normal Chinese writings, and as a result, in spite of a wealth of historical records, we could not make full use of them (Tanaka, 1962:47)." (Translation author's own)

Even though claims have been made that the administrative style (漢文吏牘體) originated from North Sòng, 北宋, and that the directly translated style (蒙文直譯體) was born during the Yuan dynasty, I believe that the latter is actually the direct transcription of Hànéryányŭ, 漢兒言語, a spoken language of the Beijing area during the Yuan dynasty, and the former refers to a form of written language developed from the latter. Although Yoshikawa (吉川幸次郎, 1953) was not aware of the existence of Hànéryányŭ, he accurately described the situation of that period while mentioning the literary style of *Yuándiǎnzhāng*, 『元典章』, the representative work of Lidúwén, 吏牘文, in the Yuan dynasty:

…かくきわめて僅かではあるが、あたかも元曲の白のごとく、口語の直寫を志した部分が存在する。なぜこれらの部分たけ口語を直寫しよ

うとするのか。それは恐らく、いかなる言語に誘導されての犯罪である
かが、量刑に關係するからであり、その必要にそなえる爲であろうと思
われるが、要するに吏牘の文が、必要に応じてはいかなる言語をも受容
し得る態度にあることを、別の面から示すものである。...―[in　元典章]
Even though they are few, some parts do exist that
transcribe the spoken language, including the case of 'bài,
白' of 'Dramas of the Yuan dynasty, <元曲>'.[13] It can be
assumed that since what language was used to induce a
crime was relevant to the verdict, the actual spoken
language needed to be used in preparation for such cases.
In short, this displays the attitude that the sentences
written in Lidú, 吏牘, can accommodate any kind of
language for any purpose.

This statement indicates that when the Lidúwén, 吏牘文 of
Yuan, 元 was used in legal documents, spoken languages were
transcribed as they were, regardless of what languages were
used, in order to fully grasp the truth from a criminal's confession
or from an accusation at trial.[14] The spoken language mentioned

---

13) Yoshikawa (1953) claimed that in *Yuándiǎnzhāng*, 『元典章』, most of the records in
which writers tried to record the conversations between people involved as they were
can be found in the Ministry of Justice section (刑部), but some of them appeared
in the Ministry of Tax section (戶部).

14) Yoshikawa(1953) presented some examples of cases in which the colloquial language
is recorded as it was in *Yuándiǎnzhāng* and one of them is as follows. In
Yuándiǎnzhāng 『元典章』(「殺親屬」第5), it is recorded that according to the
interrogation of a criminal who killed his wife, on June 12th, 1312 (皇慶　元年),
Huòniúér, 霍牛兒, who moved to Chízhōu county (池州路), Dōngliú province (東流
縣) because of a famine fought with Yuéxiīn, 岳仙, who was his begging partner and
Huòniúér was beaten by him. Seeing this, his wife said "你喫人打罵。做不得男子漢。
我每日做別人飯食 。被人欺負。 ―You are beaten by others and blamed. You are not
qualified as a man. Since everyday I beg others for food, they call me an idiot―,"

here refers to Hànéryányǔ, 漢兒言語, which was used in the Beijing area as Koinē, and this spoken language was temporarily referred to as the direct translated style (蒙文直譯體) in the Lidúwén of the Yuan dynasty. However, scholars of later generations have interpreted these temporary terms used by Yoshikawa (1953) and Tanaka (1961) as if those literary styles really existed. This misheld belief results from their ignorance as to the existence of Hànéryányǔ.

What I want to argue here is that 'the administrative style (漢文吏牘體)' which was used for judicature and administration in the Yuan dynasty should be considered as 'Hànliwén, 漢吏文.' That is to say that even though Japanese scholars have claimed that 'the administrative style' and 'the direct translated style (蒙文直譯體)' are kinds of Chinese 'Biànwén, 變文,' they really refer to transcriptions of the spoken language in the Liwén, 吏文 of the Yuan dynasty. In particular, the Chinese 'Liwén' which was developed from the Yuan dynasty, that is 'the administrative style,' has been called 'Hànliwén, 漢吏文' to distinguish it from the Korean Imun (吏文) used on the Korean peninsula during the Joseon (朝鮮) dynasty.[15)]

---

so he killed his wife. The sentences in this record are written in a colloquial style of writing, so it is different from Gǔwén, 古文, as well as the formal style of an administrative style (漢文吏牘體). Actually, the style of those sentences is identical with that of the Original Lao Qida,『原本老乞大』which the author introduced as the data of Hànéryányu, 漢兒言語. The direct translated style (蒙文直譯體) refers to Hànéryányu, which was used in the Beijing area as an actual colloquial language. Refer to Chung (2004a).

15) According to an article in 'The Preface of Direct Translated Tóngzixí (直解童子習序)' of Seongsammun (成三問), Hànliwén, 漢吏文, was taught in Seungmunwon (承文院) in order to write diplomatic documents in the early Joseon period, and Sayeokwon

Until now, the fact that the written style language of Lidútî, 吏牘體, in Yuan had a different literary style from Gǔwén, 古文, namely Hànliwén, 漢吏文, has been overlooked. However, one of the facts indicating that Hànliwén really existed is that the Translation Service Examination of Chinese, Hanlikwa (漢吏科) existed until the early Joseon (朝鮮) dynasty, which was an exam system testing Hànliwén. The article of Sejong's Authentic Records, 『世宗實錄』(vol. 47, Sejong 12th 庚戌 Mar.) recorded the guideline for tests, the purpose of which was to recruit government officials issued by Sangjeongso (詳定所) and this includes precise testing methods of Hanrikwa. According to the guidelines, the texts required for the testing of Translation Service Examination of Chinese, Hanlihak (漢吏學) included 'Shū, 書, Shī, 詩, Sìshū, 四書, Luzhāidàxué, 魯齋大學, Zhíjiéxiǎoxué, 直解小學, Chéngzhāixiàojīng, 成齋孝經, Shǎowēitōngjiàn, 少微通鑑, Qiánhòuhàn, 前後漢, Lìxuézhǐnán, 吏學指南, Zhōngyizhíyán, 忠義直言, Tòngzixí, 童子習, Dàyuàntōngzhi, 大元通制, Zhizhéngtiàogé, 至正條格, Yùzhídàgào, 御製大誥, Piao Tongshi, 朴通事, Lao Qida, 老乞大, the Register of Diplomatic Records (事大文書謄錄), and other composition

---

(司譯院) took charge of interpretation by learning a colloquial language, namely Hànéryányu, 漢兒言語. According to the introduction of this article, saying that "…自我祖宗事大至誠 置承文院掌吏文 司譯院掌譯語 專其業而久其任 … 一… Since the time of our ancestors, we have taken diplomacy very seriously, so Seungmunwon was founded to take charge of Liwén, 吏文, and Sayeokwon was founded to take charge of the interpretation of languages. Thus, the work became easier and the positions remained for a long time (Translation author's own)…," Sayeokwon took charge of interpretation by learning a colloquial language, and in Seungmunwon, people learned Liwén, that is Hànliwén. The translation of the excerpt is based on Hong (1946).

(製述 奏本・啓本・咨文),' and these texts must have constituted the materials used for teaching Hànliwén.

Among those texts, '*Shū*, 書, *Shī*, 詩, *Sìshū*, 四書' are written in the Gǔwén of the pre-Qìn (先秦) period, and Piao Tongshi, 『朴通事』and *Lao Qida*,『老乞大』must have been the textbooks for learning Hànéryányǔ, 漢兒言語. The rest of them must have been the textbooks used for learning Hànliwén, 漢吏文. I will briefly describe each of these textbooks.

First of all, *Lǔzhǎidàxué*,『魯齋大學』refers to *Dàxuézhíxié*, 『大學直解』which is the third volume of Lǔzhǎiyíshū,『魯齋遺書』 edited by Xuhéng, 許衡, in Yuan and this seems to be a translated version of *Dàxué*, 『大學』 in Hànéryányǔ. *Chéngzhǎixiàojing*, 『成齋孝經』 refers to *Xiàojingzhíxié*, 『孝經 直解』 written by Beitíngchéngzhāi, 北庭成齋 of the Yuan dynasty.[16] *Dàyuàntōngzhi*, 『大元通制』 is a book containing comprehensive records of the judicial system of the Yuan

---

16) *Chéngzhǎixiàojing*, 『成齋孝經』 is mentioned in AKS ((精文研, 1986:484) as "The book written by Chénqióng, 陳璔, of Ming, 明. It was written to educate children (Translation author's own)." Therefore, it was claimed in footnote 3 of Chung et al. (2002:18) that "*Chéngzhǎi xiàojing*, 『成齋孝經』 is the translation of *Zhíxièxiàojing* 『直解孝經』of the Yuan dynasty into the Beijing language of that time achieved by Chénqióng, 陳璔 (his pen name, 號 is Chéngzhāi, 成齋) of the Ming dynasty. ... Refer to AKS (精文研, 1986)." However, that claim was found to be incorrect. In fact, *Zhíxièxiàojing* 『直解孝經』 was written by Beitíng Chéngzhāi, 北庭成齋 (小雲 石 海涯, 自號 酸齋, 一名 成齋) in the Yuan dynasty, and according to *Xiàojingzhíxié*, 『孝經直解』 which was handed down in Japan, the title is '新刊全相 成齋孝經直解.' At the end of the book, it is recorded as '北庭成齋直說孝經 終,' and at the end of the introduction, it is written as '小雲石海涯 北庭成齋自敍.' This represents a mistake made in several papers by the author, that was caused by citing AKS (精文研, 1986). I sincerely apologize to readers for this.

dynasty from the foundation of the dynasty to during Yányòu (延祐年間, 1314~1320). In 1312 (皇慶 1年), Rénzōng, 仁宗, ordered Āsǎn, 阿散, to edit a book collecting judicial cases taking place from the foundation of Yuan, and this books was completed in 1323 (至治 3年). This is the only systematic code of law completed during the Yuan dynasty.

Zhìzhèngtiáogè, 『至正條格』 is the edited version of *Dàyuàntōngzhì*, 『大元通制』 which was complied during 1346 (至正 6年) in the Yuan dynasty. Tàizu, 太祖, of the Ming (明) dynasty distributed '*Yùzhìdàgào*, 御製大誥' 74 articles in October, 1385 (洪武 18年), which was a book of law based on criminal cases committed by officials and people, and this was used for correcting the bad customs of the Yuan dynasty. In the following year, 'The Sequel of *Yùzhìdàgào* (御製大誥續編)' 87 articles (vol. 1) and 'The third of *Yùzhìdàgào*, (御製大誥三)' 47 articles (vol. 1) were published for the same purpose. *Yùzhìdàgào*, 『御製大誥』 is used as a collective term referring to all of them.

The Register of Diplomatic Records, 『事大文書謄錄』 is a collection of documents detailing communications between Seungmunwon, 承文院, of the Joseon dynasty and the Chinese royal court (朝廷). According to the articles of *Sejong's Authentic Record*, 『世宗實錄』(vol. 51, 世宗 13年 1月 丙戌, 同 vol. 121, 世宗 30年 8月 丙辰) and *Tanjong's Authentic Record*, 『端宗實錄』(vol. 13, 端宗 3年 1月 丁卯), these were transcribed once every five years and printed once every ten years for publication (Chung et al., 2002).

Thus, '*Luzhāidàxué*, 魯齋大學, *Zhìjiéxiǎoxué*, 直解小學,

Chéngzhāi-xiàojing, 成齋孝經, *Shǎowēitōngjiàn,* 少微通鑑, *Qiànhòuhàn,* 前後漢' are translations of scriptures and history books including '*Dàxué,* 大學, *Xiǎoxué,* 小學, *Xiàojing,* 孝經, *Tōngjiàn,* 通鑑, *Qiànhànshū,* 前漢書 and *Hòuhànshū,* 後漢書' into *Hànéryányǔ,* 漢兒言語. '*Lìxuézhǐnán,* 吏學 指南, *Zhōngyizhiyan,* 忠義直言, *Dàyuàntōngzhi,* 大元通制, *Zhizhèngtiàogé,* 至正條格, and *Yùzhidàgào,* 御製大誥' are written in Hànliwén, 漢吏文, which was the new written language of the Yuan dynasty known as 'the administrative style (漢文吏牘體).' Among these, '*Lìxuézhǐnán,* 吏學指南' was a reference book for learning Hànliwén.[17] Inaddition, '*Zhōngyizhiyan,* 忠義直言, *Dàyuàntōngzhi,* 大元通制, *Zhizhèngtiàogé,* 至正條格, *Yùzhidàgào,* 御製大誥' are books similar to the previously mentioned *Yuándiǎnzhāng* 『元典章』. In other words, these were books collecting administrative documents such as the laws, the Imperial edicts and memorials to the Throne of the Yuan dynasty. '*Lao Qida,* 『老乞大』 and *Piao Tongshi,* 『朴通事』' are textbooks for learning the spoken language Hànéryányǔ as I mentioned before.

---

17) For *Lìxuézhǐnán,* 『吏學指南』, I refer readers to Chung et al. (2002b). Lìxuézhǐnán edited by Xúyuánruì, 徐元瑞, in 1301 (元 大德 5年) was re-published in Kyeongju (慶州) of Joseon around 1458 (世祖 4年), which is in the collection of Kyujanggak (奎章閣), and the photoprint version of this book is released in Chung et al. (2002b) with detailed explanations and indexes.

4. Imun (吏文) and Itumun (吏讀文) of the Korean Peninsula

On the Korean peninsula, Imun (吏文) was developed to be used in official judicial and administrative documents, imitating the Hànliwén, 漢吏文, developed during the Yuan (元) dynasty. However, since Imun was mingled with the Itumun (吏讀文) of the later period, it became impossible to distinguish between them. Furthermore, after the discovery of *Old Translated Inwanggyeong,*『舊譯仁王經』 in the mid-70s, which represented important data regarding Seokdok Gugyeol (釋讀口訣), the confusion worsened since the difference between Gugyeolmun (口訣文), and the others was not clear.

I have explained the reasons why Itumun needs to be distinguished from Imun. On the Korean peninsula, a literary style to transcribe official documents was developed in the same way as Chinese Hànliwén. There has been no research as to when Joseon Imun (朝鮮 吏文)[18] became the official written language for administrative documents. However, based on the assumption that Joseon Imun was formed under the influence of Hànliwén, it can be assumed that it became the official written language around the late Goryeo dynasty or the early Joseon dynasty.

After Imun became the official written language, all administrative documents were considered effective only when they were written in Imun. According to the record "出

---

18) It is not confirmed yet whether Imun existed in the Goryeo period. Thus, Joseon Imun is tentatively compared with Hànliwén.

債成文...諺文及無證筆者 勿許聽理" written in the Ministry of Tax, 「戶部」 of *Sygyojipram*, 『受教輯錄』(1698), bonds were considered void if they were written in the Korean alphabet (諺文), or when there was no witness of the contract, or when it was unclear who wrote it.

We can confirm the fact that Imun was distinguished from Itumun considering the article below, quoted from Sejo's Authentic Record, 『世祖 實錄』.

吏曹啓 吏科及承蔭出身 封贈爵牒等項文牒 皆用吏文 獨於東西班 五品以下告身 襲用吏讀 甚爲鄙俚 請自今用吏文 從之—The Ministry of Administration (吏曹) reported that "the officials recruited through the Government Examination for Office (吏科) all used Imun in the documents for bestowing appointment, but the civil and military officials ranked lower than the fifth grade habitually used Itu (吏讀), so it was considered contemptible and vulgar. Thus, we ask them to use Imun from now on." It was granted....

Imun (吏文) mentioned here refers to the written language used in administrative offices during late Goryeo and early Joseon based on Hànliwén, 漢吏文. Itu (吏讀) refers to the recording of Korean with Chinese characters on the basis of their sound or meaning.

A typical example of Joseon Imun appears in *The Great Teacher of Imun*, 『吏文大師』(henceforth <*Isa*, 吏師>) edited by Choi Seijin, 崔世珍, in the Jungjong (中宗) period. This was nothing but a textbook for Joseon Imun (comparable with Hànliwén, which was edited by Choi Sejin, an expert in

Hànliwén.

Since the Imun of the early Joseon period was based on the literary style of Hànliwén, it was different from Itumun (吏讀文). The Chinese writing which was mainly used in administrative documents and which had peculiar formats and used specific idiomatic expressions shown in *Isa*, <吏師> was called Imun. Interestingly, the specific idiomatic expressions used in Imun were borrowed from Itumun.

Most of the idiomatic expressions introduced in the introductory part of *Isa*, <吏師> were written in Itu. For example, '右謹言所志矣段' is an idiomatic expression usually used in the beginning of Soji, 所志, (petition or written accusation). This expression is written in accordance with Korean grammatical structure and contains Itu such as 'etan, 矣段,' meaning roughly "what I would like to humbly mention is." Also, the phrase '右所陳爲白內等 (what I would like to say hereafter is)' is an idiomatic expression used at the beginning of official documents and contains Itu such as 'hasapnetan, 爲白內等.'

The Chinese writing style which uses an abundance of four letter phrases (四字成句) such as those listed above is a characteristic of Hànliwén and Joseon Imun imitated this style. Yoshikawa (1953) mentioned that a stylistic characteristic of Hànwén Lidù, 漢文吏牘, of *Yuándiǎnzhāng*, 『元典章』is 'strain,' and pointed out two factors which cause that kind of strain, as below.

ⓐ Four letter phrases (四字句), or rhythm based on their modification.
ⓑ Frequent use of terms which are peculiar to Lidù, 吏牘, including certain kinds of colloquial lexical items.[19]

Considering this observation, it seems that Joseon Imun in the same way as Hànliwén, also had stylistic rhythm caused by using four letter phrases (四字句) and used colloquial expressions. Furthermore, this writing preserved the authority of official documents and invoked strain by using frequent idiomatic expressions which were only used in Imun. This is due to the fact that Joseon Imun imitated the literary style of Hànliwén.

The format of Imun was still maintained until late Joseon, but the use of the writing style of Itu increased. I came across an old document which confirms this claim, the petition for postponement of examination (陳試 所志) written by Hyeon Kegeun, 玄啓根, which is included amongst old documents kept by the Hyeon family (川寧 玄氏家), a reputable family of interpreter officials. According to the content of this petition (所志) written in October, 1744, even though Hyeon Kegeun passed a previous interpreter examination, he could not take

---

19) Yoshikawa(1953) summarized the characteristics of Hànliwén, 漢吏文 including the following: "元典章中の漢文吏牘の文體は、(1) 古文家の文語と文法の基本をおなじくしつつも、古文家の文語のごとく 藝術的緊張をめざさない。(2) しかも吏牘の文をしての緊張をめざす。(3) 緊張を作る要素としては ⓐ 四字句 もしくはその變形を基本とするリズムⓑ ある種の口語的語彙をふくむ 吏牘特有の語の頻用、(4) しかしその緊張は、容易に弛緩をゆるすのであって、往往、更に多くの口語的要素を導入して、緊張をやぶる。(5) さればといつて緊張を全く くずし去ることはない。" These stylistic characteristics can also be applied to Joseon Imun.

the second examination (譯科 覆試) which was going to be held the following year because of the death of his father, so he asked for permission to take the exam at a later date.[20]

Original text:
譯科初試擧子喪人玄敬躋[21]
右謹言所志矣段 矣身今甲子式年譯科初試 以漢學擧子入格矣 五月
分遭父喪是如乎 依例陳試 事後考次立旨 成給爲只爲 行下向敎是事
禮曹 處分 手決 依法典
甲子 十月 日 所志[22]

This Imun contains the idiomatic expression "右謹言所志 矣段" used at the beginning of all administrative petitions (所志), and also other idiomatic expressions such as "矣身, 是如乎, 立旨[23], 爲只爲, 行下向敎是 事" written in Itu or Imun.

---

20) I refer readers to Chung(1990:210) for explanations of the first examination (初試) and the second examination (覆試) of the government examination for interpreter officials (譯科), and what happened to the Japanese interpreter Hyeon, in applying for this examination and his postponement of the examination because of his father's death.

21) Hyeon, 玄敬躋 is 玄啓根, Hyeon Kyegun's childhood name (Chung, 1990).

22) Translation:Hyeon,玄敬躋, who passed the preliminary examination for recruiting interpreters and also a mourner. What I want to ask for is that even though I took the preliminary examination for recruiting interpreters of the stated examination for Chinese language and passed, I would like to postpone taking the follow-up exam based on the precedents because my father passed away in May. Please make an order to issue a document verifying this for me.
The Minister for Examinations (禮曹) handled this and left his signature.
The petition (所志) written in October, 1744 (甲子).

23) '立旨' is an idiomatic expression usually used in documents for slavery or registration of land etc., and it refers to an addition (附記) saying that an administrative office verifies the petition written in 所志. Examples: 本文段 失於火燒是遣 立旨一張乙 代數 爲去乎 (the registrational document for land of the Kim family of Andong, 安東 金俊

Thus, Joseon Imun (朝鮮吏文) was formed under the influence of Hànliwén, 漢吏文. Joseon Imun was formed based on Itumun (吏讀文) which progressed from the Hyangchal (鄉札) of Shilla (新羅) in the same way as Hànliwén was formed based on Hànéryányŭ, 漢兒言語, which is also known as the so-called 'the directly translated style of Mongolian (蒙文直譯體),' and it also accommodated the literary style of Hànliwén.

Joseon Imun was the only official written language of Joseon until the royal order that Hangeul could be used in official documents was issued. It is frustrating that not many researchers have been interested in the study of Joseon Imun, which was the only official written language for many years.

5. Conclusion

In this paper, I have discussed the relationship between Hànliwén, 漢吏文, developed after the Yuan dynasty and Imun (吏文) which was the official written language for administrative documents in Joseon. I have claimed that Hànliwén was a written language form based on 'Hànéryányŭ, 漢兒言語' which was a Koinē used by Northern Eurasian races migrating to the Beijing area during the Yuan dynasty. Hànéryányŭ was a kind of creole composed of a mixture of Chinese with its isolating grammatical structures and

---

植 宅), 各別 立旨成給爲白只爲 行下向敎是事 (海南 尹泳善 宅 <所志>) Chang (2001: 432).

languages of other races with their agglutinative grammatical structures. It was mainly used in judicial and administrative documents. Thus, I put emphasis on the fact that Hànéryányǔ was a written language very different from the well-known Gǔwén, 古文.

I also argued that on the Korean peninsula, Imun was born after the late Goryeo (高麗) dynasty under the influence of Hànliwén of the Yuan dynasty and used for the judicial system and administration. Even though Imun was formed based on Chinese Hànliwén, and Itu (吏讀) were used for the transcription of lexical items including some special idiomatic expressions and proper nouns, the distinction between them was clear in the earlier period. However, since Korean Imun accommodated Itumun (吏讀文), which recorded Korean in accordance with Korean word order just like Hànéryányǔ, 漢兒言語, which was the basis of Chinese Hànliwén accommodated agglutinative grammatical structures, the distinction between Imun and Itumun became blurred in the later period.

I think the fact that Imun followed the Korean word order to such a degree that it is often confused with Itumun even though it was originally formed based on Chinese Hànliwén, renders Imun as an important and influential area of Korean study. More interest and more research are surely in demand for Korean Imun.

🕮 References

AKS, 1986. *The translation of the annotation of 'Gyeonggugdaejeon* (經國大典)'. Seoul: The academy of Korean studies-Research center of liberal arts. 〔精文研: 韓沽劤 *et al.* 『經國大典 註釋編』. 서울: 韓國精神文化硏究院 人文硏究室.〕

Chang, 2001. *Dictionary of Reading Itu Materials*. Seoul: Hanyang Univ. Press Center. 〔장세경. 『이두자료읽기사전』. 서울: 한양대학교 출판부.〕

Ching, 1997. "About the characteristics of Khitane characters." *The characters of Asian races*, ed. by Gugyeolhakhoi (口訣學會). Seoul: Taehaksa Press. 〔清格泰爾, 關於契丹文字的特點." 『아시아 諸民族의 文字』(口訣學會 編). 서울: 태학사.〕

Chung, 1988. *Studies of Japanese College of Sayeokwon, Official Interpreters' School in Joseon Dynasty*. Seoul: Taehaksa. 〔『司譯院 倭學 研究』. 서울: 太學士.〕

Chung, 1990. *The study on the examination system for interpreters during the Joseon dynasty*. Institute of Big east-Asian culture (Seonggyungwan Univ.), Seoul. 〔拙著: 『朝鮮譯科試券硏究』. 서울: 大東文化硏究院(成均館大學附設).〕

Chung, 1999. "The Chinese of the Yuan dynasty and the old edition Lao Qida." *Research on the Chinese linguistics* (Waseda Univ.). Vol. 19-3. 〔拙稿: "元代漢語の〈舊本老乞大〉." 『中國語學 開篇』(早稻田大學 中國語 學科). 제19호 3.〕

Chung, 2000. "The old editions of 'Nobakjiplam (老朴集覽)' and 'Lao Qida (老乞大)', 'Piao Tongshi (朴通事)'." *Jindanhakbo* (Jindanhakhoi). Vol. 89. 〔拙稿: "〈老朴集覽〉과〈老乞大〉,〈朴通事〉의 舊本." 『震檀學報』(震檀學 會). 제89집.〕

Chung, 2002. "A Study on Nogeoldae by Analyzing some Dialogue Situations in its Original Copy." Gregory K. Iverson ed. *Explorations Linguistics.* Seoul: Hankook Publishing Co., pp. 31~49

Chung, 2003a. "The accommodation of Chinese characters and the changes of

Korean transcriptions with Chinese characters on the Korean peninsula." *Gugyeolyeongu* (Gugyeolhakhoe). Vol. 11. 〔拙稿: "韓半島에서 漢字의 受容과 借字表記의 變遷."『口訣研究』(口訣學會). 제11호.〕

Chung, 2003b. "The Establishment and Changes of 'Nogeoldae (老乞大)'." *Pathways into Korean Language and Culture*. ed. by Lee Sang-Oak, Iverson Gregory K., Ahn Sang-Cheol and Yu Young-mee Cho, Seoul: Pagijong Press.

Chung, 2004a. *The translation and annotation of 'Original Lao Qida* (原本老乞大)'. Seoul: Kimyoungsa. 〔拙著:『역주 原本老乞大』. 서울: 김영사.〕

Chung, 2004b. "The textbooks for Chinese and its education during the Joseon dynasty-with the case of Lao Qida-." *The situations about teaching Chinese in foreign countries* (Beijing Foreign Language Univ.). Vol. 5. 〔拙稿: "朝鮮時代的 漢語教育與教材-以〈老乞大〉爲例-."『國外漢語教學動態』北京外國語大學). 總第5期.〕

Chung, 2005. "Establishment and Change of Korean Pronunciation of Chinese Characters." *Lingua Humanitas*. Vol. 7, pp. 31~56. 〔朝鮮漢字音의 成立과 變遷."『인문언어』(국제언어인문학회). 제7집. pp. 31~56〕

Chung, 2006. *The Peoples of Hunmin-Jeongeum*. Seoul: J&C. 〔『훈민정음의 사람들』. 서울: 제이앤씨〕

Chung, 2009a. "The Vowels of hP'a gs-pa Script and the Middle Sound Letters of Hunmin-Jeongeum, Korean Hangul (論八思巴文字的母音字與訓民正音的中聲)." The hP'a gs-pa Script: Session of Genealogy, Evolution and Influence. The 16th World Congress, The International Union of Anthropological and Ethnological Science. Kunming, China, July 27~31

Chung, 2009b. *Studies of Mennguzhiun*. Seoul: Bakmunsha. 〔『몽고자운 연구』. 서울: 博文社.〕

Chung, 2011. "On the Vowels of hP'a gs-pa Script and the Middle Sounds of Hunmin-Jeongeum.", *Linguistic Thesis* (Dept. of Linguistics, Tokyo University). Vol. 31. pp. 120. 〔鄭光.〈蒙古字韻〉"喩母のパスパ母音字と訓民正音 の中聲."『東京大學言語學論集』(東京大學 言語學科). 제31호〕

Chung *et al*. 2002a. *The Original Lao Qida*. (Translation, Original text and its photoprint and the indexes for pronunciations). Beijing: The Publishing Co. of the education and study of foreign languages. 〔정광 외: 鄭光主編-

編者 梁伍鎮, 鄭丞惠. 『原本老乞大』(解題, 原文, 原本影印, 倂音索引). 北京: 外語教學與硏究 出版社〕

Chung *et al.* 2002b. *Lixuézhǐnán* (吏學指南). Seoul: Taehaksa Press. 〔정광 외, 정승혜, 양오진 공저. 『吏學指南』. 서울: 태학사〕

Hong, 1946. *The history of progress of 'Jeongeum* (正音).' Seoul: Seoul Newspaper Press. 〔洪起文: 『正音發達史』. 서울: 서울新聞社出版局〕

Jiang, 1994. *The introduction to the studies of modern Chinese.* Beijing: Beijing Univ. Press. 〔蔣紹愚. 『近代漢語硏究槪況』. 北京: 北京大學出版社〕

Kalgren, Bernhard. 1964. *Grammata Serica Recensa.* Stockholm: Museum of Far Eastern Antiquities.

Kim *et al.* 2002. *Lao Qida—The textbook of Chinese conversations in the mid-Joseon dynasty.* Toyoubunko 699. Tokyo: Heibunsya Press. 〔金文京 外: 金文京, 玄幸子, 佐藤晴彦 譯註, 鄭光 解說. 『老乞大-朝鮮中世の中國語誨化讀本-』. 東洋文庫 699. 東京: 平凡社.〕

Lee, 1992. *'Itu (吏讀)' in the Goryeo dynasty.* Seoul: Taehaksa Press. 〔李丞宰, 『高麗時代의 吏讀』. 서울: 太學社.〕

Miyazaki, 1987. *History of Government Examination of China.* Tokyo: Heibunsya. 〔宮崎市定. 『科擧史』. 東京: 平凡社〕

Nagasawa, 1933. "On the Chéngzhaixiàojingzhìjié published in the Yuan Dynasty." Philology (Japanese school of philology). Vol. 1-5. (later re-published in 'The study of the editions of the Song and Yuan dynasties.' the volume 3 of 'the collection of the essays of Nagasawa') 〔長澤規矩也. "元刊本成齋孝經に關して." 『書誌 學』(日本書誌學會). 第1卷第5號 (이 논문은 후일 『長澤規矩也著作 集』 제3권 「宋元版の研究」에 수록됨.)〕

Nam, 1980. "Gugyeol (口訣) and To(吐)." *Korean linguistics* (The school of Korean Linguistics). Vol. 9. (later re-published in Nam (1999)) 〔南豊鉉, "口訣과 吐." 『국어학』(국어학회). 제9호. 남풍현(1999)에 재록되었음.〕

Nam, 1999. *The Study of 'Kugyeol' for the history of Korean.* Seoul: Taehaksa Press. 〔南豊鉉. 『國語史를 위한 口訣硏究』. 서울: 太學社.〕

Oda, 1953. "About the language of Lao Qida." *Essays on the studies of Chinese linguistics.* Vol. 1. 〔太田辰夫. "老乞大の言語について." 『中國語學研究會 論集』. 第1號〕

Oda, 1954. "About Hànéryányǔ language." *Kobe Foreign Language Univ.'s collection of essays*. Vol. 5-3. 〔太田辰夫. "漢兒言語について." 『神戶外大論叢』. 5-3.〕

Oda・Sato, 1996. *The original edition of 'Xiàojīngzhíjié.'* Tokyo. 〔太田辰夫, 佐藤晴彦. 『元版孝經直解』. 東京: 汲古書院〕

Poppe, Nicholas. 1954. *Grammar of Written Mongolian*. Wiesbaden: Otto Harassowitz.

Rin, 1987. "The origin of Beijing Mandarin." *Chinese language and writings*. Beijing: Chinese language and writings Publishing Co. 〔林燾. "北京官話溯源." 『中國語文』(中國語文雜誌社). 1987-3, 北京〕

Ryu, 1983. *The study of 'Itu' in the period of three kingdoms*. Pyeongyang: Science, Encyclopedia Press. 〔劉烈. 『세 나라 시기의 리두에 대한 연구』. 평양: 과학백과사전출판사〕

Street, J. C. 1957. *The Language of the Secret History of the Mongols*. Connecticut: New Haven.

Tanaka, 1961. "About the relation between the style of 'Méngwézhíyìti' and 'Báihua." *The literary style of 'Yuándiǎnzhāng'*. Toyoshikenkyu. vol. 19-4. (this paper is also included in 'The literary style of 'Yuándiǎnzhāng') 〔田中謙二. "蒙文直譯體における白話について." 『元典章の文體』(校正本 元典章 刑部 第1冊 附錄)〕

Tanaka, 1962. "The relation between 'Yuándiǎnzhāng' and the sentences of 'Méngwénzhíyìti'." Touhoukakuho. Vol. 32. (this paper is also included in 'The literary style of 'Yuándiǎnzhāng') 〔田中謙二. "元典章における 蒙文直譯體の 文章." 『東方學報』. 第32冊. 『元典章の文體』(校正本 元 典章 刑部 第1冊 附錄)에 재록됨〕

Tanaka, 1965. "The organization of the documents of 'Yuándiǎnzhāng'." The literary style of 'Yuándiǎnzhāng'. Toyoshikenkyu. Vol. 23-4. 1965. (this paper is also included in 'The literary style of 'Yuándiǎnzhāng') 〔田中謙二. "元典章文書の構成." 『元典章の文體』(校正本 元典章 刑部 第1冊 附錄)〕

Tung, 1968. *Chinese phonology*. Taipei: Guangwénshují. 〔董同龢. 『漢語 音韻學』. 臺北: 廣文書局.〕

Wang, 1958. *Essays on the history of Chinese*. Beijing: Science Publishing Co.. 〔王力. 『漢語史稿』. 北京: 科學出版社〕

Wang, 1985. *The history of Chinese phonemes*. Beijing: Social Science

Publication Co.. 〔王力. 『漢語語音史』. 北京: 社會科學出版社.〕

Yoshikawa, 1953. "The literary style of Hànwènlidú found in '*Yuándiǎnzhāng*'." *The literary style of 'Yuándiǎnzhāng'*. 〔吉田幸次郎. "元典章に見えた漢文吏牘の文體." 『元典章の文體』(校正本 元典章 刑部 第1冊 附録)〕

Yu, 1983. "The postposition 'xìng, 行' found in Chinese of the Yuan dynasty." *The study on language and literature*. 1983-3. Beijing. 〔余志鴻. "元代漢語的後置詞 '行'." 『語文研究』. 1983-3. 北京〕

Yu, 1992. "The genealogy of Chinese postpositions in the Yuan dynasty." *National language and literature*. 1992-3. Beijing.〔余志鴻. "元代漢語的後置詞系統." 『民族語文』. 1992-3. 北京〕

Zhou, 1973. *The dictionary of ancient and present sounds of Chinese*. Hong Kong: Hong Kong Chinese Literature Univ.. 〔周法高. 『漢字古今音彙』. 香港: 香港中文大學〕

Description of the Generic 'Give' Verb *Cwu-* in Korean from a Perspective of Typological Grammar*

Chai—song Hong

The National Academy of Sciences, Republic of Korea

1. Introduction[1)]

In this paper, I attempt to describe the clausal structure formed on the basis of the generic 'give' verb *cwu-* in Korean. The model used here combines the typology of strategies of

* This is a slightly revised version of the talk presented at the 27th international conference 'Pinpointing the linguistic coordinate of Korean: Beyond genealogy and typology' held at the Asian Cultural Studies Research Institute, Gachon University at October 31, 2014. The title of the original talk was 'Constructions of transfer verbs in the languages of the North-Eastern Asian Region: Toward a typological contrastive description'. I appreciate the Institute for inviting me, a French linguist, to talk about this topic. I am grateful to Prof. Jungsoo Mok for answering my questions and discussing with me about basic problems in describing the grammar of Korean, which is a basis of this work, and for giving an advice about the draft of this paper. I also thank Prof. Jinho Park for discussing this topic with me and translating this paper. A last, but not least thank goes to Mr. Jaehak Doh for inputting my hand-written manuscript into a computer.

the linguistic encoding of three-participant events (Margetts and Austin 2007) and the alignment typology of ditransitive constructions (Malchukov, Hasplemath and Comrie eds. 2010). This work is a part of a long-term research program of the typological and contrastive study of the 'give' constructions in languages of the Extreme North-Eastern Asia including Korean, Japanese, Chinese and Tungusic languages. This work can be extended in a few directions, e.g., by including other verbs which belong to the category of transfer verbs in a wide sense, e.g., 'send', 'bring', 'say' and 'teach', or by including other languages which belong to Mongolic and Turkic family, the so-called Paleo-Asiatic languages such as Ainu, Nivkh, Yukaghir and Chukchi, and some of Tibetan languages. This paper can be considered to be a fragment of the grand research program of Typological Contrastive Grammar (TCG) of languages in the Extreme North-Eastern Asia.

For now, it is not clear whether this area constitutes a linguistic area.[1] We cannot either have an optimistic view on whether the typological contrastive study of these languages can shed light on problems of genetic relatedness or those posed by contact linguistics. However, viewed from the perspective of Typological Grammar (TG, Hong 2009, 2011b, 2014a), which tries to describe precisely and make prominent the important properties of the Korean grammar, which is an individual language as a concrete instance of diverse human languages, from a typological point of view, and pursues a multifactorial understanding integrating internal, external,

---

1) Anderson (2006) attempted a typological constrastive study of Siberian languages.

synchronic and diachronic explanations, TCG from a synchronic viewpoint is necessary and judged to play a role complementary to other approaches which attempt to investigate the genetic and contact-induced similarities and differences among languages.

In short, this work is a small building block for realizing the research program of the typological study of the North-East Asian languages.[2] The methodology of this work is TCG based on TG, which I propose as an alternative model of grammatical description for a typological study of an individual language. A 'give' verb is a prototypical instance of transfer verbs which lexicalize a type of three-participant events in which A(gent) transfers the control [or ownership] of T(heme) to R(ecipient). While the 'give' event is one of the basic, universal events experientially and cognitively which exist in all human societies, the patterns of mapping this concept to linguistic elements are diverse, so classifying this crosslinguistic variation is a task worth pursuing. Not all languages in the world use 'give' verbs, and although a language has a 'give' verb, its morpho-lexical structure show interesting variation.

However, it is evident that the overwhelming majority of

---

2) I am interested in the relationship between Korean and Tungusic languages, so in this research program want to study in the near future the following topics: the adjective class from a perspective of the typology of word classes, copula construction, reciprocal construction, motion-cum-purpose expression, strategies of linguistic encoding of desire, meteorological phenomena, etc., support predicator construction, multi-verb construction, adnominal possession, case system (the distinction or number of cases, morphological status of case markers, possibility of zeroing of case markers, etc.) and so on. According to superficial observations to date, Korean is sharply different from Tungusic languages in terms of these attributes.

languages (over 95% languages in the sample) encode the 'give' event by verbal lexemes. This tendency is prominent in particular among Indo-European, Uralic, Altaic, Dravidian and Sino-Tibetan languages in Eurasia. These languages do not separately bring into relief attributes comprising the conceptual space of the 'give' event, but use a simple-root verb with a generic meaning, such as Korean *cwu-*, Chinese gěi, Evenki buu, English give, French donner and German geben. Most Paleo-Asian languages also use simple-root 'give' verbs, except Ket and Ainu which have complex-root 'give' verbs. Anyway, all languages in this area have a 'give' verb, and this is not a peculiarity of this area or any genetic group, but a typologically common trait in the encoding of the 'give' event. I no longer mention this topic here. (For a detailed description and discussion, consult Hong 2015.)

Moreover, when classifying linguistic expressions of three-participant events or dealing with the typology of ditransitive constructions, the focus is put on patterns of correspondences at the clause level, so I presuppose its lexicalization and put aside the lexicalization patterns and morpho-lexical properties of 'give' verbs.

This work tentatively limits the general and basic meaning of the 'give' verb to transfer of the control [ownership] of concrete, physical objects, and examines the corresponding clause structures, so defers to future studies discussion of polysemy of 'give' verbs, uses of 'give' verbs as support verbs or auxiliaries, multi-verb constructions, grammaticalization of 'give' verbs to clitics or affixes and accompanying semantic and grammatical extension.[3)]

2. Typological characterization of constructions of 'give' verbs with a basic meaning

The most prominent feature of Korean in the pattern of mapping the 'give' event to language at the clause level is that it uses multiple complex strategies. Possible constructions formed with the verb *cwu–* are not limited to a single ditransitive construction, and also show variations in argument markers or case particles.

Not all event concepts are mapped to verbal lexemes. This fact was confirmed by Khanina (2008) with 'want' and by Hong (2015) with 'give'. Neither all verbal lexemes encode event concepts. It is common for a verb encoding a particular event concept to express other meanings also. It is also a trivial fact that the correspondences at the lexical level between meaning and form are usually of many-to-many nature. The mapping between a lexicalized event concept and the clause structure is neither a one-to-one correspondence. A verb lexicalizing a two-participant event does not necessarily form a two-argument or monotransitive construction. It may form a one-argument or intransitive construction, with the second participant fully incorporated into the verb. A predicate encoding a two-participant event may be nominalized to become a predicate nominal and form a support verb construction, e.g. *Kiyengi-nun kyeysa kwumwun-ul kiphi yenkwu-lul hayssta* 'Kiyengi did a deep study of copula

---

3) Newman (1996) discussed many topics related to 'give' verbs on the basis of various languages from a perspective of Cognitive Linguistics.

constructions.' It can be considered to be a kind of ditransitive construction. The reverse is also possible. A one-argument or intransitive construction such as *It rains* in English expresses a zero-participant event. In short, predicate types based on the number of participants and constructions types based on the number of arguments are not correlated by a universal one-to-one correspondences but by many-to-many relationships. Margetts and Austin (2007) properly confirmed this variability in linguistic encoding patterns, taking three-participant events as examples.

The *cwu-* construction in Korean show well this aspect of correspondences between event concepts and clause structures. Incorporating the results of Malchukov, Haspelmath and Comrie eds. (2010) which applied to ditransitive constructions the model of alignment typology which has inspired much research in the modern syntactic typology focusing on intransitive and monotransitive constructions,[4] the types of constructions formed with *cwu-* can be classified as follows.[5]

---

4) Concerning the alignment typology of ditransitive constructions, see also Dryer (1986), Haspelmath (2005a, 2005b, 2007), Siewierska and Bakker (2007) and Wunderlich (2006).

5) The polysemy of 'give' verbs is very common, and its range and pattern will show crosslinguistic variation, which is a important task of lexical typology. *Cwu-* in Korean also shows a quite wide range of polysemy depending on animacy of A or R and semantic classes of T, and may play a role of a support verb, e.g., *towum-ul cwu-* 'help', *yenghyang-ul cwu-* 'influence', *yongki-lul cwu-* 'encourage' or *phihay-lul cwu-* 'harm, damage'. Whether the constructions formed with *cwu-* encoding various meanings in addition to the generic 'give' concept share the same properties with constructions discussed below is a further research question together with analysis of polysemy patterns shown by *cwu-*.

2.1. Primary strategy: T-prominent [indirective] flagging ditransitive construction (T=P≠R)

(1) Kiyengi-nun   cacenke-lul   tongsayng-eykey   cwu-ess-ta
    Kiyengi-TOP   bike-ACC   younger.brother-DAT   give-PST-DEC
    'Kiyengi gave the bike to his younger brother.'

Korean is a dependent-marking language which puts markers of the status of arguments to argument NPs, not to predicates (Nichols 1986). In this respect, Korean is different from Tungusic languages which show properties of head-marking languages, marking the subject agreement in verbs. When *cwu-* forms a ditransitive construction, T is suffixed with the accusative postposition -ul/lul like P while R is suffixed with the dative postposition -eykey. Concerning R markers in Korean, the following facts can be pointed out.

2.1.1. *-eykey* alternates with -ey according to animacy of R.
In addition to (1), (2) is also possible, which is contrasted with (3).

(2) Ciswu-nun   nalmata   kilkoyangi-eykey meki-lul   cwu-ess-ta
    Ciswu-TOP   every.day alley.cat-DAT   food-ACC give-PST-DEC
    'Ciswu gave alley cats food every day.'

(3) Minki-nun   ku   selywu-lul   congmwukwa-ey   cwu-ess-ta
    Minki-TOP   that document-ACC   General.Affairs.Division-LOC give-PST-DEC
    'Ciswu gave alley cats food every day.'

2.1.2. Korean has no distinction between dative and allative unlike Tungusic languages. *-eykey* and *-ey* can be also used as a Goal marker indicating the destination of literal movement, preserving the opposition based on animacy.

(4) a.
Kiyengi-nun	Ciswu-eykey	ka-ss-ta
Kiyengi-TOP	Ciswu-DAT	go-PST-DEC

'Kiyengi went to Ciswu.'

b.
Minki-nun	kukcang-ey	ka-ss-ta
Minki-TOP	theatre-LOC	go-PST-DEC

'Minki went to the theatre.'

2.1.3. *-eykey* may alternate, depending on the register, with *-hanthey* in the informal, spoken register, and alternate with *-kkey* when object honorification is applied to R. This alternation is conditioned by pragmatic factors different from semantic ones mentioned in 2.1.1.

(5)
I	chayk-ul	halapeci-hanthey/kkey	kac-ta	tuly-ela
this	book-ACC	grandpa-DAT/DAT.HON	tak-CONV	give-IMP

'Give this book to Grandpa.'

2.1.4. R can be marked by *-eykey-lo, -hanthey-lo* or *-lo*, in which case the implicature of completion or attainment of result is weakened or cancelled, so (6) and (7) differ in meaning.

(6) Iyengphyo-nun   kong-ul   Pakciseng-eykey-lo/-ccok-ulo   cwu-ess-ta
Iyengphyo-TOP   ball-ACC   Pakciseng-DAT-DIR/-side-DIR   give-PST-DEC
'Iyengphyo kicked the ball toward Pakciseng.'

(7) Iyengphyo-nun   kong-ul   palo   Pakciseng-eykey   cwu-ess-ta
Iyengphyo-TOP   ball-ACC   at.once   Pakciseng-DAT   give-PST-DEC
'Iyengphyo kicked Pakciseng the ball at once.'

A special particle can be added to R, which indicates a relation between the specific selected recipient and ohter potential candidates.

(8) kulen   ton-un   na-hanthey-lo cwu-l   kes-i   ani-ko
such   money-TOP   1SG-DAT-DIR give-ADN NOMZ-NOM not.be-CONV
Minki-hanthey-lo-na   cw-e
Minki-DAT-DIR-PTCL   give-IMP
'Give such money to Minki, not to me.'

2.1.5. Given appropriate contexts, R-*eykey/hanthey/ey* may be followed by *-lul*.

(9) a. Kiyengi-eykey/hanthey-lul/l   ike-l   ta cwu-keyss-ta-ko?
      Kiyengi-DAT-ACC   this-ACC all give-VOL-DEC-QUO
      'You mean that you will give all this to Kiyengi?'

   b. kiei   Kiyengi-hanthey-l ta cwu-lye-nun   iywu-ka   mwe-ø-nya?
      at.all.rates Kiyengi-DAT-ACC all give-VOL-ADN reason-NOM what-COP-INTERR
      'What is the reason why you want to give everything to Kiyengi?'

-lul in these sentences seem to show properties of a discourse modulator (also called a special particle in the

traditional grammatical descriptions of Korean). These elements can also be used in rhetorical questions implying strong negation or counter-questions expressing surprise or unexpectedness, in which case they are not omissible.

(10) a. Ike-(ˈl)   ettehkey   mek-ni?
       this-ACC   how   eat-INTERR
       'How can I eat this?' ⟩ 'I can't eat this.'

    b. Ani,   na-l   po-ko   i-ttawi-(ˈl)   ta   mek-ula-ko?
       what   1SG-ACC   see-CONV   this-like-ACC   all eat-IMP-QUO
       'What? You mean that I should eat this?'
       ⟩ 'Such a request is unfair.'

Therefore, (9a, b) can be excluded from the discussion of morphosyntactic variation in T-prominent flagging ditransitive constructions, but variations observed in 2.1.1.~2.1.4. are difficult to find in other languages in the North-East Asia, so can be regarded as characteristics of ditransitive constructions with *cwu-* in Korean.

Many Eurasian languages are also dependent-marking languages, so their ditransitive constructions with 'give' verbs show T-prominent alignment like Korean, which is also the case in languages in the area studied by this work, including Tungusic languages.[6]

---

6) The R-prominent [secondative] flagging ditransitive constructions formed with 'give' verbs seem to be extremely rare in Eurasia, unlike English *provide* or *present*. Finno-Ugric languages and Hanty[Ostyak] are exceptions, which allow two possibilities.

(i) Ostyak (Dalrymple and Nikolaeva 2011: 174, 175)

(11) EVENKI

a. Nungan   min-du   oron-mo   bu: -re-n

    3SG-NOM   1SG-DAT   reindeer-ACCDEF   give-NFUT-3SG

    He gave me a/the reindeer

                             (Nedjalkov 1997: 231)

b. Bi   hute-vi   sin-du   buu-d'e-m

    1SG-NOM   child-RFL.POSS   2SG-DAT   give-FUT-1SG

    I will give you my daughter

                    (Malchukov and Nedjalkov 2010: 318)

c. sin-du   kolobo-jə,   ullə   buu-jə-m

    2SG-DAT   bread-ACCIND   meat-ACCIND   give-FUT-1SG

    I will give you (a piece of) bread and meat

           (Konstantinova 1964: 490, Kazama 2010: 145)

(12) EVEN

    Etiken   kuŋa-du   turki-v   bö-n

    old man   child-DAT   sledge-ACC   give-NFUT.3SG

    The old man gave a sledge to the child

                    (Malchukov and Nedjalkov 2010: 319)

---

a. ma   a:n   pe:tra   e:lti   ma-s-e:m

   1SG   cup   Peter   Postp   give-PST-OBJ.1SGSUBJ

   'I gave a/the cup to Peter.'

b. ma   pe-tra   e:lti   a:n   ma-s-əm

   1SG   Peter   Postp   cup   give-PST-1SGSUBJ

   'I gave Peter a/the cup.'

c. ma   pe:tra   a:n-na   ma-s-e:m

   1SG   Peter   cup-LOC   give-PST-OBJ.1SGSUBJ

   'I gave Peter a/the cup.'

(13) UDIHE

Bi	sin-du	xeleba-wa	bu-oː-mi
1SG-NOM	2SG-DAT	bread-ACC	give-PST-1SG

I gave you some bread

(Malchukov and Nedjalkov 2010: 318)

(14) NANAI

mi	njoan-do-a-ni	əi	daŋsa-wa	bu-xəm-bi
1SG-NOM	him-DAT-OCM-3SG	this	book-ACC	give-PST-1SG

I gave him this book

(Ko and Yurn 2011: 37)

(15) MANCHU

ere niyalma	de	bu-mbi
this man	DAT	give-IMPF

(Someone) give (it) to this man

(Gorelova 2002: 183)

(16) MONGOLIAN

Bi	Tuya-d	ene	nom-ig	og-son
1SG-NOM	Tuya-DAT	the	book-ACC	give-PST

I gave Tuya the book

(Dalrymple and Nikolaeva 2011: 176)

(17) TURKISH

Hasan	Kitab-ı	Ali-ye	ver-di
Hasan-NOM	book-ACC	Ali-DAT	give-PST

Hasan gave the book to Ali

(Kornfilt 1997: 219)

(18) JAPANESE

Hanako ga	inu ni	gohan o	age-ta
Hanako-NOM	dog-DAT	rice-ACC	give-PST

Hanako gave the dog rice

(11)~(18) show that languages in this area including Japanese, Mongolian, Turkish and Tungusic languages have T-prominent flagging ditransitive constructions with the generic 'give' verb like Korean. They show variation in morphological status or nature of case markers and case system (the number of cases distinguished and the range of grammatical meaning or function of each case markers), so deserve more detailed examination, but I will mention a few points, focusing on differences from Korean.

2.1.6. In terms of alignment typology, these languages are all of the Nominative-Accusative type. Korean also belongs to this category. Nominative markers in these languages have a zero form, following the general tendency in accusative languages, but Korean and Japanese have non-zero forms showing the equipollent opposition, so are considered a subtype of marked nominative languages.[7]

Among languages in this area, Chukchi is an (Absolutive-) Ergative language. If we extend the sample, Tibetan may be examined also, which show ergativity. The ditransitive constructions formed with the 'give' verb in Chukchi show

---

7) Marked nominative languages include some African languages and Mojave (Yuman), an aboriginal North American language. On this, cf. König (2008).

T-prominent alignment consistently both in flagging and indexing.

(19) CHUKCHI

mor-əke	ne-re-yəl-mək	ŋəraq	gey²ətw-ət
1PL-DAT	3PL-FUT-give-1PL	three	whaleboat.ABS-PL

They will give us three whaleboats

(Comrie 2012: 27)

2.1.7. It is more appropriate to consider case markers in Korean as cltitics or postpositions rather than affixes. Two additional points need to be raised. These are important features distinguishing Korean from typical Altaic languages, and pose problems in characterizing the clause structure of Korean typologically.

(i) The nominative and accusative markers in Korean are easily subject to ellipsis/zeroing. As a result, the ditransitive construction with the verb *cwu-* can show the neutral alignment in flagging which will be dealt with in 2.2. More problematic is that considering the clause structures of intransitive and transitive constructions like (20)~(21), Korean can be considered to show the neutral alignment S=A=P like Ainu, Nivkh, Ket and Sinitic languages which lack case markers in the first and second core arguments.

(20) a.

Ceki	Minki	w-ass-ta
over.there	Minki	come-PST-DEC

'There has come Minki.'

b. Pi   an   o-nu-ntey
    rain   NEG   come-PRS-DEC
    'It is not raining.'

c. Ne   ka-ni?
    2SG   go-INTERR
    'Are you going?'

d. Ciswu   ca-ni?
    Ciswu   sleep-INTERR
    'Is Ciswu sleeping?' or 'Ciswu, are you sleeping?'

(21) a. Na   kyay   cohahay
         1SG   he/she   like.DEC
         'I like him/her.'

b. Ne   pap   mek-ess-e?
    2SG   meal   eat-PST-INTERR
    'Have you eaten the meal?'

(ii) The nominative and accusative markers in Korean cannot simply be considered to be mere case markers which only play case functions, i.e., mark asymmetric relations between a governing predicator and an argument. They also have functions of marking informational status or discourse modualtion, so are so-called markers of 'pragmatic case'.[8]

The above two facts are well known in Korean linguistics, and have been frequently dealt with, but their problematic nature has not been exhaustively studied.[9] These two

---

8) On pragmatic case in other languages, see Malchukov (2009) and Hagège (2010).

9) *-i/ka* and *-ul/lul* are parallel in many properties such as multiple occurrence in a single

properties also obtains in very few languages in this area, e.g.,

---

clause, cooccurrence with other case postpositions, frequent zeroing, pragmatic functions as discourse modulators, etc., but considering combinability with non-argument constituents, the distribution of -*ul/lul* is much wider than that of -*i/ka*, and -*ul/lul* also differs from the accusative marker in Japanese. The idiosyncratic behaviour of -*ul/lul* has not yet been satisfactorily explained, which is presented below.

(ii) Cip-eyse naccam-ina ca-l kes-ul/ke-l kwaynhi naka-ss-ess-ta
house-LOC nap-PTCL sleep-ADN NOMZ-ACC in.vain go.out-PST-PST-DEC
'I had better take a nap at home. Going out was in vain.'

(iii) Sensayngnim-kkeyse malssum-ha-si-ki-lul ku mwunce-nun com
teacher-NOM.HON speech.HON-do-HON-NOMZ-ACC that problem-TOP a.little
te sincwunghi talu-eya ha-n-ta-ko ha-sy-ess-ta
more carefully treat-CONV do-PRS-DEC-QUO say-HON-PST-DEC
'Teacher said, "That problem should be treated more carefully."'

(iv) kyay-ka pwucilenha-ki-lul ha-nya ttokttokha-ki-lul
he/she-NOM diligent-NOMZ-ACC do-INTERR clever-NOMZ-ACC
ha-nya, Thaywu-nun an tway.
do-INTERR Thaywu-TOP NEG become.DEC
'Thaywu is neither diligent nor clever. He is hopeless.'

(v) a. ʒwel-i toy-ess-nunteyto kkoch-i phi-ci-lul/ka ang-ney
march-NOM become-PST-although flower-NOM bloom-CONV-ACC/NOM NEG-EXC
'March has come, but flowers has not bloomed.'

b. Kiyengi-nun ku moim-ey o-ci-lul/*ka anh-ass-e
Kiyengi-TOP that meeting-LOC come-CONV-ACC/NOM NEG-PST-DEC
'Kiyengi didn't come to the meeting.'

(vi) Minki-nun Ciswu-eykey/lul sayngil senmwul-lo/ul unpanci-lul twu kay-lul cwu-ess-ta
Minki-TOP Ciswu-DAT/ACC birthday present-INS/ACC silver.ring-ACC two CLS-ACC give-PST-DEC
'Minki gave Ciswu two silver rings as birthday presents.'

(vii) Kiyengi-nun Minki-ka naka-lye-nun kes-ul phal-ul pwuthcap-ass-ta
Kiyengi-TOP Minki-NOM exit-VOL-ADN NOMZ-ACC arm-ACC grasp-PST-DEC
'Kiyengi took Minki on the arm who would exit.'

(viii) ku-nal-ttara nemwuna coyong-tul-ul ha-yese pwunwiki-ka isangha-yess-ta
that.day-EMP too quietness-PLU-ACC do-CONV atmosphere-NOM strange-PST-DEC
'That day, it was too quiet, so the atmosphere was strange.'

(ix) Na-to Ciswu-lul manna-le-lul ka-ss-ess-ci
1SG-also Ciswu-ACC meet-PUR-ACC go-PST-PST-DEC
'I went to meet Ciswu, too.'

(x) Motwu Thaywu-eykey-lo taka-tul/lul/nun ka-ss-ess-ta
all Thaywu-DAT-DIR approach-PLU/ACC/TOP go-PST-PST-DEC
'All got close to Thaywu.'

Japanese, but the range and the exact nature of these properties are different from Korean, especially in regard to the possibility of zeroing and the dual nature of the accusative markers.[10]

(ⅺ) a. Cengpwu-nun   ilponsan   swusanmwul-uy/ø   swuip   kumci-uy/ø haycey-lul   ciyen-siky-ess-ta
government-TOP Japanese   marine.products-GEN import ban-GEN   removal-ACC delay-cause-PST-DEC
'The government defered the clearing of the ban on importation of Japanese marine products.'

   b. Cengpwu-nun   ilponsan swusanmwul-ul   swuip-ul   kumci-lul haycey-lul   ciyen-ul   siky-ess-ta
government-TOP Japanese marine.products-ACC import-ACC ban-ACC removal-ACC delay-ACC cause-PST-DEC
'The government defered the clearing of the ban on importation of Japanese marine products.'

(ⅻ) a. ku-nun   acikto   kyeysa   kwumwun-ul   yenkwu   cwung-i-ta
He/She-TOP   still   copula   construction-ACC   study   middle-COP-DEC
'He/She is still studying the copula construction.'

   b. ku-nun   acikto   kyeysa   kwumwun-ul   yenkwu   cwung-ey   iss-ta
He/She-TOP   still   copula   construction-ACC   study   middle-LOC exist-DEC
'He/She is still studying the copula construction.'

(ⅹⅲ) a. Ciswu-nun pyel kes-to   ani-n   kes-ul   komin/kekceng/sisaym-i/ha-n-ta
Ciswu-TOP special thing-also be.not-ADN thing-ACC worry/worry/jealousy-COP/do-PRS-DEC
'Ciswu worries/envies about not a big deal.'

   b. Ne-nun/ø   tto   way na-lul   kwupak/pinan/uysim/wenmang-i-/ha-ni?
2SG-TOP again why 1SG-ACC abuse/criticization/doubt/resent-COP/do-INTERR
'Why do you again abuse/criticize/doubt/resent me?'

   c. Ku   yeksi   i   kyehyoyk-ey/eylul/ul   pantay-ø-ta
He/She   also   this   plan-LOC/LOC.ACC/ACC   opposition-COP-DEC
'He/She opposes to this plan, too.'

(ⅹⅳ) Na-to   sicang-ey/eyl/ul   ka-ss-ess-ta
1SG-also   market-LOC/LOC.ACC/ACC   go-PST-PST-DEC
'I also had gone to the market.'

The above data show multiple occurrence of – *ul/lul*, stacking of some case markers, their optional omissibility, their non-omissibility in some cases (ⅱ, ⅲ, ⅳ, ⅶ, ⅹⅲ a-b), non-NP-hood/non-argument status of the preceding element (ⅷ, ⅸ, ⅹ), etc. In particular, (ⅹⅲ a-c) show that the copula construction can express an event (Hong 2014c), and the copula -*i*-, which is categorized as an adjective, can govern the accusative case, which shows the extreme point in the range of functions performed by -*ul/lul*.

10) Some Tungusic languages, Mongolian, Turkish and strangely Yukaghir (partially Chinese also) show differential object marking (DOM) unlike Korean. It is not clear whether the alternation between -*ul/lul* and ø, the result of zeroing can be

2.1.8. The wide variation, shown in (11)-(18), by the alternation of R markers in the T-prominent ditransitive constructions is a characteristic of Korean, which is not easily seen in other languages. Tungusic languages distinguish dative and allative in the case system. As the R marker of the 'give' verb, only dative is possible.

2.2. Secondary strategies

2.2.1. Two neutral alignment ditransitive constructions (T=P=R)

The verb *cwu-* in Korean can form a neutral alignment ditransitive construction in flagging, in which T and R have the same marking. We can distinguish two subtypes: one is the marked neutral type, e.g., (22), and the other is the unmarked type, e.g., (23).[11]

---

considered an instance of DOM. As for now, it is clear that the alternation between *ul/lul* and ∅ is more wide-ranging than DOM. For DOM, see Bossong (1991), Aissen (2003), de Swart (2007), and especially Darlymple and Nikolaeva (2011).

11) Through the alternation of *-eykey* and *-lul*, the zeroing of *-lul* and variability in the word order dependent on information structure, the following mixed type of constructions are also possible.

(xv) a. Kiyengi-nun ku cacenke-lul ayey tongsayng cwu-e pely-ess-tay
Kiyengi-TOP that bike-ACC completely yonger.brother give-CONV thow.away-PST-DEC.QUO
'It is said that Kiyengi gave his bike to his younger brother.'

b. Kulenikka ne tongsayng-ul ku cacenke cwu-lyeko?
then 2SG younger.brother-ACC that bike give-VOL
'Then, you want to give your younger brother that bike?'

(22) Kiyengi-nun   cacenke-lul tongsayng-ul   cwu-ess-ta
Kiyengi-TOP   bike-ACC   younger.brother-ACC give-PST-DEC
'Kiyengi gave the bike to his younger brother.'

(23) Kiyengi-nun ku   cacenke tongsayng   cwu-ess-tay
Kiyengi-TOP that bike   younger.brother give-PST-DEC.QUO
'It is said that Kiyengi gave the bike to his younger brother.'

The *cwu-* construction in (22) can be considered to be a double object [double accusative] construction like that of English (24b) or Madnarin Chinese (25a).

(24) English

　a. John gave the book to Mary.

　b. John gave Mary a book.

(25) MANDARIN CHINESE

　a. wǒ   gěi-le   lǎo-zhāng   sān-běn   shū
　　 1SG   give-PERF   Mr. Zhang   three-CL   book
　　 I gave Mr. Zhang three books

　　　　　　　　　　　　　　　　　　　　　(Sun 2006: 150)

　b. Tā   gěi   qián   gěi   wǒ
　　 3SG   give   money   Prep   1SG
　　 He/she gives money to me

　　　　　　　　　　　　　　　　　　(Newman 1996: 214)

In addition in this area, Ket and Ainu have a neutral alignment in flagging.

(26) KET

kɛ̓t	qīm	tīp	divijaq
ke̓d	qīm	tīp	d{u}^{8}-i^4-b^3-ij^2-aq^0
person	woman	dog	3M^8-3F^4-APPL^3-PST^2-give^0

The man gave (his) wife a dog

(Nefedov, Malchukov and Vajda 2010: 358)

(27) Ainu

a. poysan   icen   kor-e

   child   money   have-CAUS

   (He) gave money to the child

(Tamura 1988: 181)

b. Anna   ninup   kani   en=kor-e

   Anna   sewing   1SG   1SG.O=have-CAUS

   Anna gave me sewing

(Bugaeva 2011: 241)

These two languages have core arguments unmarked in flagging, but the roots of the 'give' verbs have complex structure (discontinuous or the 'have' verb plus the causative affix) and have head-marking for non-subject arguments.

In Kolyma Yukaghir, which has a complex case system for P, the 'give' verb forms a T-prominent ditransitive construction in flagging, but can also form a double object construction by attaching the accusative marker to R as in (28).

(28) KOLYMA YUKAGHIR

    a. met   tet-in   pušnina-lek   kej-te-me

       1SG   2SG-DAT   fur-PRED   give-FUT-OF:1SG

       I will give you some fur

                                       (Maslova 2003: 95)

    b. pon'qonodo   šaqale-ŋin   tude   mašl'uø   tadï-mele

       lynx   fox-DAT   his   daughter give-OF:3SG

       The lynx gave his daughter to the fox (as a wife)

                                   (Maslova 2003: 326)

    c. met   tet-ul   pugelbie-k   kej-te-me[12]

       1SG   2SG-ACC   feather-PRED   give-FUT-OF:1SG

       I will give you some feather

                                   (Maslova 2003: 354)

The neutral alignment ditransitive constructions as seen in (25a), (26), (27), (28c) are not productive or dominant in this area. Japanese and traditional Altaic languages lack this type of construction. Even when seeing the entire Eurasia, this type of construction is marginal, so the English double object construction as in (24b) is, although frequent in English, exceptional among Germanic languages. Some Tungusic languages allow this type of construction only in some verbs

---

12) The 'give' verb in Kolyma Yukaghir shows a suppletive alternation according to the person of R. That is, when R is 1st or 2nd person, the root is *kej-*, whereas when R is 3rd person it is *tadï*. This polymorphism of the root of the 'give' verb is similar to that of Saliba which will be dealt with below. Korean also has a root alternation *cwu-* ~ *tal-/ta-* in direct and embedded imperatives with respect to the person of R. The 'give' verbs also show polymorphism such as root alternation or separate lexicalization with respect to honorification in Korean, Japanese, Javanese, Madurese, etc. For these morph-lexical aspects, see Hong (2015).

encoding three-participant events such as 'teach' (Malchukov and Nedjalkov 2010).

2.2.2. Tripartite alignment ditransitive construction (T≠P≠R)

The verb *cwu-* in Korean also allows another type of alignment in which T, P and R are marked differently.

(29) Na-eykey-nun   sayngmaykcwu-lo   cwu-seyyo
      1SG-DAT-TOP   draft.beer-DIR   give-HON.IMP
      'Give me draft beer.'

(29) is remarkable in that T is marked with *-lo*. This type of construction can be used when R is topicalized, or T has discourse modulators such as *-to* or *-man* added to it to indicate a selection from potential candidates. However, *-lo* cannot be analyzed as a discourse modulator, so the clause structure containing the T-*lo* argument can be considered to be a variant of ditransitive construction. The type of variant as in (29) is peculiar to Korean in this area.

2.3. Tertiary strategies: monotransitive construction

The verb *cwu-* in Korean, although it lexicalizes the 'give' event as a verb, does not necessarily form a three-argument ditransitive construction. As can be seen below, two types of monotransitive constructions are possible. Mismatches like this between event types based on the number of participants and clause structure types based on the number of core arguments are discussed in Margetts and Austin (2007). This phenomena are also observed in other languages in this area.

2.3.1. Absorption/directional strategy

(30) a.

Sokum	com	˙naykey / ili(-lo)	cwu-si-keyss-eyo?
salt	please	to.me / hither(-DIR)	give-HON-INTENT-INTERR.HON

'Would you please give me the salt?'

b.

Ikes-to	kuli(-lo)	cwu-lkka?
this-also	thither-DIR	give-INTERR

'Do you want this also?'

(30a, b) show that *cwu-* can form a monotransitive construction where R cannot be realized as a dative argument. Conceptually the existence of the R participant is undeniable, but the third participant in the semantic structure of the verb cannot be freely realized as a syntactic argument, because the meaning of R is absorbed by directional phrases, so this is considered to be an absorption strategy.

On the other hand, (30a, b) contain deictic directional phrases which are not core arguments but adjuncts. The semantic opposition between these directional phrases implies the identity of the referents of R (I or you). This type of strategy is also seen in Saliba, an Oceanic language in Papua New Guinea.

(31) SALIBA

a.

Bosa	kesega	ye	le-ya-na
basket	one	3SG	give-3SG.O-hither

'He gave me/us one basket'

b. Bosa   kesega   ye   le-ya-wa

   basket   one   3SG   give-3SG.O-to ADDR

   'He gave you(SG/PL) one basket'

c. Bosa   kesega   ye   mose-i-ø

   basket   one   3SG   give-APPL-3SG.O

   'He gave him/her one basket'

d. Bosa   kesega   ye   mose-i-di

   basket   one   3SG   give-APPL-3PL.O

   'He gave them one basket'

The root of the 'give' verb in Saliba show an alternation le- ~ mose-i (which are semantically equivalent) according to the person of R (1st/2nd vs. 3rd). Another peculiarity is that argument structures differ depending on the person of R. *mose-i*, which is used when R is 3rd person, forms a full-fledged ditransitive construction, whereas *le-*, which is used when the person of R is 1st or 2nd person, forms a monotransitive construction, in which the identity of R is implied by the directional affixes -*na* (hither) and -*wa* (thither). Directional affixes are obligatory unlike Korean. In languages which have abundant directional elements, it is common that the referent of R (or animate goals of motion verbs such as 'send', 'bring' or 'throw') is implied by other elements, or the meanings 'go' and 'come' are encoded by the same root.

2.3.2. Nominal complement [possessive] strategy

(32) Thaywu-nun   cikwen-tul-ui   pongkup-ul   acikto an   cwu-ess-ta

      Thaywu-TOP   staff-PL-GEN   salary-ACC   yet   NEG   give-PST-DEC

      'Thaywu has not given the clerks their salaries.'

According to the natural and dominant interpretation of (32), *cikwen-tul* embedded in the T NP as an adnominal complement refers to the referent of R. In other words, (32) is a monotransitive constrcution in which T is the only non-subject core argument, and the third participant R which is a necessary ingredient of the 'give' concept is realized as a genitive complement to T.

This type of construction is only possible when the relation between A, R and T is specific, for instance when the transfer of T from A to R and the attribution of ownership of T to R are strongly presumed or taken for granted. In (32), it is presupposed that on the basis of the relation between A (Thaywu) and R (clerks) the payment of T(salary) to R by A is expected. Consequently only a few nominals such as 'salary' are possible in the T position. Of course, (32) can be paraphrased as a canonical ditransitive construction.

(32′) Thaywu-nun cikwen-tul-eykey pongkup-ul acikto an   cwu-ess-ta

       Thaywu-TOP staff-PL-DAT   salary-ACC yet   NEG   give-PST-DEC

       'Thaywu has not given the clerks their salaries.'

The phenomena of encoding three-participant events with monotransitive constructions when a specific relation between A, T and R is presupposed is also seen in other verbs.

(33) Ne   Kiyengi-eykey/uy/ø   pic-ul   kaph-ass-ni?
      2SG   Kiyengi-DAT/GEN   debt-ACC   pay.back.PST-INTERR
      'Did you pay back the debt to Kiyengi?'

(34) Kiyengi-nun Minki-eykeyse/uy cikap-ul   ppayas/hwumchi-ass-ta
      Kiyengi-TOP Minki-ABL/GEN   purse-ACC take.up/steal-PST-DEC
      'Kiyengi took up/stole a purse from Minki.'

This nominal complement strategy is also seen in the so-called designative case constructions in some Tungusic languages such as Even, Nanai and Udihe. The following is the designative case construction formed with the verb *bö-* in Even.

(35) EVEN

      Etiken   min   turki-ga-v   bö-n
      old man   my   sledge-DES-1SG.POSS   give-NFUT.3SG
      'The old man gave a sledge to me'

In contrast to (12), (35) is a monotransitive constrcution. The T argument *min turki-ga-v* is a single NP similar to NPs expressing a possessive relation.

(36) EVEN

      a. min   turki-v
          my   sledge-1SG.POSS
      b . Etiken kuŋa   turki-wa-n   bö-n
          old man   child   give-NFUT.3SG
          'The old man give the child's sledge'

(36a) is a possessive NP, and in (36b) the possessive NP containing the nominal possessor as a dependent is an object to the verb *bö-*. Both in (35) and (36b), a possessive clitic agreeing with the possessor is attached to the host which is the possessee, where case markers -*ga* and -*wa* are opposed. The designative case marker -*ga* indicates that turki is the object T of *bö-*, and at the same time that the possessor min refered to by the enclitic -*v* is the benefactive recipient of *bö-*. -*ga* is very special in that it indicates, in addition to the normal case function (the case role of the NP to which it is attached), another case relation beyond the NP (Malchukov 2009; Kazama 2010). This designative case poses an interesting problem for typology of case. Relating to this work, this is important in that it enables the 'give' verb to form a monotransitive construction with the designative T NP.

Lastly, I want to mention the monotransitive construction formed by incorporating the R NP into the 'give' verb in Nivkh. Nivkh, a Paleo-Asian language, is a polysynthetic language. The 'give' verb can form a T-prominent ditransitive construction as in (37a), and a monotransitive construction by incorporating an argument is alos possible as in (37b).

(37) NIVKH

    ㄱ. əmək   karandas   p'-oʁla-k'im-d

       mother   pencil   RFL-child-give-IND/NML

       'The mother gave her child a pencil'

    ㄴ. əmək   p'-oʁla-doχ   karandas i-mɣ-d-ra

       mother   RFL-child-ALL pencil   3SG-give-IND/NML-HILI

       'The mother gave a pencil to her child'

The morphological analysis of verbal forms in Nivkh is controversial. This work follows Mattissen (2003). Nivkh has a mutation of word-initial consonants like Celtic and Nias Selatan. Three-place verbs show polymorphism depending on whether the incorporation of an argument took place and alternation on the verbal root according to the incorporation of T/R. For a comparison of (37a) and (37b), see Mattissen (2003).

3. Summary and some further discussion

The multiple strategies used by *cwu-* in Korean can be summarized as follows:

① Primary strategy: T-prominent [indirective] flagging ditransitive construction (T=P≠R)

A R-*eykey* T-*lul* V

There are several variants of this, induced by the alternation of the R marker.

A R-*eykey/ey/hanthey/kkey* T-*lul* V

② Secondary strategies
②-1. Two neutral alignment ditransitive constructions (T= P=R)
②-1-1. Marked neutral alignment

A   R-*lul* T-*lul* V

2-1-2. Unmarked neutral alignment

A R-∅ T-∅ V

2-1-3. Mixed type

A R-*lul* T-∅ V
A R-∅ T-*lul* V

2-2. Tripartite alignment ditransitive construction (T≠P≠R)

A R-*eykey* T-*lo* V

3 Tertiary strategies: monotransitive construction

3-1. Absorption/directional strategy

A T-*lul* DIR V

3-2. Nominal complement [possessive] strategy

A R-*uy* T-*lul* V

This variety itself distinguishes Korean from other languages in this area, in particular Tungusic languages. In order to go beyond superficial contrast and advance a further research, one need to identify factors inducing the variation in the *cwu-* constructions in Korean and make clear their nature. At present, the following can be pointed out.

1) Accusative marker *-lul* which can appear in multiple times in a clause and can be subject to zeroing. Due to this, the two neutral alignments are possible (2-1).

2) Directional elements which imply the referents of arguments which cannot be freely realized syntactically, absorded into the meaning of verbs.

3) Specific implicit relation which can obtain between T, R and A in the conceptual space of the 'give' event. On this basis, the monotransitive construction in which R is embedded in the possessive T NP becomes possible ([3] -2).

In addition, we can think of the following features/ properties in relation to other typological traits of the lexicon and grammar of Korean.

4) Properties specific to *cwu-*
5) Properties shared by all or some verbs encoding transfer events
6) Properties shared by all or some three-participant verbs
7) Properties obtaining for the whole verbal lexicon

When seen from this wide perspective, the above 1) ~ 3) are not specific to *cwu-* constructions. 1) is a very general property of Korean, and has far-reaching effects to the whole grammatical system, in particular clause structure. The two neutral alignments distinguish Korean from other languages in this area, and deserve further typological research. 2) and 3) are specific to verbs encoding three-participant events, but as shown by Margetts and Austin(2007), can be seen in many areas in the world.

The dominancy of T-prominent alignment based on flagging in ditransitive constructions is a property shared by most Eurasian languages including Korean, except Paleo-Asian languages such as Ainu, Nivkh and Ket. At the same time,

Korean shows differences from Tungusic languages in the same area. There are many further differences between these two (the same can be said even when including Mongolian and Turkish). In these Tungusic (or Altaic) languages, adjectives are nouny, copulas are verbal in nature covering 'be' and 'exist', topic-prominency is absent, grammaticalization of honorification or sortal classifiers are also absent, and partial head-marking in the form of subject agreement appears. The reciprocal constructions in Tungusic languages, in which reciprocity is marked on verbs and an extra reciprocal is used, are similar to those of Indo-European languages in terms of morphological type. Nouny adjectives, verbal copulas, lack of topic-prominency and so on are also shared with Eurasian languages. Considering the possible genetic or other relation between Korean and Tungusic languages, the above-mentioned differences between these two are notable. More research from the perspective of diachronic typology is needed, and for this, we need to pay attention to time stability (Nichols 1992, Wichmann and Holman 2009) and possibility of borrowing or copying/ replication of the properties discussed in this paper. If two languages or groups share properties which are resistant to change in long terms and extremely difficult to borrow or copy, that can be a important clue indicating a genetic relationship. According to modern historical and contact linguistics, few elements or properties are exempt from change and borrowing/copying. In exploring the relationship between Korean, Japanese and other languages in this area, we need to search for new properties and clues (Johanson and

Robbeets eds. 2010, Johanson and Robbeets eds. 2012, Robbeets and Cuyckens eds. 2013, Robbeets 2014, Vovin 2014).

• Abbreviations

1	1st person
2	2nd person
3	3rd person
A	agent / first argument in a transitive construction
ABL	ablative
ABS	absolutive
ACC	accusative
ACC DEF	definite accusative
ACC IND	indefinite accusative
ADDR	addressee
ADN	adnominal
ALL	allative
APPL	applicative
CAUS	causative
CL(S)	sortal(mensural) classification
CONV	converb
COP	copular
DAT	dative
DES	designative
DEC	declarative
DIR	directional
EMP	emphatic
EXC	exclamation
F	feminine
FUT	future
GEN	genitive
HILI	highlighting focus
HON	honorific

IMP	imperative
IMPF	imperfect
IND	indicative
INS	instrumental
INTENT	intentional
INTERR	interrogative
LOC	locative
M	masculine
NEG	negation
NFUT	non-future
NML	nominalizer
NOM	nominative
NOMZ	nominalizer
O(BJ)	object / objective
OCM	oblique case marker
OF	object focus
PERF	perfect
PL(U)	plural
PostP	postposition
PRED	predicative
PreP	preposition
PRS	present
PST	past
PTCL	particle
PUR	purposive
QUO	quotation
RFL	reflexive
RFL.POSS	reflexive possessive
SG	singular
SUBJ	subject / subjective
TOP	topic
VOL	volitional

⊞ References

Aissen, J. 2003. "Differential Object Marking: Iconicity vs. Economy." *Natural Language and Linguistic Theory* 21-3. pp. 435-483

Anderson, G. 2004. "The Languages of Central Siberia: Introduction and Overview." In Vajda, E. J. (ed.) *Languages and Prehistory of Central Siberia*. Amsterdam: John Benjamins. pp. 1-119.

Anderson, G. 2006. "Towards a Typology of the Siberian Linguistic Area." In Matras, Y., McMahon, A. and Vincent N. (eds.) *Linguistic Areas: Convergence in Historical and Typological Perspective*. Basingstoke: Palgrave Macmillan. pp. 266-300.

Bossong, G. 1991. "Differential Object Marking in Romance and Beyond." In Wanner, D. and Kibbee, D. A. (eds.) *New Analyses in Romance Linguistics*. Amsterdam: John Benjamins. pp. 143-167.

Brown, D. Chumakina, M., and Corbett, G. G. (eds.) 2013. *Canonical Morphology and Syntax*. Oxford: Oxford University Press.

Bugaeva, A. 2011. "Ditransitive Construction in Ainu." *Sprachtypologie und Universalienforschung* 64-3. pp. 237-255.

Bulatova, N. and Grenoble, L. 1999. *Evenki*. München: Lincom Europa.

Comrie, B. 2012. "Some Argument-Structure Properties of 'give' in the Language of Europe and Northern and Central Asia." In Suikhonen, P. *et al.* (eds.) *Argument Structure and Grammatical Relations*. Amsterdam: John Benjamins. pp. 17-36.

Dalrymple, M. and Nikolaeva, I. 2011. *Object and Information Structure*. Cambridge: Cambridge University Press.

Dryer, M. 1986. "Primary Objects, Secondary Objects, and Antidative." *Language* 62-4. pp. 808-845.

Dryer, M. 2007. "Clause Types." In Shopen, T. (ed.) *Language Typology and Syntactic Description, Vol. 1. 2nd edition*. Cambridge: Cambridge University Press.

Fabre, A. 1982. "Comparaison Typologique du Coréen et du Japonais." *Languages* 68. pp. 107-124.

Girfanova, A. 2002. *Udeghe.* München: Lincom Europa.

Gorelova, L. 2002. *Manchu Grammar.* Leiden: Brill.

Gruzdeva, E. 1998. *Nivkh.* München: Lincom Europa.

Hagège, Cl. 2010. *Adpositions.* Oxford: Oxford University Press.

Haspelmath, M. 2005a. "Ditransitive Constructions: the Verb 'give'." In Haspelmath, M. *et al.* (eds.) *World Atlas of Language Structures.* Oxford: Oxford University Press.

Haspelmath, M. 2005b. "Argument Marking in Ditransitive Alignment Type." *Linguistic Discovery* 3-1. pp. 1-21.

Haspelmath, M. 2007. "Ditransitive Alignment Splits and Inverse Alignment." *Functions of Language* 14-1. pp. 79 - 102.

Haspelmath, M. 2010. "Comparative Concepts and Descriptive Categories in Cross-linguistic Studies." *Language* 86-3. pp. 663-687.

Iemolo, G. 2013. "Symmetric and Asymmetric Alternation in Direct Object Encoding." *Sprachtyplogie und Universalienforschung* 66-4. pp. 378-403.

Itabashi, Y. 1988. "A Comparative Study of the Old Japanese Accusative Case Suffix wo with the Altaic Accusative Case Suffixes." *Central Asiatic Journal* 32-3·4. 193-231.

Janhunen, J. 2013. "The Tungusic Languages: A History of Contacts." In Kim, J. and Ko, D. (eds.) *Current Trends in Altaic Linguistics.* Seoul: The Altaic Society of Korea. pp. 17-60.

Johanson, L. and Robbeets, M. (eds.) 2010. *Transeurasian Verbal Morphology in a Comparative Perspective: Genealogy, Contact, Change.* Wiesbaden: Harrassowitz Verlag.

Johanson, L. and Robbeets, M. (eds.) 2012. *Copies versus Cognates in Bound Morphology.* Leiden: Brill.

Katsuki-Pestemer, N. 2008. *Japanese Postpositions: Theory and Practice.* München: Lincom Europa.

Kazama, S. 2010. "Designative Case in Tungusic Languages." In Malchukov, A. and Whaley, L. (eds.) *Recent Advances in Tungusic Linguistics.* Wiesbaden: Harrassowitz. pp. 123-154.

Khanina, O. 2008. "How Universal is Wanting?" *Studies in Language* 32-4. pp. 818-865.

Kim, J. 2011. *A Grammar of Ewen*. Seoul: Seoul National University Press.

Kittilä, S. 2006. "The Anomaly of the Verb 'give' Explained by its High (Formal and Semantic) Transitivity." *Linguistics* 44-3. pp. 569–612.

Ko, D. and Yurn, G. 2011. *A Description of Najkhin Nanai*. Seoul: Seoul National University Press.

Konstantinova, O. A. 1964. *Evenkijskij jazyk* [The Evenki Language]. Moskva-Leningrad: Nauka.

Kornfilt, J. 1997. *Turkish*. London: Routledge.

König, Ch. 2008. *Case in Africa*. Oxford: Oxford University Press.

Kübler, N. 1992. "Verbes de Transfert en Français et en Anglais." *Lingvisticæ Investigationes* 16-1. pp. 61–97.

Lazard, G. 2002. "Transitivity Revisited as an Example of a More Strict Approach in Typological Research." *Folia Linguistica* XXXVI-3·4. pp. 141–190.

Malchukov, A. 1995. *Even*. München: Lincom Europa.

Malchukov, A. 2009. "Rare and 'Exotic' Cases." In Malchukov, A. and Spencer, A. (eds.) *The Oxford Handbook of Case*. Oxford: Oxford University Press. pp. 635–648.

Malchukov, A., Haspelmath, M. and Comrie, B. (eds.) 2010. *Studies in Ditransitive Construction: A Comparative Handbook*. Berlin: Mouton de Gruyter.

Malchukov, A. and Nedjalkov, I. 2010. "Ditransitive Constructions on Tungusic Languages." In Malchukov, A., Haspelmath, M. and Comrie, B. (eds.) *Studies in Ditransitive Construction: A Comparative Handbook*. Berlin: Mouton de Gruyter. pp. 316–351.

Margetts, A. 2008. "Learning Verbs without Boots and Straps? The Problem of 'GIVE' in Saliba." In Bowerman, M. and Brown, P. (eds.) *Cross-linguistic Perspective on Argument Structure*. New Jersey: Lawrence Erlbaum Associates. pp. 111–137.

Margetts, A. and Austin, P. 2007. "Three-participant Events in the Language of the World: Towards a Cross-linguistic Typology." *Linguistics* 45-3. pp. 393 – 450.

Masica, C. 1976. *Defining a Linguistic Area: South Asia*. Chicago: The

University of Chicago Press.

Maslova, E. 2003. *A Grammar of Kolyma Yukaghir.* Berlin: Mouton de Gruyter.

Mattissen, J. 2003. *Dependent-Head Synthesis in Nivkh.* Amsterdam: John Benjamins.

Nedjalkov, I. 1997. *Evenki.* London: Routledge.

Nefedov, A. Malchukov, A. and Vajda, E., 2010. "Ditransitive Constructions in Ket." In Malchukov, A., Haspelmath, M. and Comrie, B. (eds.) *Studies in Ditransitive Construction: A Comparative Handbook.* Berlin: Mouton de Gruyter. pp. 352-381.

Newman, J. 1996. *Give: A Cognitive Linguistic Study.* Berlin: Mouton de Gruyter.

Newman, J. (ed.) 1997. *The Linguistics of Giving.* Amsterdam: John Benjamins.

Nikolaeva, I. 1999. *Ostyak.* München: Lincom Europa.

Nikolaeva, I. and Tolskaya, M. 2001. *A Grammar of Udihe.* Berlin: Mouton de Gruyter.

Nichols, J. 1986. "Head-marking and Dependent-marking Grammar." *Language* 62-1. pp. 56-119.

Nichols, J. 1992. *Linguistic Diversity in Space and Time.* Chicago: The University of Chicago Press.

Reesnik, G. 2013. "Expressing the GIVE Event in Papuan Languages: A Preliminary Survey." *Linguistic Typology* 17. pp. 217-266.

Refsing, K. 1986. *The Ainu Language.* Aarhus: Aarhus University Press.

Rivas, J. 2004. *Clause Structure Typology.* Lugo: Tris Tram.

Robbeets, M. 2014. "Korean and Transeurasian Types." 제27회 가천대학교 아시아 문화연구소 국제학술대회 발표자료집.

Robbeets, M. and Cuyckens, H. (eds.) *Shared Grammaticalization: With Special Focus on the Transeurasian Languages.* Amsterdam: John Benjamins.

Sadler, M. 2002. "From a Pragmatic Marker to a Direct Object Marker: The Japanese Particle 'o' in Written Discours." *Studies in Language* 26-2. pp. 243-281.

Sohn, J. Y. 1978. "A Contrastive Study of the Altaic Cases." *Korean Linguistics* 1. pp. 146-192.

Siewierska, A. and Bakker, D. 2007. "Bound Person Forms in Ditransitive

Clauses Revisited." *Functions of Language* 14-1. pp. 103-125.

Stassen, L. 1997. *Intransitive Predication.* Oxford: Oxford University Press.

Stassen, L. 2009. *Predicative Possession.* Oxford: Oxford University Press.

Suikhonen, P., Comrie, B. and Solovyev, V. (eds.) 2012. *Argument Structure and Grammatical Relation.* Amsterdam: John Benjamins.

Sun, Ch. 2006. *Chinese: A Linguistic Introduction.* Cambridge: Cambridge University Press.

de Swart, P. 2007. *Cross-linguistic Variation in Object Marking.* Ph. D. Thesis. Radboud University Nijmegen.

Tamura, S. 1988. *The Ainu Language.* Tokyo: Sanseido.

Tranter, N. 2012. *Languages of Japan and Korea.* London: Routledge.

Vajda, E. 2004. *Ket.* München: Lincom Europa.

Vovin, A. 2014. "Korean as a Paleosiberian." 제27회 가천대학교 아시아문화연구소 국제학술대회 발표자료집.

Wichmann, S. and Holman, E. W. 2009. *Temporal Stability of Linguistic Typological Features.* München: Lincom Europa.

Wunderlich, D. 2006. "Toward a Structural Typology of Verb Classes." In Wunderlich, D. (ed.) *Advances in the Theory of the Lexicon.* Berlin: Mouton de Gruyter.

Bae, Ju-Chae. 2009. "A lexicological study on dalla, dao." *Journal of Korean Linguistics* 56: 191-220. The Society of Korean Linguistics. 〔배주채, 2009. "'달라, 다오'의 어휘론." 『국어학』(국어학회) 56. 191-220쪽.〕

Hong, Chai-song. 2009. "A Typological Contrastive Study of Copular Constructions in Languages of the Extreme North-Eastern Asian Area." Conference of The Linguistic Society of Korea. Mokpo National University. 〔홍재성. 2009. "동북단 아시아 지역 제어 계사 구문의 유형론적 대조 연구." (사)한국언어학회 학술대회. 목포대학교.〕

Hong, Chai-song. 2010. "Description typologique contrastive de la construction à copule en français et en coréen." *Recueil d'articles sciences humaines et sociales* 49-1: 1-61. 〔홍재성. 2010. "프랑스어와 한국어 계사 구문의 유형론적 대조." 『학술원 논문집(인문·사회과학편)』(대한민국학술원) 49-1. 1-61쪽.〕

Hong, Chai-song. 2011a. "Pour une grammaire typologique de la langue française." Conférence donnée à l'université Niigata.

Hong, Chai-song. 2011b. "Typlogical Grammatical Description of Korean Converb Construction with 'le' of "Motion-cum-purpose"." The 21st Japanese/Korean Linguistic Conference. Seoul National University.

Hong, Chai-song. 2014a. "Typology of Ditransitive Constructions and Chinese." Conference on Chinese Linguistics in Korea. Inha University. 〔홍재성. 2014a. "이항 타동 구문 유형론과 중국어." 한국 중국 언어학 학술세미나. 인하대학교.〕

Hong, Chai-song. 2014b. "Ditransitive constructions in Kolyma Yukaghir: Focusing on constructions with the verb *kej/tadi*." The 1st Conference of the Korean Association for Linguistic Typology. Seoul National University. 〔홍재성. 2014b. "유형론적 관점에서의 Kolyma Yukaghir 이항 타동 구문: kej/tadi 동사 구문을 중심으로." 한국 언어유형론 학회 창립기념 연구발표회.〕

Hong, Chai-song. 2014c. "Typology of Joint Predication and Korean Copular Construction." Keynote Speech. 2014 Annual Meeting of Korean Society of Language and Information. 〔홍재성. 2014c. "공동 서술joint predication 구문 유형론과 한국어 계사 구문." 한국언어정보학회 2014년 정기 학술대회 특강 자료.〕

Hong, Chai-song. 2014d. "Typological Contrastive Grammar of Korean and French: Focusing on Ditransitive constructions with cwu- and donner." Joint Conference of Societies related to French Studies. Hankuk University of Foreign Studies. 〔홍재성. 2014d. "한국어·프랑스어의 유형론적 대조 문법: '주다'/donner 이항 타동 구문을 중심으로." 한국 프랑스 관련 연구학회 공동 학술대회. 한국외국어대학교.〕

Hong, Chai-song. 2015. "Toward a morpho-lexical typology of the 'give' event." The 42nd NAS (National Academy of Sciences) International Symposium, *Interdisciplinary Explorations of Language in Our Age*. The National Academy of Sciences, Republic of Korea. 〔홍재성. 2015. "'give' 행위의 어휘·형태 유형론." 제42회 대한민국 학술원 국제학술대회: 우리 시대의 언어의 학제적 연구 발표자료집. 대한민국 학술원 발간.〕

Hong, Chai-song. *et als.* 1997. *Dictionary of Verb Constructions in Modern*

Korean. Seoul: Dusandonga. 〔홍재성 외. 1997.『현대 한국어 동사 구문 사전』. 서울: 두산동아.〕

Hong, Chai-song. *et als*. 2007. *The Sejong Electronic Dictionary*. Seoul: Minstry of Culture and Tourism and National Institute of Korean Language. 〔홍 재성 외. 2007.『세종 전자 사전』. 서울: 문화관광부/국립국어원.〕

Kim, Yongha. 2014. *Distribution and Combinatory System of Korean Particles*. Gwangmyeong: Kyeongjinmunhwasa. 〔김용하. 2014.『한국어 조사의 분포 와 통합체계』. 광명: 경진출판사.〕

Ko, Sukju. 2000. *A Study of Korean Particles*. Ph.D. dissertation, Yonsei University. 〔고석주. 2000. "한국어 조사의 연구: '-가'와 '-를'을 중심으로." 연세대학교 박사학위논문.〕

Lee, Gwangho. 1988. *A Study of the Case Marker '-ul/lul' in Korean*. Seoul: Tower Press. 〔이광호. 1988.『한국어 격조사 '을/를'의 연구』. 서울: 탑출판사.〕

Lee, Sunhee. 2004. *Particles and Semantic Roles in Korean*. Seoul: Hangukmunhwasa. 〔이선희. 2004.『국어의 조사와 의미역』. 서울: 한국문 화사.〕

Mok, Jung-soo. 2015. A Typological Study on the Constructional Relatedness of Altaic Languages: with Reference to Korean Transitive Constructions. *Hangul* 307. Hangul Society. 75-124. 〔목정수. 2015. "알타이제어의 구문 유형론적 친연성 연구: 한국어의 타동 구문을 중심으로."『한글』(한글학회) 307. 75-124쪽.〕

Mok, Jung-soo and Changhak Moon. 2015. A contrastive study of double subject constructions in Korean and Japanese: Focusing on the debate of 'whether the subject exist' in Japanese and that of predicative clauses in Korean. Japanese Studies 45. *Institute of Japanese Studies*. Dankook University. 349-368. 〔목정수·문창학(2015). "일한 '이중 주어 구문'에 대한 대조 연구: 일본어의 '주어유무 논쟁'과 한국어의 '서술절구 논 쟁'을 중심으로."『일본학연구』(단국대학교 일본연구소) 45. 349-368쪽.〕

Pak, Hyong-ik. 1989. "Three uses of the verb cwu-." *Hangul* 203: 145-164. Hangul Society. 〔박형익. 1989. "동사 '주다'의 세 가지 용법."『한글』(한글 학회) 203. 145-163쪽.〕

Ryu, Gusang, *et als*. 2001. *The Object in Korean*. Seoul: Wolin. 〔류구상 외. 2001.『한국어의 목적어』. 서울: 월인.

■

Linguistic Typology(LT) and Korean Linguistics(KL)
LT's light and shade on KL

Jungsoo Mok

University of Seoul

1. preface

This paper aims to consider the relation between Korean linguistics and linguistic typology, and show the fact that Korean linguistics should establish a relationship with linguistic typology necessarily to hold a proper place. Also, this paper points out that Korean linguistics can improve with a help of the discussion of linguistic typology but that if Korean linguistics sinks to the discussion of linguistic typology unquestioningly, the phenomenon of Korean language can be easily distorted. It is really necessary that Korean linguistics maintains independent and consistent position and provides exact Korean language data and their analyses to contribute toward the academic world of linguistic typology in the world to some degree.

Who researches Korean language? The person who researches Korean language is called a Korean linguist, so it is naturally a Korean linguist that researches Korean language. If so, who is a Korean linguist? Is he the person who graduated from a particular major? Is it impossible for the person who has a doctor degree of Romance languages to become a Korean linguist? Korean linguists commonly look askance at a scholar who majors in a foreign language and researches Korean language, and criticize that he regards Korean language not as Korean language but as a foreign language. Especially they condemn severely that these scholars distort Korean language by applying it to foreign theory forcedly.[1] At the same time, on the one hand, these scholars are impatient because they don't know well about the theory of the West and cannot catch up with it. All these situations considered, the question who should research Korean language seems to be simple, but it can be very difficult to seek the answer of it. To this difficult question, we'd like to work out an answer confidently that those who have interest and perspective in linguistic typology and research Korean language can play a role as a true Korean linguist. In other words, to become a true Korean linguist requires paradoxically an interest in other languages and an ability to analyze them.

And how to research is considered Korean linguistics? Is

---

1) It is natural that English linguists who judge Korean language according to generative grammar and write articles deserve this kind of criticism. However, it is difficult to deny that there are many scholars who have researched Korean language through such a frame.

there a special method of its own to research Korean language? It is probable to distinguish Korean linguistics from foreign linguistics or general linguistics with conventional terms used in Korean linguistics tradition. However, the terms of Korean linguistics were almost created in the process of translating the terms of linguistics of the West, and many of them were imported through a manufacturing plant of Japan. If these things considered, by what is the identity of Korean linguistics secured? This study shows that linguistic typology can provide an answer to this difficult question to some extent. That is because a mother tongue is the subject which cannot be approached in an inner perspective whether it is Korean language or not, as Makoto Asari indicated in his book *Japanese language and thought: the Japanese' thought through Japanese language*, which handles thought and language side by side. He says that if we'd like to comprehend and study a native language properly, we should not wander within the woods of a native language, but get out of it. Makoto Asari says like this;

It is difficult to transcend a native language. Also, it is difficult to see and handle a native language in 'an external view'. But there is no way but an external view. If so, we are confronted with this problem from the beginning.

If we handle a native language, we ourselves must see it from outside. The basic condition which makes this possible is that we see a native language comparing with foreign languages.

Then, do we have only to get out of the woods of the native language? The comparative perspective is necessary to get out of it and see the wood of the native language again. To have this perspective, we need to see a native language objectively and other languages as a frame of comparative reference. If so, studying a native language in the perspective of linguistic typology is the inevitable method theoretically and practically. A native linguist has a duty to become an expert of foreign languages paradoxically. In this sense, linguistic typology and Korean linguistics are establishing an indivisible relation.

As stated at first, I'd like to present the positive function of linguistic typology and the adverse effect of it at the same time. I'll also present the dangerousness that we can be fallen in easily. This paper will concentrate on the discussion of so called 'non-nominative subject construction' to avoid applying linguistic typology to the phenomenon of Korean by mistake, misjudging the essence of Korean language and distorting it. By reporting this adverse effect, this paper will show that we should not have blind faith in linguistic typology and need to have necessarily independent perspective on Korean linguistics.

2. linguistic typology and the problems of Korean linguistics

2.1 the problems of comparative standard

The following characteristics of Korean grammar are

presented by Jang (2011) who has Korean language education as a foreign language in mind.

A-1. Endings of a verb and postpositional particles of a noun are developed.

A-2. One form generally has one function in the form of Korean grammar.

A-3. Sometimes it is important in grammar to distinguish a noun whether it has [+animate] or not.

A-4. Classifier, dependent noun which measures number or quantity, or 'measure noun' are developed.

Also, as Jang(2011) shows the following morpho-syntactic characteristics of Korean language in comparison with the Indo-European languages, we can see that the comparison or contrasting perspective of linguistic typology is reflected implicitly.

B-1. Pronoun is not developed in Korean language, so the use of it is constrained extremely.

B-2. There is no relative pronoun in Korean language.

B-3. There is no article in Korean language.

B-4. There is no conjunction in Korean language.

B-5. There is no empty word such as impersonal pronoun or surplus word of existential sentence in Korean language.

B-6. There is no agreement phenomenon in Korean language.

B-7. Plural items are not always followed by plural marker in Korean language.

B-8. The conjugation of verb is very similar to that of adjectives in Korean language.

C-1. Korean language is SOV type language whose order is 'subject(S) - object(O) - verb(V)' among the languages which use transitive verb sentence of declarative sentence. In other words, it belongs to verb-final language.

C-2. Modifier is surely located in front of modificand in the modifier formation of Korean language.

C-3. Korean language belongs to head-last or head-final languages.

C-4. Korean language is expressed as free word order or partial free word order which can change the word order relatively freely except verb.

C-5. Korean language is the language whose subject or object is omitted easily.

C-6. Korean language has a discourse-centric characteristic, and the characteristic of topic prominent language is presented strongly.

C-7. There is no syntactic movement in Korean language or appears infrequently.

C-8. Honorific system is developed with great precision in Korean language.

These characteristics of linguistic typology in Korean language can be established when they have Indo-European languages such as English or French in their standard. By the way, conversely, if we see Indo-European languages in comparison with Korean, Japanese, or many Altaic languages, the characteristics of typology of English and French can be arranged logically like this:

A-1': There is no postpositional particle in English.

B-2': There is no modifying ending of a verb or attributive form in English.

B-8': In French, there is no prenoun, and adjective form is nearer to noun than verb.

C-5': In French, subject is essential, but the character of a personal pronoun is different from a general noun phrase and similar to ending of a verb.

C-8': Honorific system is not developed in English.

All these points put together, we can see that there is nothing to be decided intuitively in discussing the characteristics of Korean typology on the basis of what criteria. When we make typological research comparatively, we need to think about terms we use and the perspective from which we describe phenomena of languages, keeping distance. It is because the content and result are cannot help altering according to the terms. The characteristics of Korean typology mentioned before should be caught not by the individualized attribute but by the relational attribute from the overall perspective. The systematic comparative typology research will be possible for the first time only after this process is completed

And compared languages themselves are important, but it is more important what we will compare of the languages. By the way, if the comparison would be well done, standard of comparison or criteria should be prepared. It is essential that there are language data and reference grammar which are described in the terms of unified grammar from the same perspective.[2] However, there is no grammar book of the world languages yet which is described with the unified terms of grammar sharing the same perspective about the grammar in advance for the comparative research. And such a book will be difficult to exist in the future, too. This situation implies that the comparison of linguistic typology is difficult to approach from the perspective of semasiology. For example concretely, when the problem that '-ing' of English can be compared with '-은/을' of Korean is raised, the former is described as the terms of 'gerund(present participle)' and the latter is described as 'modifying ending of a verb'. The problem whether we compare these descriptions or not can occur. And if we put Korean in the center, what is the object in English to be compared with 'modifying ending of a verb'? Is this an ending of a gerund, or relative pronoun which leads relative clause? If we consider this problem, it is necessary to start from the perspective of onomasiology for the comparison of linguistic typology.[3] However, also in this perspective, what we set up as a fundamental concept is the problem

---

2) Yeon(2011:5) mentions the research of interrelationship between individualized language and linguistic typology like this: "The study of linguistic typology which studies the universality and difference of general languages and that of each individualized language lie mutually in supplementary and cooperative relation. The study of linguistic typology which presupposes comparative analysis of widespread languages cannot be come into existence without an advanced research on each individualized in-depth study, so typology cannot help depending on descriptive grammar of individualized languages at first. However, it is true that typological cross-linguistic universality established through general languages provides not so little insight to understand the grammar phenomena of individualized languages for the moment."

3) The important thing is that, from the perspective of semasiology, the opposition of 'Tu' and 'Vous' used as a personal pronoun in French cannot be compared fundamentally with the use of '-시-' which is described as a prefinal ending in Korean.

(Haspelmath 2010a, Newmeyer 2010, Haspelmath 2010b). That is because the problem occurs whether the concept which transcends individualized languages and includes general languages or extracting such a concept is possible or not. Let's think about this problem with a concrete example. When we study adjective, the term of adjective can be problem. The reason is that the term of adjective had been made to consider characteristics of morphology in the traditional grammar of Indo-European languages before the concept was established. The term 'adjective' is a translated word, which has connection with the Latin language 'adjacere', whose meaning is 'put beside/near'. And this word is used not for itself but attached to noun, or it is defined to 'modify' or 'describe/qualify' noun. This 'adjective' is translated into '형용사' in Korean grammar, forming new signifié. As a result, the semantic feature [+state] is added and the feature comes to function more importantly. So the original meaning of 'adjective' classified as the term of prenoun. This 'prenoun' is translated reversely into 'adnoun' or 'modifier', which is not irrelevant to this translation process.[4] Therefore, 'prenoun' in Korean can be left out from the discussion of adjective typology easily by mistake (refer to Mok 2002, 2009b, 2013d for details).

I suggest that we should analyze distribution and accomplish classification work thoroughly at first, and then,

---

4) Japanese language is very similar to Korean in language phenomenon, but the grammar situation of Japanese has gone along very differently from Korean. The signifié of the term of adjective and adjective-verb of Japanese are necessary to understand properly (Mok 2009b).

clarify the similarity and difference in the comparison with foreign languages from the perspective of typology to show the phenomenon of Korean in the objective terms from the objective perspective properly.[5] In this level, focusing on psychi-verbs expressing psychology (=subjective verb= psychological adjective), I'll examine critically so-called non-nominative subject, ergative subjective[6], etc. And I'll consider if the phenomenon of Korean is described well and applied to the discussion of linguistic typology properly.

2.2 the problem of the word order typology of Korean language

In the typological research, word order is mentioned most frequently. The types of human languages are arranged

---

5) I've indicated concretely which categories of grammar should be the objects of comparison, comparing Korean with French or Rumanian. After making basis to set up '가, 를, 도, 는, 의, (이나, 이라도)' among Korean postpositional particles as one group, comparing them with the system of determiners of the Indo-European languages, corresponding to 'a, the, any, some' in English, is based on this methodology. In the case of Chinese which has no article, they can be compared with the relation of the structure of quantifier. On the other hand, I set up '-(는)다, -(느)냐, -자, -(으)라, -(으)려' as one group, and have indicated that how they can and should be compared with subjunctive mood in the Indo-European languages. Also, by categorizing as quotation-subjunctive ending of a verb, I not only regulated these endings of a verb as 'declarative type, interrogative type, suggesting type, ordering type, intending type', but also indicated that '-(으)려' should be included in the discussion of quotation type, and the ending of a promising word '-(으)마' should be left out here (Mok 2009b, 2011).

6) The translating word of 'ergative' in Korean is '능격' mainly. By the way, as Yeon(2008) indicated, '원인격' seems more suitable. However, I use parallel writing like '원인격/능격' in the sense of valuing custom.

according to the order in which subject and object are presented, which are essential to form a sentence. This discussion is possible after defining what subject and object is. However, the agreement to define subject has not been discussed yet in Korean linguistics. And although subject and object are considered essential or main elements in school grammar, the possibility of omitting them is told paradoxically (Kang 2011). Anyway, three elements' order is discussed. There are 6 types in it.

SVO type, SOV type, OSV type, OVS type, VSO type, VOS type

However, the problem of subject is not so simple in Korean language. Subject, an essential element, does not have to be presented explicitly. Also, there are many sentences in which what is the subject is not clear. The position of analyzing as so-called double subject or multi subject is general, but this discussion is using terms like 'nominative', 'subject', 'the subject', 'topic', etc indiscriminately.

(1) 가. 그런 여자는 정말 마음에 안 들어요. 마음에 들지가 않는
　　　다구요.
　　　(Such a woman I don't like. I don't like.)
　나. 그 칼로가 잘 안 잘린다고요?
　　　(Can't the knife cut well?)
　다. 할아버지께서 돈이 많으신가 봐요.
　　　(Grandfather seems to have much money.)
　라. 저는 딸이 둘, 아들이 하나입니다.
　　　(I have two daughters and a son.)

We can find sentences frequently in which word order of 'SOV' is not kept well.

(2) 가. 이거 너 안 가질 거면 나 줘.
    (If you don't have this, give me it.)
  나. 너 이번 주에 가니 고향?
    (Do you go to your country this week?)
  다. 아마 아이들이 좋아하는 노래가 무엇인지 아는 아빠가 그
    리 많지 않을 걸로 제가 짐작이 됩니다.
    (Maybe I guess there are not so many fathers who know songs children like.) (Quoted from Sungjoo Kim's statement, an announcer of MBC FM.)

However, it is difficult to find the structure of prosody (ex, rhythm) which shows the trace of transformation or movement at this time, too. We can only know intuitively that this order is marked one. The following (3나) and (4나) are marked transformational order.

(3) 가. 코끼리는 코가 길다.
    (An elephant has a long nose.)
  나. 코는 코끼리가 길지.
    (It is an elephant that has a long nose.)

(4) 가. 철수가 나한테 손을 흔들어 주던데.
    (Chulsoo waved his hand to me.)
  나. 나한테도 손을 흔들어 주데 철수가.
    (Who waved his hand to me is Chulsoo.)

In Korean linguistics, we regard the structure of a simple sentence of Korean as the following forms in which argument or adjunct is realized with predicate as the center, and discuss.

(5) 가. 철수가 잔다.
  (Chulsoo sleeps.)
  나. 철수가 예쁘다.
  (Chulsoo is pretty.)
  다. 철수가 머리가 크다.
  (Chulsoo's head is big. or Chulsoo has big head.)
  라. 철수가 호랑이가 무섭다.
  (Chulsoo is afraid of a tiger.)
  마. 철수가 학생이다.
  (Chulsoo is a student.)
  바. 철수가 영희를 사랑한다.
  (Chulsoo loves Younghee.)
  사. 철수가 대통령이 되었다.
  (Chulsoo became a president.)
  아. 철수가 영희에게 미희의 소개를 한다.
  (Chulsoo introduce Mihee to Younghee.)

These traditions has been long. Starting from Shikyung Ju and Hyunbae Choi to recent grammar books, this position has been kept. We can see this fact representatively from Nam and Ko (1993:234), too. Let's quote some.

"All sentences of Korean ultimately contain one content among '무엇이 어찌한다(what is doing)', '무엇이 어떠하다(what is how)', and '무엇이 무엇이다(what is what)'. According to the content of

'어찌한다(doing), 어떠하다(how), 무엇이다(what)', the sentence forms several types.

1. 바람이 분다.
   (The wind rises.)
2. 아이들이 공을 던진다.
   (Children throw a ball.)
3. 물이 얼음이 된다.
   (Water becomes ice.)
4. 국이 짜다.
   (Soup tastes salty.)
5. 저 사람이 주인이 아니다.
   (That person is not the owner.)
6. 그가 주인이다.
   (He is the owner.)

These sentences hold minimal necessary constituents (=arguments) which are essential to form a sentence according to the kind of predicate."

In Ko and Ku(2008:271), this suggestion is kept as it is. Let's quote here.

"By the way, the sentences of Korean are too many to count practically, but the structure can be categorized as the following basic forms.

(1) 가. 무엇이 어떠하다.
   (what is how)

나. 무엇이 어찌한다.

(what is doing)

다. 무엇이 무엇이다.

(what is what)

라. 무엇이 무엇을 어찌한다.

(what is doing what)

마. ① 무엇이 무엇이 아니다.

(what is not what)

② 무엇이 무엇이 된다.

(what becomes what)

Like (1), the type(꼴) which represents concrete sentences is called basic sentence structure. The word 'type(꼴)' is not seen well these days, but was used frequently in traditional society. It means the frame used to hold shape or correct distorted shape when making things."

However, it is rare that natural sentences of Korean are performed as the basic sentence structure Ko and Ku(2008) suggested. The basic sentence structure Ko and Ku(2008) suggested is rather marked one presented in a specific case. For example, when we discuss double subject sentence in Korean linguistics, most sentences have postpositional particle '가' like example (6).

(6) 가. 코끼리가 코가 길다.

(An elephant's nose is long.)

나. 철수가 마누라가 무섭다.

(Chulsoo is afraid of his wife.)

다. 미도파가 구두가 값이 백 원이 싸다.

(The price of shoes is lower by 100 won in Midopa department store.)

However, the following forms are actually used more frequently than above sentences.

(7) 가. 코끼리는 코가 길다.

(The elephant has a long nose.)

나. 철수는 마누라가 무섭대.

(Chulsoo is afraid of his wife.)

다. 뭐? 철수가 마누라를 무서워한다고?

(What? Is Chulsoo afraid of his wife?)

I think that we should consider ending of a verb actively rather than follow traditional methods and establish sentences structure on the postpositional particles used frequently when setting up basic sentence structure like the following. It is the default value that explicit subject is possible to be omitted in Korean grammar.

1. X-(는) V-ending (가을 하늘은 높다)

The sky of fall is high.

(아기가 타고 있습니다.)

A baby in a car.

(너 똥 마렵지?)

Do you feel like defecating?

2. X-(는) Y-(가) V-ending (우리 마누라는 얼굴이 작아.)

My wife's face is small.

(철수는 마누라가 무섭대요.)

Chulsoo is said to be afraid of his wife.

(얼굴이 큰 영희는 성형을 적극 고려중이란다.)

Younghee whose face is big is said to consider plastic surgery actively.

3. X-(는) Y-(를) V-ending (철수는 영희를 사랑하나 봅니다.)

Chulsoo seems to love Younghee.

(너 밥 먹고 싶지?)

Would you like to have a meal?

4. X-(는) Y이-ending (당신은 누구(이)십니까?)

Who are you?

(지금 어디세요?)

Where are you now?

X-(는) Y-(가) 아니-ending (저는 교수가 아니에요.)

I'm not a professor.

(난 학생 아냐.)

I'm not a student.

Only the constituents of grammar attached to verb can compose a sentence, with the constituents being omitted, which are main constituents in a sentence such as subject, object, etc. There is no shortage in delivering information related. This fact shows where the point of Korean sentence structure lies clearly. The elements which are in charge of delivering information related are like ending of a verb and ingredients of grammar such as auxiliary verb, ending of a verb, prefinal ending, dependent noun (personal pronoun included), and postpositional particle (noun included). So, we should not only consider these elements when presenting a sentence structure, but also dig up the structure of a sentence on the basis of grammatical elements. We need to have this perspective.

Next, let's see how the basic sentences of French, Italian, Spanish, English, and Chinese are expressed variously. As you see (8) and (9), you can compare concisely how the constituents of subject or object can be expressed as a grammatical element.

(8) 가. Je t′aime.
    나. (Io) ti amo.
    다. I love you.
    라. Te quiero.
    마. 我愛你。

(9) 가. 내가 너를 사랑한다.
    나. 난 너를 사랑한다.
    다. 난 너 사랑해.
    라. 당신을 사랑합니다.
    마. 나 너 사랑해
    바. 저 당신 사랑해요.
    사. 사랑해, 자기.
    (All Korean sentences above mean that I love you.)

In the lyrics '我爱你, Te quiero, 사랑해', these three words are located in the same level, which has more meaning than adjusting the length of lyrics. In fact, it is difficult to locate these three words in the same level. The reason is that '사랑해' in Korean contains an ending of a verb '-어' used when speaking roughly, 'Te quiero' in Spanish contains the first person's ending of a verb '-o'. This fact is important. Similarly, '我爱你' in Chinese contains the first person pronoun '我'. In 'Je t'aime' in French, clitic 'je', the first person pronoun, is obligatory, and 'moi', the first person pronoun, which can be attached and accented, is optional. Can't these important essential grammatical elements be the object of comparison?[7]

(10) 가. Ti amo.
    나. Je t′aime.
    다. 사랑하ー어.
    라. 我愛你。

Therefore, taking English and Chinese for example, if the logic of setting SVO type is applied as it is, it is possible for Korean to be (O)VS, French SOV, and Italian OVS. It depends on how to determine what subject is.

In this way, if we see grammatical elements in priority, we can establish the typology of 'word order'. For example, in

---

7) Let's compare the table of conjugation of Latin and English.

(1) Latin - English
   amo   -   I love
   amas -   You love
   amat - He/She loves
   amamus - We love
   amatis - You(all) love
   amant -   They love

And, if the fact that 'je' in French, 'I' in English, '我' in Chinese, '-o' in Italian, '-어' in Korean become the object of comparison is canonical, 'moi' in French, 'ego' in Latin, 'me' in English, and '나/저' in Korean are less canonical in comparison (Brown et al. 2012).

Korean language, personal relation of indirect object is expressed through auxiliary verb, too. There also reveals the personal relation in dative case through the construction of auxiliary verb '-(어)주다', a grammatical element rather than explicit noun argument (Mok 2009b). The construction of '-(어)주다' itself shows the dative relation, and the combination of '-(어)주다', '-(어)드리다', '-(어)달다' and '-시', prefinal ending of a verb, makes different person structure in dative case.

(11) 가. *?나에게/날 위해 책 좀 읽어!
　　　　(Read books to/for me!)
　　나. 나에게 책 좀 읽어 줘!
　　　　(Read books to me!)
　　다. 나 책 좀 읽어 줘.
　　　　(Read books to me.)
　　라. 책 좀 읽어 드려라 할아버지!
　　　　(Read books to grandfather!)
　　마. 책 좀 읽어 주세요 저!
　　　　(Please read books, to me!)
　　바. 책 좀 읽어 다오.
　　　　(Please read me books)
　　사. 책 좀 읽어 달라고 보채네요.
　　　　(He(or she) asks for reading books.)

Also, Mok (2013c) shows that so-called directional case is marked grammatically through a auxiliary verb '-(어)가다/오다'. Directional case can surely appear concretely by realizing case of noun phrases like 'dependent-marking language'. However, this is rather optional part of the whole sentence, and the construction of auxiliary verb is realized as an essential element. This means that elements realized grammatically are much more important in Korean grammar. This aspect makes Korean language characterized as 'head-marking language'.

(12) 가. 이쪽으로 빨리 뛰어와!

　　　(Run here quickly!)

　　나. 저를 위해 이쪽으로 걸어와 주시겠어요?

　　　(Would you walk here for me?)

(13) 가. 철수는 (위층으로) 뛰어올라갔다.

　　　(Chulsoo ran up upstairs.)

　　나. *?철수는 위층으로 뛰었다.

　　　(Chulsoo ran up upstairs.)

　　다. *?철수는 위층에서 뛰었다.

　　　(Chulsoo jumped down from upstairs.)

　　라. 철수는 (위층에서) 뛰어내려왔다.

　　　(Chulsoo ran down from upstairs.)

3. the typology of transitivity in Korean language

3.1 the precondition of transitivity typology: the problem of defining subject

In an discussion of word order typology, especially of transitivity typology, it is fundamental to classify types focusing on subject and object which are main constituents of a sentence. Dixon (2010)'s A(gent), S(ubject), and O(bject) are the very things. However, in the discussion of transitivity of Korean, the problem lies in that it is not clear what the subject is. Especially, in sentences called double subject construction, it is true that an agreement of what is the real subject has not been settled yet. In addition, the concept 'dative subject' received in the discussion of linguistic typology to solve double subject construction can be also a disadvantage theoretically in Korean linguistics. If we regard the sentence '나에게 시간이 있다(there is time to me)' as a model of possessive construction and 'to me' as the dative case, we cannot say that the syntactic function of the constituent 'time' is subject. Then, what is that? And it is not irrelevant to receiving odd sentences like '할아버지께 시간이 많으시다 (grandfather has much time)' or '김선생님께는 그 문제가 이해가 가십니까? (do you understand the problem, Mr. Kim?)'[8] as if this sentence were correct. I think it is a great problem that '가-type constituent' among constituents of a sentence is not considered in the discussion of the typology of transitivity like the following example. As these constituents deserve to receive qualification for object, they have to be contained to the discussion of transitivity typology.[9]

---

8) I consider these sentences so odd. No matter how I concede, the sentence '할아버지는 그 설명이 이해가 가십니까?(Do you understand the explanation, grandfather?)' is more natural. Even scholars who don't think that the sentence '할아버지께는 그 문제가 이해가 가십니다 (the problem is understandable to grandfather)' is odd wouldn't deny this point.

9) However, they don't have an effect on word order type. That is because the word order of '가-type constituent' is, as you see (1) and (2), equal to '를-type constituent'.

(1) 가. 할아버지는 코를 많이 고신다. (basic word order)

(14) 가. 나는 떠난 그녀가 너무 그립다.

　　　(I miss the woman so much who has gone.)

　　나. 코끼리는 코가 길다.

　　　(An elephant's nose is long. or An elephant has a long nose.)

　　다. 나는 언어학 책이 많다.

　　　(I have many books on linguistics.)

From this perspective, to judge what is the subject in the following sentences becomes the precondition for the establishment of word order typology and transitivity typology. In addition, it is also important to understand the fictional characteristic of the concept 'non-nominative subject' discussed in the following in earnest.

(15) 가. 선생님 설명이 이해가 안 되는데요.

　　　(I can't understand the teacher's explanation well.)

　　나. 당신을 만나니 고향 생각이 절로 나는군요.

　　　(I remind my hometown automatically to meet you.)

　　다. 잠이 잘 안 오나 보구나.

　　　(You don't seem to feel like falling asleep.)

　　라. 왜 그렇게 힘이 들어 한 대요?

　　　(Why does he(she) have trouble so much?)

　　　(Grandfather snores loudly.)

　　나. 코는 할아버지가 많이 고신다. (theme-pointed sentence structure)

　　　(It is grandfather who snores loudly.)

(2) 가. 할아버지는 코가 크시다. (basic word order)

　　　(Grandfather's nose is big.)

　　나. 코는 할아버지가 크시다. (theme-pointed sentence structure)

　　　(It is grandfather whose nose is big.)

마. 시간 있으세요?

(Do you have time?)

바. 여자 친구 소개 좀 해드릴까요?

(May I introduce a girl friend to you?)

사. 뭐가 먹고 싶어서 그러는 거야?

(Does what you want to eat make you do so?)

I found out that there is structural difference between the postpositional particles of nominative case, accusative case, and genitive case and other postpositional particles of adverbial case/semantic case in the process of establishing postpositional particle system since Mok (1998), and indicated that it is impossible to catch these through case-ending paradigm. In these work, I suggested that the postpositional particles '이/가' (subject marker) and '을/를' (object marker) do determinative function rather than case function with '도 (also)' and '은/는' (topic marker). I think this is more reasonable. To emphasize this suggestion, I considered the distribution and function of these postpositional particles, and wanted to name them as post-determiner, or post-article. In this way, according to how to define '이/가', postpositional particle in Korean, the influence can be reached to the problem of word order mentioned in typology. That is because judging subject constituent is essential among constituents which become the object of comparison in word order typology. Therefore, to work out case typology of Korean, we ought to recognize clearly that case realization of Korean is carried out not by paradigm of case-endings, but by word order and postpositions. And it is also necessary to write a list of complex postpositions which correspond to the function of postposition.

At first, the reason why '이/가' or '을/를' is difficult to be called case marker is that if these particles are equal to nominative (subjective) or accusative (objective) case of Latin, its omission cannot be explained. Secondly, '이/가' or '을/를' is attached to adverb or conjugation, not only to noun. Thirdly, thinking that there are several subjective postpositions such as '께서', '에서', and '이서' shows us that '이/가' is irrelevant to case paradigm (Ko and Ku 2008 for reference). Lastly, these particles have such a different distribution from other postpositional particles which have the character of adpositions (=postpositions).

From this conclusion, we can see when arguing typology of case and adposition, '이/가', '을/를', and '의' are difficult to be contained here. At the same time, it means that '에 (to), 로 (toward), 와 (and/with)' or '로부터 (from), 에서 (in), 에게 (to), 부터 (from), 까지 (until), 처럼 (like), 보다 (than), 에 대해 (about), 을 위해 (for), 덕택에 (thanks to), 대신에 (instead of), 날 (day/at), 때 (time/at)', etc are contained in the list of postpositions, and should be reflected actively in adposition typology.

(16) 가. 도끼로 장작을 팼다.

       (I made firewood with an ax.)

   나. 그 문제에 대해 진지하게 토론합시다.

       (Let's discuss the problem seriously.)

   다. 차 가지고 갈 테니 조금만 더 기다리세요.

       (I'll drive my car, so please wait a little more.)

   라. 엄마 생일날 선물을 많이 해 드렸다.

       (On my mother's birthday. I gave presents a lot.)

마. 그 사람 대신에 내가 직접 갔다.

(Instead of him, I went myself.)

Anyway, as I suggested, if we accept that '은/는' has deeper relation with subject basically, syntactic function of '가-type constituent' is related with the problem of transitivity, making discussion necessary again. In other words, it means that so-called 'double subject constructions' should be the object of reexamination. At this point, discussing the syntactic function of these constituents Korean-internally, and comparing it with French at the same time can draw an important conclusion.

(17) 가. 우리 할아버지는 돈이 많으세요.

(My grandfather has much money.)

- Mon grand-père a beaucoup d'argent.

나. 나 있잖아 그게 너무 알고 싶어.

(I myself want to know it so much.)

- Moi, je veux le savoir.

(18) 가. (너) 선생님 말씀이 이해가 되니?[10]

(Do you understand what the teacher said?)

- Tu peux comprendre ce qu'il a dit?

나. (나) 문득 선생님 말씀이 생각이 났어.

(I happened to remind the teacher's saying.)

- Ça m'est soudain revenu à l'esprit.

---

10) The sentence of (18) can be analyzed to have the following structure.

(1) 가. (너) 선생님 말씀을 이해를 할 수 있겠니?

(Do you understand the teacher's saying?)

나. (너) 선생님 말씀을 다시 생각을 좀 해 봐.

(Think about the teacher's saying again.)

3.2 the problem of non-nominative subject

I'll show how the judgement of grammaticality can be distorted according to the structure of discussion in the discussion of so-called 'dative subject construction' in Korean which has developed under the influence of linguistic typology, I'll also show how theoretical position can intervene in the judgement of grammaticality by intuition of language. There are some sentences which make a pair among the following examples, which are for highlighting how different my discussion is from others'. For example, sentences making a pair presented in (19) and (20) reveal clearly how different my discussion is from others' from the judgement of grammaticality to sentence structure treated. The judgement of grammaticality followed by the source of a quotation is claimed by the man himself.

(19) 가. 김선생님께(는) 순이가 필요하시다.
　　　(Soonhee is required for the teacher Kim.)
　　나. *⁷순이에게(는) 김선생님이/께서 필요하시다.
　　　(To Soonhee, the teacher Kim is required.)
　　　　　　　　　　　　　　　　　　　(Yoon 2004: 267)

(20) 가. 김선생님은/김선생님께는 많은 돈이 필요하시대요.
　　　(The teacher Kim is said to need much money.)
　　나. *김선생님에게 그 놈의 돈이 필요하실까요?
　　　(To the teacher Kim, is that damn money necessary?)
　　다. *⁷김선생님께 그 놈의 돈이 필요하실까?
　　　(To the teacher Kim, is that damn money necessary?)
　　　　　　　　　　　　　　　　　　　(Mok 2013b: 92-93)

The example of (19) is quoted from Yoon(2004), which discusses non-nominative subject of Korean in English. So it is quoted well in the academic world of typology. However, this is problem, I think. That is because the judgement of grammaticality is odd, and, what is worse, it is very probable that this construction can be wrongly reputed as if it were the basic structure of Korean.

In the following, let's see which example sentences are mobilized when discussing the meaning and argument structure of verb '있다(be)'. For one, Lim (2012) suggested the following example sentence like (21) as a basic structure when discussing the meaning of possession of '있다(be)'. My opinion is different from his. I think (22) is normal.

(21) 가. 나에게 꿈이 있다.
        (To me, dream is.)
    나. 할아버지에게 돈이 많으시다.
        (To grandfather, money is much.)

(22) 가. 나는 꿈이 있어요.
        (I have a dream.)
    나. 우리 할아버지는 돈이 많으세요.
        (My grandfather has much money.)

In this way, the argument structure of the verb '있다(be)' seems very complex. And the concepts of 'possession' and 'existence' seem to be very close. However, '있다' can be divided into existence and possession fundamentally. It's because that the division of existence and possession can be identified by the honorific forms of '있다', '계시다' and '있으시다'.11)

(23) possession: 〔누구는(Who)〕〔무엇이(What)〕〕 있다(Have).
'있으시-'/'있-' type =〉HAVE-type

(24) existence: 〔누가(Who)/무엇이(What)〕 있다(Be).
'계시-'/'있-' type =〉BE-type

It is clear intuitively that the sentence structures of [X-는 Y-가 있- (X have Y)] and [X-에/에게(는) Y-가 있- (To X there is Y)] are separate, and the meaning of '있다(be)' is interpreted into 'possession' and 'existence'. In this paper, I'll present the grounds for an argument to confirm this. There seems nothing clearer than this grounds for an argument for now. I think 'Y-가' should be handled as object complement not as subject complement in the sentence structure of possession in (23). Furthermore, in the sentence structure of descriptive verb which shows the same syntax structure as that, I think it is reasonable the elements of noun phrase located in the second argument should be also analyzed as object complement (Mok 2005, 2014b for reference). The descriptive verbs which mean the relation of quantity such as 'much', 'little' can be paraphrased based on the possession verb '있다'. On the basis of that, like [X-는 Y-가 있- (X have Y)], the basic structure of '있다', descriptive verbs expressing quantity are analyzed as the

---

11) If we compare the semantic map of 'have' and 'be' in English with that of '있다' and '이다' in Korean, we can comprehend how meaning area is divided and overlapped. The problem of setting '가지다' as a pair of 'have' in English is mentioned in Mok (2005) for detail.

structure of [X-는 Y-가 많이/적게 있- (X have much/little Y)]. So, the element 'Y-가' can be analyzed as object complement.

Then, let's present the grounds for an argument that 'Y-가' cannot be analyzed as subject in the sentence structure of [X-는 Y-가 있- (X have Y)]. To begin with, it is a diagnosis through the agreement/concordance relation with prefinal ending '-시-'. In this sentence structure, '있다' means possession, so, '계시다', meaning honorific form of suppletion, doesn't reply to that. '계시다' can reply to the case that the element 'Y-가' has [+respect] feature in the existence sentence structure of [X-에 Y-가 있- (There is Y in X)]. Through response of '있으시다' and '계시다', we can find what is the subject in the given sentence structure. It is clear if comparing the following example sentences.

> (25) 가. 아버님은 돈이 있으시다/ *계시다.
>   (Father has money/ *is)
>   나. 당신은 돈이 많이 있으세요/ *계세요?
>   (Do you have much money/ *is?)
>
> (26) 가. 사랑방에 할아버지가 계신다/ *있으시다.
>   (Grandfather is in a reception room.)
>   나. 할아버지는 사랑방에 계세요/ *있으십니까?
>   (Is grandfather in a reception room?)

In the verb '있다(be)', as the combination form of '-시-', a sign expressing respect, alters according to the type of sentence structure of verb, it can be used properly to show the response/concordance relation between '-시-' and subject. In other words, the usage of existence verb responds to '계시다',

and that of possession verb responds to '있으시다'.

> (27) 가. 우리 할아버지는 친구가 하나도 없으세요.
>
> (My grandfather has no friend.)
>
> 나. 나도 할아버지가 있어! 너만 있냐?
>
> (I have a grandfather, too. Do you have him alone?)
>
> 다. 할아버지도 하실 수 있으십니다.
>
> (Grandfather can do.)

> (28) 가. 할아버지는 지금 안방에 계셔.
>
> (Grandfather is in the main room.)
>
> 나. 나에게는 존경하는 선생님이 두 분 계신다/계시다.
>
> (To me, there are two respectable teachers.)
>
> 다. 할아버지는 지금 신문을 읽고 계세요.
>
> (Grandfather is reading a newspaper now.)

Secondly, the constituent 'Y-가' cannot become head in the relative clause, which shows the parallel aspect to the case of subjective verb (=psychi adjective). Generally speaking, if we consider that 'subject' is higher than 'object' or 'adverbial complement (place > implement)' in the hierarchy of the possibility of becoming relative clause, we can see the element 'Y-가' falls behind the element 'X-는' in subjecthood (Yeon 2003 for reference).

> (29) 가. 돈이 많으신 할아버지
>
> (grandfather who has much money)
>
> 나. *할아버지가 많으신 돈
>
> (much money grandfather has)

다. 안방에 계신 할아버지

(grandfather who is in the main room)

(30) 가. 호랑이가 무서운 나

(I who am afraid of a tiger)

나. *내가 무서운 호랑이

(a tiger I am afraid of)

다. 나에게 무서운 호랑이

(a scary tiger to me)

On the one hand, the concept which appeared to solve this problem is so-called 'dative subject'. Generally speaking, the form of example sentence presented when discussing sentence structure of 'psychi verb' is like the following (31가). There is a widespread method of grasping this as surface structure appearing from the sentence (31나). This method is also maintained in the frame of generative grammar, and the structure of discussion in Korean linguistics is leaning to it for this discussion to be general trend in the academic world of linguistic typology. On the contrary, I think the structure of (32가) is the very basic sentence. I think that the structure like (31나) is the marked sentence structure which appears under the special condition, and (32다) is different from (32가) in argument structure and semantic structure.

(31) 가. 내가 호랑이가 무섭다.

(I am afraid of a tiger.)

나. 나에게 호랑이가 무섭다.

(To me, a tiger is scary.)

(32) 가. 나는 마누라가 무섭다.(be afraid of Y)

　　　(I am afraid of my wife.)

　　나. 내가 마누라가 무섭다니, 천하의 목정수도 이제 인생 종
　　　쳤구면.

　　　(I am afraid of my wife, which tells Jung Soo of the
　　　world is out.)

　　다. 나에게도 호랑이는 무섭다. ← 호랑이는 나에게도 무섭
　　　다.(be scary to X)

　　　(To me, a tiger is scary, too.) ← (A tiger is scary to
　　　me, too.)

What I'd like to think about here seriously is that things discussed as the concept of 'non-nominative subject' or 'non-canonical marking of subjects' in the world of linguistic typology and that of Korean linguistics are concerned, and, at the same time, distorted fact is reflected in the discussion (Aikhenvald, Dixon & Onishi 2001, Bhaskararao & Subbarao 2004 for reference). Also, in the discussion of 'non-nominative subject' and 'dative subject' of Korean, the form of case and the function of constituent get confused. For representative example is shown in Yeon (1996) which accepted the concept of 'dative subject' discussed cross-linguistically, and discussed the sentence structure of dative subject. I think prerequisite should be fulfilled to form the discussion of 'dative subject'. For example, oblique subject of Russian has restriction that argument is realized only by oblique form (Jung 2009, Jung 2013 for reference).

However, in the case of '나에게 호랑이가 무섭다 (To me, a tiger is scary)' and '할아버지께 돈이 있으시다 (Grandfather has money)' in Korean, the grammaticality of this sentence itself is doubtful. And the structure expressed like '나는 호랑이가 무섭다 (I am afraid of a tiger)' or '할아버지는 돈이 있으시다 (Grandfather has money)' is much more natural and a basic sentence, which is completely different from the case of Russian. We should remember, in the case of Russian, if 'dative subject' becomes 'nominative case', the sentence does not form.

Neither does the structure of phrase déterminative having genitive subject of Hindi (Montaut 1991). In the following structure of possession (33) and (34), only genitive form is possible like 'mere' and 'unka:'. Other forms such as nominative form 'mai:N' or ergative form 'maiNne', dative form 'mujhe' cannot be used in stead of genitive form 'mere'.

(33) mere   do bha:i: haiN

나-속격   두 동생-남성복수   있다-현재-남성복수

I-genitive two brothers-male plural   be-present-male plural

'나는 동생이 두 명 있다. = 나는 동생이 둘이다.'

'To me, there are two brothers. = I have two brothers.'

(34) unka:caRhne ka: abhya:s   nahi:N   hai

그들-속격   등산-속격   연습-남성단수

They-genitive mountain climbing-genitive practice-male single

아니(neg) 있다-현재-남성단수

no(neg) be-present-male single

'그들은 등산의 경험이 없다.

'They have no experience of mountain climbing.'

Therefore, I cannot but have a negative perspective about

'the theory of dative subject' both in the judgement of grammaticality of Korean example sentences presented corresponding to it according to the frame of typology and in theoretical aspect. Like Yeon (1996, 2003), although the argument of 'dative case' admits responding to '-시-' and analyze this as subject constituent,[12] how to analyze the following '가-typed constituent' is difficult. In Yeon (1996, 2003), the reason why he didn't define his position and passed shows the limit of that discussion and from where the problem comes clearly.

Lim (2000) criticized Seo (1977, 1984)'s judgement of grammaticality like in the following examples. Lim agreed with Seo's judgement of (35가) to some degree, but about (35 나), he indicated it would be awkward if '는' is deleted. I think the concept of 'social deixis' presented in Lim (2000) to solve

---

12) Yeon(2011: 73) indicates that as noun phrase presenting dative case can be omitted by the phenomenon of the same noun phrase deletion in the composition of conjunct sentence, the position of omitted element can be regulated as subject. As an example, he takes the following sentence.

(1) [t$_i$ 돈-이 많아서] 영수$_i$-에게 친구-가 많다.]

　　[t$_i$ have much money, so] to Youngsoo$_i$ there are many friends.]

However, I think the following sentences are more natural.

(2) 가. 돈이 많아서 영수는 친구가 많다.

　　　(As he has much money, Youngsoo has many friends.)

　　나. 영수는 돈이 많아서 친구가 많다.

　　　(Youngsoo has much money, so has many friends.)

　　다. [t$_i$ 돈-이 많아서] 영수$_i$-는 친구-가 많다.

　　　[t$_i$ has much money] Youngsoo has many friends.

　　라. [영수$_i$-는 돈-이 많아서] t$_i$ 친구-가 많다.

　　　[Youngsoo$_i$ has much money] t$_i$ has many friends.

this problem of '-시-' comes from misunderstanding or inaccurate prejudice.[13] About Seo (1977, 1984)'s 'topic respect theory', Lim (2000: 65) evaluated that Seo clarified that the object of respect of '-시-' is not restricted to subject and contributed not so little to hereafter research. However, at the same time, Lim indicated the limit that Seo didn't notice the example presented in (35가) is used in the particular situation. Eventually, Lim (2011) suggested the discussion of grammaticalization of '-시-' by showing that '-시-' is an example which shows involvement in hearer honorifics. I made clear that, in Mok (2013b), Seo (1977, 1984)'s judgement of grammaticality about the example (35가) is awkward. That is, I denied totally his 'topic respect theory', and clarified (35나) is a particular situation, so although 'teacher Kim' is not a third party but a hearer, the sentence is awkward. The structure of (36가, 나, 다) is natural. I traced the background and ideology from where his judgement of grammaticality comes. Refer Mok (2013b) for detailed discussion about this.

(35) 가. 김선생님께서는 그 문제가 이해가 가십니까?

     (Teacher Kim, do you understand the problem?)

    나. ^{??}김선생님께 그 문제가 이해가 가십니까?

     (^{??}Teacher Kim, do you understand the problem?)

    다. [*]김선생님께는 그 문제가 이해가 가실 것이다.

     (Teacher Kim will understand the problem.)

                   (Lim 2000: 64-65)

---

13) We can arrange that agreement element of '-시-' corresponds to 'NP-ø, NP-께서, NP-께서는, NP-가, NP-는, etc' and does not correspond to 'NP-에게, NP-에게는, NP-께, NP-께는, etc'.

(36) 가. 김선생님께서는 그 문제가 이해가 가십니까/되십니까?

　　　(Teacher Kim, do you understand the problem?)

　　나. 김선생님은 그 문제가 이해가 가십니까/되십니까?

　　　(Teacher Kim, do you understand the problem?)

　　다. 김선생님도 그 문제가 이해가 가시는가 봐.

　　　(Teacher Kim seems to understand the problem, too.)

(Mok 2013b: 83)

In the following solution plan of '-시-' presented by Lim (1985), an awkward example appears, too. I think this is because the recognition of subject is not clear. Mok (2013b) considers the following sentences natural. As there are '이것은 (this)' and '아버님은(father)' in the place of subject, the availability of '-시-' is determined. If we set up the concept of 'subject' clearly in this way, we can judge the naturalness/grammaticality of examples accurately.

(37) 가. 이것이 아버님의 유품이시다.

　　　(This is my father's legacy.)

　　나. 아버님의 손이 떨리신다.

　　　(Father's hand is faltering.)

(Im 1985: 307)

(38) 가. 이것은 아버님의 유품이다.

　　　(This is my father's legacy.)

　　나. 아버님은 손이 떨리시는 모양이야.

　　　(Father's hand seems to falter.)

(Mok 2013b: 77)

Recently, it has been indicated as excessive expression of respect that employees engaged in service industry use '-시-' toward the customer, which is for clarifying the person of subject. About '-시-' appearing in such sentences as '이쪽으로 앉으실게요 (Please sit down here)' or '사모님, 모터가 고장나셨습니다 (Madam, the motor is out of order)', '손님, 다 해서 5만 원이십니다 (In total, it is 50 thousand won)', etc, there was an attempt to explain the prefinal ending '-시-' by discriminating one as an element of subject respect from one as an element of hearer respect (Lim 2011). I am rather in the position that defining prefinal ending '-시-' as 'an element of subject respect' shows who/what is subject clearly. In connection with this problem, I think it is much more natural to say '할아버지는 책이 있으시다 (Grandfather has a book)' rather than '*?할아버지에게 책이 있으시다 (To grandfather, there is a book)'. And I've insisted that the level of the involvement of '-시-' is the same (Mok 2013b) presented in such as '선생님, 안녕하세요? (Teacher, how are you?)', '손님, 저쪽에서 계산하세요 (Customer, please pay there)', or '손님, 이웃이 훨씬 잘 어울리세요 (Customer, this clothes looks much better)'. The judgement of subject in Korean seems difficult in many cases, but the place where an element responding to '-시-' appears is subject. For example, in '친구가 맘에 듭니다 (I like the friend)', when replacing '친구 (friend)' by '할아버지 (grandfather)' who has respect quality, there appears a wrong sentence like *할아버지가 맘에 드십니다 (Grandfather likes)'. In this case, constituent of '친구가 (friend)' cannot be subject. This sentence means that '저는 할아버지가 맘에 듭니다 (I like my grandfather)', so subject element of this sentence should be '저는 (I)'. This phenomenon is the same to that of typical transitive verb sentence.

(39) 가. 저는 강아지를 보았습니다.
   (I saw a dog.)
   나. 저는 할아버님을 보았습니다/뵈었습니다/ *보셨습니다.
   (I saw my grandfather.)

In this way, what subject is has brought about many problems in Korean grammar. And regarding the constituent which has the postpositional particle '이/가' as subject without any qualification, a blinding phenomenon, ruled the sentence structure which has '가-typed constituent' as object complement out of the transitivity discussion. Furthermore, it had a bad effect on the judgement of grammaticality involved in '-시-'. In connection with so-called prefinal ending '-시-' for subject respect, the concepts widely accepted in Korean linguistics are 'direct respect' and 'indirect respect'.[14] In this paper, I think that the concepts of 'direct respect' and 'indirect respect' are derived from the theoretical difference about the concept of subject. I don't think, '-시-' itself is divided into two functions of 'direct respect' and 'indirect respect' intrinsically. In both '할아버지는 나한테 용돈을 많이 주신다 (Grandfather gives me much pocket money)' and '할아버지는 코가 크시다 (Grandfather's nose is big)', '-시-' equally functions to respect subject 'grandfather'

---

14) These concepts were drawn when establishing 'honorific system'. First of all, these were divided into 'subject honorific system' and 'object honorific system', and 'subject honorific system' was classified into subordinate ones. Including Ko and Ku(2008), school grammar accepted them as they are. Recently, Kwon(2012) presented as more fixed form.

directly.

3.3 the discussion and the problem of judgement of grammaticality of Japanese sentence structure

Here, let's go off the track of main discussion, but I think this discussion can be connected with main one very closely. I'd like to show the difference between Japanese generative grammarian's judgement and non-linguist's judgement (=a major in Korean language education) about grammaticality of sentence structure of potential verb. I've heard Shinsaku Ogino's presentation by chance, who came to Korea and studied in the doctor's course at Korean education department, college of education of Seoul National University. In that place, I had a precious experience to solve the question I've usually had. So, let me introduce it here.

Ogino (2013) made an issue of Japanese university students' learning ability, or the problem of falling off in Japanese language ability, and presented Sato's research. Ogino showed that Sato (2013) presented that many mistakes appeared in the usage of postpositional particles and the relation between subject and predicate by investigating Japanese students' report, and determined Japanese university students had a big problem in grammar ability. What we have to pay attention to here is like the following sentences which were indicated to have a wrong usage of postpositional particles. It is true that the structures of these sentences is presented frequently as an example of so-called 'non-nominative subject' by

Japanese generative grammarian. I already investigated about this structure targeting Japanese ordinary people who came to the department of Korean language and literature of university of Seoul for study. As a result, I found out when the structure of constituent coming in the place of subject is not 'に' but 'は', the sentence is more natural and appears more often. I reconfirmed this repeatedly, introduced it to the academy of linguistic typology of Korea, and pointed out to majors in Japanese language. However, in the structure of potential verb or sentence structure possession verb 'いる', subject element has been described to appear as so-called 'non-nominative subject' like 'N-に' or 'N-(に)は' all the same. This is very similar to the structure of discussion done in the academy of our Korean linguistics. Ogino(2013: 329) takes an example for the mistake of the usage of postposition like these. The example of (40) is relevant to our discussion.[15]

---

15) The predicate used in this Japanese sentence structure is 'できる(dekiru, can)'. It is important to consider how the structure of Korean language responding to this is. As generative grammarian presented, in the basic structure of Japanese language, both the structure of 'X -ni(wa)' and 'X-wa' can be possible. However, in Korean language, (2) is much more natural than (1), and (1) even looks like ungrammatical sentence.

(1) 가. *너에게는 영어를 하는 것이 가능하니?
      (To you, is it possible to speak English?)
    나. *너에게 영어가 되니?
      (To you, Is English possible?)

(2) 가. 너는 영어를 하는 게 가능하니?
      (Is it possible to speak English?)
    나. 네가 영어가 된다고?
      (Can you speak English?)

(40) ′實習がおわり、私にはたくさんの課題を見つけることができ
ました。′
실습이 끝나, 나에게는 많은 과제를 찾을 수 있었습니다.
As the practical training is over, I could find many tasks.
′私には(나에게는, to me)′ → ′私は(나는, I)′

(41) ′實習したことによって、自分の欠点がしることができたので、′
실습한 것으로 자신의 결점이 알 수 있어서
as I can find my fault through the practical training
′欠点が(결점이, fault)′ → ′欠点を(결점을, fault)′

　　In Shibatani (2001) which is based on generative grammar,
Shibatani discussed the sentence structure of dative subject,
presenting the following example, and judged grammaticality
of the potential verb sentence structure.

(42) 가. Ai ga/wa Ken ga suki da.
　　　　Ai nom/top Ken nom like cop
　　　　′Ai likes Ken.′
　　나. Ai ni(wa) eigo ga hanaseru.
　　　　Ai dat(top) English nom can speak
　　　　′Ai can speak English.′
　　다. Ai ga eigo ga hanaseru.(cf. 40나)
　　　　Ai nom English nom can speak
　　　　′Ai can speak English.′
　　라. *Ai ni Ken ga suki da.(cf. 40가)
　　　　Ai dat Ken nom like cop
　　　　′Ai likes Ken.′

Here, it is necessary to compare generative grammarian Shibatani (2001)'s judgement of grammaticality about the sentence structure of potential verb with Ogino(2013)'s indication of misuse of postpositional particle, who is a major in native language education. Further discussion will show how the fact is. The thing we think important is the background where this judgement of grammaticality comes. Japanese generative grammarians including Shibatani, I guess, feel like regarding '英語が(English)' of (42나) as subject. No, they seem to consider so. Therefore, to solve the problem of universality that there is one subject in one sentence, which is insisted in generative grammar or formal grammar, the rest other constituents should be regarded as non-nominative subject. So, the discussion is made that non-nominative constituent stands in the base and a surface form of nominative case generates from the transformation of this, I guess. It is necessary to judge which is more natural and grammatical in the following sentences. Everyone can agree that (43나) or (43다) is much more natural, admitting (43가) is possible construction.

(43) 가. 私に日本語が讀めます。

   (I can read Japanese.)

  나. 私は日本語が讀めます。

   (I can read Japanese.)

  다. あなたが日本語が讀めると？

   (Can you read Japanese?)

3.4 syntactical function of the second '가-typed constituent'

Mok(2005) clarified that '가-typed constituent', the second argument of descriptive verb or subjective verb cannot be understood as subject, and insisted this '가-typed constituent' become predicate phrase with predicate, not predicate clause. In so-called double subject construction, I suggested 'the theory of single subject' which means true subject is in charge of the first argument constituent, and the second argument is non-nominative, or regarded as object complement. And Mok (2014a, 2014b) used two diagnoses to prove this in succession.

First of all, through replacing predicate '그러하다/그러다(do so)' and '그러하다/그렇다(be so)', by showing replacing predicate cannot replace all of 'subject+predicate', I proved that '가-typed constituent' of predicate clause is not subject. Next, in a double subject construction, the fact that so-called predicate clause is replaced by replacing predicate '그러하다(so)' tells that this predicate clause is in fact a phrase composition, not a clause.

(44) 가. 코끼리가 코가 길지요.

       (An elephant's nose is long.)

   나. 코끼리도 그래요?

       (Is an elephant so?)

   다. 코도 그래요?

       (Is a nose so?)

(45) 가. 나는 호랑이가 무서워요.

       (I am afraid of a tiger.)

나. 너도 그래?

(Are you so?)

다. 뱀도 그래?

(Is a snake so?)

Here, '그래요(be so)' of (44나) is a substitute for '코가 길어요 (nose is long)'. However, '그래요(be so)' of (44다) cannot be a substitute for '코끼리가 길어요(an elephant is long)'. In this case, 'be so' can be a substitute for a predicate '길어요(is long)' on the assumption that the element '코끼리도(an elephant is also)' is omitted. The same situation is shown in (45나) and (45다). '그래(be so)' can be a substitute for only '(a tiger is) scary'. Therefore, the fact that '그러하다(be so)' can be a substitute for '코가 길다(nose is long)' tells that this is the phrase composition of [non-nominative+predicate], not clause composition of [subject+predicate]. On the other hand, in the following sentences in which object is topicalized, things are different. In the following (46), '아버지가 돌아가시다 (Father passed away)' and '세종대왕께서 만드시다 (King Sejong made)' cannot be replaced by '그러시다(do so)'.

(46) 가. 철수는 아버지가 일찍 돌아가셔서 공부를 포기하고 돈 벌
러 나갔다.

(Chulsoo went out to make money because his father passed away early.)

나. 한글은 세종대왕께서 만드셨다.

(Hangeul King Sejong established.)

(47) 가. *영수도 그러셔서 공부를 포기했다.

    (So did Youngsoo, then abandoned study.)

  나. *측우기도 그러셨다.

    (So did rainfall measure.)

The reason why (47) doesn't form a sentence is that '그러다 (do so)' cannot be a substitute for '아버지가 돌아가시다(Father passed away)' and '세종대왕께서 만드시다(King Sejong established)'. That is because these are predicate clause, or a sentence, not predicate phrase.

Secondly, 'same subject restriction' of connective endings in a complex sentence is available. For example, equal connective endings '-고도(and, or although)' should keep the 'same subject restriction' which means that the same subject should be used in the antecedent clause and following clause. The ungrammaticality of (48나) is caused by this.

(48) 가. 저는 결혼하고도 일을 계속하고 싶어요.

    (After I get married, I'd like to work continuously.)

  나. *저는 결혼하고도 남편은 일을 계속하고 싶어해요.

    (After I get married, my husband likes to work continuously.)

Through this, we can see, in the construction of '잠이 오다 (fall asleep)', the constituent '잠이(sleep)' cannot be a true subject.

(49) 가. 포도주를 두 잔 마시고도 잠이 안 왔어요.

    (I didn't fall asleep although I drank two glasses of wine.)

  나. 포도주를 두 잔이나 드시고도 잠이 안 오세요?

(Don't you fall asleep although you drank two glasses
of wine?)

According to 'same subject restriction' of connective
endings '-고도', if '잠이(sleep)' of the following clause is subject,
it doesn't coincide with the person noun of the antecedent
clause. So, this sentence cannot form a sentence. However, it
does form a sentence actually. Therefore, it is proved that
subject of the antecedent clause is equal to that of the
following clause in this complex sentence. The subject is the
person who 'drank wine and didn't fall asleep'. Here, that is '나
/저(I)', the subject of the first person.

(50) 가. (나는) 포도주를 두 잔 마시고도 ($\emptyset_i$) 잠이 안 왔어요.
   (Although I drank two glasses of wine, I didn't fall asleep.)
나. ($\emptyset_i$) 포도주를 두 잔 마시고도 (나는$_i$) 잠이 안 왔어요.
   (Although I drank two glasses of wine, I didn't fall asleep.)
다. *그는 포도주를 두 잔 마시고도 나는 잠이 안 왔어요.
   (Although he drank two glasses of wine, I didn't fall asleep.)

So is the subject in the following sentences.

(51) 가. 그는$_i$ 포도주를 두 잔 마시고도 ($\emptyset_i$) 잠이 안 오나 봅니다.
   (Although he drank two glasses of wine, he seemed not
   to fall asleep.)
나. ($\emptyset_i$) 포도주를 두 잔 마시고도 그는$_i$ 잠이 안 오나 봅니다.
   (Although he drank two glasses of wine, he seemed not
   to fall asleep.)
다. *그는$_i$ 포도주를 두 잔 마시고도 ($\emptyset_j$) 잠이 안 오나 봅니다.

(Although he$_i$ drank two glasses of wine, he$_j$ seemed not to fall asleep.)

(52) 가. 할아버지는$_i$ 포도주를 두 잔 드시고도 (ø$_i$) 잠이 안 오세요?
(Grandfather, don't you fall asleep although you drank two glasses of wine.)

나. (ø$_i$) 포도주를 두 잔 드시고도 할아버지는$_i$ 잠이 안 오세요?
(Grandfather, don't you fall asleep although you drank two glasses of wine.)

다. *할아버지는$_i$ 포도주를 두 잔 드시고도 (ø$_j$) 잠이 안 오세요?
(Grandfather, don't you fall asleep although you drank two glasses of wine.)

Finally, in reliance on the theory of valency, in double subject construction, the inappropriateness of discussion which discusses the argument structure with 'big subject', 'small subject', and 'predicate clause' is provable. What is important here is that predicate or predicate phrase equal to it determines the valency, regardless of verb or adjective. This is shown widely in all languages which set up argument structure or valency.[16] If we refer the dictionary of valency showing argument structure, a basic simple sentence is formed on the condition that predicate and the argument structure which predicate requires are fulfilled. According to my experience, so are English, French, German, and

---

16) This is true empirically, and in the extent of my knowledge. When we recognize a predicate clause, the perspective of this paper is available until the phenomenon requiring another argument structure is found.

Rumanian, etc. Therefore, the constituent of subject or object is required as argument structure by predicate. The following examples are all simple sentences.

> (53) 가. 철수가 영희를 사랑한대요.
>   (Chulsoo is said to love Younghee.)
> 나. 아이가 타고 있어요.
>   (A baby is in a car.)
> 다. 저는 목정수라고 합니다.
>   (I am Jungsoo Mok.)
> 라. 코끼리는 코가 길다.
>   (An elephant's nose is long.)
> 마. 철수는 키가 무척 크다.
>   (Chulsoo is very tall.)
> 바. 가을 하늘은 높다.
>   (The sky is high in autumn.)

When argument structure required by predicate is prepared, a simple sentence is formed. Therefore, the constituent of subject or object is required as argument structure by predicate. The whole sentence is the result of the realization of valency, but it has no qualification to require another argument structure again. That is because although a verb is regarded as the core of a sentence and maintains the core in the stage where subject is realized, the requisition for argument structure by a verb has already been realized, so another argument structure cannot be required with it as the core. If this would be possible, the combination with constituents which predicate requires as argument structure should have the third qualification of the predicate. Therefore, in the sentence '코끼리는 코가 길다 (An elephant's nose is long)', if predicate '길다(is long)' requires '코가(nose)' as a small subject argument structure, and '코가 길다(nose is long)' requires '코끼리는(an elephant)' as a big subject again, it is paradoxical as far as we see '코가 길다(nose is long)' as a clausal unit.[17] As a clause is a unit finishing the realization of valency, it has no qualification to require another argument. Therefore, to solve this paradox, the combination of '코가 길다(nose is long)' is necessary to be regarded as a predicate phrase, not as a predicate clause (=sentence). If the combination with '코가(nose)' which '길다(is long)' requires is regarded as VP, the core of this VP is still maintained by '길다(is long)', and the construction of '코가 길다(nose is long)', the combination with '코가(nose)', is conceptualized as one unit like a collocation or idiom, or as one predicate, so it can require the object whose nose is long as a subject argument.

(54) 가. 코끼리는 코가 길다.

　　　(An elephant's nose is long.)

　　나. 철수는 이 업계에서 발이 넓다.〔발(이) 넓다 → 발넓다〕

　　　(Chulsoo has a wide acquaintance.)

---

17) In the sentence '코끼리는 코가 길다(An elephant's nose is long)', predicate '길다(is long)' is regarded as the first argument structure, so this sentence is explained to be drawn from the deep structure of '코끼리의 코가 길다(An elephant's nose is long)'. That's because the argument structure of '길다(is long)' requires '코끼리의 코가(an elephant's nose)' only. If '코가 길다(nose is long)' is a clause that the first predicate of argument structure is realized, this clause cannot require a new argument structure because it becomes already a simple sentence which finished argument realization.

[acquaintance is wide → wide acquaintance]

다. 아휴, 정말 힘들다.[힘(이) 들다 → 힘들다]

(Oh, I feel so tired.)[tiring is felt → tired]

라. 계단 운동하시니까 정말 땀이 많이 나시지요?[땀(이) 나
다 → 땀나다]

(As you do stairs exercise, do you sweat a lot?)

[sweat comes → sweat]

마. 자 이제 제 설명이 이해가 되시나요?[이해(가) 되다/가다
→ 이해되다/가다]

(Now, can you understand my explanation?)

[understanding is possible → understand]

In this way, predicate '길다(is long)' can be used as a
one-place predicate and as a two-place predicate. So, we can
catch the general phenomenon that the meaning is also
changeable according to argument structure.

(55) 한강이 한국에서 제일 길다.(a one-place predicate=be long)
(The Han river is the longest in Korea.)

(56) 코끼리는 코가 길다.(a two-place predicate=have ... long)
(An elephant has a long nose.)

The semantic analysis of a verb '있다(be)' is changeable
according to argument structure, and honorific form is also
changeable according to sentence structure, as I examined
before. The argument structure of existence verb '있다(be)' is
[NP$_2$-에] [NP$_1$-이 있다 (there is NP$_1$ in NP$_2$)] or [NP$_1$-은 NP$_2$-에 있다
(There is NP$_1$ in NP$_2$)], and the argument structure of

possession verb '있다(be)' is [NP₁-은 NP₂-가 있다 (NP₁ has NP₂)].

(57) 가. 나는 생각한다. 그래서 내가 있는 것이다.
       (I think. So, I am.)
   나. 나한테는 이모가 두 분 계시다.
       (To me, there are two aunts.)
       (존재동사 '있다' -〉 존대형 '계시다')
       (existence verb 'be' -〉 honorific form 'be')

(58) 가. 나는 꿈이 있다.
       (I have a dream.)
   나. 할아버지는 책이 많이 있으시다.
       (Grandfather has many books.)
       (소유동사 '있다' -〉 존대형 '있으시다')
       (possession verb 'be' -〉 respect form 'be')

The meaning of the verb 'have' in English is changeable according to argument structure.

(59) 가. I have a book. (two-place predicate)
   나. He had the kindness to tell me the way. (two-place predicate)

(60) 가. I'll have him a good teacher in future. (three-place predicate)
   나. I want you to have this room clean and tidy.
       (three-place predicate)
   다. When did you last have your hair cut? (three-place predicate)
   라. I can't have you playing outside with a bad cold!
       (three-place predicate)

Also, considering languages widely all over the world, there are cases that predicate requires clause form in the place of argument, but it is difficult to find the case that predicate clause requires new argument. For example, thinking verb or recognition verb, like 'think', can require 'that-clause' as an object complement, but requiring new elements out of the clause as argument cannot form as far as the concept of the clause is not modified.

(61) 가. I don't think that it is true.

나. I guess (that) I can get there in time.

다. Let us suppose that the news is really true.

About the alternation phenomenon of the postpositional particles '이/가' and '을/를' appearing when recognition verb or communication verb has completed complement clause, so-called ECM(exceptional case marking) construction has been discussed in Korean language, too (Um and Yongha 2009). However, this alternation is also impossible to be explained as completed complement clause requires other arguments out of the clause. In the following (62), although we explain that the constituent '그녀를(her)' is raised from the place of subject in the embedded sentence to that of object in matrix sentence, the case form of this constituent is controlled by such verb as 'think', 'see', 'guess'. But it is not an argument realized by the requisition of the embedded sentence.

(62) 가. 그녀가/그녀를 예쁘다고 생각해?

   (Do you think that she is pretty?)

　　나. 나는 그녀가/그녀를 머리가 크다고 생각해.
　　　　(I see that she has a big head.)
　　다. 그녀가/그녀를 범인이라고 가정해 봅시다.
　　　　(Let's guess that she is the criminal.)

4. Conclusion

As we cannot but see through the standard of foreign languages to reveal the figure of Korean language objectively, the comparative work of typology is an essential method to Korean linguistics. Therefore, linguistic typology is preliminary condition to Korean linguistics. In addition, the analysis of Korean should be carried out consistently and it is necessary to name it with proper terms used in general linguistics so that Korean language can become materials of linguistic typology and contribute to the theory. Even if the terms are different, the grounds that a phenomenon should become a pair of comparison are to be given. Therefore, we cannot be too careful in setting up a pair of comparison, and need to have an eye for distinguishing the things presented as the object of comparison evenly from those which does not seem to be the object of comparison externally by checking the location within the overall system. Only when these preliminary conditions are prepared, we can find the typological characteristics of Korean language properly.

At the same time, in this paper I stressed that our sight of the objective observation and description about Korean language should not be dimmed and embroiled in the discussion of typology. When the description and interpretation are made objectively and proper data of Korean are provided to the academic world of the international typology, linguistic typology can develop properly. At the same time, Korean linguistics can develop together, which creates a synergy effect.

中 References

Baek, Bongja. 2006. Korean grammar dictionary as a foreign language. Hawoo. 〔백봉자(2006). 『외국어로서의 한국어 문법 사전』. 하우.〕

Byun, Kwangsu. (ed.) 2003. *Main languages of the World*. Youkrack Publishing. 〔변광수 편저(2003). 『세계 주요 언어』. 도서출판 역락.〕

Choi, Sungho. 2009. "Agglutination in Korean: in comparison with Russian inflected language." *The linguistic association of Korea journal* 55, 169-195. 〔최성호(2009). "한국어 "교착" 현상에 대한 연구 : 러시아어 굴절과 비교하여." 『언어학』 55. 169-195.〕

Choi, Sungho. 2013 "Agglutinative Syntax : Ellipsis and Addition." *The linguistic association of Korea journal* 65, 3-37. 〔최성호(2013). "교착 통사론 : 생략과 부가." 『언어학』 65. 3-37.〕

Choi, Hyunbae. 1963. *Korean Language Standard(3rd ed)*. Jeongum cultural publishing. 〔최현배(1963). 『우리말본』(3판). 정음문화사.〕

Heo, Woong. 1983. *Korean Linguistics: today and yesterday of Korean Language*. Saem cultural publishing. 〔허 웅(1983). 『국어학 : 우리말의 오늘·어제』. 샘문화사.〕

Heo, Woong. 1995. *Morphology of 20th Korean Language*. Saem cultural publishing. 〔허 웅(1995). 『20세기 우리말의 형태론』. 샘문화사.〕

Heo, Woong. 1999. *Syntax 20th Korean Language*. Saem cultural publishing. 〔허 웅(1999). 『20세기 우리말의 통어론』. 샘문화사.〕

Jang, Sowon. 2011. "The Theory of Korean Grammar." *Online Korean Teacher Training Program of Seoul University*, the life-long education center of Seoul University, the language center, Institute for Korean language literature research. Institute for Korean language education research. 46-112. 〔장소원(2011). "한국어 문법론." 『서울대학교 온라인 한국어교원 양성과정』. 서울대학교 평생교육원, 언어교육원, 한국어문학연구소, 국어교육연구소, 46- 112.〕

Jeong, Insang. 1990. "Subject." *How far does Korean research come?*, 241-247. 〔정인상(1990). "주어." 『국어연구 어디까지 왔나』. 241-247.〕

Jeong, Hakyung. 2013. "The development of oblique subjects in (North) Russian." *Summer in 2013 Symposium proceeding of Languistic society of Korea(Co.).* 67-80. 〔정하경(2013). "The development of oblique subjects in (North) Russian." 『(사)한국언어학회 2013년 여름학술대회 발표논문집』. 67-80.〕

Kang, Changsuk. 2011. "Korean Grammar and Subject." *Gaesin language and literature research.,* 33. 47-77. 〔강창석(2011). "국어 문법과 主語." 『개신어문연구』 33. 47-77.〕

Ko, Younggeun. 2013. "Grammar of Dependence and Valency in National Language, and its Typological Approach: Linguistic Typology Note (4)." *2013 Morphology Autumn Symposium.* 〔고영근(2013). "민족어 의존·결합가 문법과 그 유형론적 접근 : 언어 유형론 노트 (4)." 『2013 형태론 가을 집담회』.〕

Ko, Youngguen and Ku, Bonkwan. 2008 *Korean Grammar.* Jipmoondang. 〔고영근·구본관(2008). 『우리말 문법론』. 집문당.〕

Kweon, Jaeil. 2012. *Korean Grammar.* Thaehaksa. 〔권재일(2012). 『한국어 문법론』. 태학사.〕

Kim, Younghee. 1974. "Study on Postpositions of Korean: Focusing on Distribution and Function." *Grammar Research* 1, 271-311. 〔김영희(1974). "한국어 조사류어의 연구 : 분포와 기능을 중심으로." 『문법연구』 1. 271-311.〕

Lee, Yunmi. 2013. A study on the non-nominative subjects in Korean. Master's Thesis of Yonsei University. 〔이윤미(2013). "한국어의 비주격 주어에 대한 연구." 연세대 석사학위논문.〕

Lee, Jeongbok. 2010. "The Diffusion of Honorific Ending "-Si-" for the Situation Subject and its backgrounds." *The Journal of linguistic science* 55, 217-246. 〔이정복(2010). "상황 주체 높임 '-시-'의 확산과 배경." 『언어과학연구』 55. 217-246.〕

Lim, Keunsuk. 2012. "Some Issues for the Study on Korean Possessive Predicative Constructions from the Typological Perspective." *The Korean language and literature* 55, 45-76. 〔임근석(2012). "유형론적 관점의 한국어 소유 서술구문 연구를 위한 기초적 논의." 『우리말글』 55. 45-76.〕

Lim, Donghoon. 1996. A Study on the honorific ending '-shi-' in modern

Korean. Doctor's Thesis of Seoul University. 〔임동훈(1996). "현대 국어 경어법 어미 '-시-'에 대한 연구." 서울대 박사학위논문.〕

Lim, Donghoon. 1997. "Syntactic constructions of double subject sentence." *Korean Culture* 19, 31-66. 〔임동훈(1997). "이중 주어문의 통사 구조."『한국문화』 19. 31-66.〕

Lim, Donghoon. 2000. *Grammar of '-시-' of Korean ending*, Thaehaksa. 〔임동훈(2000).『한국어 어미 '-시-'의 문법』. 태학사.〕

Lim, Donghoon. 2011. "Discourse Deixis and Social Deixis", *Korean semantics* 36, 39-63. 〔임동훈(2011). "담화 화시와 사회적 화시."『한국어 의미학』 36. 39-63.〕

Lim, Hongbin. 1974. "In search of nominative case cited again." *Grammar research* 1, 111-148. 〔임홍빈(1974). "주격 중출론을 찾아서."『문법연구』 1. 111-148.〕

Lim, Hongbin. 1985. "perspective of {-시-} and the assumption of experienced subject." *Journal of Korean Linguistics* 14, 287-336. 〔임홍빈(1985). "{-시-}와 경험주 상정의 시점(視點)."『국어학』 14. 287-336.〕

Lim, Hongbin. 1990. "Honorific method." *How far does Korean research come?*, 388-400. 〔임홍빈(1990). "존경법."『국어연구 어디까지 왔나』. 388-400.〕

Makoto Asari(淺利誠). 2008. *Japanese Language and Thought: the Japanese thought through Japanese language*. Trans. Yangsoon Park, Hanwool. 〔아사리 마코토(淺利誠) (2008).『일본어와 일본사상 : 일본어를 통해 본 일본인의 사고』(박양순 옮김). 한울.〕

Mok, Jungsoo. 1998. "Re-examination of Korean case markers and special particles: a typological approach." *Lingusitics* 23, 47-78. 〔목정수(1998). "한국어 격조사와 특수조사의 지위와 그 의미 : 유형론적 접근."『언어학』 23. 47-78.〕

Mok, Jungsoo. 2002. "A Study of the category 'kwanhyeongsa' and 'hyeongyongsa' in Korean Grammar - for the systematic theory of parts of speech." *Lingusitics* 31, 71-99. 〔목정수(2002). "한국어 관형사와 형용사 범주에 대한 연구 : 체계적 품사론을 위하여."『언어학』 31. 71-99.〕

Mok, Jungsoo. 2003. "un nouveau syte`me de la personne des de'sinences terminatives en core'en= Essai sur l'analyse de la phrase a` travers la traduction contrastive en core'en et franc,ais." *Société Coréenne de*

Langue et Littérature Française, 55-2, 719-758. 〔목정수(2003). "한국어-불어 대조 번역을 통한 구문 분석 시론 : 종결어미의 인칭 정보를 중심으로." 『불어불문학연구』 55-2. 719-758.〕

Mok, Jungsoo. 2003. *Koean Grammar*, worin. 〔목정수(2003). 『한국어 문법론』. 월인.〕

Mok, Jungsoo. 2005. "A new Interpretation of the double-subject Construction in Korean." *Linguistics* 41, 75-99. 〔목정수(2005). "국어 이중주어 구문의 새로운 해석." 『언어학』 41. 75-99.〕

Mok, Jungsoo. 2007. "Some Arguments for Defending 'ida' as a Support Verb." *Korean language & literary research* 136, 7-27. 〔목정수(2007). "'이다'를 기능동사로 분석해야 하는 이유 몇 가지." 『어문연구』 136. 7-27.〕

Mok, Jungsoo. 2009a. "Saussure in Korean linguistics: seen through the mediator Guillaume." *Linguistics* 53, 27-53. 〔목정수(2009a). "한국어학에서의 소쉬르 수용의 문제 : 기욤을 매개로." 『언어학』 53. 27-53.〕

Mok, Jungsoo. 2009b. *Korean Language, Grammar, and Thinking*, Thaehaksa. 〔목정수(2009b). 『한국어, 문법 그리고 사유』. 태학사.〕

Mok, Jungsoo. 2010. "Identity of "ida" and "hada" from the perspective of copula typology." *Poetics & Linguistics* 19, 99-125. 〔목정수(2010). "계사 유형론의 관점에서 본 한국어 '(시적)이다/(유명)하다'의 정체." 『시학과 언어학』 19. 99-125.〕

Mok, Jungsoo. 2011a. "A Spoken Korean Grammar: for the integration with the Written Grammar." *The Korean language and literature* 28, 57-98. 〔목정수(2011a). "한국어 구어 문법의 정립 : 구어와 문어의 통합 문법을 지향하며." 『우리말글』 28. 57-98.〕

Mok, Jungsoo. 2011b. "The Korean Nouny Adjectives: their typology and adverbial derivation." *Linguistics* 61, 131-159. 〔목정수(2011b). "한국어 '명사성 형용사' 단어 부류의 정립 : 그 유형론과 부사 파생." 『언어학』 61. 131-159.〕

Mok, Jungsoo, 2013a, "An Essential Korean Reference Grammar by Yeon and Brown: Focusing on Comprehensive Grammar." *Morphology* 16-1, 55-81. 〔목정수(2013a). "한국어의 핵심을 꿰뚫어 본 교육 문법서 : Yeon & Brown (2011). Korean : A Comprehensive Grammar를 중심으로." 『형태론』 16-1. 55-81.〕

Mok, Jungsoo. 2013b. "On the Prefinal Ending ´-si-´ in Korean : as a subject indicator." *Journal of Korean linguistics* 67, 63-105. 〔목정수(2013b). "선어말어미 '-시-'의 기능과 주어 존대." 『국어학』 67. 63-105.〕

Mok, Jungsoo. 2013c. "The Differentiating Mechanism of Directive Case Marking in Korean : Auxiliary verbs ″-(어) 가다/오다″." *Korean Culture* 63, 161-188. 〔목정수(2013c). "한국어 방향격 표시의 세분화 기제 : 보조동사 '-(어)가다/오다'를 중심으로." 『한국문화』 63. 161-188.〕

Mok, Jungsoo. 2013d. *Korean Language, between Universality and Distinctiveness*. Thaehaksa. 〔목정수(2013d). 『한국어, 보편과 특수 사이』. 태학사.〕

Mok, Jungsoo. 2014a. "Teacher Heo Woong´s Theory of General Linguistics: Performance and Limitation, and Suggestion for Succession." *A New Looking at Teacher Heo Woong´s Study*, ed. Jaeil Kwon, Pagijong Press, 33-82. 〔목정수(2014a). "허웅 선생의 일반언어학 이론 : 그 성과와 한계, 그리고 계승을 위한 제언." 『허웅 선생 학문 새롭게 보기』(권재일 엮음). 박이정. 33-82.〕

Mok, Jungsoo. 2014b. "Criticism on Predicate Clause in Korean: Focusing on Syntactic Unit Set." *Stuides in modern grammar* 76, 101-126. 〔목정수(2014b). "한국어 서술절 비판 : 통사 단위 설정을 중심으로." 『현대문법연구』 76. 101-126.〕

Mok, Jungsoo. 2014c. *Korean language, Secret of the Person*. Thaehaksa. 〔목정수(2014c). 『한국어, 그 인칭의 비밀』. 태학사.〕

Nam, Kishim. 1986. "Is the establishment of predicate clause proper?" *New Research of Korean Linguistics*, Top Publication, 191-198. 〔남기심(1986). "서술절의 설정은 타당한가." 『국어학 신연구』. 탑출판사. 191-198.〕

Nam, Kishim and Ko, Younggeun. 1993. *Standard Korean Grammar*, revised edition, Top Publication. 〔남기심・고영근(1993). 『표준 국어문법론』(개정판). 탑출판사.〕

Park, Jinho. 2012. "Semantic Description of Lexical and Grammatical Elements in Korean Using Semantic Map Model." *Journal of Korean linguistics* 63, 459-519. 〔박진호(2012). "의미지도를 이용한 한국어 어휘요소와 문법요소의 의미 기술." 『국어학』 63. 459-519.〕

Shinsaku Ogino. 2013. "The problem of Japanese Grammar Education of elementary, middle, high school in Japan, and the role of Japanese Grammar Education of university." Korean Education of elementary, middle, high school and university: focusing on hierarchy and qualitative supremacy, Institute for Korean Education, Seoul University. 329-347. 〔오기노 신사쿠(2013). "일본 초·중등학교 국어 문법 교육의 문제, 그리고 대학 국어 문법 교육의 역할." 『초·중등학교의 국어교육과 대학의 국어교육 : 위계성과 질적 수월성을 중심으로』, 서울대학교 국어교육연구소. 329-347.〕

Son, Homin. 2008. "Typological Characteristics of Korean Language." *Han-geul* 282, 61-95. 〔손호민(2008). "한국어의 유형적 특징." 『한글』 282. 61-95.〕

Um, Hongjun and Kim, Yongha. 2009. "A Comparative Linguistic Study of the Subject Raising and Exceptianal Case Marking Constructions." *Korean journal of linguistics* 34-3, 583-602. 〔엄홍준·김용하(2009). "주어 인상 구문과 예외적인 격 표시 구문에 대한 비교언어학적 고찰." 『언어』 34-3. 583-602.〕

Woo, Soonjo. 1995. "Estimation Construction vs. Embedded Sentence." *Journal of Korean linguistics* 26, 59-98. 〔우순조(1995). "내포문과 평가구문." 『국어학』 26. 59-98.〕

Yeon, Jaehoon. 1996. "A Cross-linguistic Perspective on Korean Dative-subject Constructions." *Journal of Korean linguistics* 28, 241-275. 〔연재훈(1996). "국어 여격주어 구문에 대한 범언어적 관점의 연구." 『국어학』 28. 241-275.〕

Yeon, Jaehoon. 2003. Korean Grammatical Constructions: their form and meaning, London: Saffron Books.

Yeon, Jaehoon. 2008. "Is There Ergativity in Korean?:The definition of ergativity and other uses of the term 'ergative'." *Han-geul* 282, 124-154. 〔연재훈(2008). "한국어에 능격성이 존재하는가 : 능격의 개념과 그 오용." 『한글』 282. 124-154.〕

Yeon, Jaehoon. 2011. *A typological study on Korean grammatical constructions*. Thaehaksa. 〔연재훈(2011). 『한국어 구문 유형론』. 태학사.〕

Katsumi Matsumoto (松本克己) 2007. *Japanese language among the world languages: New prospect of studies on the origin of Japanese language.*

Tokyo: Sanseido. 〔松本克己(2007). 『世界言語のなかの日本語：日本語系統論の新たな地平』. 東京：三省堂.〕

Susumu Ono (大野晋) 1978. *Think about the Grammar of Japanese language.* Iwanami shoten. 〔大野晋(1978). 『日本語の文法を考える』. 岩波書店.〕

Tasaku Tsunoda(角田太作) 2009. *Languages of the World and Japanese: Japanese language through linguistic typology* (revised ed). Tokyo: Kuroshio Publishing. 〔角田太作(2009). 『世界の言語と日本語：言語類型論から見た日本語』(改訂版). 東京：くろしお出版.〕

Blake, B. J. 2004. *Case,* second edition. Cambridge University Press.

Blanche-Benveniste, C. *et al.* 1984. *Pronom et Syntaxe：L'approche pronominale et son application au français.* Société d'Etudes Linguistiques et Anthropologiques de France.

Brown, D., M. Chumakina & G.G. Corbett. 2012. *Canonical Morphology and Syntax.* Oxford University Press.

Bubenik, V., J. Hewson & S. Rose (eds.) 2009. *Grammatical Change in Indo-European Languages.* John Benjamins Publishing Company.

Choi-Jonin. 2008 "Particles and postpositions in Korean." In Kurzon & Adler (eds.) 2008. pp.133-170.

Comrie, B. 1989. *Language Universals and Linguistic Typology,* second (ed.) The University of Chicago Press.

Comrie, B. (ed.) 1987. *The World's Major Languages.* Croom Helm.

Corbett, G.G. *et al.* (eds.) 1993, *Heads in grammatical theory,* Cambridge University Press.

Croft, W. 2001. *Radical Construction Grammar：Syntactic theory in Typological perspective.* Oxford University Press.

Dixon, R. M. W. 2010. *Basic Linguistic Theory Vol. 1：Methodology.* Oxford University Press.

Garry, J. & C. Rubino (eds.) 2001. *Facts about the World's Languages.* A new England Publishing Associates Book.

Greenberg, J. (ed.) 1978. *Universals of Language,* second edition. The MIT Press.

Guillaume, G. 1971. *Leçons de linguistique 1948-1949, Série B, Psychosystématique du langage : Principes, méthodes et applications (I).* Québec, Presses de l'Université Laval et Lille; Paris, Klincksieck.

Guillaume, G. 1973. *Principes de linguistique théorique de Gustave Guillaume.* Paris, Klincksieck et Québec, Presses de l'Université Laval et Paris, Klincksieck.

Guillaume, G. 1974. *Leçons de linguistique 1949-1950, Série A, Structure sémiologique et structure psychique de la langue française II.* publiées par R. Valin. Québec: Presses de l'Université Laval et Paris: Klincksieck.

Hagège, C. 2010. *Adpositions.* Oxford University Press.

Haspelmath, M. 2003. "The geometry of grammatical meaning : Semantic maps and cross-linguistic comparison." In Michael Tomasello (ed.) *The new psychology of language.* vol. 2. Lawrence Erlbaum. pp.211-242.

Haspelmath, M. 2010a. "Comparative concepts and descriptive categories in cross-linguistic studies." *Language* 86-3. pp.663-687.

Haspelmath, M. 2010b. "The interplay between comparative concepts and descriptive categories (Reply to Newmeyer)." *Language* 86-3. pp.696-699.

Haspelmath, M., M. Dryer, D. Gil & B. Comrie (eds.) 2005. *The World Atlas of Language Structures.* Oxford University Press.

Haspelmath, Martin, E. König, W. Oesterreicher and W. Raible (eds.) 2001. *Language typology and language universals : An international handbook,* vol. 2. de Gruyter.

Hewson, J. & V. Bubenik 2006. *From case to adposition : the development of configurational syntax in Indo-European languages.* John Benjamins Publishing Company.

Hirtle, W. 2007. *Lessons on the English Verb.* McGill-Queen's University Press.

Hirtle, W. 2009. *Lessons on the Noun Phrase in English.* McGill-Queen's University Press.

Jung, Hakyung. 2009. "Possessive subjects, nominalization, and ergativity in North Russian." Bubenik *et al.* (eds.) 2009, *Grammatical Change in Indo-European Languages,* John Benjamins Publishing Company, pp.207-220.

Katzner, K. 1975. *The Languages of the World.* Routledge & Kegan Paul. London.

Kurzon, D. & S. Adler (eds.) 2008. *Adpositions : pragmatic, semantic and syntactic perspectives.* John Benjamains Publishing Company.

Li, C. N. (ed.) 1976. *Subject and Topic.* New York : Academic Press.

Makino Seiichi and Michio Tsutsui. 1986. *A Dictionary of Basic Japanese Grammar.* The Japan Teimes. Tokyo.

Makino Seiichi and Michio Tsutsui. 1995. *A Dictionary of Intermediate Japanese Grammar.* The Japan Teimes. Tokyo.

Martin, Samuel E. 1992. *A Reference Grammar of Korean.* Tuttle.

Montaut, A. 1991. "Constructions objectives, subjectives et déterminatives en hindi/urdu: où les paramètres sémantiques croisent les paramètres discursifs." *Sur la transitivité dans les langues.* LINX nr. 24. pp.111-132.

Newmeyer, F. J. 2010. "On comparative concepts and descriptive categories: A reply to Haspelmath." *Language* 86-3. pp.688-695.

Ruhlen, M. 1987. *A Guide to the World's Languages,* vol. 1,2,3. Stanford University Press.

Shibatani, Masayoshi. 2001. "Non-canonical constructions in Japanese." Aikhenvald, Dixon and Onishi (eds.) *Non-canonical Marking of Subjects and Objects.* John Benjamins Publishing Company. pp. 307-354.

Sohn, H-M. 1999. *The Korean Language.* Cambridge University Press.

Tesnière, L. 1959. *Eléments de syntaxe structurale.* Paris : Klincksieck.

Valin, R. 1981. *Perspectives Psychomécaniques sur la Syntaxe,* (Cahiers de Psychomécanique du langage). Québec : Presses de l'Université Laval.

Whaley, L. 1997. *Introduction to Typology.* SAGE Publications.

Yeon, J-H. & L. Brown. 2011. *Korean : A Comprehensive Grammar.* Routledge.

Yoon, James H. 2004. "Non-nominative (major) subjects and case stacking in Korean." Bhaskararao & Subbarao (eds.) *Non-nominative Subjects* vol. 2. John Benjamins Publishing Company. pp.265-314.

Grammatical Characteristics of Korean from a Typological Point of View*

Focusing on areal typology

Jinho Park

Seoul National University

1. The so-called common characteristics of (Ural-)Altaic languages[1)]

After the study of comparative linguistics on Indo-European languages achieved a brilliant success, linguists of Europe have turned their eyes to other languages, and had interest in investigating the genetic relationship among them and establishing language families. In the 19th century, there emerged a tendency to grasp many languages widely spread in the Eurasian Continent as one language family. This large

---

* This paper is based on the presentation done in the 39th conference of the Society of Korean language research on February 7th in 2014.

1) The contents of this chapter are based on the chapter 3 of Katsumi Matsumoto(2007).

language family was called Turanian at first, and came to be called Ural-Altaic later.

By the way, these scholars' conclusion that so-called Ural-Altaic languages belonged to one language family was not reached by applying strictly the comparative method as had been applied to Indo-European languages, but influenced by common characteristics among these languages in a vague sense. The proposed common characteristics of Ural-Altaic languages are as follows.

> (1) Wiedemann(1838)
> ① vowel harmony
> ② lack of the grammatical gender
> ③ lack of articles
> ④ agglutinative morphology
> ⑤ possessive person affixes attached to nouns
> ⑥ abundant affixes deriving verbs
> ⑦ use of postpositions insead of prepositions
> ⑧ modifier-noun order
> ⑨ singular form of nouns after numerals
> ⑩ ablative case as a marker of the standard of comparison
> ⑪ lack of a possession verb
> ⑫ negation expressed by a negative verb
> ⑬ particles used only in interrogative sentences
> ⑭ use of gerunds or converbs instead of conjunctions and their abundance

'Because Japanese share these characteristics with Ural-Altaic, Japanese belongs to Ural-Altaic,' thought scholars such as Boller(1854), Aston(1877), and Winkler(1884).

A Japanese linguist Shōji Fujioka(1872-1935), having studied in Germany from 1901 to 1905, returned to Japan. After appointed to the professor of The Imperial University of Tokyo, in 1908, he gave a lecture under the title 'Location of Japanese'. In this lecture, he presented the following 14 common characteristics of Ural-Altaic. His opinion was strongly influenced by those of European scholars about Ural-Altaic. Japanese has 13 properties among 14, except ①.[2]

(2) Fujioka(1908)
 ① no consonant cluster in word-initial positions
 ② no r sound of r in word-initial positions
 ③ vowel harmony
 ④ no article
 ⑤ no grammaticalized gender
 ⑥ verbal conjugation exclusively by agglutination of suffixes
 ⑦ abundant suffixes
 ⑧ inflection of pronouns different from that of Indo-European
 ⑨ use of postpositions insead of prepositions
 ⑩ no 'have' verb and expression of possession by 'be'
 ⑪ use of the ablative case or postposition in the comparative construction
 ⑫ no word order change in interrogative sentences and use of question particles in the sentence-final position
 ⑬ few use of conjunctions
 ⑭ adjectives precede nouns, and objects precedes verbs

---

2) Some argues that there remains the trace of vowel harmony in Ancient Japanese also.

Afterwards, it came to be believed in general that the Ural-Altaic family should be divided into Uralic and Altaic. The former theory of the Ural-Altaic common features survived as the theory of the Altaic common features (Shiro Hattori 1958, Kimoon Lee 1972).

> (3) Hattori(1958: 157ff)
>   ① no consonant cluster in word-initial positions
>   ② no /r/ sound in word-initial positions
>   ③ vowel harmony
>   ④ many words of more than two syllables.
>   ⑤ no preposition and abundant suffixes, endings, enclitics and postpositions
>   ⑥ subjects precedes predicates and a predicate can constitute a sentence alone.
>   ⑦ modifiers precede modified elements.
>   ⑧ complements or objects precede the governing verbs.
>   ⑨ verbs take endings to form an adnominal or adverbial forms, and the inflected forms take subjects, objects or complements to form a complex sentence.
>   ⑩ no relative pronouns found in Indo-European languages

When seen from the viewpoint of the modern linguistic typology, (1)-(3) cannot be used as an evidence of the genetic affinity of languages. At that time, linguists didn't have much information about many languages, so judgements of whether a feature is common or rare crosslinguistically were made mainly on the basis of European languages. That is, features frequently seen in European languages were considered to be crosslinguistically general ones also, and in the same vein, features rare among European languages were considered to be crosslinguistically rare ones also. The features in (1)-(3) are rare among European languages. Linguists at that time thought that it was not a coincidence that many Eurasian languages shared features rare among European languages, so they were led to the conclusion that these Eurasan languages should belong to the same family.

However, from the modern typological perspective, the features in (1)-(3) are commonplace, not special ones.

① word-initial consonant cluster: languages which allow only a single consonant in word-initial or syllable-initial positions are far more than those which allow consonant clusters in the same positions.

② word-initial /r/ sound: Korean and Japanese have only one liquid phoneme, whereas Ural-Altaic languages have two phonemes /l/ and /r/. Some of Ural-Altaic languages allow word-initial /r/. It is /r/ rather than /l/ that is not allowed in word-initial positions in languages with restrictions on word-initial liquids. Many languages besides Ural-Altaic with two liquid phonemes don't allow word-initial /r/ either.

③ vowel harmony: besides Ural-Altaic, many languages of various regions and families have vowel harmony. The type of vowel harmony is more important than whether there is vowel harmony or not.

④ gender: besides Ural-Altaic, many languages have gender. The languages which have gender are concentrated in the particular regions of Europe, Africa and India.

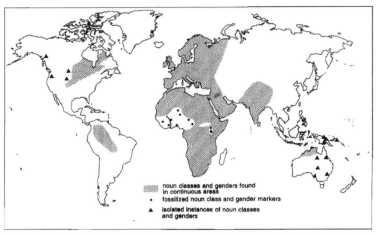

Map 1. *Distribution of noun classes and genders in the languages of the world*

map 1: Distribution of languages with genders (noun classes): Aikhenvald(2000: 78)

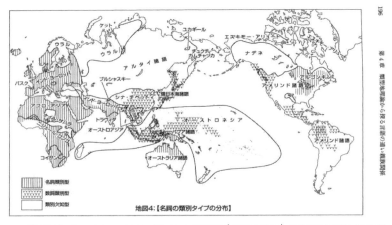

map 2: Distribution of languages with noun classes (vertical lines) and those with numeral classifiers (∨ marks): Katsumi Matsumoto(2007: 196)

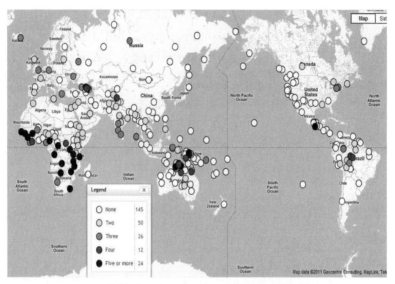

map 3: Number of genders (noun classes): WALS 30

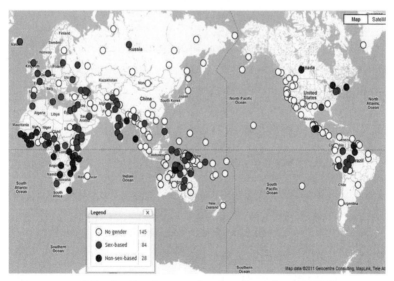

map 4: Sex-based and non-sex-based gender systems: WALS 31

⑤ article: there are many languages which have articles distinguished from mere demonstratives, but there are also many languages which don't. Furthermore, languages which have both definite and indefinite articles are rare outside Europe, for it is uneconomical to have both overt definite and indefinite articles. A language is much more economical and natural in which only a definite article has an overt form and NPs with no article are interpreted as indefinite.

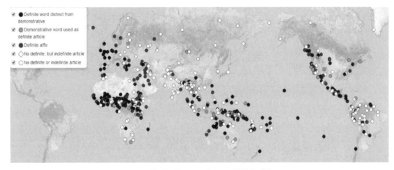

map 5: Definite articles: WALS 37

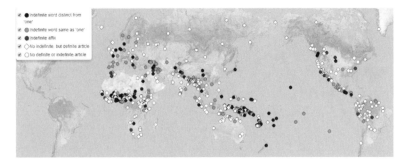

map 6: Indefinite articles: WALS 38

⑥ agglutinative morphology by suffixes: there are not only inflectional and isolated languages, but also many agglutinative languages in the world, and among agglutinative grammatical elements, suffixes are much more general than prefixes, so agglutinative morphology by suffixes is almost the default in morphological typology.

⑦ possessive construction: there are many ways to express predicative possession. A transitive possessive verb such as 'have' is just one of them.

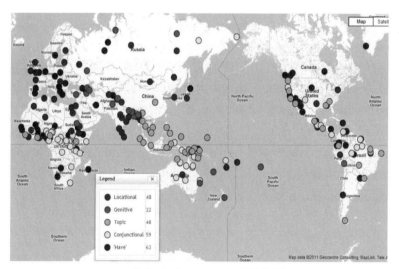

map 7: Predicative possession: WALS 117

⑧ interrogative sentence: languages which change word order to form an interrogative sentence from a declarative one are rare outside Europe. Much more languages use question participles like Japanese or Chinese.

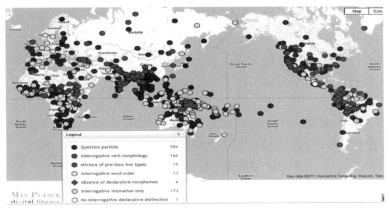

map 8: Polar questions: WALS 116

⑨ conjunctions and relative pronouns: when connecting clauses, it is common to use inflected forms of predicates in subordinate clauses, as well as conjunctions. When forming a relative clause, using a relative pronoun is a general strategy in European languages, but it is not so general outside Europe. Using inflected forms (e.g. participles) of predicates in relative clauses is also a very common strategy.

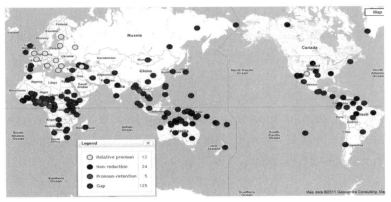

map 9: Relativization on subjects: WALS 122

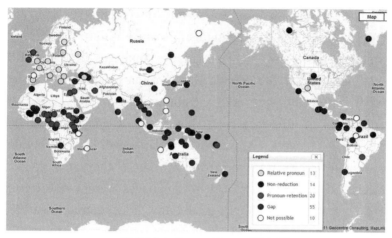

map 10: Relativization on obliques: WALS 123

⑩ comparative construction: it is the most common to use case markers related with location for the standard of comparison, and among these ablative case is also common.

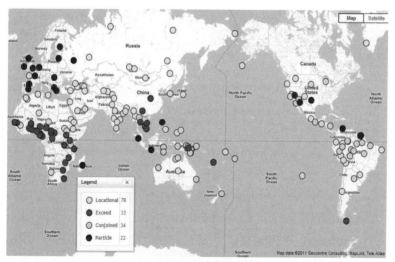

map 11: Comparative constructions: WALS 121

The lessons from the above discussion is that the judgement of whether a linguistic feature is rare or common must be based on data from many languages in the world, whether it is for the genetic classification of languages or for other purposes. If one take a common feature for a rare one and draw an inference from this, the conclusion will not ve reliable. Moreover, when a group of languages share a bundle of linguistic features, this can be due to the same genetic origin, but also contacts of these languages. Recent research in areal typology has shown eloquently that common features among languages caused by contacts appear very frequently and systematically in large areas. When thinking of the features of the Korean language, we should remember this fact.

2. Features related to word order: dominance and harmony

(1)-(3) above contain features related with word order. The characteristics related with word order which were mentioned in the so-called theory of the Ural-Altaic common features are neither ones shown in Ural-Altaic only. (1)-(3) focus on superficial phenomena of word order, but it is necessary to pay attention to patterns at the deeper levels.

As is well known, Greenberg studied the basic word orders of S(subject), O(object), and V(verb). From these three elements, six orders are possible theoretically, but Greenberg found that the proportions of these six orders have a biased distribution. According to his study, SOV and SVO are the most dominant, and summing up these two types amounts to nearly 90 percent. After that, VSO covers nearly 10 percent. The rest VOS, OSV and OVS orders are very rare, and are limited to small areas. He found correlations among word orders also. For instance, V-O, Prep-N, and N-Rel orders are correlated, whereas O-V, N-Postp and Rel-N orders are correlated.

Hawkins paid attention to these types of correlations, and studied orders between head nouns and their modifiers, which include demonstrative (Dem), numeral (Num), adjective (Adj), genitive (G) and relative clause (Rel). He examined whether these modifiers are located before or after the head noun. The number of theoretically possible orders is 25=32, but only 7 orders appear actually.

	order of Dem and N	order of Num and N	order of A and N	order of G and N	order of Rel and N
①	NDem	NNum	NA	NG	NRel
②	DemN	NNum	NA	NG	NRel
③	NDem	NumN	NA	NG	NRel
④	DemN	NumN	NA	NG	NRel
⑤	DemN	NumN	AN	NG	NRel
⑥	DemN	NumN	AN	GN	NRel
⑦	DemN	NumN	AN	GN	RelN

Table 1: Order of nouns and their modifiers

In Table 1, gray cells are orders in which modifiers precede head nouns, and the rest are orders in which modifiers follow

head nouns. Speaking in terms of languages, going from ①
toward ⑦, languages have a increasingly stronger tendency in
which modifiers precede head nouns. Speaking in terms of
types of modifiers, going from left to right, modifiers have a
increasingly stronger tendency of following head nouns.
Hawkins proposed Heaviness Serialization Principle, which
means that lighter modifiers tend to precede head nouns, and
heavier modifiers tend to follow head nouns. The relative
heaviness of modifiers is Rel > G > A > {Dem, Num}.[3]

Greenberg proposed two important concepts in typology of
word order, i.e. dominance and harmony. Out of two possible
orders, one is dominant and the other is recessive in general.
For example, out of the orders N-Rel and Rel-N, the former is
dominant. In other words, when considering all the languages
in the world, relative clauses have a strong tendency to follow
head nouns, rather than preceding it.

Harmony means correlations among more than one pattern
of word order in one language. It can be said that V-O, Prep-N
and N-Rel orders mentioned above are in harmony, and
modifiers which precede or follow head nouns consistently
are also in harmony. Dominance is a crossliguistic tendency,
while harmony is a consistency within a language. Dominance
can also be understood to be similar to the concept of
markedness.

Dominance and harmony work together to influence on
word orders in each language. When these two produce the
same result, there arises no problem. For instance, as English

---

3) It is difficult to determine the relative heaviness between Dem and Num.

shows orders V-O and Prep-N, the N-Rel order is harmonious in English, and this order is dominant crosslinguistically also. In consequence, it is very reasonable that relative clauses follow head nouns in English.

On the contrary, orders which violate both dominance and harmony are rare. For instance, the Rel-N order goes against both internal harmony of English and crosslinguistic dominance, so this word order will be difficult to appear in English.

When dominance and harmony are in conflict with each other, the decision of which wins is made differently in each language or case by case. As Korean shows the orders O-V, N-Postp, Dem-N, A-N and G-N, the order Rel-N is harmonious in Korean, but violates the crosslinguistic dominance. That is, relative clauses in Korean are under the conflicting pressures from harmony and dominance. At this case, the strength of harmony is bigger in Korean, so relative clauses precede head nouns. The situation in Evenki used in the Russian area is similar to that of Korean, but in Evenki dominance is stronger than harmony, so relative clauses follow head nouns in general.[4]

The concept of dominance and harmony are applicable not only to word order, but also to various linguistic phenomena at different levels. For example, we can think of the relative dominance of rounded and unrounded vowels. In case of back vowels, rounded vowels are dominant, while in case of front vowels, unrounded vowels are dominant. Some languages

---

4) This N-Rel order in Evenki may have been influenced by Russian.

have the opposition of unrounded and rounded vowels in both back and front vowels consistently. In this type of language, harmony is so strong as to prevail dominance which would avoid rounded front vowels. Other languages have only unrouded vowels in the front position and only rounded vowels in the back position. In this type of language, dominance prevails harmony. On the other hand, languages which have only rounded vowels in the front and only unrounded vowels in the back are rare or non-existent, because this type of language would violate both harmony and dominance.

Out of oral and nasal vowels, oral vowels are dominant, of course. When a language has nasal vowels, they are easier to pronounce in the open positions than in the closed positions. So French has nasal vowels only in the open positions. This is due to the crosslinguistic dominance in which nasal vowels often appear in the open positions, sacrificing harmony which would prefer nasal vowels in both positions consistently. On the one hand, in Cubeo, a Tucanoan language of South America, not only open vowels /e/, /a/ and /o/, but also closed vowels /i/, /ɨ/ and /u/ each have corresponding nasal vowels. Cubeo is following harmony which requires nasal vowels in all the positions consistently, sacrificing dominance which avoids nasal vowels in closed positions. On the contrary, there seems to be no language which has only oral vowels in the open positions and both oral and nasal vowels in the closed positions, because that would violate both dominance and harmony.

Dominance and harmony are helpful from different angles

when trying to explain linguistic phenomena which look odd apparently. An answer to the question like 'This language has a such-and-such general tendency language-internally, but why is this case different?' can be found in the crosslinguistic dominance. For example, to the question 'In many languages including Korean, stops and nasals form a pair (/p/-/m/, /t/-/n/, /k/-/ŋ/), but why does only /ŋ/ not appear in word-initial positions?', we can answer that /ŋ/ is recessive or marked in word-initial positions crosslinguistically.

On the contrary, to the question like 'Such-and-such is the case in general crossliguistically, but why is only this language different?' an answer can be found in harmony in the language. For example, to the question 'Relative clauses generally follows head nouns crosslinguistically, but why do they precede head nouns in Korean?' we can answer that it is due to the harmony in Korean which require all modifiers to precede head nouns.

Dominance and harmony can be helpful in understanding or predicting the direction of language change. Even though a language shows consistent behaviors due to a very strong harmony, equally strong crosslinguistic dominance can defeat this harmony in some cases. For example, Korean has a very strong harmony which require all modifiers, even relative clauses to precede head nouns. However, post-head relative clauses have begun to emerge. The relative clause in (4a) is of the traditional pre-head type, whereas that in (4b) is of the post-head type. The latter seems to have appeared in colloquial Korean due to dominance. This is a case where dominance shows its head, suppressing the prevalent harmony in a limited domain.

(4) a. [Kil   -eyse   pha -nu   -n]   ttekpokki
       street -LOC   sell -PRS -ADN stir-fried.rice.cake
       'Stir-fried.rice.cakes sold on the street'

   b. Ttekpokki   [kil   -eyse pha -nu   -n   ke]
      stir-fried.rice.cake street -LOC sell -PRS -ADN thing
      'Stir-fried.rice.cakes sold on the street'

On the contrary, although a particular dominance is so strong that a certain language follows this, if a harmony against this is equally strong, then this harmony can defeat the dominance. For example, the gender distinction of masculine and feminine applies only to animate nouns, and inanimate nouns are treated as neuter in general. So, many languages have three terms of gender masculine-feminine-neuter like Latin. In modern French, the neuter gender has been lost, so speakers cannot help choosing either masculine or feminne when using a noun. In consequence, all inanimate nouns are forced to belong to one or the other of the two genders, and this decision is made somewhat arbitrarily. In this case, the harmony which requires all nouns to be masculine or feminine defeated dominance which would avoid masculine or feminine in inanimate nouns.

Returning to the topic of word order in Korean, keepig in mind the concepts o dominance and harmony, I think that many factors have an influence on word order, so an attempt to explain word order phenomena simply with a single factor is doomed to failure. These factors include semantic, pragmatic (information structure-related in particular), processing and syntactic ones.

Semantic factors
① iconicity
 a. Put closely related elements nearby.
  (ex: modifiers and modified elements)
 b. Order linguistic elements according to the temporal order or causation.
  (ex: causes and effects)
 c. Put relators between relata.
  (ex: Put adpositions between predicates and arguments, resulting in the orders V-Prep-N or N-Postp-V)
② animacy hierarchy: Put more animate elements before inanimate or less animate ones.

Factors related to processing
① Consider the hearer's burden of working memory into consideration, and arrange linguistic elements so that the sentence is as easy to process as possible.
 a. Avoid putting heavy elements in the middle of a sentence.
  (ex: extraposition of relative clauses)

(5) I was reading a book in the room [which was written by a friend of mine.]
 b. Avoid center-embedding. [(6a) is easy to process than (6b) which contains center-embedding.]

(6) a. [[[Chelswu-ka papo-ø-la-ko] Yenghi-ka   yayjiha-yss-ta-ko]
   Chelswu-NOM fool-COP-DEC-QUO Yenghi-NOM   say-PST-DEC-QUO
   Yengswu-ka somwun-ul phettuly-ess-ta-ko] Changswu-ka ttebelly-ess-ta
   Yengswu-NOM rumor-ACC spread-PST-DEC-QUO Changswu-NOM exaggerate-PST-DEC
   'Changswu exaggerated that Yenghi spread the rumor that Yenghi said that Chelswu is a fool.'

b. Changswu-ka   [Yengswu-ka   [Yenghi-ka   [Chelswu-ka   papo-ø-la-ko]
   Changswu-NOM   Yengswu-NOM   Yenghi-NOM   Chelswu-NOM   fool-COP-DEC-QUO
   yayjiha-yss-ta-ko]   somwun-ul   phettuly-ess-ta-ko]   ttebelly-ess-ta
   say-PST-DEC-QUO   rumor-ACC   spread-PST-DEC-QUO   exaggerate-PST-DEC
   'Changswu exaggerated that Yenghi spread the rumor that Yenghi said that Chelswu is a fool.'

② economy
   a. Omit recoverable elements.
   b. Right dislocation: after omitting elements of a
      sentence, if a hearer can't infer the omitted
      element, add the omitted element.

(7) Eti   ka-ss-ni?   Chelswu (mal-i-ya).
    where   go-PST-INTERR   Chelswu speech-COP-DEC
    'Where did he go? I mean Chelswu.'

Factors realated to information structure
Arrange elements so that the given/old information
and the new information are easily distinguishted.
   ① Put the given/old information before the new
      information.

(8) a. Chelswu-ya   nay   chayk eti-ey   tu-ess-ni?
       Chelswu-VOC   my   book   where-LOC   put-PST-INTERR
       'Chelswu, where did you put my book?'

    b. Yenghi-ka   nay   chayksang-ey mwues-ul tu-ess-ni?
       Yenghi-NOM   my   desk-LOC   what-ACC put-PST-INTERR
       'What did Yenghi put on my desk?'

   ② If there is a special position for focus and other
      factor does not intervene, put focus at that place.
      ex: Hungarian and Korean put foci right before the
          predicate, English puts wh-words at the sentence-
          initial position.

Syntactic factors

① If grammatical roles of arguments are expressed by word order, arrange constituents according to this rule.

　　ex: English and Chinese put subjects before the verb and objects after it.

② If a construction encodes a particular meaning and this construction requires a specific word order, when use this construction to express this meaning, obey this order.

　　ex: In English, ditransitive constructions encode the A(gent)'s intention for the R(ecipient) to receive the T(heme), and require the order R-T, so when expressing this meaning, a ditransitive construction and the R-T order should be used.

③ Consistent position of heads: Use head-initial or head-final orders as consistently as possible.

④ Consistency of branching structures: Use left-branching or right-branching structures as consistently as possible.

The factors mentioned above can be considered to be crosslinguistic dominances. When studying word order phenomena, we have to consider these dominances together with harmony. When these factors are in conflict with each other, the decision of which factor will win is made differently in each language and/or in each case. A relative clause and the head noun modified by this should be near to each other according to iconicity, but considering the processing factor ① (a), it is desirable to put relative clauses at sentence-final positions. When expressing a 'give' event in which Chelswu gave Yenghi a book, using the prepositional construction 'Chelswu gave a book to Younghee' is desirable considering the temporal or causal order, but using the double object construction 'Chelswu gave Yenghi a book' is desirable considering the animacy hierarchy. In contrast, in sentences like (9), factors related to information structure exert their power in that given elements precede new elements.

(9) Chelswu-ka   Yenghi-eykey-nun   soselchayk-ul
    Chelswu-NOM   Yenghi-DAT-CONTR   novel-ACC
    Yengswu-eykey-nun   sacen-ul   cwu-ess-ta
    Yengswu-DAT-CONTR   dictionary-ACC   give-PST-DEC
    'Chelswu gave Yenghi a novel and Yengswu a dictionary.'

In each language, the relative strengths of the above factors can be compared. In English and Chinese, syntactic factors are strong, so usually the order S-V-O is used. Other orders can only be used when there is a very strong motivation to deviate from this. In contrast, in Korean and Japanese, factors related to information structure are important, so constituents except the predicate, which is located at the clause-final position, are arranged according to the principle 'given information precedes new information.' Semantic factors seems to have relatively stable strength, but in Chinese, temporal and/or causal order is very important.

In some languages, e.g. Korean and Japanese, the strengths of various factors are relatively equal, so the word order is flexible, whereas in other languages, e.g. English, one of the factors is so strong as to overhelm other factors, so the order is relatively inflexible. In Korean, which belongs to the category ⑦ in Table 1, harmony, which requires head-final orders, is very strong. Harmony or consistency of head positions is applied to every language, but in some languages, harmony succumbs to dominance, so that some degree of inconsistency of head positions results, as can be seen in ②-⑥ in Table 1. In contrast, Korean stubbornly insists head-finality due to the power of harmony.

3. The Eurasian mega linguistic area and The Circum-Pacific mega linguistic area

The recent research of areal typology has shown that some linguistic features are distributed in many small areas, while others appear in large areas. An area where a considerable number of linguistic features coincide in many languages in that area is called a linguistic area. The so-called Balkan Sprachbund, the Circum-Baltic area, the circum-Mediterranean area, etc are linguistic areas whose scale is relatively small. Some linguistic features range over almost all the Eurasian Continent, so this is called the Eurasian mega linguistic area. Other linguistic features appear in the Far-East, South-East Asia, many islands in the Pacific Ocean and North and South Americas. This may be called the Circum-Pacific mega linguistic area. Korean and Japanese are located in the boundary between these two mega areas. So, some features of these languages follow the pattern of the Eurasian Continent, while others follow that of the Circum-Pacific area. Traditionally, the former features attracted attention, but as you saw in section 1, almost all of these features are not limited to this area, and the importance as these features is not as much high as traditionally thought of. Korean and Japanese share many remarkable features with languages of the Circum-Pacific area.

① adjective: adjectives in the Eurasian area are nouny adjectives, while those in the Circum-Pacific are verby adjectives. Korean has verby adjectives.[5] Japanese has both types, but verby adjectives have a longer history. Nouny ones appeared much later, and many of them are of Chinese or foreign origin.

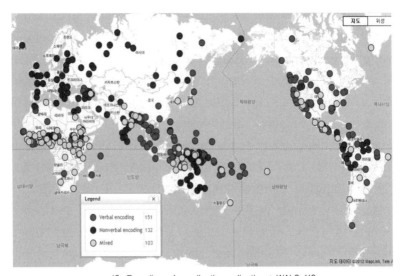

map 12: Encoding of predicative adjectives: WALS 118

---

5) In the map, Korean should be marked red, but is gray. If words which end with '-cek' are considered nouny adjectives, this treatment can be justified also.

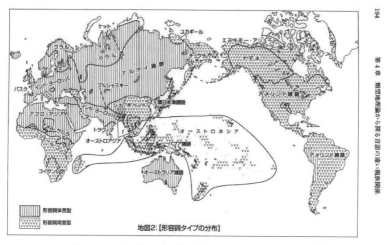

map 13: nouny adjectives (vertical line) and verby adjectives (∨):
Katsumi Matsumoto(2007: 194)

② liquids: Eurasian languages usually have two liquid
phonemes, while Circum-Pacific languages have one
liquid phoneme. Korean and Japanese have one. (Some
propose that Old Korean had two.)

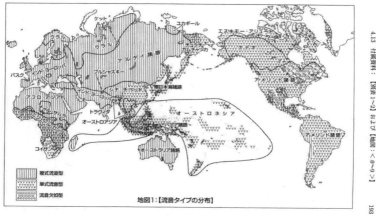

map 14: Number of liquid phonemes: Katsumi Matsumoto(2007: 193)

③ number and numeral classifiers: Eurasian languages usually have number as a grammatical category, but don't have numeral classifiers. The reverse is true of Circum-Pacific languages. Korean, Japanese and Chinese belong to the latter type.

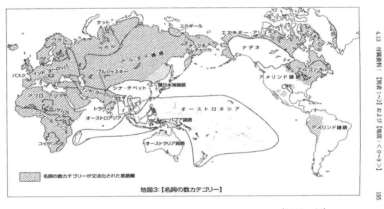

map 15: Grammaticalized number: Katsumi Matsumoto(2007: 195)

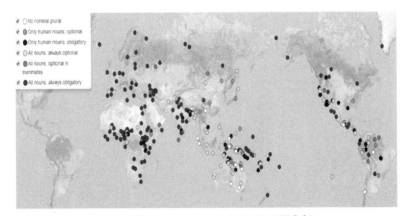

map 16: Occurrence of nominal plurality: WALS 34

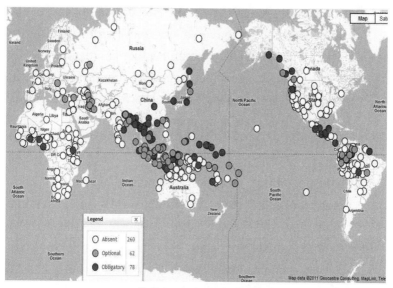

map 17: Numeral classifiers: WALS 55

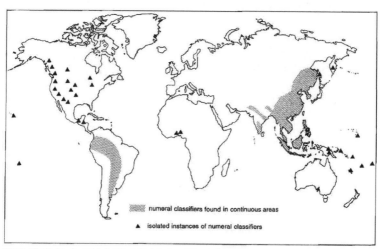

MAP 3. *Distribution of numeral classifiers in the languages of the world*

map 18: Distribution of numeral classifiers: Aikhenvald(2000: 122)

④ demonstratives: All the Altaic languages and most of the Uralic languages have a system with two terms proximal and distal. Circum-Pacific languages usually have a system of three terms speaker-proximal (near speaker), hearer-proximal (near hearer) and distal (away from both). Korean and Japanese have the latter type of system.

⑤ person ending: Eurasian languages usually have a monopersonal system, in which a verb has an ending indicating the person (and number) of the subject. Cirsum-Pacific languages either lack such endings or have a polypersonal system in which a verb has an ending or endings indicating the person (and number) of the subject and other argument (e.g. object). Korean and Japanese lack person endings.

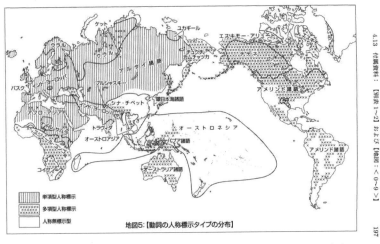

map 19: Person ending system: monopersonal (vertical line) and polypersonal (×): Katsumi Matsumoto(2007: 197)

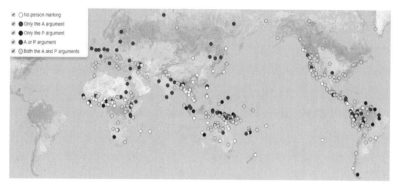

map 20: Verbal person marking: WALS 102

⑥ reduplication: Eurasian languages seldom use reduplication as a grammatical marker, whereas Circum-Pacific languages frequently use it e.g. when forming a plural. Korean makes not so much use of reduplication, but the plural forms of interrogative pronouns use reduplication.

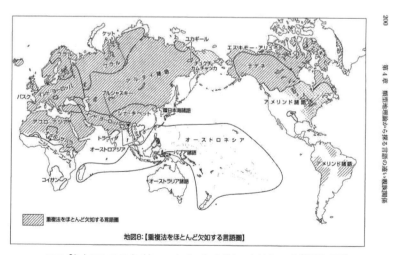

map 21: Languages lacking reduplication: Katsumi Matsumoto(2007: 200)

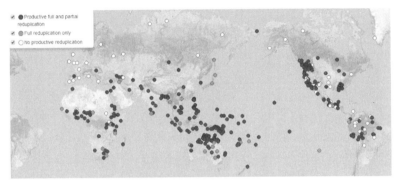

map 22: Reduplication: WALS 27

⑦ 1+2 person (also called inclusive person): in some languages, the 1st person plural is divided into inclusive and exclusive. Matsumoto argues that systems with such a distinction need to be re-examined, and many or most of them may be re-analyzed as a system with a term 1+2 person, which refers to the speaker and the hearer. He argues that 1+2 person is a basic term of the person system, not a derived term. This 1+2 person pronouns are very rare in the Eurasian area (except for Tungusic and Mongolian). They appear frequently in the Circum-Pacific area. Korean and Japanese have traces of having 1+2 person pronouns in ancient times.

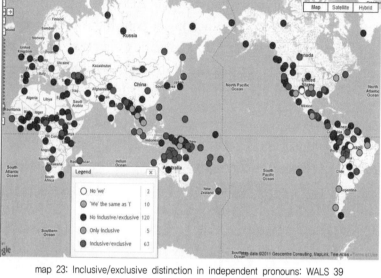

map 23: Inclusive/exclusive distinction in independent pronouns: WALS 39

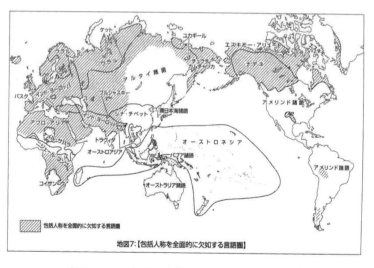

map 24: Languages lacking 1+2 person: Katsumi Matsumoto(2007: 197)

⑧ copulas and existential verbs: in Eurasian languages, one element covers the functions of both the copula and the existential verb. In Circum-Pacific languages, these two functions are distinguished by two separate elements. Korean and Japanese are of the latter type.

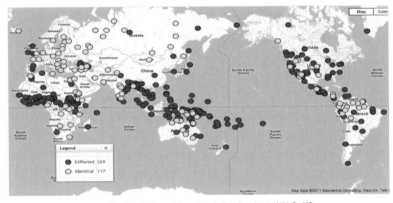

map 25: Nominal and locational Predication: WALS 119

⑨ tense: Most of Eurasian languages are tensed languages, whereas most of Circum-Pacific languages are tenseless. Japanese changed from tenseless to tensed. Modern Korean is a tensed language, but there is a possibility that Old Korean was tenseless.

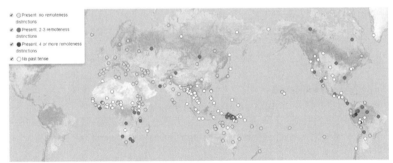

map 26: The past tense: WALS 66

⑩ AND-languages and WITH-languages: In Eurasian languages, the concepts 'and' (NP conjunction) and 'with' (companion) are separately encoded (AND-language), while in Circum-Pacific, they are encoded by a single element (WITH-language). Korean and Japanese are of the latter type.

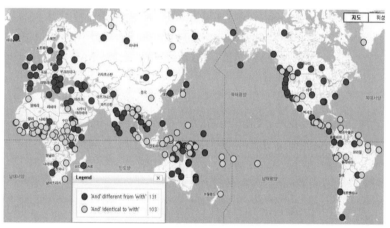

map 27: Noun phrase conjunction: WALS 63

⑪ subject-prominence vs. topic-prominence: Eurasian languages are subject-prominent, while many Circum-Pacific languages are topic-prominent. Korean and Japanese are topic prominent or subject-topic prominent. (See languages with a topic possessive construction in Map 7 for reference.)

⑫ reflexives and reciprocals: Most Eurasian languages have local reflexives, while most Circum-Pacific languages have long-distance reflexives. Many local reflexives are clitics attached to the verb (verbal reflexive). Long-distance reflexives don't attach to verbs. Korean, Japanese and Chinese are of the latter type. The same can be said with reciprocals.

⑬ honorification: Eurasian languages don't have a grammaticalized honorification system. Many Circum-Pacific languages have a grammaticalized honorification system. Korean and Japanese are extreme cases of the latter type.

⑭ onomatopoeia: Circum-Pacific languages have onomatopoeia much more developed than Eurasian languages. Korean and Japanese belong to the latter.

⑮ adnominal possessive construction: Mongolian is head-marking (John ger-ny 'John house-his'), and Turkish is double-marking (Hasan-ın kitab-ı 'Hasan-GEN book-his'). Except a few like these two languages, many Eurasian languages are dependent-marking. Many American and Papuan languages are head-marking, but there are few head-marking languages in the South-East Asia. Korean is dependent-marking (Chelswu-uy chayk 'Chelswu's book').

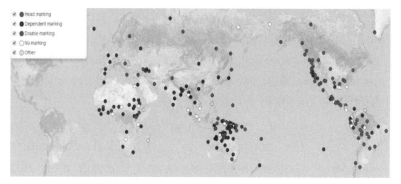

map 28: Locus of marking in possessive noun phrases: WALS 24

4. Concluding remarks

If someone ask you of the characteristic of John and you reply "He has two eyes, one nose and two ears", that will be not so informative. In the same vein, if someone ask you of the characteristics of Korean and you reply "It has consonants and vowels, nouns and verbs, subjects and predicate, etc", it will not be helpful. A proper reply should be based on the proper judgement of which features of Korean are rare/specia and which ones are common. Korean has three-way distinction of manner of articulation in obstruents, i.e. plain, aspirated and tensed (glottalized). Such a system is rare among the world languages. With regard to case alignment, Korean and Japanese are unusual in that not only objects but also subjects have an overt marking. A language which has many unusual features can be regarded as an unusual language.[6]

When examining the features one language has, it is

necessary to pay attention to more deeper patterns, rather than stay in the figures revealed externally. Deeper power or element to make such external phenomena through interaction should be revealed. The concept of dominance and harmony is useful to research like that.

Also, the feature one language has is necessary to be thought in the perspective of geographical distribution. Researching whether the feature of this language is isolated or dispersed widely around makes it possible to get many insights. Even though the feature is very common in a very small area including the language, if considered from the whole world languages, it can be rare. On the one hand, there is a case that the feature is dispersed in a very large area. In case of Korean, located on the boundary of the Eurasian mega linguistic area and Circum-Pacific mega linguistic area, having the features of these areas together is very important. Sometimes it has one of them, and through diachronic change, its features can alter into that of the counter area. The power of areal typology of two very extensive areas has had an effect on the figure of Korean language consistently.

---

6) Tasaku Tsunoda(2009) shows that Japanese isn't unusual from this point of view, and English is rather unusual. In the 19th or early 20th centuries, linguists regarded European languages including English as the standard, and treated languages which have features different from European languages as unusual, which was the legacy of Euro-centrism.

⊞ Reference

Aikhenvald, A. Y. 2000. *Classifiers: A Typology of Noun Classification Devices.* Oxford University Press.

Boller, A. 1857. "Nachweis daβ das Japanische zum ural-altaischen Stamme gehört." *Sitzungsberichte der Wiener Akademie der Wissenschaft.* Phil.-hist. Kl. 23, 393-481.

Greenberg, J. H. 1963. "Some universals of grammar with particular reference to the order of meaningful elements." *Universals of Language.* pp. 73-113.

Hawkins, J. A. 1983. *Word order universals.* Academic Press.

The World Atlas of Language Structures (WALS). http://wals.info/

Wiedemann, F. J. 1838. "Über die früheren Sitze der tschudischen Volker und ihre Sprachverwandschaft mit den Völkern Mittehochasiens, Einladung zur öffentlichen Prüfung im hiesigen Gymnasium am 27sten und 28sten Juni 1838." *von dem Oberlehrere der griechischen Sprache.*

Winkler, H. 1884. *Ural-Altaische Völker und Sprachen.* Berlin.

Lee, Kimoon. 1972. *Introduction to the History of the Korean Language* (Revised edition). Seoul: Tower Press. 〔이기문. 1972. 『國語史槪說』(개정판). 서울: 탑출판사.〕

Tsunoda, Tasaku. 2009. *Languages of the world and Japanese: Japanese seen from a typological point of view* (Revised edition). Tokyo: Kurosio Pbulishing. 〔角田太作. 2009. 『世界の言語と日本語: 言語類型論から見た日本語』(改訂版). 東京: くろしお出版.〕

Hattori, Shiro. 1958. "Structure of Altaic languages." *Language Science* 1 (=The Origin of Japanese). pp. 255-274. 〔服部四郎. 1958. "アルタイ諸言語の構造."『コトバの科學 1』(=『日本語の系統』). pp. 255-274.〕

Fujioka, Shōji. 1908. "The position of Japanese." *Journal of the Institue of Japanese Studies* 14-8, 10, 11. 〔藤岡勝二. 1908. "日本語の位置."『國學院雜誌』第14卷 第8, 10, 11号.〕

Matsumoto, Katsumi. 2007. *Japanese in the middle of languages of the world:*

New horizons in the genetic study of Japanese. Tokyo: Sanseido.〔松本克己. 2007.『世界言語のなかの日本語: 日本語系統論の新たな地平』. 東京: 三省堂.〕
http://kokugosi.seesaa.net/article/2842789.html

▌저자소개 (집필순)

● 알렉산더 보빈(Alexander Vovin)
프랑스 사회과학고등연구원(EHESS; École des hautes études en sciences sociales)
동아언어연구소(CRLAO; Le Centre de Recherches Linguistiques sur l'Asie Orientale) 소장
소비에트 연방 레닌그라드 주립대학교 언어학박사
논저 : *A Reference Grammar of Classical Japanese Prose*, London: Routledge/Curzon Press, 2003
　　외 다수

● 마르티네 로베츠(Martine Robbeets)
독일 막스플랑크 인류역사과학 연구소(Max Planck Institute for the Science of Human History) 교수
네덜란드 라이덴대학교 언어학박사
논저 : *Diachrony of Verb Morphology: Japanese and the Transeurasian Languages*, Berlin:
　　Mouton de Gruyter, 2015 외 다수

● 정 광
고려대학교 명예교수
서울대학교 문리대학 졸업, 국민대학교 문학박사. 미국 컬럼비아대학교 방문 교수, 일본 교
토대학교 초빙 외국인학자, 역학서학회 초대 회장 역임.
논저 : 『역학서 연구』, 서울 : 제이앤씨, 2002; 『原本 노걸대』, 서울 : 김영사, 2004 외 다수

● 홍재성
대한민국학술원 회원, 서울대학교 명예교수
서울대학교 문리대학 졸업, 프랑스 파리 제7대학 언어학박사. 한국사전학회 회장, 한국언어
학회 회장 역임.
논저 : *Syntaxe des verbes de mouvement en coreen contemporain*, Amsterdam: John Benjamins,
　　1985, 『현대 한국어 동사구문사전(공저)』, 서울 : 두산동아, 1997 외 다수

● 목정수
서울시립대학교 국어국문학과 교수
서울대학교 언어학과 졸업, 루마니아 부카레스트대학 언어학박사
논저 : 『한국어, 보편과 특수 사이』, 파주 : 태학사, 2013, 『한국어, 그 인칭의 비밀』, 파주 :
　　태학사, 2014 외 다수

● 박진호
서울대학교 국어국문학과 교수
서울대학교 국어국문학과 졸업, 문학박사. 일본 도쿄대학교, 중국 난징대학교 객원 교수 역
임, 구결학회, 한국언어유형론학회, 한국사전학회 임원 역임.
논저 : 『현대 한국어 동사구문사전(공저)』, 서울 : 두산동아, 1997, 『한국어 통사론의 현상과
　　이론(공저)』, 파주 : 태학사, 2011 외 다수

아시아학술연구총서 6
알타이학시리즈 2

한국어의 좌표 찾기 - 계통론과 유형론을 넘어서

초판 인쇄 2015년 10월 19일 | 초판 발행 2015년 10월 29일

지은이 정광 외

펴낸이 이대현 | 편집 이소희 | 디자인 이홍주

펴낸곳 도서출판 역락 | 등록 제303-2002-000014호(등록일 1999년 4월 19일)

주소 서울시 서초구 동광로 46길 6-6(반포동 문창빌딩 2F)

전화 02-3409-2058, 2060 | 팩시밀리 02-3409-2059 | 전자우편 youkrack@hanmail.net

ISBN 979-11-5686-254-3 94710

  978-89-5556-053-4 (세트)

정가 32,000원

* 파본은 구입처에서 교환해 드립니다.